《中国经济伦理思想通史》学术顾问（以姓氏笔画为序）

万俊人
清华大学人文学院原院长　文科一级教授
教育部"长江学者"特聘教授　中国伦理学会原会长

朱贻庭
华东师范大学教授　中国伦理学会"终身成就奖"获得者

华桂宏
南京师范大学校长　经济学教授
中华外国经济学说研究会副会长
教育部经济学类本科教学指导委员会委员

李建华
武汉大学特聘教授　教育部"长江学者"特聘教授
中国伦理学会原常务副会长

宋希仁
中国人民大学教授　中国伦理学会"终身成就奖"获得者

柯锦华
中国社会科学杂志社哲学部原主任　编审
第十至十二届全国政协委员　国务院原参事

唐凯麟
湖南师范大学教授
《伦理学研究》原主编　中国伦理学会原副会长
中国伦理学会"终身成就奖"获得者

章海山
中山大学教授　中国伦理学会"终身成就奖"获得者

中国经济伦理思想通史

〔总论卷〕

王小锡 郭建新
汤建龙 陶 涛 著

王小锡 主编

江苏人民出版社

图书在版编目(CIP)数据

中国经济伦理思想通史. 总论卷 / 王小锡等著. 一
南京：江苏人民出版社，2023.9
ISBN 978 - 7 - 214 - 28146 - 3

Ⅰ. ①中… Ⅱ. ①王… Ⅲ. ①经济伦理学−经济思想
史−中国 Ⅳ. ①F092

中国国家版本馆 CIP 数据核字(2023)第 102104 号

中国经济伦理思想通史
王小锡　主编
总论卷
王小锡　郭建新　汤建龙　陶　涛　著

责 任 编 辑	陈　颖	
装 帧 设 计	刘葶葶	
责 任 监 制	王　娟	
出 版 发 行	江苏人民出版社	
地　　　　址	南京市湖南路 1 号 A 楼,邮编:210009	
照　　　　排	江苏凤凰制版有限公司	
印　　　　刷	苏州市越洋印刷有限公司	
开　　　　本	718 毫米×1 000 毫米　1/16	
印　　　　张	24.75　插页 6	
字　　　　数	379 千字	
版　　　　次	2023 年 9 月第 1 版	
印　　　　次	2023 年 9 月第 1 次印刷	
标 准 书 号	ISBN 978 - 7 - 214 - 28146 - 3	
定　　　　价	99.00 元(精装)	

(江苏人民出版社图书凡印装错误可向承印厂调换)

总　序

《中国经济伦理思想通史》(全七卷)是国家社科基金重大项目"中国经济伦理思想通史研究"(11&ZD084)课题的最终研究成果。

本课题历时 6 年,经过艰苦努力和认真打磨,形成了《中国经济伦理思想通史》约 280 万字的最终研究成果。我们的课题研究宗旨是"全面、系统、创新、深刻、精当、可靠",为此,课题组全体成员在课题研究期间始终坚持这一宗旨,努力朝着预期的目标前进。课题组充分利用集体力量,在科学分工及责任明确的基础上,平均每年至少召开一次由课题组全体成员参加的专题研讨、学术攻关会议。同时,不定期地召开了数十次子课题组研讨会,适时讨论和解决研究中遇到的学术问题。课题从开题到最终成果定稿,我们先后聘请了学术顾问和相关专家学者参加专题研讨会或课题工作座谈会,及时为课题的进展把脉并提出指导性意见。课题研究伊始,我们聘请图书管理专业人员与课题组成员一起收集了 80 多万字与课题研究内容和研究路径相关的资料目录,为本课题研究提供了较为全面的学术信息资料。课题研究虽然十分艰难,但推进有序。

本课题有 7 个子课题组,分别是:

一、中国经济伦理思想通史基本问题研究

负责人:王小锡

主要成员：郭建新、汤建龙、陶涛

二、先秦经济伦理思想研究

负责人：王泽应

主要成员：贺汉魂

三、汉唐经济伦理思想研究

负责人：葛晨虹、王文东

主要成员：任俊华、张霄、李兰芳、李朝辉、刘沛恩
　　　　　郭子一 、尹梦曦、唐春玉、刘昱均

四、宋元经济伦理思想研究

负责人：刘可风

主要成员：阮航、解丹琪

五、明清经济伦理思想研究

负责人：周中之

主要成员：苏令银、周治华

六、民国经济伦理思想研究

负责人：王露璐

主要成员：李明建、张燕、谢新春

七、新中国经济伦理思想研究

负责人：郭建新

主要成员：刘琳、张露、白雪菲

《中国经济伦理思想通史》在坚持马克思主义立场、观点、方法的基础上，本着不忘本来、借鉴外来、着眼未来的思维视角，努力讲好中国故事。《中国经济伦理思想通史》力图全面展示中华文化独特瑰宝的尊荣和魅力；梳理和挖掘中国经济伦理思想的历时性和共时性相统一的完整体系；揭示三千年中国经济伦理思想发展历程及其基本规律；以科学的理念给哲学、经济学、伦理学、经济伦理学等学科建设和经济建设以独特的启迪；用历时与共时兼容、传统与现代交融的客观、科学的中国话语的研究成就体现中国风格和中国精神；等等。期盼

《中国经济伦理思想通史》为中华文明的建设和发展发挥应有的作用。

　　《中国经济伦理思想通史》是"中国经济伦理思想通史研究"课题组全体成员共同努力的结果,是集体智慧的结晶。课题组全体成员参与了《中国经济伦理思想通史》写作过程中的各卷提纲、相关专题和书稿的研讨等工作;各子课题负责人在拟定《中国经济伦理思想通史》相关分卷的撰写提纲的基础上,主持了提纲斟酌、书稿撰写和初稿修改等工作,并完成了全书统改工作;课题组首席专家主持了《中国经济伦理思想通史》撰写工作全过程,并召集各子课题负责人在完成《中国经济伦理思想通史》各卷审改工作的基础上进一步统改、定稿。

　　在"中国经济伦理思想通史研究"课题的研究过程中,许多著名专家学者给予了重要的学术支撑。课题组学术顾问(以姓氏笔画为序)万俊人、朱贻庭、华桂宏、李建华、宋希仁、柯锦华、唐凯麟、章海山等始终关注课题研究进展,参与课题组研讨、审稿等系列学术活动;课题组特邀学者(以姓氏笔画为序)杨义芹、邵汉明、徐小跃、樊和平、薄洁萍等参加了课题开题报告会或相关主题研讨会议,他们为本课题研究的顺利、深入展开提供了可贵的学术指导。同时,课题研究参考、借鉴了国内外有关专家学者的研究成果。在此,对有助于本课题研究的专家学者和相关学术成果作者表示由衷的感谢。

　　　　　"中国经济伦理思想通史研究"首席专家　王小锡
　　　　　2021 年 6 月

目录

引　言

泱泱华夏,浩浩慧智,经济伦理,一帜独树。

经济道德,道德经济,互为一体,相融发展。

义利贯古今,德财释经营。无无伦理之利益,无无利益之伦理。伦理道德乃经济之魂、经营之基。故,经济伦理思想发展史研究意义非凡,势在必行。

中国经济伦理思想历史悠久,内容丰富,且理念独特,影响深远,是中国思想文化发展史上的浓墨重彩,在国外经营部门和思想理论界也有重要的历史影响。研究中国经济伦理思想发展史是中华民族文化合乎规律发展至今的重要节点,也是时代发展到今天的必然要求。然而,研究中国经济伦理思想发展史,需要有成熟而又明确的经济伦理理念,需要清楚经济伦理思想史研究的基本范式和经济伦理思想发展的基本形态、基本特征和基本规律,更需要有科学、合理的研究方法。

一、研究中国经济伦理思想通史的缘由

随着我国经济的快速发展,经济伦理学孕育而生,并以其独特的理论视角在说明和影响着我国经济的发展。为了深入研究经济伦理理论,并使之更好地服务于我国的经济建设,我们需要挖掘和积累经济伦理思想史资源,深入研究中国经济伦理思想发展过程及其规律。

（一）我国经济社会快速发展的内在要求

我国经济社会的快速发展,硬实力的不断增强,举世瞩目。然而,国力的提升需要硬实力和软实力同时并举,唯此才不会出现发展和力量的"短板"。这就需要精神文明尤其是伦理文化的传承与时代发展同步。只有两者相互补充、相互支撑和相互促进,才能真正实现经济社会的创新发展、协调发展、绿色发展、开放发展和共享发展。事实上,中国的"一带一路"倡议,也离不开国家伦理的支撑。

实践已经充分说明,经济社会的发展不能忽视伦理道德的力量。大凡经济社会发展快的地区或利润高、效益好的企业,它们的一个共同特点是重视作为软实力核心或企业精神资产的伦理道德,并在实践中注重发挥伦理道德的独特支撑作用。同时,实践已经验证了,如果忽视甚或亵渎伦理道德,那么经济社会的发展、企业的经营将会受到严重影响。我国曾出现的毒奶粉、苏丹红、染色馒头等食品安全问题、生产安全问题、企业诚信缺失问题等,导致部分地区和单位经济社会发展受损,利润乃至物质和精神效益下滑,甚至有的企业顷刻倒闭。这些正面的或负面的现实影响,都需要在理论上进行解析和深究,尤其需要伦理学特别是经济伦理学给予有针对性的解剖、分析,在伦理道德视角上说明各种经济社会现象形成和发展的内在特质和基本规律,并由此引导经济社会建设的顺利、快速发展。

然而,对现实经济社会发展问题的伦理道德视角的理论剖析和研究,除了需要现有的伦理学特别是经济伦理学相关理念以外,还十分需要我国历史上合理的伦理理念尤其是经济伦理理念为我国经济社会问题把脉。因为,毕竟我国的现存经济社会问题多少会受到传统思想"血脉"的影响,更何况,历史上的伦理理念尤其是经济伦理理念可以从其独特的视角透视现实经济社会问题的实质。为此,这就需要充分研究、认识和利用尚未系统、深入开发的我国伦理学尤其是经济伦理思想的历史文化资源,并发挥其在推动我国经济社会发展中不可替代的特殊的、优秀传统文化作用。

（二）经济伦理学理论体系建设和学术发展的必然要求

新中国成立以来，我国当代伦理学的发展从无到有并逐步成为"显学"，尤其是改革开放40多年来，伦理学学科尤其是经济伦理学理论体系的发展可谓成就卓著。然而，经济的快速发展及与之相伴随的新的道德现象与问题，使得经济伦理学的研究更成为改革开放以来伦理学研究中最受关注的领域之一，进而言之，经济持续快速发展迫切需要建构和发展经济伦理学理论体系，并以完整的、不可或缺的经济伦理学的特有理念和视角探讨经济发展中的规律问题，并进而分析、解释、解决、引导经济发展中的各类问题。

任何学科理论体系的发展都需要丰富的理论和思想史资源。同样，我国经济伦理学理论体系的完善和学科的进一步发展，需要在对中外经济伦理思想史全面系统的梳理基础上汲取有益的理论资源。近年来，一些学者已经在构建经济伦理学体系方面进行了一些尝试和努力，但是，总体上说，我国经济伦理学尚未形成一个较为完善的理论体系，支撑经济伦理学的核心理念和基本范畴还没有被明确而科学、系统而完整地揭示和阐释，应有的相关命题尚没有深入探讨和系统把握，经济伦理学需要进一步研究其应有的基本范畴或基本命题，以夯实其理论基石。事实上，经济伦理学基本原理构建中的欠缺已经成为当前我国经济伦理学理论体系建构中的一个"瓶颈"，而中国经济伦理思想通史研究，是解决这一"瓶颈"、构建经济伦理学理论体系乃至学科体系的重要的基础工程之一。当然，应当看到，我国历史上的经济伦理思想资源十分丰富，诸如对义利关系的叙述，对生产、劳动、分配、交易、消费等经济活动的伦理阐释，对民生伦理的探讨等，都可以成为当代中国经济伦理学的学术基本理念和知识元素。然而，发现或认识中国经济伦理思想的发展脉络及其中的知识资源并非易事，它不是靠对传统思想的重新罗列组合就能解决问题，更不是靠别出心裁的所谓解释就能去粗取精、去伪存真，而需要在真正把握某时代、某流派或某人物经济伦理思想体系的时代背景的基础上，参照前人研究的成果，作出更加系统、全面和深入的梳理和阐释，唯此才能对我国经济伦理学体系的建构和完善提供扎实可靠的思想史资源。由此，完整而系统的中国经济伦理思想通史研究，是当前我国经济伦理学研究和发展亟待重视并认真对待的重要课题。

（三）努力展示中华文化独特魅力的时代要求

我国传统文化历史悠久、博大精深,随着新兴学科的不断涌现,寻找和梳理新兴学科思想史资源必然将成为学科建设的题中应有之义,并由此进一步拓展和丰富我国传统文化内涵。我国经济伦理学在 20 世纪 90 年代受到学界关注以来,成果越发丰硕,作为学科的经济伦理学也日趋成熟。自然地,人们的视角开始关注我国经济伦理学的思想史资源即经济伦理思想发展史,进而为经济伦理学理论体系的完善寻找思想史理念和基本理论元素。可以说,经济伦理学理论的发展推动了我国经济伦理思想史的研究,而经济伦理思想史的研究又必然促进经济伦理学理论体系乃至传统文化体系在更高和更深层面的完善和发展。同时,中国经济伦理思想史的研究和创立,不仅为中华文化库增添了新的文化科目,更使我国传统文化又多了一个视野、多了一个领域、多了一个平台,并能更好地展示中国传统文化的精深与厚重。

现在的问题是,中国经济伦理思想史有零星的研究成果,且研究的碎片化比较明显,因此,至今没有全面、系统且前后承继逻辑关系明显的中国经济伦理思想发展史,这与我国经济社会发展的速度和国际影响不相称,迫切需要研究和建构中国经济伦理思想史,并以其特有的学科形象及其深刻的内涵展示中华文化的独特魅力。

为此,研究和创立中国经济伦理思想发展史学科是一件十分有意义的重要任务和学术大事。

二、研究中国经济伦理思想通史的基本原则

研究中国经济伦理思想通史,我们力图做到全面、系统、创新、深刻、精当、可靠,唯此,中国经济伦理思想通史才有其通史的价值和思想史地位。

中国经济伦理思想通史研究需要坚持以下基本原则:

（一）坚持以历史唯物主义为指导

经济社会发展的历史进程决定着人们思想观念的变化与发展，每一种思想观念总是会打上一定经济社会的烙印。因此，中国经济伦理思想通史研究，需要从中国历史发展不同时期的生产方式和生活方式中探究经济关系与经济活动的基本特征，从经济关系与经济活动的基本特征中探究其伦理关系和伦理准则，并在此基础上，把握中国经济伦理思想发展的基本规律。事实上，一切文化现象都有其产生和发展的条件、基础或机制，经济伦理亦有其赖以产生和发展的经济社会结构性元素。不同时代和文化圈的经济伦理的差异性根植于生产方式、社会结构、文化背景及价值导向等社会元素。任何形式的经济伦理都是上述基本元素排列组合、交互作用的结果，社会元素的差异又带给经济伦理以不同的精神风貌，而要科学地揭示经济伦理赖以产生的经济社会背景及其发展规律，并进而建构经济伦理思想的历史"图式"，历史唯物主义便是最基本的指导思想和研究方法。

（二）坚持系统论基本理念

研究中国经济伦理思想发展史，要有宏观把握、系统构建的基本理路，切不可在浩瀚的书籍和资料中碎片化地甚或断章取义地进行罗列和概括，要以逻辑关联密切的生产伦理、分配伦理、交换伦理和消费伦理作为中国经济伦理思想通史研究中贯穿始终的基本理念，并以此为理论节点，系统地展开对中国经济伦理思想发展史的探索和整理。换言之，在生产、分配、交换和消费领域的经济活动及其中形成的经济关系，以及由这种经济活动和经济关系决定的伦理关系和伦理原则，便是中国经济伦理思想通史研究的基本依据；而以生产目的、生产方式和生产手段为主要内容的生产伦理、以分配原则和分配方式及其正当性和公正性为主要内容的分配伦理、以交换劳动产品过程或商品的形式和尺度为主要内容的交换伦理、以消费的形式和消费的目的及其价值取向为主要内容的消费伦理，则是经济伦理思想发展史研究中的四个基本方面和理论节点，在此基础上展开具有逻辑关联的不同角度和不同层面的思想史探究,必将形成观点明确、纲目结构清晰的系统的中国经济伦理思想发展史。

(三) 坚持辩证的义利观

在中国经济伦理思想发展史上,义利观是一以贯之的基本问题,在一定意义上说,义利观是认识和理解中国经济伦理思想发展史的一把钥匙,把握了义利观及其发展历程,即把握了不同历史时期、不同人物和流派对义利关系乃至道德与经济关系的阐释与争论,作为经济伦理学研究中的基本问题的经济与道德的关系问题及其相关范畴和理念也就比较容易解析和建构了。因此,中国经济伦理思想通史研究将义利观或义利关系观作为贯穿于中国经济伦理思想通史总体研究框架中的一条主线,以辩证的义利观或义利关系观统摄其他相关经济伦理理念的研究,并由此揭示中国经济伦理思想发展过程中前后承继的逻辑关联和基本进程及其规律,这不失为一种科学、机智的研究方法。

(四) 坚持思想史和社会发展史相统一的研究理路

任何一门思想发展史,都是与社会发展历史交织在一起的,中国经济伦理思想发展史也不例外。因此,我们将中国经济伦理思想发展的历史分为先秦、汉唐、宋元、明清、民国和新中国六大历史时期,分别对应先秦经济伦理思想史、汉唐经济伦理思想史、宋元经济伦理思想史、明清经济伦理思想史、民国经济伦理思想史和新中国经济伦理思想史六大板块。在研究中,我们结合社会发展的进程和特点,系统梳理并阐释这一历史时期经济伦理思想的演变和主要特征,并对该时期代表人物和流派的经济伦理思想进行全面、系统的介绍和评析,力图总结出不同历史阶段具有不同特点的经济伦理思想。

事实上,坚持思想史和社会发展史相统一的研究理路,既为我国经济伦理思想发展史确立了可靠的客观依据,也为寻求我国经济伦理思想发展的基本规律确立了科学的研究理路。

三、中国经济伦理思想通史研究的基本内容与目标

中国经济伦理思想通史研究既要重视经济伦理思想历时性的发展过程及其特点和规律的研究,又要重视经济伦理思想的共时性的结构性内容及其生存依据和当代价值与作用的研究;既要研究一定经济伦理思想的积极意义,又要研究其消极落后的负面影响;既要研究经济伦理思想形成的客观背景,又要研究有着不同信仰和价值观的思想家对经济伦理思想的阐释;等等。总之,要系统而全面地挖掘并阐释中国经济伦理思想的历史进程和发展规律。

(一) 中国经济伦理思想通史研究的基本内容

1. 对中国经济伦理思想历史演变进程的系统梳理。将整个中国经济伦理思想史分为先秦、汉唐、宋元、明清、民国和新中国六大历史时期,在每一历史时期中又分为若干发展阶段,对不同时期的经济社会背景和经济伦理思想的产生和发展进行概括和分析。坚持历史方法和逻辑方法相结合,考察各种经济伦理思想在其历史发展过程中相互斗争、相互吸取的复杂关系,从而体现各种经济伦理思想既相互对立又相互吸收的辩证运动。

2. 对不同历史时期中国经济伦理思想的主要特征、变化规律和当代价值进行总结和阐释。阐述不同历史时期生产伦理、分配伦理、交换伦理、消费伦理上呈现出的具体特征和发展变化,从而总结一定时期中国经济伦理思想演进的总体方向和演进规律。重点关注思想史上不同流派和不同思想体系的发展变化规律和特征,例如,中国古代经济伦理思想史具有在德性主义、功利主义、理想主义的多重变奏中不断演绎和深化的特征,而民国和新中国经济伦理思想则沿着三民主义、新民主主义、社会主义的基本脉络发展。

3. 对中国经济伦理思想史的主要流派和主要人物的观点作出客观、公正的介绍和实事求是的评价。在全面挖掘、占有、考证、整理和分析大量文献资料的基础上,以史论结合为主要研究方法,阐明各流派和代表人物的经

济伦理思想在何种社会条件下、基于何种目的而产生,客观分析和评价其思想的历史背景、本来意义和在后来思想史中的作用。同时,对主要流派和主要人物的经济伦理思想观点的现代价值作简要的分析和概括。

4. 以义利之辩作为贯穿中国经济伦理思想史发展的一条主线,在梳理不同历史时期不同思想家和流派对这一问题的不同观点及争论的基础上进行联系、比照和分析,从而真正展示其历史镜像、发展规律及其学术价值。同时,依据义利之辩之主线对中国经济伦理思想史上围绕交换伦理、生产伦理、分配伦理、消费伦理以及义和利、理和欲、本和末、公和私、俭和奢等主要论争、历史流向规律及其学术价值进行概括和评析。

5. 揭示中国经济伦理思想的基本内涵和发展规律,为中国特色社会主义市场经济提供有益的精神资源。尤其要通过考察各个历史时期社会政治、经济和文化对于经济伦理思想的影响,厘清其发展的历史轨迹和内在脉络,揭示经济与伦理互动关系的本质、规律和特点,探寻与当代中国经济社会发展相契合的经济伦理理念、规范和机制,从而彰显其作为中国特色社会主义市场经济发展有益资源的学术价值。

(二)中国经济伦理思想通史研究目标

通过对中国经济伦理思想发展史的研究,真正达到对中国经济伦理思想发展史的静态与动态、现象与本质、深刻与浅薄、积极与消极、传承与废弃等方面的理性把握,努力使中国经济伦理思想史实现"立体状""网络样""镜像式"的科学展示。

中国经济伦理思想发展史研究将形成七卷本《中国经济伦理思想通史》:

1.《中国经济伦理思想通史·总论卷》;

2.《中国经济伦理思想通史·先秦卷》;

3.《中国经济伦理思想通史·汉唐卷》;

4.《中国经济伦理思想通史·宋元卷》;

5.《中国经济伦理思想通史·明清卷》;

6.《中国经济伦理思想通史·民国卷》;

7.《中国经济伦理思想通史·新中国卷》。

四、中国经济伦理思想通史的研究方法及基本理念

中国经济伦理思想通史的研究方法及基本理念有其自身的要求和特点。唯有研究方法正确且切实可行、基本理念把握恰当和系统,才能确保本研究的质量,并凸显和展示研究成果之特色。

(一) 主要研究方法

1. 辩证唯物主义和历史唯物主义的方法。中国经济伦理思想通史研究始终坚持辩证唯物主义和历史唯物主义的基本立场和方法,探讨和分析一定历史时期经济社会发展状况与经济伦理思想的内在关联,从而正确把握历史事实与理论视角、客观规律与主观意志的关系,在此基础上,对不同历史时期的代表人物和思想流派的思想内容及其特点进行阐释和评析,并将各时段的经济伦理思想发生、发展置于整个中国经济伦理思想的演变历程中,探寻其承继发展的基本规律。同时,关注不同时期人们的具体的经济实践活动和道德生活实际,从中透视其特有的经济伦理观,为中国经济伦理思想发展史的完整、完善的呈现提供不可忽视的方法支撑。

2. 现代图书情报检索法。研究中国经济伦理思想通史,内容宏大,时间跨度长,涉及的各类文献资料极为浩繁。因此,在研究中,我们在上海师范大学和南京师范大学的图书馆的相关专业人员的帮助下,充分利用了现代图书情报检索方法,积累了丰富的研究资料,仅文献资料目录索引就收集达80多万字,从而为本研究提供了有力的图书情报的技术支持。

3. 文本分析法。鉴于通史研究的特点和要求,我们在占有与研究中国经济伦理思想史有关的典籍资料和其他相关历史文献以及现有研究成果基础上,对其所涉及的全部资料进行系统、深入和细致的爬梳整理,索引或摘编了与经济伦理思想史有关的全部资料或学术信息,为实现本研究目标的全面、系统、创新、深刻、精当、可靠打下了良好的基础。

4. 比较分析法。坚持历时比较与共时比较相结合,既对中国经济伦理

思想的发展进程中诸如义利之辩、理欲之辩等主要问题的观点和论争进行纵向的比照分析,从而探寻其历史源流和发展规律,又对同一时期不同人物和流派的观点进行横向的比较和甄别,从而分析其差异和特征,以其特殊的研究视角,揭示各种经济伦理思想的不同特色、不同的经济社会背景及其存在和发展的理由和价值,进而深入探究中国经济伦理思想发展的历史进程和规律。

5. 跨学科视景透视。中国经济伦理思想史的研究需要伦理学、经济学、历史学、社会学、民俗学等多维知识资源和分析视角,因此,研究中国经济伦理思想通史的过程中,我们采用了建立在伦理学、经济学、历史学、社会学和民俗学交叉透视基础上的综合研究方法,力图使中国经济伦理思想发展史的研究在多视角分析中理念完整系统、阐释和论述深刻。

(二)如何理解"通史"之"通"并实现"通史"之"旨"

中国经济伦理思想通史,有其自身的发展特点和规律,也一定有着独特的话语体系和学科脉络,且既然是"通史",必然有着贯穿整个思想发展史的思想主线及其基本理念。因此,中国经济伦理思想通史研究,绝对不能仅仅是资料的堆积和归类,而要在关注中国经济伦理思想发展的历时性和共时性的基础上,构建逻辑严密、结构合理的中国经济伦理思想发展史。在课题研究中,我们重点关注了中国经济伦理思想"通史"之"通"的基本要点:

1. 系统把握经济伦理基本理念。经济伦理不是经济与伦理(道德)、伦理(道德)与经济的简单相加,它就是社会现象或经济现象或伦理(道德)现象。同时,经济伦理(经济道德)与伦理经济(道德经济)虽侧重点不一样,但概念相通。因此,凡经济视角下的伦理(道德)理念或伦理(道德)视角下的经济理念均为研究经济伦理思想史的思想源或资料源。

经济伦理基本理念包括:经济伦理所属基本概念即义和利、理和欲、本和末、公和私、俭和奢、劳动道德、生产道德、分配道德、交换道德、消费道德、财富道德、财政道德、贸易道德、乐活道德、经济平等、经济自由、经济民主等;经济领域的经济主体(人或集体、单位等)的特征、本质及其责任;经济领域的人际关系(或利益相关者)间的责任和行为准则;经济(工业经济、农业经济、商业与服务经济、生态经济、互联网经济、旅游经济等)价值观;经济行为(生产、分配、交换、消费、劳动、休闲、旅游、服务,吃、喝、玩、乐等)的伦理道德要求(规范);经济(经济人、经济体、经济活动、经济成果等)品质或品性培养;经济目标(生产品)的道德性(人的完善、产品的道德内涵、物质和精神生活质量的提升、经济社会的发展及福利等);经济行为的伦理道德评价;等等。

2. 纲举目张,形成纵向主题贯通、横向逻辑关联的系统的结构严密的叙、论结合的经济伦理思想史。即以义利关系及其义利观作为中国经济伦理思想通史中一以贯之的基本问题,并以经济活动四大环节之道德即生产道德、分配道德、交换道德、消费道德作为中国经济伦理思想通史中的中心内容,在此基础上,阐释各个时期的独特的具有逻辑联系或承继关系的经济伦理理念或各具特色的侧重点不同的理论节点,并展示清晰的中国经济伦理思想发展史脉络。

3. 基本相同的探究视角和一以贯之的学术理路。中国经济伦理思想通史研究,既要在同一理路上厘清各个不同历史阶段的思想观念形成的特殊经济社会背景和人文背景,又要分析不同时期特殊的经济伦理观念"出场"的同质性等,换句话说,在探讨各个经济社会发展不同历史阶段的特有的经济伦理思想的基本特点、精神气质和基本规律的过程中,要在研究的技术路径上,特别关注探究视角的聚焦点和探究理路的一致性。

4. 同一平台上、统一视阈下选取和归纳"修史"所需的史料。研究中国经济伦理思想通史,史料的应用是十分重要的一环,应该特别重视史料的爬梳、甄选、鉴别工作,切忌疏漏或轻重、主次不分,需要在典籍、典故和人物的选用和探究上关注其高度和力度,在思想观念的认识和拾取上注意其平台同一性和视阈统一性。

5. 史料完整,并在传承中创新,在创新基础上修史。研究和撰写中国经济伦理思想通史,在前后各阶段思想内容反映完满且衔接科学、恰当的基础上,应该处理好共识与创见的关系,并在集大成基础上创新,即在客观地、全面地、系统地呈现经济伦理思想发展史史料的基础上,进一步深究思想史发展规律,提出依据充分的创新理念,并在认识规律、创新理念的影响下修出有思想高度和理论深度的中国经济伦理思想发展史。

6. 面向当时代经济实践,挖掘经济行为中的伦理理念。中国经济伦理思想发展通史研究过程中,在关注思想发展史的同时,应该关注经济实践的历史进程,唯此,我们才能真正弄清楚一定时期经济伦理思想的基本内容、特点及其思想承继中的地位和影响。同时,用现时代经济伦理学学科理念去观照历史上的经济实践活动,可以更系统、深入地挖掘和阐释当时代的经济伦理思想及其时代意义。

第一章

经济伦理之元理论分析

研究和阐释中国经济伦理思想通史,需要有基本的概念、命题和系统的理念,唯此才能贴切和科学地把握中国经济伦理思想发展史的基本内涵,并进而系统梳理、完整展示中国经济伦理思想的历史资源,创建中国经济伦理思想史的新学科。

在我国,经济伦理与经济和伦理之间的关系问题已成为新兴的边缘性交叉学科——经济伦理学所关注的重点问题。然而,迄今为止,虽然人们已经习惯于"经济伦理"这一提法,但是诸如"经济伦理是什么""经济和伦理是何种关系"等这些经济伦理学的元理论问题仍然没有得到很好的解答,以至于在理论和实践上都无法厘清经济伦理概念、经济与伦理之关系,这也势必影响对经济伦理理念的理解和把握。

要指出的是,经济伦理不是经济和伦理的简单叠加,它是特有的社会现象。在揭示经济和伦理逻辑关系及其相互作用的基础上,我们可以清楚地认识到作为体现社会经济伦理现象的经济伦理概念的内在特质及与之相关的经济德性或经济道德的存在依据和功能、作用,进而清楚把握经济伦理思想史的基本理念。

要说明的是,伦理与道德、德性在一定意义上是相通的,因此,经济伦理与经济道德、经济德性等是在基本相同意义上使用的,只是根据话语背景和话语特点不同而有所不同。

要强调的是,观察经济活动中的经济伦理或经济道德现象,就其内涵来说,它可以是过时的、超前的或适时的,我们通常认为,经济伦理之伦理、经济道德之道德是符合历史发展要求的、适时的、趋善意义上的伦理道德。

第一节 经济与伦理之关系

经济和伦理有着不可分割的联系,换句话说,在经济领域中不存在无伦理的经济,也没有无经济的伦理。

一、不同维度的理解①

经济与伦理的关系是我国经济伦理学研究中关注的焦点之一,其聚焦的"经济与道德""市场经济与道德""道德人与经济人""生产力与道德力"等基础性或根本性问题以及学界作出的探讨与阐释,有利于对经济与伦理之关系的理解和把握。

(一)经济、道德及其逻辑关联

1. 何谓经济

对于经济的含义,人们从不同角度作出了不同的阐释。然而,有一点是共同的,即对经济的解释必然包含道德因素。这里,我们可以就几种具有代表性的经济概念的阐释说明其中的道德内涵。

(1)关于少耗多益的解释。具体而言,此类解释有以下几种提法:

其一,认为经济就是人们用较少的人力、物力、财力、时间、空间即以最小的代价,取得最大的效果。

其二,认为经济就是用尽可能少的劳动消耗生产出尽可能多的满足生产生活所需要的劳动成果,用消费品的最少消耗来满足人们的最大需要。

其三,认为经济是人类将既有的稀缺资源配置到各种不同的、相互竞争的需要上,从而生产出消耗最少且最耐用的生产和生活用品。

其四,认为经济是指有限资源配置的过程及决定、影响资源配置的全部因素。

以上提法虽然不同,但是,我们不难看到,为了让有限的或稀缺的资源最好或最大限度地服务于人类,经济活动就应该少消耗包括人力资源在内的一切资源。同时,少消耗并不意味着影响或降低人们的生存和生活质量,而是要最大限度地满足人们的需要。显然,这一切有赖于人的生存境界的崇高性和对人际利益关系的正确把握和协调。

---

① 本部分内容曾由王小锡以题为《经济与伦理关系不同视角之解读》发表于《经济经纬》2002 年第 3 期。

（2）关于生产及其效益的解释。此类解释有以下几种提法：

其一，认为经济主要是指生产力与生产关系及其相互作用基础上的效益。

其二，认为经济指的是整个社会的物质资料的生产和再生产，也指物质的生产、分配、交换和消费活动。

其三，认为经济是指社会物质资料的生产和再生产以及由它决定的交换、分配和消费过程。其内容包括生产力与生产关系及其相互作用基础上的效益及其效益的重组与再生。

其四，认为经济是指人们在物质资料生产过程中结成的，与一定的社会生产力相适应的生产关系的总和或社会经济制度，是政治、法律、哲学、宗教、文学、艺术等上层建筑赖以建立起来的基础。

以上四种提法大同小异，均涉及生产、生产力、生产关系、效益等概念。然而，这些概念的解析都会涉及劳动主体、劳动者关系、劳动者与归属不同所有者的资源的关系。进一步说，人们进行生产，一定涉及为谁生产、如何生产、生产效益归谁等问题，这些问题直接关系到经济活动的境界、性质、制度以及效益的实现。

（3）关于经邦济世、经世济民的解释。此种解释至少有以下两种提法：

其一，认为经济意指经邦济世、经国济物、经国济世或经世济民，也即治理国家、拯救庶民之意。具体而言，它的含义包括国家如何管理经济活动，如何处理政治、法律、军事、教育等方面的问题。

其二，认为经济就是经营世事，济养生命。认为经济活动内容、经济运行机制、调控工具和方法是具有多样性和变化性，但是，济养生命的目的具有唯一性和不变性。只要能够达到济养生命的目的，任何经营世事的手段和方法都是有价值的。为此，经营世事、济养生命的评价指标，既包括生产经营效益，也包括人们生产过程中以及享受产品或服务时的身心健康状态，又包括社会必要劳动时间的长短和平均寿命的延长状况，两者的结合才是评价盈利水平的最终指标。①

---

① 参见王建华《经济与经济学概念定义的思考》，http://www.chinavalue.net/Article/Archive/2007/2/2/55829.html。

这就是说,经济活动不可能是为效益而效益,经济活动一定是为了人们生存、生活得更好,为了自然、社会、自然与社会的生态平衡与和谐发展。这是经济活动的本质之所在,是经济活动的道德之所在。

由是观之,经济一定是内含道德的经济,经济如果不内含道德,这样的经济无法被理解,也不能存在。而且,在一定意义上或从宏观意义上说,经济活动就是道德活动。

2. 何为道德①

"道德是什么"的问题,是有关道德概念的本体论追问。事实上,对此问题的认识,因角度不同,存在多种版本的界定。历来仁者见仁、智者见智,有"应该说"(或"应当说""应然说"),有"规范特性说",有"义务意识说",有"价值取向说",有"善行善事说",有"先天良心说",有"客观精神说"和"神的意志说",等等。尽管这些见解均有其不同程度的合理性,但是,关于道德或道德本体究竟是什么,至今仍然是一个值得深究的道德哲学中基础理论研究的前提问题,需要我们加以深入探讨。显然,这对于完善伦理学的理论体系,以及加强社会道德建设都有着十分重要的意义。

(1) 道德本体——应该的应该之应该

对道德本体的研究和阐释需要从道德主体寻求切入点,并由此揭示道德之应该的缘由。

事实上,历史上影响最大争论最多且最接近于道德本体探究的是关于道德依据的"应该说"。而且,正如宋希仁教授所说:"没有对'应当'的自觉和理论认识,就没有科学的道德哲学和科学的发展观。"②这就是说,建构科学的道德哲学,其最为基础性的概念就是对"应该"("应然""应当")③的正确认识和把握。笔者始终认为,不对道德依据即人立身处世、集体生存发展之"应该"进行深入的透视,我们对道德的认知将始终停留在浅显的表象层面,以至于我们无法在道德实践中体现"本体"或"本真"意义上的道德。

---

① 本部分内容曾由王小锡以题为《论道德之应该的逻辑回归》发表于《道德与文明》2016年第3期。《伦理学》2016年第8期、《新华文摘》2016年第21期全文转载。
② 宋希仁:《马克思恩格斯道德哲学研究》,北京:中国社会科学出版社2012年版,第465页。
③ "应该""应然""应当"三词,在伦理学理论应用中,其含义基本一致,但是,"应该"一词更多内含情理上的必然和必须之意涵,故更接近于道德的内在特质,所以,笔者习惯在文章和言语中用"应该"一词。

历史上许多思想家,不管是唯心主义者还是旧唯物主义者,他们对道德之应该的本体论追问要么坚持唯心的所谓辩证法,要么形而上学地去解析道德,难以给予科学的解释。如,近代英国伦理学家沙甫慈伯利对道德上的善恶起源提出了道德感的观点,他认为,人天生具有一种能感悟道德善恶的"内在感官"——"道德感",人的这种内在的道德感,能够感觉出情感合意与否的样态及行为美丑善恶的性质。因此,人们对道德的价值判断是人的内在感官的直接感悟。① 德国哲学家康德认为,道德价值及其道德法则不能建立在感性经验的基础上,而必须建立在人的理性本身的善良意志的基础上。即认为,善良意志不是因人的感觉善而善,即不是因快乐而善、因幸福而善、因功利而善的道德善,而是因其自身善而善的道德善。只有这种善良意志的善,才是无条件的善。康德为了消除人们对于善良意志之道德善是否唯意志论的疑虑,着重指出,善良意志不是本能的意志,不是单纯追求感性快乐和幸福的意志,并认为,单靠本能意志指导行为,那是没有理性指导的人所具有的日常生活中的意志。而只有理性才能引导人们去追求更高的目的和价值,理性的最高使命就是产生善良意志,善良意志就是实践理性。总之,在康德那里,本体意义上的人的道德即为因其自身善而善的道德善。② 尽管诸如此类的似乎不同理路的道德解释都力图在寻找道德存在的依据,但是,道德缘何存在,并不是人的感觉或善良意志所能逻辑地说明的。以"应该"之辩证法视角探讨道德依据,即作道德本体论追问,如此更进一步拓展了这一认识,最具代表性的是德国哲学家黑格尔。他认为,道德是作为具有普遍意义的"自己在我自身中是自由的"那种自在的"应该",是"自然的定在"。③ 但他又说,作为主体的人又不同于主体,"因为主体只是人格的可能性",人其实"是被规定了的东西",这个被规定了的"规定",就是自在定在的"自身自由"的道德转变为"主观意志的法",即所谓的"抽象法",它既是"自

---

① 参见宋希仁《西方伦理学思想史》,北京:中国人民大学出版社 2010 年版,第 217—218 页。

② 参见宋希仁《西方伦理学思想史》,北京:中国人民大学出版社 2010 年版,第 326—328 页。

③ 黑格尔在这里讲的"自由"是指"一般抽象意志的自由","仅仅对自己有关的单个人的自由",是"自己在我自身中"的不受任何"规定"的自由。这仅是黑格尔对道德的抽象的理解,是一种抽象假设,因为人是现实的人,这种所谓的"自然的定在"其实是不可能的"自然的定在"。这在黑格尔接着谈到人和人格时就说明了这一点。而且,黑格尔的"自由"含义与现代西方学者所表达的"自由"或"自由主义"存在明显的不同。

为地存在的自由的道德"自身,又是实现"自为地存在的自由的道德"的手段,"所以法的命令是:'成为一个人,并尊敬他人为人'"。然而,道德自身或称"自在道德"与作为主体的人的道德是有距离的,因为,由于抽象法带有主观性,它难以与自在的道德"应该"实现同一。为此,黑格尔试图让道德与抽象法在伦理阶段实现统一,他说:"伦理是自由的理念。它是活的善,活的善在自我意识中具有它的知识和意志,通过自我意识的行动而达到它的现实性;另一方面自我意识在伦理性的存在中具有它的绝对基础和起推动作用的目的。因此,伦理就是成为现存世界和自我意识本性的那种自由的概念。"简言之,"主观的善和客观的、自在自为地存在的善的统一就是伦理"。① 黑格尔在明显地把道德与伦理分开的同时,又试图让道德与抽象法在伦理阶段实现统一,并认为,"单纯志向的桂冠就等于从不发绿的枯叶",② 他强调,有了"主观的善","一个人必须做些什么,应该尽些什么义务,才能成为有德的人",这就是"伦理性的东西"。这是黑格尔在对道德作本体论阐释中超越康德的地方,也是具有一定的思想合理性。但是,实现"伦理性的东西"即主观意志与行为的统一,这是黑格尔的一厢情愿,在私有制条件下,在唯心主义的视阈中,道德的"应该"和"实然"的统一是不可能真正实现的,更何况"现存世界和自我意识本性的那种自由的概念",其本身有一个社会依据及其逻辑理由的合理性问题。其实,黑格尔思想的问题是,由于时代局限和唯心主义的思维方式,因此,他不可能科学地弄清道德依据及其缘由,更不可能清晰地阐释道德自身就是"应该"和"实然"的统一体。事实上,"应该"如果不内含着未来必然出现的"实然"要素,这样的"应该"是没有意义的。尽管黑格尔认识到了"单纯志向的桂冠就等于从不发绿的枯叶"。

不管如何抽象地理解道德,道德仍然是社会的重要组成部分,只有按照马克思历史唯物主义观点,从社会历史尤其是社会关系中来寻找伦理道德的依据,才是唯一可走的正确道路。

道德首先是指人"立身""处世"的客观的应该。而要谈"立身",那人只有认识自己,才能弄清楚自己理性生存的依据是什么;而认识自己必须真正

---

① 参见[德]黑格尔《法哲学原理》,范扬、张企泰译,北京:商务印书馆1961年版,第44—49、110—117、164—174页。
② 参见[德]黑格尔《法哲学原理》,范扬、张企泰译,北京:商务印书馆1961年版,第128页。

认识和重视人之关系及其责任,即清晰"处世"的依据和要求。所以,"立身"和"处世"之应该及其所体现的责任是辩证统一的"道德体"。

何为人? 人之为人,强调的是人的存在的合理性问题。如有人的存在不合理,意味着他不是正常意义上的人,简单说,他作为人的存在是不合格的。那么,人的存在的合理性是什么? 古希腊哲学家苏格拉底说过,人是对于理性问题给予理性回答的理性动物。中国古代思想家孔子、孟子认为,"仁也者,人也"①,即"己欲立而立人,己欲达而达人"②,"己所不欲,勿施于人"③,才是真正的人。也就是说,人的存在的合理性在于人的理性。亚里士多德指出,对于人来说,合乎理性的生活是最好、最愉快的生活,因为没有任何东西比理性更属于人了。正因为人是有理性讲道德的,所以,人与动物的根本区别在于人是自觉的存在,这是人之为人的根本。而且,这种"自觉"不仅是认识论的,更是价值观的,就是说,人具有价值认识的自觉,也就有认识价值的自觉。这种对人的存在的合理性的一般含义的认识是具有其合理性的。

既然人的存在的合理性在于人有理性和自觉性,那么,人的理性和自觉的依据是什么? 历来有各种不同的阐释,所谓的"应该说""先天良心说""客观精神说"和"神的意志说"等都有其特有的理念,但是,唯有坚持马克思历史唯物主义的立场和方法,才能真正揭示人的理性和自觉的依据。依据历史唯物主义,人的理性和自觉的依据就是对人和人际关系的理性认识和把握。这也是道德即应该之依据。人是在关系中生存的,人是关系之人,也就是说,人的本质是关系。正如马克思所指出的:"人的本质不是单个人所固有的抽象物,在其现实性上,它是一切社会关系的总和。"④因此,人失去社会关系就不成其为人;忽视甚或排除人之社会关系,人的本质就讲不清楚。因此,人的存在的合理性和自觉性内在特质是对人类所特有的人之关系性的认识和把握。

同时,人的存在的合理性和自觉性进而还表现为人必须对其所面对的社会关系负责。因为人是社会的人,社会不仅为人的存在提供了依据,而

---

① 《孟子·尽心下》。
② 《论语·雍也》。
③ 《论语·颜渊》。
④ 《马克思恩格斯文集》第 1 卷,北京:人民出版社 2009 年版,第 505 页。

且为人的生存和发展提供了条件。而社会本质上具有"过程"特质,它是永恒的不断发展着的历史过程,每一个受到社会"恩泽"的人"天生"或"注定"有责任为社会的发展作出自己的贡献,完全应该为社会的发展不断注入自己应该注入的"力量"。就道德生活来说,每一个人理所当然地要维护和协调好所面对的各种社会关系。假如某人缺乏对其面对的社会关系负责的精神,则此人在社会关系中就是一个被动的存在物。更有甚者,某人如果对各种类型社会关系理性生存和发展不负责任,甚至为一己私利破坏社会关系,那此人就等于丧失了自身存在的合理性,就失去了做人的基本资格和条件。而且,只有在社会关系实现和谐的状态下,人的理性存在、合理存在才有可能。否则,社会人际网络关系遭到了破坏,社会道德将受到严重损害,人性也将遭到压抑甚或摧残。所以,人对其自身所面对的各种类型社会关系负责是人自身合理、自觉存在的前提,这就是说,人之为人在于按社会生活中的客观的立身与处世的道德之"应该"所体现的责任和规范要求立身与处世。

道德之"应该"所体现的规范要求有其自身的独特性。各种类型社会关系构成了社会人际网络关系,生活中的诸如法律条规、经济运行规则、政治原则、宗教戒律等许多行为规范,就是适应和保障社会人际网络关系实现理性状态的强制性规范,而伦理道德则是保障社会人际网络关系理性地存在并依靠教育形成自觉行动的规范。当然,这里的规范体现的都是社会生活中的"应该"。政治有政治的"应该"、法律有法律的"应该"、宗教有宗教的"应该"、道德伦理有道德伦理的"应该",它们对人的行为都起着约束和指导的作用。而且,不同领域和不同层面的"应该"及其规范的提出,都带有"角色意蕴"和"利益意蕴"的特质,因此,对于一定的角色和利益来说,体现为规范的、特定的"应该"都是以"应该"面目出现的,即是说,体现为规范的"应该"都是以合理的姿态出现的。所以,社会生活中的规范要求均以"应该之应该"的面目问世。不过,经济的、政治的、法律的、宗教的"应该"等只能是一定社会的群体、团体、阶层和阶级等的"应该",只能是一定生活领域的人群体的角色和利益所体现的"应该"。马克思指出:"人们按照自己的物质生产率建立相应的社会关系,正是这些人又按照自己的社会关系创造了相应的原理、观念和范畴。所以,这些观念、范畴也同它们所表现的关系一样,不是永恒的。它们是历史的暂时的产物。"①而"以往的全部历史,除原始状态外,都是阶级斗争的历史"②,因此,在阶级社会中,"应该"都有阶级的烙印。"人们自觉地或不自觉地,归根到底总是从他们阶级地位所依据的实际关系中——从他们进行生产和交换的经济关系中,获得自己的伦理观念"③。而科学的道德之"应该",不同于政治,不同于经济,不同于法律,也不同于宗教,它不代表某一人群体的角色和利益,除非某群体的角色或利益代表着社会历史发展的方向,故体现为科学道德之"应该之应该"其本身就是"应该"的。换句话说,这"应该之应该"的"应该"不受任何因素的制约,是一种"必然"。所以,科学意义上的道德是"应该的应该之应该",是道德本体之客观依据。

同时,需要说明的是,道德主体是个人,也是集体。由于集体是各个人之个体组成的,各个人之个体的生存样态,也直接影响集体的生存样态和质量,因此,作为道德主体的集体(国家、民族、单位等)也要承担应有的对个人对社会的责任。看一个社会的道德水准如何,不仅要看每一个个人的道德觉悟,也要看集体。要看现实存在的集体对社会和每个人是否承担了应该承担的责任,对社会和每个人的利益关系协调是否合理,对集体与集体之间关系的处理是否按现代理性要求的规范行动。因此,作为国家、民族、单位的集体也有客观的道德要求。社会关系中的道德规范客观上包括作为集体的道德主体和主体与主体之间的道德要求。需要说明的是,人自身是社会的一分子,道德要求人们要对社会和社会关系负责,这就意味着,每一个人也应该对自己的生存和发展负责,关爱自己,完善自己。说实在的,一个对自己不负责任的人,是不可能有对他人、对社会、对国家负责的道德境界的。所以,道德也是指集体生存、发展的客观的应该。

由是观之,人和集体的合理的、自觉的存在就是"应该"的"应该之应该"的"人格化",就是要自觉履行应该体现的道德责任,自觉按道德规范生活和行动,这就是人和集体的"德性"之所在。

(2)道德本态——"人的世界即各种关系回归于人自身"

既然我们所说的道德是人立身处世或集体生存发展之"应该的应该之应

---

①《马克思恩格斯文集》第1卷,北京:人民出版社2009年版,第603页。

②《马克思恩格斯文集》第9卷,北京:人民出版社2009年版,第387页。

③《马克思恩格斯文集》第9卷,北京:人民出版社2009年版,第99页。

该"，并明确提出要对他人、对社会、对自身负责，那么，这样的道德不可能仅仅停留在哲学分析或哲学理念层面，唯有"应该的应该之应该"及其所体现的道德规范与人的完善和人际关系的和谐达到统一甚或同一，我们所说的道德应该才有实际意义，道德之为道德即本体意义上的道德才是可能的或现实的。

这也就是说，本体意义上的道德其实就是人立身处世或集体生存发展之"应该"实现理性样态下的道德。

伦理思想史上，因为本体意义上的道德理念不一样，所以对理性样态下的道德的认识也大相径庭。客观唯心主义者认为，先在于客观世界的精神决定人和人类社会的存在，道德也随之被决定。黑格尔认为，人类社会连同道德都是由绝对精神外化而来，道德作为人的自由意志的一个环节，它因人、人类而存在。在黑格尔看来，自由意志体现为抽象法、道德、伦理三个逐步递进的精神现象，其中道德是主观内心的法则，是自我生存的应当的规定，因此，道德因人的存在而存在（尽管黑格尔认为人的本质的绝对精神的真正体现在伦理上）。对此，黑格尔说："人格是肯定的东西，它要扬弃这种限制，使自己成为实在的，换句话说，它要使自然的定在成为它自己的定在。"[①]黑格尔接着说："法首先是自由以直接方式给予自己的直接定在。"[②]按照黑格尔的关于道德实现的观点，道德已经深深地烙上了时代的标记。当然，也不要寄希望于作为客观唯心主义者的黑格尔来真正揭示人类道德的理性样态。事实上，黑格尔对道德本体的理解和阐释本来就缺乏科学的社会依据。至于宗教，宗教认为人的德性来自神的德性，神的德性就是人类道德本体，人类道德的理性样态就是按照神的意志行动。这是粗糙的道德本体观，与科学意义上的道德无缘。

主观唯心主义者（或理性主义者）普遍认为，道德取决于人们的"善良意志"，道德天生于人的"良心"。在康德看来，人之为人在于人是有理性的，即说人是讲道德的，而且，人天生具有"善良意志"。因此，真正的道德就是"善良意志"的发现。"人之初，性本善"是我国传统的主观道德论理念，既然这样，那么，道德就是要开发人们的善心，让人性得以真正体现。主观唯心主

---

① ［德］黑格尔：《法哲学原理》，范扬、张企泰译，北京：商务印书馆1961年版，第47—48页。

② ［德］黑格尔：《法哲学原理》，范扬、张企泰译，北京：商务印书馆1961年版，第48页。

义者同样忽视或脱离社会现实谈道德，也都无法真正弄清道德本体及其理性样态。一度以来，国外的基因决定道德论大概应该属于传统的天生道德论范畴，其问题和错误仍然摆脱不了主观主义者的思维定势。

历来还有一部分思想者，他们的道德观与唯心主义道德观相左，这些人以旧唯物主义者居多。他们认为，道德目的就是利益，有利则为德，甚至认为利即道德。这样一来，就可能出现道德目的本身不道德的现象。因为，只顾及利益获得，忽视或不顾及获得利益的手段道德与否，往往出现与道德背离的行动。事实上，在旧唯物主义者那里也是不可能寻找到正确的道德本体理念及我们所理解的道德理性样态的。

马克思认为，道德就是要"使人的世界即各种关系回归于人自身"①。他指出，虽然"任何解放都是使人的世界即各种关系回归于人自身"，但是，真正把所谓"人的世界即各种关系回归于人自身"，并不是靠资产阶级革命带来的"政治解放"来实现，而只能靠无产阶级革命所带来的"社会解放"来实现。当然，尽管这是经典作家讲的社会主义高级阶段和共产主义道德目的，但也适用于现在对道德理性样态的深刻理解和把握。

所谓把"人的世界""回归于人自身"，所蕴含之意一是指社会成员应该具有崇高的精神境界，真正认识到人作为人而存在着的本质在于认识人是理性自觉即自觉到人之关系性之动物，人的存在与对社会、他人、自己的责任同一和同在。二是指在完美的社会中，"个人的独创的和自由的发展不再是一句空话"②，而且，这"个人的独创的和自由的发展"应该是在个人应有能力基础上的聪明才智的充分发挥及其创造。三是指"与人相称的地位"，即"每个人都能自由地发展他的人的本性"③，过着"能满足一切生活条件和生活需要的真正的人的生活"④。这里的人的本性应该是与"应该的应该之应该"相一致或同一的人之为人的理由和要求，至于"真正的人的生活"应该是有尊严的、条件合适的、愉快的生活。四是指劳动已经不仅仅是谋生的手段，而且成了生活的第一需要。在现阶段，劳动尽管还不可能成为生活的第

---

① 《马克思恩格斯文集》第1卷，北京：人民出版社2009年版，第46页。
② 《马克思恩格斯全集》第3卷，北京：人民出版社1960年版，第516页。
③ 《马克思恩格斯文集》第5卷，北京：人民出版社2009年版，第305页。
④ 《马克思恩格斯全集》第2卷，北京：人民出版社1957年版，第626页。

一需要,事实上,人们已经开始把劳动当作愉快的生活之一和健康的重要条件等。换句话说,人们已经开始逐步向劳动是生活的第一需要的生存状态趋近。

从某种意义上说,回归人的世界就是回归人的关系,因为人的世界是由人、人的关系组成的。在马克思主义看来,把"各种关系回归于人自身"是由人的本质决定的,因为在马克思主义的视阈中,"人的本质不是单个人所固有的抽象物,在其现实性上,它是一切社会关系的总和"①。即是说,人是处于"既有的历史条件和关系范围之内的自己"②,"人的本质是人的真正的社会联系"③。简言之,人不是任何实体性的东西,而是关系性的范畴,因此,把"人的世界""回归于人自身"就意味着必然地要求把"各种关系"回归于人自身。需要指出,把"各种关系"回归于人自身的制度基础是社会主义和共产主义社会所确立的制度框架,没有这一制度框架,所谓回归只是一种无根无据的空论。马克思、恩格斯认为,共产主义社会"每个人的自由发展是一切人的自由发展的条件"④。同时,作为具有真正意义的社会主义和共产主义社会这样的体现为"各种关系"的共同体,是实现"人的世界"的条件,因为"只有在共同体中,个人才能获得全面发展其才能的手段,也就是说,只有在共同体中才可能有个人自由"⑤。在这样的共同体中,没有贫富差别、没有高低等级、没有剥削、没有压迫、没有歧视等,"我为人人,人人为我"的互利互惠的理性的人际关系和交往关系将蔚然成风,社会和谐将成为社会生活常态。

其实,"使人的世界即各种关系回归于人自身"的道德及其目标,蕴含着道德主体应该承担的责任和规范。唯有承担应该承担的道德责任,才能实现人的完美和建成和谐共同体。坚持和崇尚真正的自由,才能实现全社会的一切人的自由,并形成真正的自由人的联合体;坚持人格和利益平等,才能让人有尊严地劳动和生活,也才能激发人们的劳动和生活积极性;坚持扬

---

① 《马克思恩格斯文集》第 1 卷,北京:人民出版社 2009 年版,第 505 页。
② 《马克思恩格斯文集》第 1 卷,北京:人民出版社 2009 年版,第 471 页。
③ 《马克思恩格斯全集》第 42 卷,北京:人民出版社 1979 年版,第 24 页。
④ 《马克思恩格斯文集》第 2 卷,北京:人民出版社 2009 年版,第 53 页。
⑤ 《马克思恩格斯文集》第 1 卷,北京:人民出版社 2009 年版,第 571 页。

善遏恶、伸张正义,才能创建和谐的社会生活环境,实现人的世界即各种关系的回归;等等。

由是观之,马克思的"使人的世界即各种关系回归于人自身"的命题是我们主张的道德即"应该的应该之应该"的规范体现和目标实现。因此,"人的世界即各种关系回归于人自身"的社会就是道德化的社会。

(3) 道德本真——"知、行常相须"

如何才能使得人立身处世或社会生存发展之"应该"与"实然"获得真正的统一或同一,并不断地"使人的世界即各种关系回归于人自身",逐步实现道德化的社会。答案只有一个,那就是行动。唯有行动,道德之为道德才能真正实现,本体和目标意义上的道德才具备真正的道德意蕴;唯有人人"知德""敬德""践德","人的世界即各种关系回归于人自身"才有可能实现。为此,亚里士多德说:"合乎德性的行为,本身具有某种品质还不行,只有当行为者在行动时也处于某种心灵状态,才能说明是公正的或节制的。第一,他必须是有所知,自觉的;其次,他必须有意识地选择行为的,而且是为了行为自身而选择的;第三,他必须在行动中,勉力地坚持到底。"[1]我国宋代朱熹从另一种角度指出:"知、行常相须,如目无足不行,足无目不见。论先后,知为先;论轻重,行为重。"[2]因此,道德行动的本身即内涵着"致知""明德"。这就是说,只有坚持知行统一,才能真正实现德之为德。

其一,要人人"知德"。唯有知善恶,才能树立正确的荣辱观,才能不断增强趋善遏恶的自觉性。知德首先要像普及法律一样来普及道德,使所有民众不仅知道社会生活中的善和恶以及道德规范是什么,而且都能懂得人和社会为什么需要道德。当然,不能忽视的重要前提是,要让道德的宣传教育起到理想的效果,还应该重视提升人们的文化水平,让人们在知其然又知其所以然中提升道德觉悟。同时,但凡一个道德觉悟及道德水平高的人和集体,其不仅深知何为道德和为何需要道德,而且熟知系统的道德规范体系,因此,现阶段深入推进道德的宣传和教育工作,需要加强道德理论和道德规范的研究和阐释,在理论先行的情况下,知德才能知到位。

---

① [古希腊]亚里士多德:《尼各马科伦理学》,苗力田译,北京:中国社会科学出版社1990年版,第30页。
② 《朱子语类》卷九。

其二,要人人"敬德"。道德是人立身处世、集体生存发展的要求,也是社会生活的基本方式和内容。缺少道德,人生、集体和社会将是不完整和不完美的,甚至将是被扭曲的非理性的。要通过促进养性修德,形成全社会尊德、敬德的良好风尚。尤其要加强积德荣誉感和缺德羞耻感的教育,要在继承和弘扬传统美德、建设社会主义道德的同时,理直气壮地反对腐朽没落道德,反对道德麻木,反对缺德行为,使得全社会扬善遏恶、敬德积德蔚然成风,这也确是敬德的题中应有之义。当然,更重要的是养成敬畏道德的习惯,一是要在任何时候、任何情况下坚守道德底线,不敢、不愿有违背道德的言行,及时纠正不符合道德要求的举动;二是要自觉履行应该履行的道德责任,并进而以"慎独"展示敬德的最高境界。

其三,要人人"践德"。德之为德在行动,否则,"人的世界即各种关系回归于人自身"将永远不可能实现,那个人的德、集体的德、国家的德、社会的德,也会德将不德。事实上,道德在本质上需要行动,离开了行动,道德就是"空中楼阁"。就我国现有道德建设的状况来说,科学、有机的社会道德实践体系尚需要进一步完善,这在一定意义上是我国道德建设的"短板",因此,也在一定意义上影响着社会践德正常而有效的展开。为此,当务之急是要有践德的战略思路,要有宏观目标,要有社会道德实践的统筹规划;同时,要有切实的践德战术路径,要动员人们积极参与志愿者服务、爱心互助、绿色行动等具体的道德实践活动,促使践德成为人人生活的一部分,让不可或缺的道德要素支持现代完善的人和社会的形成和发展。事实上,正如美国的麦金太尔在简评亚里士多德对诸美德的解说时说的,"诸美德的践行本身就是对人来说善的生活的一个至关重要的组成部分"①。

道德"应该",或称道德之"应该的应该之应该"是道德的客观依据;"使人的世界即各种关系回归于人自身"是道德的理想表征;道德行动是道德之为道德的前提和根本,因此,本真的道德是人立身处世或集体生存发展之"应该"和"实然"的统一体甚或同一体;道德之应该的逻辑回归其实就是"应该的应该之应该"意义上的道德通过行动回归于自身的道德。为此,道德是指不断地回归于应该的人立身处世或集体生存发展的价值取向及其行为规

---

① [美]麦金太尔:《追寻美德》,宋继杰译,南京:译林出版社2011年版,第233页。

范和自觉行动。

由是观之,道德一定是社会的道德,在其根本意义上来说,道德一定是一定经济和社会发展状态下的道德。

3. 经济和道德的逻辑关联

正如前面所述,在其本质上来讲,经济不是一个纯而又纯的投入产出的物质或数量的问题,它必然地内含着道德。不内含道德的经济无法理解,也不可能存在。[①] 因此,经济一定是道德的经济。事实上,所有经济行为都是行为主体的价值取向的一种表态方式。[②] 即使仅仅是为了活命的最简单的经济行为,也是在一定层面上的生存目标的"自主"表达。否则,"人的"经济行为就该遭到怀疑,人的经济行为将"变质"为动物的行为(尽管这是不可能的)。[③] 同时,经济行为一定是人的群体行为,其行为方式和特性一定受制于人的素质和人际利益关系的协调。而后者客观上也是评价人们经济行为过程和经济成就的重要内容和依据。再者,就是以物质形式存在的经济成果,它也是精神化了的物,人的人性观、价值观、生活质量观等都会不同程度地渗透于其中。正如章海山指出:"商品生产者作为经济主体,他生产商品的过程可以说是人格化过程;商品作为物,同样体现了商品生产者的人格。"[④]

同时,尽管经济必然内含道德,经济一定表现出相关的道德性,但是,我们所讲的道德是趋善意义上的道德,一定是依赖于理性或发展态势下的经济,因为,唯有理性或发展态势下的经济基础上,才能形成与经济发展要求相一致的道德,也才能对经济发展起到独特的促进作用。否则,经济离不开道德之理念就没有依据,因为,落后甚或腐朽的道德理念,与正当或理性的经济活动是格格不入的,理性或发展态势下的经济只有坚决拒绝之,才能实现更好的发展。这就是说,趋善意义上的道德有其独特的不可替代的经济作用。

---

① 参见王小锡《经济伦理学的学科依据》,载《华东师范大学学报》(哲学社会科学版)2001年第2期。
② 这里的"价值取向"是广义的概念,只要是人的"自主"性活动,不可能不包含人的意识和目的指向。
③ 我们常常将不道德的恶劣的经济行为斥之为与禽兽无异,这是一种道德评价的话语,并不说明缺德的经济行为与伦理无关,恰恰从另一角度说明伦理总是以不同方式和特性伴随着经济行为。
④ 章海山:《经济伦理方法论的研究》,载《道德与文明》2000年第2期。

其实,先秦儒家学说创始人孔子早就从义利关系的视角上提出了经济与道德不可分的思想,他强调义主利从,即所谓要坚持"义以生利"①"见利思义"②,强调"富与贵,是人之所欲也;不以其道得之,不处也。贫与贱,是人之所恶也;不以其道得之,不去也"③。孔子这一思想影响了我国思想史上的经济伦理观。

由此推论,作为研究经济现象的经济学不可能不研究经济伦理(道德),不包含经济伦理(道德)问题的经济学,是幼稚的甚或是庸俗的经济学。因此,万俊人说,"所谓经济学该不该'讲道德'的问题很可能是一个假问题","经济学'不讲道德'等于否定了人类经济生活本身的道德性,而所谓经济学'讲道德'的说法也是一种多余的甚至是暧昧的表达","人类原本就不存在不讲道德的经济学"④。

这里要进一步确认的是,就一般意义上来说,道德是经济的要素或德性,这就是所谓的经济伦理。那么伦理经济指的是什么呢? 其实,经济伦理和伦理经济并没有本质的区别。伦理经济也是指经济的道德性。经济伦理和伦理经济的区别只是经济伦理侧重说明经济中包含道德要素,讲的是伦理的问题,伦理经济侧重说明经济行为的道德导向和作用,讲的是经济问题。总之,从根本上说,这些都说明了经济和道德关系的密不可分。

(二) 市场经济与道德

"市场经济是道德经济"这一命题有其客观的社会依据。在市场经济条件下更能说明经济与道德之关系的不可分割。

1. 市场经济条件下的"自利"和"利他"是最基本的道德矛盾⑤

一方面,在激烈的经济竞争态势中,任何人首先会考虑到自身的存在和发展,考虑自身的利益。假如连自身的利益也不考虑,他就难以生存,更谈

---

① 《左传·鲁成公二年》。
② 《论语·宪问》。
③ 《论语·里仁》。
④ 参见万俊人《道德之维——现代经济伦理导论》,广州:广东人民出版社 2011 年版,第 8—9 页。
⑤ 参见乔洪武、龙静云《论市场经济的道德基础》,载《江汉论坛》1997 年第 8 期。

不上生活和发展了。市场经济必然会淘汰这样的"缺德"之人。另一方面，"自利"又必须以"利他"为重要条件，他人利益或社会利益遭到损害，个人就失去了通过正常交往实现自身利益的条件。因此，"市场经济下人不仅应该做有利于交换对方的事，还应当承担作为公民必须承担的社会责任"①。事实上，从社会的高度来看，社会的经济体系通过市场营销行为得以存在和规范，而作为经营者的诚信、责任、公平、尊重等市场营销伦理对于理顺市场秩序起着关键的作用，这其实是实现自利的重要社会条件。②

在自利和利他这一对矛盾及其关系的实现方式上，一般来说，私有制条件下，自利是其经济行为的出发点和目标，利他只是一种"手段"而已。而在社会主义条件下，利己和利他应该是辩证的统一。而无论这一对矛盾的解决途径和结果如何，这始终体现了人们的经济行为的道德态度，以及由于道德态度不同而造成的经济行为的方式和性质等的不同。

2. 社会主义市场经济"应该"是讲道德的经济

这里强调"应该"可从两个方面来理解。一是社会主义制度决定了其市场经济的发展目标是实现"共同富裕"，决不允许为了少数人的利益牺牲大多数人的利益，就是为了多数人的利益牺牲少数人的利益，也还要看其经济行为是否值得。这是社会主义市场经济发展的客观要求。背离了这一客观要求，也就背离了社会主义的经济制度。同时，以竞争为基本运作方式的社会主义市场经济，决不允许"弱肉强食"。就其本质上来说，社会主义市场经济条件下的竞争不把优胜劣汰作为经济发展的基本目的，仅仅是把优胜劣汰作为发展社会主义市场经济的一种手段。即通过竞争，"优"者要引"劣"者为戒，要发展得更快更好；"劣"者要吸取教训，取人之长，补己之短，实现自立自强，并赶超"优"者。这样的竞争目的，是现时代一种典型的经济德性之体现。③ 二是"市场经济本身确实是'无所顾忌'的，它自始至终都在贯彻'等价交换'等经济法则，可能具有对人类道德起促进作用的一面，如增强人们的效率意识、竞争意识、进取意识等等；也可能具有对人类道德起促退作

---

① 参见乔洪武、龙静云《论市场经济的道德基础》，载《江汉论坛》1997年第8期。
② 参见[美]帕特里克·E.墨菲等《市场伦理学》，江才、叶小兰译，北京：北京大学出版社2009年版，第5页—21页。
③ 参见王小锡《社会主义市场经济的伦理分析》，载《南京社会科学》1994年第6期。

用的一面,如贫富悬殊、自我中心、金钱至上、畸形消费等等。因此,市场经济本身不可能自发地(或自然地)促进道德的发展,还必须靠若干的'规则'来规范它的运行机制,用这些规则来调整它的运作方向,弥补它的自然缺陷"①。这就是说,在社会主义市场经济条件下,应该通过道德教育和道德规范来实现经济运作中的客观的道德"应该"。

当然,市场经济条件下的道德,要成为符合时代要求并发挥其客观"应该"意义上的作用,依赖于市场经济运行机制的不断完善,假如市场经济运行机制不健全甚至混乱不堪,经济活动中唯利是图、坑蒙拐骗、违背人道等行为屡禁不止,甚至时而猖獗,这不仅道德不能进步,反而会出现道德滑坡现象,在这种情况下,落后、腐朽道德及其缺德行为对市场经济的发展只会起消极促退的作用。所以说,市场经济离不开道德,而道德也需要合理、完善的市场经济。

(三)"道德人"与"经济人"

英国亚当·斯密在《国富论》和《道德情操论》两本书中提出的所谓"斯密问题",使得理论界长期有一种说不清道不明的难解理论之结,以至于有的学者自觉不自觉地试图把道德赶出经济学领域,把"道德人"视作"教父"的化身。其实,斯密本人并不认为有"斯密问题"。②"斯密问题"本不是问题,更不是难题。

1. 经济人和道德人不能分割

事实上,作为只知道利益(利润)最大化的"经济人",这只能是一种抽象的假设,客观存在的"看不见的手""撮合"了经济人和道德人。按照亚当·斯密的认识,每个人都力图实现自身最大的利益(利润),并没有考虑公共利益问题,也谈不上为了公共利益而放弃个人利益,但是,人们"受着一只看不见的手的指导,去尽力达到一个并非他本意想要达到的目的。也并不因为事非出于本意,就对社会有害。他追求自己的利益,往往使他能比在真正出

---

① 夏伟东:《道德的历史与现实》,北京:教育科学出版社 2000 年版,第 288—289 页。
② 参见章海山《经济伦理论》,广州:中山大学出版社 2001 年版,第 9 页。

于本意的情况下更有效地促进社会利益"①。在亚当·斯密看来,人的本性是利己的、求私利的,但利己的行为客观上又会增进公共利益。所以,所谓的"斯密难题"客观上是不存在的。亚当·斯密之后的许多经济学家同样认为,"看不见的手"说明经济人和道德人是不可分割的合体。他们认为,个人追求利益的动机和行为既促进了公众利益的实现,也促进了生产力的发展,这是合乎道德的,哪怕是牺牲社会一些阶级或者一些个人的利益。并指出,"看不见的手"实际上是市场秩序井然的依据和动因,其作用远比政府有计划、有目的的行为更有效。② 因此,就其作用方式和效果来说,"看不见的手"是在市场经济条件下"经济道德"的代名词。应该说,在社会主义条件下更是如此。

2. 社会主义市场经济最基本的特点是经济人和道德人的有机统一

前面已经提到市场经济是道德经济,这一特点,在社会主义市场经济条件下更能凸显出来。如果说,"看不见的手"在一般市场经济条件下还只是自发地起作用的话,那么在社会主义市场经济条件下应该变成人们的自觉行为。

社会主义的经济制度决定着每一个人是真正自由的存在个体,同时这样的个体的全面发展也是以社会经济制度作保障的。因此,每一个社会成员有责任维护和巩固这样的经济制度及其所代表的公共利益。为此,社会主义市场经济条件下,追求利益(利润)的"经济人"的行为本身就应该是一个"道德实体",行为主体应该是"经济范畴的人格化"。③ 同时,社会主义市场经济条件下的"道德人"抽象和假设是为了理论分析和说明问题。而事实上,在现时代,"道德人"一定是"经济人"的道德人,只有通过经济行为过程和效益,才能体现和说明经济行为主体的生存境界和行为价值;"经济人"也必须是"道德人"之经济人,经济行为主体只有集国家、集体、个人三者利益于一体,才不至于置经济发展于畸形状态下,也才符合社会主义经济制度的本质要求。因此,"看不见的手"是经济运作之规律,也是经济道德之规律。

---

① [英]亚当·斯密:《国民财富的性质和原因研究》下卷,郭大力、王亚南译,北京:商务印书馆1994年版,第27页。
② 参见章海山《经济伦理论》,广州:中山大学出版社2001年版,第9—11页。
③ 参见焦国成《传统伦理及其现代价值》,北京:教育科学出版社2000年版,第386页。

社会主义市场经济条件下,"看不见的手"既有引导作用,也有协调作用。一方面,它要引导经济行为主体在追求个人利益(利润)的同时,自觉自愿地追求公共利益(利润),排除亚当·斯密的"看不见的手"中的不情愿因素;另一方面,它要主动地调节各种利益和利益关系,真正实现各种关系的理性存在和各种经济行为的道德化和高效化。

(四)道德力与生产力

1. 道德力

道德存在就是一种力。人无德不立。这就是说,道德是人的存在的基本依据,讲道德、尚理性的人才是一个正常或合格意义上的人。同时,人只有具备了应有的道德境界和人生价值取向,才有可能创造有意义的人生。

同时,道德是社会各种力量不可缺少的要素,离开了道德要素,任何一种力量将会存在缺陷,甚或出现"短板效应"。

如我们经常提到的"人力",优秀的"人力"并不只是指人的肌肉发达、文化层次高、劳动技能好等,如果具备了这些要素但缺乏道德觉悟,没有高尚的人生价值取向,那仍然发挥不了应有的人力的作用。而且事实上,有了基本的道德素质和高尚的人生价值取向,不仅能够发挥应有的力的作用,而且,即使人力要素的其他方面存在不足甚至缺陷,也能尽可能地弥补回来。

至于"物力",为人使用的劳动产品之物在被设计、制造甚至销售过程中若忽视或离开了道德,往往难以契合人性和人的高质量的、舒适的生产和生活需求,也就是说,这样的产品往往严重影响它的适用性和耐用性等,这时的物力不会由产品的材质和科技含量等来确定,而物力从根本上来说取决于物的道德含量。

再拿"财力"来说,并不是有钱就意味着有财力,假如投资缺乏理性,甚至投资不正当,那钱再多也不能说明有财力。如果有钱却挥霍浪费,甚至滋生或支持腐败,这不仅不能说明财力,其实质是应有财力的丧失。

由是观之,道德是社会力量之精神支柱。

2. 生产力内涵道德力

马克思在《1857—1858年经济学手稿》中指出,生产力包括"物质生产力和精神生产力"。而精神生产力指的是生产力中的科学因素和科学力量,这种科学因素和科学力量理应包括道德科学在内的自然科学和社会科学。离开了人的精神尤其是道德精神或道德力的渗透,任何其他生产力要素只能是"死的生产力"。即便包括道德力在内的人的精神在生产力中发挥了作用,由于作用的程度和效率不一样,那么,生产力所体现的水平也会不一样。①

所以,在马克思的思想中,生产力是物质的,同时,生产力也有其精神因素。事实上,物质的生产力是依靠精神的生产力才得以成立或形成。作为物的生产力如果不渗透进精神的因素,如果没有人的"主观生产力"及其观念导向,生产力将是"死的生产力",不能成其为"劳动的社会生产力"。这里的"精神生产力"和"主观生产力"也就是马克思在同样意义上使用的"一般生产力"的概念,即是指由知识、技能和社会智慧构成的科学。② 而道德科学应该属"社会智慧"。因此,科学的道德是生产力中的重要内容或因素,在生产力的发展过程中,它起着独特的精神功能的作用。而且,生产力本身的发展也有赖于生产力内部各要素之间的合理联系和理性存在,这种人与物的结合方式在一定意义上就是人与人关系的生存和协调方式,它对生产力的发展起着特定的制约作用。马克思曾指出:

> 各种经济时代的区别,不在于生产什么,而在于怎样生产,用什么劳动资料生产。劳动资料不仅是人类劳动力发展的测量器,而且是劳动借以进行的社会关系的指示器。③

既然生产力是物质因素和精神因素的统一体,而且"在生产力发展过程中,人的积极性和能量发挥程度、劳动工具的改造和使用效率、劳动对象的认识和改造力度等,往往直接取决于人的人生价值取向、对社会和他人的责任感以及劳动态度等道德觉悟"。因此,道德力"是生产力内部的动力因素"。④ 这也说明,在经济与道德的关系的关联程度及其相互作用的效果上,道德力

---

① 参见王小锡《道德与精神生产力》,载《江苏社会科学》2001 年第 2 期。
② 参见王小锡《道德与精神生产力》,载《江苏社会科学》2001 年第 2 期。
③《马克思恩格斯文集》第 5 卷,北京:人民出版社 2009 年版,第 210 页。
④ 参见王小锡《道德与精神生产力》,载《江苏社会科学》2001 年第 2 期。

直接制约着生产力的存在方式和作用的发挥。这是我们在经济建设中绝对不可忽视的。

3. 道德也是生产力

既然道德力是指道德在经济社会发展过程中所发挥的作用力,那么,没有道德的参与、渗透、指导以及所形成的相关道德行动,任何人类的生产和生活行为将会是不完备甚至是缺乏灵魂的,因此,道德在人类社会中必不可少,事实上,理性社会与道德同在。在经济生活领域,正如上面所说,道德是生产力的因素和要素,道德能发挥特殊的作用力,它是"精神生产力"。为此,道德也是生产力。在一定意义上,道德也是生产力水平的重要标志。

若干年来,我们从不同的角度和层面研究论述了"道德是生产力"的观点,[①]试图通过对这一基本观点的阐释,说明经济与道德的逻辑关联和辩证关系。然而,近年来学界对此有不同意见,一种意见认为,生产力是物质的,道德不应是生产力;否则要么犯了"二元论"的错误,要么颠倒了物质和意识的关系。另一种意见认为,把道德当作生产力是泛化了生产力,它动摇了历史唯物主义的物质基础。还有一种意见认为,把道德当作生产力,模糊了道德作为上层建筑的特性的理解。而我们认为,道德是生产力的命题和以上不同意见,其理论认识的合理性要看其思维角度如何。如果把"道德是生产力"理解成道德是游离于"生产力"之外的另一种生产力,以上的不同意见都是有道理的。如果把道德看作生产力的因素或要素、精神因素或精神要素,是生产过程中必然包含的道德力,那"道德是生产力"则有其充分的依据。

"道德是生产力"命题中的道德是指科学的道德,"它既是社会道德生活规律的正确反映,又应该符合社会历史的发展要求"。[②] 这也正好从一个角度说明经济与道德的统一是历史的、具体的。落后的甚或腐朽没落的道德,不可能也不应该是生产力的因素或要素,也不可能形成特殊的道德力。

当然,尽管道德力是生产力水平的标志,同时也是生产力发展的精神动力,但是以上逻辑还说明,道德作用的发挥依赖于生产力核心要素之人的素质的全面提升,依赖于生产力内部物质要素的科学、先进以及人和劳动工具

---

① 参见王小锡《道德与精神生产力》,载《江苏社会科学》2001年第2期;《再谈"道德是动力生产力"》,载《江苏社会科学》1998年第3期;《经济伦理论纲》,载《江苏社会科学》1994年第1期。

② 参见王小锡《道德与精神生产力》,载《江苏社会科学》2001年第2期。

的合理的结合,唯此才有与生产力发展同步并促进生产力发展的道德。更进一步说,这本身亦是道德生产力的题中应有之义。

因此,道德力和生产力是相互作用、相互依存的。

二、马克思恩格斯的经济与伦理关系观[①]

在马克思、恩格斯的著作中没有使用过"经济伦理""伦理经济"或"经济道德""道德经济"等概念,但并不意味着马克思、恩格斯没有经济和伦理、经济和道德的关系思想,在马克思、恩格斯的思想体系中,经济与伦理、经济与道德关系及经济伦理思想非常丰富。[②] 可以说,不能科学地理解马克思恩格斯经济与伦理、经济与道德观念,就不能真正系统、完整和科学地理解政治经济学或政治经济伦理思想。

(一) 所有制与道德

不管是作为上层建筑的道德还是作为人的品质和品性的道德,其本质指向是人和人的完善、人际关系及其和谐协调。因此,道德以什么样的"样态"存在、发挥怎么样的作用,不得不受决定着社会经济关系性质并进而影响社会各类人际关系的所有制的影响。

1. 所有制决定道德

所有制是所有权关系的一种制度形式,它是各种利益关系的逻辑起点,也是社会道德存在和发展的根源。一方面,生产资料所有者性质决定道德的本质及其特征,所有者阶级的道德一定是在社会中占主导地位的道德;在私有制社会里道德总是阶级的道德,正如恩格斯指出:

> 一切以往的道德论归根到底都是当时的社会经济状况的产物。而

[①] 参见王小锡《简论马克思、恩格斯的经济伦理观》,载《伦理学研究》2002年第1期;《〈资本论〉的经济伦理学解读》,载《清华哲学年鉴(2004)》,保定:河北大学出版社2006年版。

[②] 参见章海山《经济伦理论——马克思主义经济伦理思想研究》,广州:中山大学出版社2001年版,第38页。

社会直到现在还是在阶级对立中运动的,所以道德始终是阶级的道德。①

另一方面,"表现在某一民族的政治、法律、道德、宗教、形而上学等的语言中的精神生产也是这样。人们是自己的观念、思想等等的生产者,但这里所说的人们是现实的,从事活动的人们,他们受着自己的生产力的一定发展以及与这种发展相适应的交往(直到它的最遥远的形式)的制约"②。这就是说,道德是受制于生产力发展及其与之相适应的"交往的制约"。这里的"交往"首先应该是而且其本质上是特定的所有权关系基础上的利益关系及其利益交往。更进一步说,这种一定的所有权"关系"的形成,必然形成一定的生产力内部人与其他要素的关系和生产关系,即形成一定的生产方式。因此,"财产的任何一种社会形式都有各自的'道德'与之相适应"③。这样一来,"与资本主义生产方式相适应的精神生产,就和与中世纪生产方式相适应的精神生产不同。如果物质生产本身不从它的特殊的历史的形式来看,那就不可能理解与它相适应的精神生产的特征以及这两种生产的相互作用"④。

对此,恩格斯曾具体地指出:

> 私有制产生的最直接的结果就是商业,即彼此交换必需品,亦即买和卖。在私有制的统治下,这种商业与其他一切活动一样,必然是经商者收入的直接源泉;就是说,每个人必定要尽量设法贱买贵卖。因此,在任何一次买卖中,两个人总是以绝对对立的利益相对抗;这种冲突带有势不两立的性质,因为每一个人都知道另一个人的意图,知道另一个人的意图是和自己的意图相反的。因此,商业所产生的第一个后果是:一方面互不信任,另一方面为这种互不信任辩护,采取不道德的手段来达到不道德的目的。⑤

---

① 《马克思恩格斯全集》第20卷,北京:人民出版社2014年版,第100页。
② 《马克思恩格斯全集》第3卷,北京:人民出版社1975年版,第29页。
③ 《马克思恩格斯全集》第17卷,北京:人民出版社1963年版,第610页。
④ 《马克思恩格斯全集》第33卷,北京:人民出版社2004年版,第346页。
⑤ 《马克思恩格斯全集》第3卷,北京:人民出版社2002年版,第446—447页。

恩格斯强调,"只要私有制仍然存在,利益就必然是私人的利益,利益的统治必然表现为财产的统治",在这种情况下,人性被扭曲,"人们的关系被彻底歪曲"①,社会合乎人性的生活准则即道德将遭到践踏。

由此可见,一定社会的道德受制于一定的所有制形式和经济关系。尽管马克思、恩格斯所处时代的私有制条件下的道德状况与当今私有制条件下的道德状况不能一概而论,而且,人类社会生活中存在的共同道德已被人们逐步认识和认同,但这并没有改变马克思主义的道德本质观,也没有动摇马克思恩格斯经济伦理观的"基石",因为,在任何情况下,离开所有制形式及其经济关系和利益关系,其社会道德难以被认识和判明。尤其是在现时代,在各种道德观念同时存在且良莠不齐的社会中,不坚持马克思主义的道德本质观,不认清现时代特殊的利益关系,社会道德将会如同是非不清、价值取向混乱的"一堆乱麻"。

2. 所有制是一种特殊的道德存在

其实,马克思恩格斯认为,所有制形式本身就是一种道德存在。马克思曾经指出,体现为所有制的所有权"也只是表现为通过劳动占有劳动产品,以及通过自己的劳动占有他人劳动的产品,只要自己劳动的产品被他人的劳动购买便是如此。对他人劳动的所有权是通过自己劳动的等价物取得的。所有权的这种形式,正象自由和平等一样,就是建立在这种简单关系上的。在交换价值进一步的发展中,这种情况发生了变化,并且最终表明,对自己劳动产品的私人所有权也就是劳动和所有权的分离,而这样一来,劳动将创造他人的所有权,所有权将支配他人的劳动"②。这就说明了,所有制看上去是生产力中人对物的占有和使用关系,其实质是劳动和所有权的关系,是人与人之间的利益关系,而且是带根本性的伦理关系。这种特殊关系势必影响对劳动产品的分配方式,影响人们在社会生活中的角色和地位。这既是道德之"基",也是道德之"本"。

其实,马克思、恩格斯在剖析资本主义社会的经济矛盾时,始终在关注着所有制本身的道德性及其所造成的道德性程度问题。

---

① 《马克思恩格斯全集》第 1 卷,北京:人民出版社 1956 年版,第 664 页。
② 《马克思恩格斯全集》第 46 卷(上),北京:人民出版社 1979 年版,第 189 页。

一方面,马克思、恩格斯揭示了资本主义的所有制本身及其所造成的不道德状态。马克思劳动异化理论较为集中地说明了这一点。一是劳动自身的异化。马克思指出,在资本主义的私有制条件下,"物的世界的增值同人的世界的贬值成正比。劳动不仅生产商品,它还生产作为商品的劳动自身和工人。而且是按它一般生产商品的比例生产的"。这就说明,"劳动所生产的对象,即劳动的产品,作为一种异己的存在物,作为不依赖于生产者的力量,同劳动相对立。"① 同时,劳动本来应该是"自由的生命表现","是生活的乐趣",但在私有制条件下,劳动是为了生存,为了得到生活资料,"劳动成为直接谋生的手段"。② 二是人的异化。在马克思看来,由于劳动异化,"工人对自己的劳动的产品的关系就是对一个异己的对象的关系。因为根据这个前提,很明显,工人在劳动中耗费的力量越多,他亲手创造出来反对自身的、异己的对象世界的力量就越强大,他自身、他的内部世界就越贫乏,归他所有的东西就越少"③。这就是说,"劳动对工人说来是外在的东西","不属于他的本质的东西","因此,他在自己的劳动中不是肯定自己,而是否定自己,不是感到幸福,而是感到不幸,不是自由地发挥自己的体力和智力,而是使自己的肉体受折磨、精神遭摧残。因此,工人只有在劳动之外才感到自在,而在劳动中则感到不自在,他在不劳动时觉得舒畅,而在劳动时就觉得不舒畅。因此,他的劳动不是自愿的劳动,而是被迫的强制劳动。因此,这种劳动不是满足一种需要,而只是满足劳动以外的那些需要的一种手段。劳动的异己性完全表现在:只要肉体的强制或其他强制一停止,人们就会像逃避瘟疫那样逃避劳动。外在的劳动,人在其中使自己外化的劳动,是一种自我牺牲、自我折磨的劳动。最后,对工人来说,劳动的外在性表现在:这种劳动不是他自己的,而是别人的;劳动不属于他;他在劳动中也不属于他自己,而是属于别人"。④ 三是人际关系的异化。马克思指出在资本主义的商品经济条件下,"不是人的本质构成我们彼此为对方进行生产的纽带"。"我是为自己而不是为你生产,就象你是为

---

① 《马克思恩格斯文集》第1卷,北京:人民出版社2009年版,第156页。
② 《马克思恩格斯全集》第42卷,北京:人民出版社1979年版,第28—38页。
③ 《马克思恩格斯文集》第1卷,北京:人民出版社,2009年版,第157页。
④ 《马克思恩格斯文集》第1卷,北京:人民出版社2009年版,第159—160页。

自己而不是为我生产一样。我的生产的结果本身同你没有什么关系，就像你的生产的结果同我没有直接的关系一样。换句话说，我们的生产并不是人为了作为人而从事生产，即不是社会的生产。""我们每个人都把自己的产品只看作是自己的、物化的私利，从而把另一个人的产品看作是另一个人的、不以他为转移的、异己的、物化的私利。"①因此，"对我们来说，我们彼此的价值就是我们彼此拥有的物品的价值。因此，在我们看来，一个人本身对另一个人来说是某种没有价值的东西"②。以上足以说明，资本主义的所有制，使得社会出现了劳动异化、人不将人、关系扭曲的历史画卷。

　　另一方面，马克思和恩格斯在研究和揭示了经济社会发展规律的基础上，构想和展示了道德化的所有制——共产主义。在共产主义社会，"生产资料归社会占有"③，劳动者"共同占有和共同控制生产资料"④。这是经济制度，其实也是道德化的所有制。在这样的制度下，第一，它是"自由人的联合体"，"在那里，每个人的自由发展是一切人的自由发展的条件"，⑤人与人之间关系是平等的，和谐与协作是这种平等关系的必然结果。人们在这样的关系中相互观照自身作为真正的人而存在着。第二，劳动肯定了劳动者的"个人生命"，劳动成了劳动者"真正的、活动的财产"，劳动也成了劳动者"自由和生命表现"和"生活的乐趣"。谁都不会因劳动而视劳动为桎梏或者因劳动而对立人与人之间的利益关系。第三，迫使人们奴隶般地服从分工的情形已经消失，从而脑力劳动和体力劳动的对立也随之消失，劳动已经不仅仅是谋生的手段，而是本身成了生活的第一需要，随着个人的全面发展，生产力也增长起来，集体财富的一切源泉将充分涌流，在那个时候，就能完全超出资产阶级法权的狭隘眼界，在全社会通行"各尽所能，按需分配"。这是理想化的社会，更是道德化所有制的体现。

① 《马克思恩格斯全集》第 42 卷，北京：人民出版社 1979 年版，第 34 页。
② 《马克思恩格斯全集》第 42 卷，北京：人民出版社 1979 年版，第 37 页。
③ 《马克思恩格斯文集》第 4 卷，北京：人民出版社 2009 年版，第 536 页。
④ 《马克思恩格斯全集》第 46 卷(上)，北京：人民出版社 1979 年版，第 105 页。
⑤ 《马克思恩格斯文集》第 2 卷，北京：人民出版社 2009 年版，第 53 页。

（二）经济的人格化与人格化的经济

经济具有"人格化"的伦理特质。离开了伦理道德的特殊视角，任何形式的经济是不可能被科学透视和理解的。这一点在马克思、恩格斯创立科学的政治经济学理论中展现得尤为充分。马克思、恩格斯是在充分关注劳动主体、产权关系、生产关系和利益关系、阶级和阶级关系等经济活动中的"人格化"尤其是"人格化"伦理方面的基础上，才使得经济被理解成是"人的经济"和"关系的经济"，才有一个对"政治经济"完整的、科学的全面认识和理解。

当然，"马克思和恩格斯从来不夸大道德在经济活动中的作用，从来不从道德上去论证经济的资本主义形态灭亡的必然，而是通过发现和创立剩余价值理论从经济学上论证资本主义灭亡的必然性和共产主义必然来临"①。因为，道德毕竟是经济活动的精神层面，"道德不能代替经济事实"。但不能因此认为马克思和恩格斯在分析资本主义的社会经济矛盾中就排除道德因素，甚或认为马克思主义者也不从道德上谴责资本主义。② 其实，马克思、恩格斯的政治经济学理论中，经济主体、经济关系和经济价值关系分析法，从一定意义上说就是道德分析法，许多经济与伦理关系的描述和伦理结论恰恰是资本主义经济矛盾的角度特殊的表述。因此，马克思、恩格斯对资本主义经济的独特伦理理论分析既是我们理解其经济与伦理关系观的重要依据，也是我们今天构建经济伦理学体系的重要指导思想和认识方法。

在马克思、恩格斯的政治经济学理论中，其研究的逻辑起点是商品，研究的核心范畴是资本和劳动，③等等。

列宁认为，商品也是伦理实体：

> 马克思在《资本论》中首先分析资产阶级社会（商品社会）里最简

---

① 章海山：《经济伦理论——马克思主义经济伦理思想研究》，广州：中山大学出版社2001年版，第55页。
② 参见章海山《经济伦理论——马克思主义经济伦理思想研究》，广州：中山大学出版社2001年版，第56页。
③ 参见章海山《经济伦理论——马克思主义经济伦理思想研究》，广州：中山大学出版社2001年版，第229页。

单、最普通、最基本、最常见、最平凡、碰到亿万次的关系：商品交换。这一分析从这个最简单的现象中（从资产阶级社会的这个"细胞"中）揭示出现代社会的一切矛盾（或一切矛盾的胚芽）。①

这是因为，商品虽然是物，但是，作为劳动产品的商品具有使用价值和交换价值二重性，否则，商品就不成其为商品，而商品的二重性是因为生产商品的劳动具有具体劳动和抽象劳动的二重性，否则，商品的二重性没有依据。换句话说，作为物的商品，内含着人与人之间的关系。按照马克思的进一步分析，是资本主义的商品经济使这种人与人之间的关系被扭曲了，社会矛盾也随之复杂和激烈。因此，正如马克思所指出的："商品形式的奥秘不过在于：商品形式在人们面前把人们本身劳动的社会性质反映成劳动产品本身的物的性质，反映成这些物的天然的社会属性，从而把生产者同总劳动的社会关系反映成存在于生产者之外的物与物之间的社会关系。"②因此，可以毫不夸张地说，商品是物质实体，同时在一定意义上也是伦理实体。

关于"资本"。在资本主义社会，资本是不道德的代名词。在资本主义商品经济条件下，"资本本质上是生产资本的，但只有生产剩余价值，它才产生资本"③。然而，生产剩余价值"只是由于劳动采取雇佣劳动的形式，生产资料采取资本的形式这样的前提，——也就是说，只是由于这两个基本的生产要素采取这种独特的社会形式，——价值（产品）的一部分才表现为剩余价值，这个剩余价值才表现为利润（地租），表现为资本家的赢利，表现为可供支配的、归他所有的追加的财富"④。这就表明了，在资本主义条件下，资本就意味着劳动力已成为商品，工人为资本家创造财富，工人与资本家产生了不可调和的剥削与被剥削、压迫与被压迫的矛盾。因此，"在作为关系的资本中——即使撇开资本的流通过程来考察这种关系——实质上具有特征的是，这种关系被神秘化了，被歪曲了，在其中主客体是颠倒过来的……由于这种被歪曲的关系，必然在生产过程中产生出相应的被歪曲的观念，颠倒

---

① 《列宁全集》第55卷，北京：人民出版社1990年版，第307页。
② 《马克思恩格斯文集》第5卷，北京：人民出版社2009年版，第89页。
③ 《马克思恩格斯全集》第25卷，北京：人民出版社1974年版，第996页。
④ 《马克思恩格斯文集》第7卷，北京：人民出版社2009年版，第998页。

了的意识,而这些东西由于流通过程本身的变形和变态而完成了"①。最明显的是劳动者丧失劳动成果,资本家不劳而获,而资本家的观念却是因他们而养活了工人。因此,"作为关系的资本"缺乏科学的经济德性。

关于"劳动"。正如前面已经说到的,资本主义社会中的劳动异化了人和人际关系。马克思指出:

> 劳动过程,就我们在上面把它描述为简单的、抽象的要素来说,是制造使用价值的有目的的活动,是为了人类的需要而对自然物的占有,是人和自然之间的物质变换的一般条件,是人类生活的永恒的自然条件,因此,它不以人类生活的任何形式为转移,倒不如说,它为人类生活的一切社会形式所共有。②

然而,在资本主义社会,资本家"在商品市场上购买了劳动过程所需要的一切因素:物的因素和人的因素,即生产资料和劳动力。他用内行的狡黠的眼光物色到了适合于他的特殊行业(如纺纱、制靴等等)的生产资料和劳动力。于是,我们的资本家就着手消费他购买的商品,劳动力;就是说,让劳动力的承担者,工人,通过自己的劳动来消费生产资料"。这样一来,"工人在资本家的监督下劳动,他的劳动属于资本家","产品是资本家的所有物,而不是直接生产者工人的所有物",就是说,"劳动过程是资本家购买的各种物之间的过程,是归他所有的各种物之间的过程"。③ 工人在资本主义的生产过程中始终处在被动的、被压迫和被剥削的地位,这种不合理的劳动关系造成了特有的资本主义的劳动异化现象。早在《1844年经济学哲学手稿》中,马克思就对劳动异化理论作了系统的阐述,《资本论》中以丰富的实例更深刻地佐证和分析了这一理论。

因此,马克思、恩格斯关于经济人格化和人格化的经济理念,充分说明经济与伦理是不可分割的社会经济现象。

---

① 《马克思恩格斯全集》第48卷,北京:人民出版社1985年版,第257—258页。
② 《资本论》第1卷,北京:人民出版社2004年版,第215页。
③ 《资本论》第1卷,北京:人民出版社2004年版,第215—217页。

三、经济与伦理的逻辑关联[①]

经济和伦理有着紧密的逻辑联系,两者相互依存。其实,进一步说,把经济和伦理分开是理念上为说明经济伦理现象和概念的人为之"为",经济伦理本来就是一体的。

根据马克思主义的道德发生学,人类社会的道德现象是无法脱离相应的经济生活条件而获得独立自足的解释的。因此,相应地,任何一种经济体系都会内生出一定的道德要求。经济的这种内生性道德突出地表现为对一定经济体的规范维系和价值支撑作用。

(一)有经济必有道德

曾几何时,我国经济学界有人认为,经济学不需要讲道德,经济学家讲道德问题是不务正业,是狗拿耗子多管闲事,经济理论讲道德是多此一举。这是庸俗的经济学观点。事实上,经济是人的经济,是人际关系之经济,经济活动不可能不包含价值取向、公正、平等、诚信等道德内涵,而且,经济的发展从来离不开道德力量的支撑。

美国的理查德·T.狄乔治曾经区分过两种意义上的经济伦理学,以分别看待不同的经济伦理问题:一种是商业道德意义上的,另一种是学术研究意义上的。两者的区别在于:前者以一般性的道德原则或规范来影响经济生活,诸如不应说谎、不许偷窃、不能欺骗等;在这个意义上,道德是外在于经济生活的,道德原则或道德规范应用于经济领域与运用于其他社会领域并无二致。后者即学术研究意义上的经济伦理学,则试图把一种伦理学的行为方式通过某种经济学与伦理学共享的框架植入经济活动中,以改良各个行为层次上的伦理质量,改善经济生活。[②] 狄乔治的这种学科知识的划分

---

① 本部分内容曾由王小锡以题为《论经济与伦理的内在结合》发表在《哲学研究》2007 年第 6 期,转述时有文字删改。

② 参见 De George, Richard T., The status of business ethics past and future, *Joumal Business Ethics*, volume 6, issue 3, 1987, pp. 201—211.

方法,实际上恰恰是现代社会看待经济伦理问题的两个不同视角:前者是以道德旁观并约束经济,后者则是两者互动,并在一定意义上互为存在。一般而言,社会经济结构表现为以经济关系为主体所建立的人们从事共同经济活动的行为方式。看上去与道德关系不大,然而,每一种经济关系和与之相关的经济活动之所以能够正常存在并不断地向前推进和发展,它需要而且必然包含着道德在内的各种关系和行为的协调原则,这是经济关系及正常经济行为存在的前提。所以,以道德价值为协调原则的伦理关系客观地存在于经济关系中。事实上,经济一定是人的经济、人之关系经济,然而,有关系必有道德,有经济关系必有伦理关系。因此,相应地,在经济结构中同样也存在着由这种伦理关系所决定的道德结构体系。现代经济伦理学正是对这种互存性结构(可以称之为经济有机体)的自觉与实践。

(二)经济和道德互为存在、相向而行

经济和道德在互为作用中实现协调、共进,并促使经济伦理或伦理经济之社会现象的完美展示。

德国马克斯·韦伯的《新教伦理与资本主义精神》所描绘的时代是一个在社会成就评价的意义上使经济行为和道德行为相统一的时代。赚钱是一种符合上帝意志的天职。它不仅仅是正当的,更为关键的是它在道德评价上获得了正面意义,于是经济行为开始成为向善德行的一部分。然而在后马克斯·韦伯时代,人们对个人或社会的经济成就评价开始优于道德评价。经济行为(形而上学视阈下的概念或认识)由不雅到正当,再到具有正面意义,逐渐获得了在社会成就评价上的价值优先地位。虽然这并不意味着在现代社会中经济成就具有个人或社会成就意义上价值评价的全面的绝对优先权,然而道德评价在现代社会中确实已经在一定程度上和一定视角下被忽略,在少许地方或个案评价中,经济成就替代道德价值的评价时有发生。事实上,凡经济必有道德内涵,经济道德也一定是经济现象,尤其在现代条件下,建立在对科学的道德理解和把握的基础上,经济和道德的逻辑关联体现得更为明显:

其一,经济作为生产和生产过程,它是人的素质的物质体现,经济成就是人的思想观念的物化。生产过程是主体为了获得一定的物质利益而形成

的一个经济行为过程，它必定是在人的思想观念指挥和操纵下进行。而这种思想观念的核心是人的道德观念。人的价值取向、人生态度以及劳动态度直接影响到经济发展的速度和经济建设的成就。为此，经济成就也总是能折射出人的素质的高低、人的道德觉悟的高低等等。

其二，经济行为是行为主体人生价值追求的物质表达方式。就经济行为主体追求经济效益、实现自身价值、造福他人和社会来说，经济行为本身就是道德行为。因此，经济问题说到底也是个道德问题。

其三，所有经济成就都是人际协作的结晶。社会化大生产的发展依赖大协作，没有协作就没有生产力的发展。所以，一个地区经济发达不发达，很大程度上取决于这个地区体现为现代道德精神的协作态度和协作程度。

其四，道德作为社会意识形式，它不能独立存在，它反映着复杂的社会人际关系。其中，最集中反映的是人际利益关系，而人际关系中最核心的是经济关系。惟此，道德才不会是抽象和空洞的，而是具体和科学的。正如德国学者彼得·科斯洛夫斯基所指出的，"在道德和经济的决策中，不存在不可逾越的鸿沟，道德不是其他观点之外的一种观点，而是在经济伦理学，首先是在经济理论的情况下获悉、整理、评价科学观点，并使之用于实践的一种形式"。[①]

由此可见，离开了道德，经济无法被正确地认识和把握；离开了经济，伦理道德也成为空洞的虚幻之物。而且，经济与道德应该是在经济社会发展进程中互为存在地相向而行。

（三）市场（经济）运行制度和机制的完善需要道德支撑

社会主义市场经济是制度经济，在一定意义上也是契约经济，然而，不管是"制度"还是"契约"，其合理和科学的制度或契约来自对经济活动中客观应当的正确认识和把握，换句话说，只有对经济活动中的客观应当即经济道德有正确的认识和把握，并自觉以道德滋养市场经济，社会主义市场经济才能体现其特质。

---

① 参见王小锡《经济伦理学》，北京：人民出版社 2015 年版，第 84 页。

不过,虽然社会经济结构当中所包含的道德结构体系是作为必要条件客观存在的,但这并不意味着它必然会被社会主体所接受。这一点突出地表现为在部分经济学理论中把道德作为靠边或悬置起来的可有可无的存在。从经济与道德的现实关系上讲,"这是一种经济联系从社会与文化准则中脱离出来的过程,这个过程有利于一种更强大的经济自身规律"①。依此,道德理念被当作只能是一种被选择或提供价值选择理论的学说,它只能等待"经济帝国"按照自己的标准进行选择甚或不选择。不过,经济的这种独立化过程却在现实的市场经济运行制度和机制中出现了问题,在市场经济运行中的调控、利益协调、发展等方面,出现了难以避免的失灵现象,同样,在相关经济运行制度不完善下的行政干预也同样具有局限性(政府失灵)。事实表明,道德"等待"而且必须被选择,即使是充分的制度设计及安排也不能消除市场经济运行机制和运行机制本身所固有的缺陷。更何况在市场经济中,市场经济运行机制内所悬置或靠边的那些外在条件也必然随市场经济的发展而发生变化并在市场经济运行制度的调整和机制不断完善的过程中发挥着各自独特的功能和力量。正是在这个意义上说,道德不仅仅是在利益关系发生冲突时的调停人,而且唯有道德的参与和渗透,那些市场经济运行制度、机制和契约的科学与完善才有可能。所以,道德不应仅仅作为限制条件而出现在市场经济运行制度和机制当中(其实,限制也是制度、机制和契约完善的重要方面),而应构成市场经济运行制度、机制和契约的重要支撑部分。正如前面所说,恰当而科学的市场经济运行制度、机制或契约,其本身就应该是道德性的,离开了科学的道德评判和道德渗透,任何市场经济运行制度、机制或契约是不可能科学和正常的。

(四)经济与价值互为享用

经济与价值是何种关系,这在理论界是有不同观点的,尤其是一些学者坚持认为,经济就是经济,价值就是价值,经济和价值不通约,即事实判断和价值判断是没有必然关联度的两种社会现象。这样一来,不仅在理论逻辑

①［德］彼得·科斯洛夫斯基:《伦理经济学原理》,孙瑜译,北京:中国社会科学出版社1997年版,第4页。

上讲不通,在实践上也会带来一系列因事实判断和价值判断隔离而形成的经济矛盾或道德矛盾。经济不谈价值,那经济就很可能是"糟糕"经济,价值离开经济或与之相关的利益和利益关系,那价值就毫无意义。

现代西方经济学中流行以非道德主义为标识的经济理性主义。它首先区分出事实与价值两个领域,并把经济行为确定为事实,把道德行为确定为价值,并根据所谓的事实和价值的不可通约性而排斥道德价值。然而,在美国的普特南看来,事实和价值的区分只是形而上学中的一个论题,而在现实领域中,我们很难把某事物划归为纯粹的事实,或划归为纯粹的价值。他用纠缠来形容事实与价值的关系,并强调,一些道德价值甚至是某些科学实践(包括经济学)的基础。[①] 实际上,并不像许多经济学家所认为的那样,经济现象是事实,道德现象是价值。两者的正确关系应是:经济现象不仅仅是"事实",也含有"价值";道德现象也不仅仅是"价值",还含有"事实"。因此,客观地面对经济社会发展的现实,说经济是"价值无涉"或"价值中立"是站不住脚的。但同时,我们也不能在下述意义上说经济具有价值意蕴,即:由于经济学不作价值选择和价值判断,因而也构成了一种价值立场。这只能是一种利用所谓思维逻辑的狡辩,而且,事实上,经济学中的许多假设条件和经济认知的前提往往是以道德价值为基础的,离开道德价值视角,经济学不可能是完整甚或科学意义上的经济学,经济也不可能被正确地认识和把握。所以,严格来说,科学的经济学必须说明它在有助于社会发展以及涉及自由、平等、正义等价值问题上所作的选择和所作的贡献。道德价值也因此充分展示了它的存在理由和价值。逻辑和事实都能说明,事实和价值是密不可分且互为存在和互为作用的。正如普特南所言:"把涉及人类繁荣(主要指经济繁荣——引注)和涉及规范(要指道德规范——引注)的生活部分,看作是不能相融的观念是错误的。应该在一种有回应的和有责任的伦理共识的基础上,把它们看作是在更大范围的复杂关系系统中相互依赖的部分。"[②]

为此,正是在以上意义上,道德内在于经济当中并具有特殊的功能和作

---

① 参见 Putnam, Hilary, For Ethics and Economics without the Dichotomies, *Review of Political Economy*, Volume 15, issue 3, 2003, p. 396.

② Putnam, Hilary, For Ethics and Economics without the Dichotomies, *Review of Political Economy*, Volume 15, issue 3, 2003, p. 412.

用,它是使经济能够保持良好运行状态所必要的维系规范与价值支撑。

第二节　经济的伦理内涵

经济是人的经济,是社会利益关系发生、发展的特殊存在方式,是人和人际关系或人际利益关系的本质的反映。马克思在谈论"真正的经济"的时候,其中重要的基本理念之一为"真正的经济"是节约劳动时间、提升消费能力、发展生产力、发展个人才能的经济,是不断处理和生产人与人之间相互关系的经济。他指出:

> 真正的经济——节约——是劳动时间的节约(生产费用的最低限度——和降到最低限度)。而这种节约就等于发展生产力。可见,决不是禁欲,而是发展生产力,发展生产的能力,因而既是发展消费的能力,又是发展消费的资料。消费的能力是消费的条件,因而是消费的首要手段,而这种能力是一种个人才能的发展,生产力的发展。①

换言之,经济是关注人的消费和人的发展的经济。而且,这里的消费和消费能力,包括生产消费降到最低限度的"节约",实现消费资料的发展,由此促进个人才能和生产力的发展。这实际上深刻揭示了经济活动的"应当"本质,说明关注道德与道德共生存的经济在本质上不只是投入、产出和效益等问题,更在于经济一定是内含经济行为"应当"的道德的经济。因此,离开了道德视角,经济不可能被正确地理解和把握。换句话说,经济伦理或经济德性是真正的经济不可或缺的内容。

一、经济德性——历史上的认识②

尽管中西方思想史上对于经济是否内含伦理道德有各种不同的观点,

---

① 《马克思恩格斯全集》第 31 卷,北京:人民出版社 1998 年版,第 107 页。
② 本部分内容曾由王小锡以题为《简论经济德性》发表于《道德与文明》2008 年第 6 期。

但是,占主导地位的观点是经济与伦理道德关系密切,许多思想家尽管思维方法和理念理路不一样,但是,较为一致地认为伦理道德本来就是经济活动和经济内涵中的应有之义。换句话说,思想家可以从各种不同的角度叙述经济与伦理道德的关系,但有一点是共同的,即凡经济必有德性,"经济德性"是经济之为经济(真正的经济、完善的经济)的核心要素。因此,经济德性是认识经济与伦理道德同在的核心范畴。

(一) 经济德性即经济之适度、天理之所宜

早在中国春秋时期,晏婴便指出,"义,利之本也。"①在他看来,作为经济之核心的利益,其根本在于道德或道义。需要追问的是,怎样才能达到这种道德或道义呢? 他的回答是:"夫民厚而用利,于是乎正德以幅之,使无黜嫚,谓之福利。利过则为败"②,"让,德之主也,让之谓懿德"③。由此可以看出,他认为,经济领域中的道义、道德指的就是得利要合宜适度,不能贪得无厌,要懂得必要的谦让和应有的让利。

作为宋明理学的集大成者,朱熹十分抬高义利之说,认为:"义利之说,乃儒者第一义。"④并说:"义者,天理之所宜。利者,人情之所欲。"⑤因此,"凡事不可先有个利心,才说着利,必害于义。圣人做处,只向义边做。"⑥还指出:"仁义皆是心,仁是天理根本处,贼仁则大伦大法亏灭了,便是杀人底人一般。义是就一节一事上言。一事上不合宜便是伤义,似手足上损伤一般,所伤者小,尚可以补。"⑦对朱熹这一思想稍加引申即可得出经济德性是指天理之所宜之经济之义。

我国先秦儒学创始人孔子提倡"中庸",古希腊哲学家亚里士多德主张"中道",引申之经济领域,就是适度和合宜。"《中庸》认为,'择乎中庸,得一

① 《左传·昭公十年》。
② 《左传·襄公二十八年》。
③ 《左传·昭公十年》。
④ 《朱子文集》卷二十四。
⑤ 《论语集注·里仁》。
⑥ 《朱子语类》卷五十一。
⑦ 《朱子语类》卷五十一。

善,则拳拳服膺而失之矣。'就是说,掌握了'中庸'之道,使性、情处于'中和'境界就能坚守善道而不丧失。"①,经济要发展,"致中和"是上策。"在亚里士多德看来,选择不是择取目的,目的是概念性的自成目的;选择是对行为方式、过程的正当、合理、恰当的考虑,而恰当合理的行为本身就是目的,也就是说,人们生活着,就是为了能行为正当、恰当、合宜,而不是为了其他的个别目的。"②"比如,向他人散财,合乎一种目的,却要以恰当的方式、对应该的人、用合适的数量、在恰当的时候,这才能表现为一种优良的行为。所以,散财这一行为也应该做得很好。"③这样的行为才能体现为一种德性。

(二)经济德性是指经济之道义和符合道义之经济

西方有思想家认为,经济德性即经济之善恶行为。祖籍荷兰,后旅居英国的伯纳德·曼德维尔尽管认为"道德美德皆为逢迎骄傲的政治产物"④,但他主张积德行善,促进社会的发展和繁荣。不过,正如他在《蜜蜂的寓言》中所说:"本书通篇已经充分证明:要使我们的一切贸易及手工业兴盛发展,人的种种欲望与激情绝对是不可或缺的;而谁都不会否认:那些欲望和激情不是别的,正是我们的恶劣品质,或者至少可以说是这些恶德的产物。"⑤因此,在他看来,生活中促使人们逐利的根源并非什么造福公众的精神,而是众多的欲望。由此可见,伯纳德·曼德维尔虽并不主张私人从恶,但经济社会的发展又不能没有恶,这就是他的"曼德维尔悖论"——经济德性是指促进经济发展的经济之善和经济之恶。

先秦儒、墨两家在经济德性问题上,理路各异,但经济与道义关系上的思想比较趋同。孔子说:"邦有道,贫且贱焉,耻也;邦无道,富且贵焉,耻也。"⑥在孔子看来,经济的发展和生活的富裕,要讲道义,有道义就必然有经济的发展和生活的富裕,否则就是可耻的。在这里,经济、利益与趋善的德

---

① 朱贻庭:《中国传统伦理思想史》,上海:华东师范大学出版社 2009 年版,第 130 页。
② 宋希仁:《西方伦理学思想史》,长沙:湖南教育出版社 2006 年版,第 104 页。
③ 宋希仁:《西方伦理学思想史》,长沙:湖南教育出版社 2006 年版,第 107—108 页。
④ [荷]伯纳德·曼德维尔:《蜜蜂的寓言》,肖聿译,北京:中国社会科学出版社 2002 年版,第 37 页。
⑤ [荷]伯纳德·曼德维尔:《蜜蜂的寓言》,肖聿译,北京:中国社会科学出版社 2002 年版,第 215 页。
⑥ 《论语·泰伯》。

性是相辅相成、合而为一的。墨家的功利主义与上述儒家代表人物孔子的德性主义在经济德性的理解和厘定上，"大同而小异"，殊途而同归。比如，墨家代表人物墨子在其功利主义视阈中认为，经济德性是获利之义、由义而利，义利统一。他认为："义，利也。"①不难看出，墨子认为，义与不义要看是否能够有利，有利则有义，否则，就谈不上"义"。这是因为，义是由利益来决定或者规定的。对于经济德性的理解，墨子另辟蹊径，从义与利等同的视角来加以说明，简明扼要地阐述了经济德性即获利之义、由义而利。

明代王守仁被人问："声色货利，恐良知亦不能无。"他回答说："固然。但初学用功，却须扫除荡涤，勿使留积，则适然来遇，始不为累，自然顺而应之。良知只在声色货利上用功，能致得良知，精精明明，毫发无蔽，则声色货利之交，无非天则流行矣。"在他看来，良知不排除声色货利，但声色货利不一定符合良知，关键在于是否能致得良知。② 这就是说，声色货利符合良知才合乎天则，否则就有悖良知。

（三）经济德性即是人的德性、社会的德性

汉代董仲舒持守的是自然主义伦理观，他认为，利义统一是身心统一之前提，没有义利统一，就没有身心统一。他说："天之生人也，使之生义与利。利以养其体，义以养其心；心不得义不能乐，体不得利不能安。义者，心之养也；利者，体之养也。"③由此可引申为经济、利益与道德的相互依存、有机统一就是经济的德性，同时也是人生之要领，是社会之必然要求。换言之，经济的德性说到底就是人的德性、社会的德性。

既然经济的德性是人的德性、社会的德性，那么，经济一定也是人与人之间的和谐的德性经济。法国的弗雷德里克·巴斯夏在他的著作《和谐经济论》中说："在我看来，上帝按其意愿创造的人既能总结过去，也能预见未来，具有日臻完善的特点。当然也不应否认，人确实钟爱自己。不过，一方面由于人们相互同情和关怀，另一方面由于在人的活动范围内人人都具有

---

① 《墨子·经上》。
② 参见赵靖《中国经济思想通史》第4卷（修订本），北京：北京大学出版社2002年版，第1740页。
③ 《春秋繁露·身之养重于义》。

相同的情感,所以自我钟爱在一定程度上就受到了克制,变得不那么强烈。我于是就想,倘若人的这些特点可以不受阻碍地结合起来并发挥作用,其结果将会产生一种什么样的社会秩序呢? 如果我们发现,结果不是别的,而是一步一步走向幸福,走向完善和平等,各阶层都朝着一致的、越来越高的物质、智力和道德水平发展,那就证明,上帝指明的道路完全正确,我们就能高兴地知道,上帝的创造物并无缺陷,社会秩序和其它自然规律一样,都能证明和谐法则的存在。"[①]这就是说,经济社会的发展需要社会的人与人之间的同情、关怀与和谐。

(四)经济德性即经济自由

我国近代学者严复认为,中国社会之所以落后,经济之所以不发达,是因为百姓没有自主权,他认为,只有自由放任,社会经济才能发展,国家才能振兴。[②] 在西方思想史上许多学者都认为经济德性在于经济自由,唯有自由才有经济主体积极性的充分发挥,也才有经济的公平交易和最大限度的效益。这种观点的典型代表是被称为自由市场主义的鼻祖亚当·斯密,其经济自由主义思想长期影响着西方主流经济学的发展。亚当·斯密经济学说的中心思想是自由放任主义。他认为,每个人都力图实现自身最大的利益(利润),并没有考虑公共利益问题,也谈不上为了公共利益而放弃个人利益,人们"受着一只看不见的手的指导,去尽力达到一个并非他本意想要达到的目的。也并不因为事非出于本意,就对社会有害。他追求自己的利益,往往使他能比真正出于本意的情况下更有效地促进社会利益"。在亚当·斯密看来,人之本性是利己的、求私利的,但利己的行为客观上又会增进公共利益。[③] 同时他认为,"一种事业若对社会有益,就应该任其自由,广其竞争",还说,"人们之所以对追求财富感兴趣,是虚荣而不是舒适或快乐","正是这种荣辱之心激起了人类的勤勉心,鼓励着人们去创造物质文明

---

① [法]弗雷德里克·巴斯夏:《和谐经济论》,许明龙等译校,北京:中国社会科学出版社1995年版,第67—68页。

② 参见赵靖《中国经济思想通史》第4卷,北京:北京大学出版社2002年版,第1740页。

③ 参见章海山《经济伦理论》,广州:中山大学出版社2001年版,第7—8页。

和精神文明的奇迹"。① 不难看出,这就是亚当·斯密的"主观为自己,客观为别人"的"看不见的手"的理论。在他看来,任何束缚都不利于人们追求私人利益,也不利于社会财富的增加和使社会财富的分配符合平等的原则,因此,最好的经济政策就是给私人的经济活动以完全的自由,包括自由雇佣工人,自由竞争,自由贸易,互通有无,互相交易,并任其发展,不应当人为地加以干涉。②

尽管中外思想家关于经济德性的表述各不相同:有的侧重于经济行为之道义,有的侧重于经济行为之功用,有的侧重于经济行为之适度,还有的侧重于经济行为之形式及其效益,等等,莫衷一是,但均从独特的视角给我们以理论和实践的启迪。

二、经济现象的伦理透视③

经济概念不是纯物质或物质活动概念,它必然内涵道德要素。同时,通过对经济现象的解析也可以清晰地看出,作为理解经济的基础或切入点的产权、作为经济活动的核心或前提的生产劳动、作为经济持续运行的分配与交换行为和作为最佳经济状态的"帕累托佳境"等,均与道德有着十分密切的关系。

(一) 产权及其作用的道德元素

经济活动的一个重要前提是产权问题,产权是整个经济活动的逻辑起点,也是经济活动的利益之依据。但是,作为经济活动之前提的产权如果失去道德内涵,就难以发挥其特有的经济作用。因此,研究经济或产权及其基本德性首先应当研究产权道德。

从哲学伦理学意义上说,产权"即财产权利,是一定社会所确认的人们对某种财产或资产所拥有的各种权利的总和,是基于一定的物的存在和使

---

① 参见张旭坤《西方经济思想史 18 讲》,上海:上海人民出版社 2007 年版,第 112—123 页。
② 参见顾肃《自由主义基本理论》,中央编译出版社 2005 年版,第 243 页。
③ 本部分内容曾由王小锡以题为《"真正的经济"是内涵道德的经济》发表于《伦理学研究》2011 年第 5 期。

用的人们之间的一种权利关系,是人的社会存在的肯定方式"①。有人认为,作为财产权利的产权仅仅是经济活动的基础而已,至多是一种法律规定或法律关系,与道德没有必然的联系。事实上,财产权利不仅仅意味着拥有或使用财产,而且还包括使财产增殖以扩展自己的产权。这也是经济活动得以延续、社会得以繁衍的最基础和最根本的经济行为和经济理念。在财产增殖、产权扩展的过程中,产权道德发挥着不可或缺的作用。

1. 产权所有合理与否,本身就是一种道德现象

应当看到,"产权是谁的"和"产权应当是谁的"并不是一回事,随之而来的是,在财产增殖和产权扩展过程中,劳动和劳动关系的表现形式和本质也并不一样。资本主义条件下资产阶级拥有的产权,由于其资本的本质决定了社会劳动是"异化劳动",资本家和工人的劳动关系是对立而不可调和的阶级关系的具体表现形式。这就是说,资产阶级产权是资产阶级道德的最集中的经济体现。在趋善意义上的道德化程度不断加深的社会中,"产权应当是谁的"这一理念越来越清晰而科学。在我国社会主义经济改革过程中,明晰产权,明确经济活动角色,最大限度地遏制剥削与不平等的权利关系已经逐步凸显了社会主义制度和社会主义道德的适时性和先进性。

2. 产权明晰才有可能最大限度地节约资源和产生效益,真正使经济成为道德经济

产权明晰是经济道德的最基本要求,当然,这种符合趋善意义上的经济道德要求十分清楚地明确了"产权应当是谁的"。产权清晰,人们便会对某一财产或资源享有排他性的占有、使用、收益和处置权,人们可以自主地来支配自己的财产,完整地获得产权所产生的收益,由此,激发人们经济的积极性和创造性,从而最大限度地降低经济活动成本。相反,假如产权不明晰,人们不知道生产和交易的收益归谁所有,或者不知道经济活动的收益分成,自然就会降低经济活动的积极性。同时,一定的产权界定是市场交易的前提,假如交易权属不分你我,人们很容易发生争夺,这必然导致资源利用效率的降低和社会生活的混乱。尽管这种不分你我的产权使用或收益不一定发生争夺或外部冲突,但是,由于产权界限不清,收益结果分配也必然不清,往往

---

① 罗能生:《产权的伦理维度》,北京:人民出版社2004年版,第43页。

导致人们不想也不愿意尽心尽职地去通过劳动或交易最大限度地发挥产权的作用。这客观上是对资源的浪费，是不道德的经济行为。[1]

3. 产权交易需要道德，产权决定交易道德原则

产权的一部分是会用来做交易的，产权交易能否成功或双赢，往往取决于交易规则是否合理，即是否符合交易活动过程中的应然要求。因此，产权交易的正常展开，必须有科学、合理的交易规则，其中体现交易应然的道德准则是最基本也最能体现公平的交易规则。同时，产权决定交易道德原则。符合理性或道德性意义上的产权，其交易原则应该是公平合理的。既然财产权属清晰且合理，那么，交易双方各自有权决定某次交易行为的成立与否。而且，交易双方往往在讨价还价中提高交易的合理性或公正性。反之，假如财产权属不清晰，或虽清晰但财产权属不合理，那么，就很有可能产生侵权行为，有的甚至将侵权行为贴上"合理"或道德"的标签，加强了产权交易侵权行为的欺骗性。

总体而言，健全的产权道德"将有效地调节和规范人们的产权关系，减少产权交易中的矛盾冲突，促进人们产权合作关系的形成和合作效率的提高，从而促进产权资源的优化配置，提高产权运行效率"[2]。

（二）生产劳动的本质在于道德升华

生产劳动是人类生存和发展的最基本的物质资料生产的实践活动。生产劳动创造财富，也创造人的素质尤其是道德素质。而且，生产劳动的本质在于人类道德的完美展示和道德境界的升华。生产劳动最能直接说明"真正的经济一定是内含道德的经济"。

1. 生产劳动肯定人自身的存在和人生存的价值

生产劳动一定是人的生产劳动，是生产劳动者在自己意识的支配下利用一定的生产资料作用于劳动对象的物质生产过程。生产劳动过程及其成果不仅充分说明人之为人的本质特征，还能够展示人的存在理由和生存意

---

[1] 参见罗能生《市场经济、道德权利与产权伦理》，载《伦理学研究》2003 年第 2 期。
[2] 罗能生：《市场经济、道德权利与产权伦理》，载《伦理学研究》2003 年第 2 期。

义。这既是人的道德之根本所在,也是人的道德之逻辑起点。在物欲横流的资本主义社会,人的生产劳动不仅不能肯定人自身的存在及其存在价值,而且生产劳动及其成果成了异己的力量,成了压迫生产劳动者自身、摧残人性的手段或工具。尽管如此,作为资本家的"资本"的一部分,工人通过生产劳动不断地把自己"转换"成"雇佣工人"。正如马克思所说:

> 一方面,生产过程不断地把物质财富转化为资本,转化为资本家的价值增殖手段和消费品。另一方面,工人不断地像进入生产过程时那样又走出这个过程:他是财富的人身源泉,但被剥夺了为自己实现这种财富的一切手段。因为在他进入过程以前,他自己的劳动就同他相异化而为资本家所占有,并入资本中了,所以在过程中这种劳动不断对象化在为他人所有的产品中。因为生产过程同时就是资本家消费劳动力的过程,所以工人的产品不仅不断地转化为商品,而且也转化为资本,转化为吮吸创造价值的力的价值,转化为购买人身的生活资料,转化为使用生产者的生产资料。可见,工人本身不断地把客观财富当作资本,当作同他相异己的、统治他和剥削他的权力来生产,而资本家同样不断地把劳动力当作主观的、同它本身对象化在其中和借以实现的资料相分离的、抽象的、只存在于工人身体中的财富源泉来生产,一句话,就是把工人当作雇佣工人来生产。①

可见,在不理性的社会制度下,生产劳动是违背人类道德的活动。当然,从历史发展的宏观意义上说,人的生产劳动永远是社会发展和人类进步的力量源泉。生产劳动违背人类道德的现象只是不理性的社会制度造成的,所以,改变不理性的社会制度是升华人类道德的重要路径和手段。

2. 劳动说明人的基本权利和道德价值的获得

万俊人说:"劳动在获得其商品价值的同时,也获得了它所特有的社会价值和道德价值。从道德伦理的角度看,人类的合道德性意义也正在于此。由于劳动及其成果可以获得这种人的道德价值,所以,劳动本身也就成了人类(确切地说是合格的成年劳动者)的一种基本权利,这种权利既具有生存

---

① 《马克思恩格斯全集》第44卷,北京:人民出版社2001年版,第658—659页。

权的一般价值意义——作为劳动者基本的生存方式;也具有道德权利的特殊价值意义——作为劳动者自身人格、尊严或荣耀的自我表达与社会认肯方式。"①反之,不劳动者就会失去生存的基本权利,以生存意义为核心的道德价值也就无法体现。事实上,人的权利和道德价值的实现无不与劳动有着密切的关联性。其一,唯有劳动才能获取应有的利益,包括物质利益和精神利益。就物质利益来说,人生存的基本物质条件必定与劳动的绩效有关。就精神利益来说,人的政治权利、文化享受权利、获得名誉权利乃至话语权的大小都与人的劳动态度和劳动成果有着不可分割的关联性。其二,唯有劳动才能显示人的崇高的人生境界和道德觉悟,也才能说明人的生存价值。游戏人生、不劳而获的人对自身和社会是有愧的,他们醉生梦死、腐朽没落的生活态度使其生存意义不齿于社会。

3. 生产劳动锤炼人类的品质

生产劳动是最复杂的人类活动,也是人类征服自然的最根本性的活动。在生产劳动过程中,生产劳动者的品质不断得到升华。正如马克思所说,在生产过程中,生产者在改变客观条件的同时也改变着自己。具体来说,一是生产劳动者将会养成求真的品质。生产劳动要顺利进行且获得理想的效益,生产劳动者必须不断探索真理,发展科学技术。同时,要坚决抵制各种各样的伪科学,唯此才能使生产劳动与人类发展要求同步。二是任何生产劳动都要求人们付出智力、能力和财力等,这需要劳动者有乐于付出的理念,有吃苦耐劳甚至勇于牺牲的精神。同时,智力的积累、能力的培养和财力的积聚,都需要生产劳动者具备刻苦、奋斗之精神。三是生产劳动是人类改造自然、创造财富的最普通也最艰巨的活动,它需要人们相互之间的协调和团结,并在不断形成合力的基础上推进生产劳动的进程,提高生产劳动的效益。现时代的生产劳动更需要而且更能够培养和锤炼人们务实求真、奋力拼搏、团结协作的精神。

4. 生产劳动催生道德规范并影响各种社会关系的和谐与发展

人类的生产劳动是集体或集体性质的活动,生产劳动要顺利进行,需要协调生产劳动者之间的关系。同时,随着社会化大生产的发展,人类生产劳

---

① 万俊人:《道德之维——现代经济伦理导论》,广州:广东人民出版社 2000 年版,第 236 页。

动的分工越来越细,人们在生产劳动中的相互依赖程度越来越高,每一个劳动者在生产劳动之关系链中的地位和作用越来越重要。再者,人类的生产劳动与整个社会都直接或间接地发生着这样或那样的关系,各种关系都会对生产劳动产生一定的影响。因此,生产劳动中必然会形成一定的协调各种生产劳动关系的道德规范。

生产劳动只有在一定的道德规范制约或指引下才能顺利进行。并且,生产劳动社会化程度的提高,生产劳动的和谐进行和发展,客观上又必然促进全社会人际关系的协调与和谐。同时,由于生产劳动道德规范是社会道德规范的基础和核心,它将会延伸或繁衍出社会生产和生活各领域的道德规范,并由此推动全社会的和谐发展。

(三)分配和交换的可持续依据是公平

作为主要经济现象的分配与交换是人类生存和社会发展的重要经济行为,离开了分配或交换之经济行为,社会的生产和生活链条将会脱节,社会的生产和生活也将难以正常进行。进一步来说,分配和交换之经济行为的正常进行必须依靠公平。从一定意义上说,公平分配与交换是人类社会经济行为持续发展的前提和条件。

任何社会的分配都可分为生产资料的分配和生活资料的分配,就我国目前的生产资料和生活资料的分配现状而言,复杂性体现为分配依据和分配方式的多样性[①]、分配对象的复杂性和分配原则、分配政策的严格针对性。在当前复杂的生产资料和生活资料分配过程中,分配多寡并不是分配合理与否的依据。分配的合理性来自对分配主体及其利益关系的正确认识和把握,来自对分配依据和方式的科学认识和正确定位,来自对以公平为核心的分配原则和分配政策的正确制定。换言之,充分体现当今时代经济道德之应然的公平是我国生产资料和生活资料分配的基本理念和原则。其实,讲究分配公平的同时,道德分配也是极具人性意义的现时代生产资料和生活资料

---

① 我国实行的是按劳分配为主体、多种分配方式并存的分配制度。在多种分配方式中,有按劳动成果分配,有按技术、信息、资本或股份、无形资产等生产要素分配,等等。

分配方式。厉以宁曾针对收入分配提出先后递次的"三次分配"：一是按市场准则进行的收入分配即所谓的第一次分配；二是在政府主持下的收入分配即所谓的第二次分配；三是基于道德信念而进行的收入分配即所谓的第三次分配，诸如个人自愿交纳、捐助和捐赠等都属于道德分配。事实上，道德分配有着调节甚至化解分配矛盾、维持社会公平的特殊作用。[①]

由是观之，分配是经济现象，更是诉求公平之道德实体。唯有分配公平才可能使得生产资料和生活资料分配在经济活动中成为经济持续发展的合理节点和理性链条。交换活动与分配活动是相互依存的持续经济活动的重要环节。分配需要公正与平等，交换同样也需要公正与平等。交换表面上是以作为一般等价物的货币为桥梁的产品交易，根本上是人际利益的交换，是人的"特殊的自然需要"的交换。因此，交换客观上需要公正与平等。对于这一问题，马克思曾进行了充分的阐释，他指出：

> 交换行为不仅设定并证明交换价值，而且设定并证明作为交换者的主体，至于说交换行为以外的内容，那么这个处在经济形式规定之外的内容只能是：(1)被交换的商品的自然特性，(2)交换者的特殊的自然需要，或者把二者合起来说，被交换的商品的不同的使用价值。因此，这种使用价值，即完全处在交换的经济规定之外的交换内容，丝毫无损于个人的社会平等，相反地却使他们的自然差别成为他们的社会平等的基础。如果个人A和个人B的需要相同，而且他们都把自己的劳动实现在同一对象中，那么他们之间就不会有任何关系；从他们的生产方面来看，他们根本不是不同的个人。他们两个人都需要呼吸，空气对他们两个人来说都是作为大气而存在；这一切都不会使他们发生任何社会接触；作为呼吸着的个人，他们只是作为自然物，而不是作为人格互相发生关系。只有他们在需要上和生产上的差别，才会导致交换以及他们在交换中的社会平等化；因此，这种自然差别是他们在交换行为中的社会平等的前提，而且也是他们相互作为生产者出现的那种关系的前提。从这种自然差别来看，个人A是个人B所需要的某种使用价值的所有者，B是A所需要的某种使用价值的所有者。从这方面说，

---

① 参见王小锡《经济伦理与企业发展》，南京：南京师范大学出版社1998年版，第48页。

自然差别又使他们互相发生平等的关系。但是,他们因此并不是彼此漠不关心的人,而是互为一体,互相需要,于是客体化在商品中的个人 B 就成为个人 A 的需要,反过来也一样;于是他们彼此不仅处在平等的关系中,而且也处在社会的关系中。①

当然,交换客观上需要公正与平等和通过交换实现公正与平等是有区别的。也就是说,交换顺利进行并产生效益,需要有一系列的体现公正与平等要求的行为规范来制约人们的交换行为。从一定意义上来说,没有交换道德,就没有正常和合理的交换行为,也就没有正常的生产劳动和正常的经济运作过程。换句话说,交换道德是正常交换的支柱,是经济正常运行的灵魂。

(四) "帕累托佳境"中的道德理念

"帕累托佳境"②在一定意义上就是经济道德佳境,也是最能说明经济内含道德的典型思维模式。事实上,"真正的经济"是内含道德的经济,完整意义上的表述应该是道德佳境下的经济才是"真正的经济"。

帕累托佳境(Pareto Optimality,亦称帕累托最优、帕累托最优状况、帕累托优态、帕累托效率)是指资源分配的一种状态,即在可分配资源和享受资源人数既定的情况下,从一种分配状态转换到另一种分配状态,在不使任何人境况变坏的前提下,不可能再使某些人的处境变好。帕累托改进(Pareto Improvement,亦称帕累托改善)是指一种变化,在没有使任何人境况变坏的前提下,使得至少一个人变得更好。这就是说,实现帕累托佳境就意味着不可能再有帕累托改进的余地;帕累托改进是达到帕累托佳境的路径和方法。由此,我们可以看到,帕累托佳境"背后隐藏的完全是一个道德约束,即:如果资源配置已经达到了不减少一部分人的福利就不能增加另一部分人的福利的地步,那么就已经达到最优了,再不需要减少一部分人的福利来

① 《马克思恩格斯全集》第 30 卷,北京:人民出版社 1995 年版,第 196—197 页。
② 意大利经济学家、社会学家维尔弗雷多·帕累托(1848—1923)在收入分配的研究和个人选择的分析中提出了"帕累托佳境"的概念。

增加另一部分人的福利,那样做对整个市场来说毫无意义。反过来,如果市场未达到帕累托最优,则可以对它进行帕累托改进,亦即增进了一部分人的福利,但却没有损害另一部分人的福利"[1]。

"帕累托佳境当然是一种经济学和效率原则。它所揭示的是当一种经济实现帕累托佳境时,各种社会资源的利用和财富的分配都达到了一个均衡的状态,没有过剩也没有不及,因而效率是最高的,社会福利得到了最大的实现。但是,帕累托佳境并非只靠经济学的原则就能够实现,其中也蕴涵着一些基本的道德精神,或者说,只有在一定的社会道德原则能够得以贯彻践行的前提下,帕累托佳境才是可能达到的"[2]。

1. 帕累托佳境就是经济公平佳境。资源分配要实现帕累托佳境,其手段和目的都必须是公平的,否则就谈不上资源最佳配置,更谈不上人与人之间的平等。所谓帕累托改进,其目的就是让资源作最优最合适的分配。这里的"最优最合适"指的就是尊重人的劳动、关注和实现人的应有利益、资源实现没有浪费没有偏差的分配。并且,资源的最优配置是通过市场交换来实现的,公平交易才能实现效用的最大化,否则就会造成生产与贡献的偏离,减弱人们对下一轮生产的积极性,减少生产性资源的投入,客观上就会减少社会财富的创造,这样就丧失了实现帕累托佳境的基础,更谈不上实现帕累托佳境。

2. 帕累托佳境就是共创共赢的佳境。帕累托佳境既是资源分配状况,也蕴含着资源实现的最好态势。而资源实现的最好态势取决于通过最优分配促使人们达到最优的生产劳动积极性,也取决于人们在社会生产劳动过程中的团结协作和奉献精神。在一定的市场机制下,竞争是资源配置尤其是生产资源配置过程中必然出现的状况,而且理性意义上的竞争有利于实现资源配置中的最佳状态和效益。因此,利益相关者只有共同携手努力,相互支持,相互促进,才能实现双赢或多赢。

3. 帕累托佳境就是诚信佳境。资源分配总是一定的人按一定的规则分配,然而,包括资源存量、分配依据、分配方法和分配结果等资源分配的全部

---

[1] 杨充霖等:《市场与良心——论市场经济的道德内涵》,载《哲学研究》2003年第3期。

[2] 唐凯麟:《建构和谐社会的基石:经济和道德的良性互动与协调发展》,载《毛泽东邓小平理论研究》2005年第6期。

信息应该被公开,这样可以大大降低交易费用,减少人们在经济活动中获取和辨识信息的费用、谈判和监督的费用以及由于违约造成的种种成本,充分利用已有资源作最佳分配并发挥最佳效益。相反,如果一个社会欺诈成风,交易中尔虞我诈,人们不得不将大量的精力、时间和金钱用于相互防范和解决各种欺诈所造成的纠纷,由此造成大量资源不能用于生产性活动,也使社会丧失大量可以创造出来的财富。①

三、新发展理念的伦理蕴涵

习近平总书记在党的十八届五中全会和多个场合、从不同角度强调,要牢固树立并切实贯彻落实创新、协调、绿色、开放、共享的发展理念,《在庆祝中国共产党成立 95 周年大会上的讲话》中又指出:

> 面对中国经济发展进入新常态、世界经济发展进入转型期、世界科技发展酝酿新突破的发展格局,我们要坚持以经济建设为中心,坚持以新发展理念引领经济发展新常态,加快转变经济发展方式、调整经济发展结构、提高发展质量和效益,着力推进供给侧结构性改革,推动经济更有效率、更有质量、更加公平、更可持续地发展,加快形成崇尚创新、注重协调、倡导绿色、厚植开放、推进共享的机制和环境,不断壮大我国经济实力和综合国力。

这就意味着,牢固树立并切实贯彻落实新发展理念是时代发展的必然,是国家综合实力不断增强的要求,更是全国人民的热切期待。新发展理念是对我国经济社会发展规律的科学揭示,其中内含着丰富的社会主义伦理精神和道德要求。

(一) 坚持一切为了人民幸福

习近平总书记在庆祝中国共产党成立 95 周年大会上的讲话中指出:"坚

---

① 参见唐凯麟《建构和谐社会的基石:经济和道德的良性互动与协调发展》,载《毛泽东邓小平理论研究》2005 年第 6 期。

持不忘初心,继续前进,就要坚信党的根基在人民、党的力量在人民,坚持一切为了人民、一切依靠人民,充分发挥广大人民群众的积极性、主动性、创造性,不断把为人民造福事业推向前进",同时强调,"带领人民创造幸福生活,是我们党始终不渝的奋斗目标。我们要顺应人民群众对美好生活的向往,坚持以人民为中心的发展思想,以保障和改善民生为重点,发展各项社会事业,加大收入分配调节力度,打赢脱贫攻坚战,保证人民平等参与、平等发展权利,使改革发展成果更多更公平惠及全体人民,朝着实现全体人民共同富裕的目标稳步迈进"。

新发展理念充分体现了习近平总书记的一切为了人民幸福的思想,只是体现的角度和要求有所不同而已。创新发展,必然引领发展,并实现持续发展,其中不仅为人民"实惠"的增多提供了条件,而且将不断增加人民的获得感和幸福感。尤其不可忽视的是,广大人民群众在创新活动中将不断提升自身的综合素质和现代化水平,这是创新发展中最好最根本的发展,也是人民群众最本质的获得感和幸福感。协调发展,其目的就是为了我国各地区各民族各群体的利益的整体发展,就是为了避免"中等收入陷阱",就是为了解决好收入差距问题等,使发展真正惠及全体人民。绿色发展,"就其要义来讲,是要解决人与自然和谐共生问题。人类发展活动必须尊重自然、顺应自然、保护自然,否则就会遭到大自然的报复,这个规律谁也无法抗拒"①。这就是说,绿色发展即为符合规律的生态性发展。事实上,"环境就是民生,青山就是美丽,蓝天也是幸福,绿水青山就是金山银山;保护环境就是保护生产力,改善环境就是发展生产力"②。因此,在坚持低碳发展、循环发展和合理发展中将会实现全面发展、可持续发展,为人民提供最佳生产和生活条件与环境,促进人的素质的全面提升,最终实现自然社会的生态性存在和发展。开放发展,是为了充分汲取和利用世界文明发展成果,让一切可以利用的资源为我国经济社会的发展服务,最大限度地解放和发展生产力,解放和增强社会活力,以先进的物质力量和精神力量提升广大人民群众的生活质

---

① 《习近平在省部级主要领导干部学习贯彻党的十八届五中全会精神专题研讨班上的讲话》,《人民日报》2016年5月10日。

② 《习近平在省部级主要领导干部学习贯彻党的十八届五中全会精神专题研讨班上的讲话》,《人民日报》2016年5月10日。

量。其实,开放发展更重要的是促进了人的现代化程度的不断提高,这是人民幸福之本,也是幸福之根。共享发展,"共享发展理念,其内涵主要有四个方面,一是全民共享,即共享发展是人人享有、各得其所,不是少数人共享、一部分人共享。二是全面共享,即共享发展就要共享国家经济、政治、文化、社会、生态文明各方面建设成果,全面保障人民在各方面的合法权益。三是共建共享,即只有共建才能共享,共建的过程也是共享的过程。四是渐进共享,即共享发展必将有一个从低级到高级、从不均衡到均衡的过程,即使达到很高水平也有差别。树立共享理念,就必须坚持发展为了人民、发展依靠人民、发展成果由人民共享,作出更有效的制度安排,使全体人民在共建共享发展中有更多获得感……"①

事实上,在以人为本、以民为本、着力践行以人民为中心的发展思想指导下,发展是为了人民。发展了,人民就能在经济和社会生活中不断提升幸福指数,使得每一个人有尊严的生活和工作,并进而将以极大的热情参与到社会主义建设与发展的进程中。

(二) 坚持公平正义促发展

要牢固树立并切实贯彻落实创新、协调、绿色、开放、共享的新发展理念,调动人民群众的参与积极性是根本,平衡各种利益矛盾、缩小发展和得惠落差是关键,建立健全科学制度是重点,而这一切的一切,取决于是否坚持公平正义的伦理理念。

1. 唯有坚持公平正义,才有可能最大限度地调动广大人民群众参与建设、发展的积极性

习近平总书记在谈到推进改革的要求时指出:"全面深化改革必须着眼创造更加公平正义的社会环境,不断克服各种有违公平正义的现象,使改革发展成果更多更公平惠及全体人民。如果不能给老百姓带来实实在在的利益,如果不能创造更加公平的社会环境,甚至导致更多不公平,改革就失去

---

①《习近平总书记系列重要讲话读本》,北京:学习出版社、人民出版社 2016 年版,第 136 页。

意义,也不可能持续。"①由此联想,没有公平正义也就失去了民意的支持,人民群众也就不可能有参与社会主义建设的积极性,新发展理念也就难以具体落实。

就现有情况看,"在我国现有发展水平上,社会上还存在大量有违公平正义的现象。特别是随着我国经济社会发展水平和人民生活水平不断提高,人民群众的公平意识、民主意识、权利意识不断增强,对社会不公问题反映越来越强烈"②,因此,关注民意,突出解决存在的有失公平正义的问题,是赢得民心、动员广大人民群众落实新发展理念的根本举措。当然,解决公平正义问题的重要途径是"保证人民平等参与、平等发展权利",并且,就发展成果来说,"'蛋糕'不断做大了,同时还要把'蛋糕'分好"。③

事实上,历史的经验告诉我们,改善民生是促进公平正义、实现持续发展的基础。改善民生,就意味着人民得到了实惠,生活得到了改善,权利真正得到了保障,在坚持公平正义中解决了群众后顾之忧,这也就必然提高人民群众参与社会主义建设、发展的积极性。假如发展成果不能惠及广大人民群众,不能改善民众所关切的问题,就意味着有失公平正义,那么新发展理念最后也得不到广大人民群众的认同和支持。

2. 唯有坚持公平正义,才有可能切实解决发展中的矛盾和不平衡

创新、协调、绿色、开放、共享发展不可能是一帆风顺的,新发展理念客观上是"针对我国发展中的突出矛盾和问题提出来的",因此,新发展理念在深刻揭示了实现更高质量、更有效率、更加公平、更可持续发展的必由之路的同时,也辩证而明确地告诉广大人民群众,发展的前提是需要解决一系列的矛盾和问题,需要重视发展中的不平衡问题,它是关系我国发展全局的一场深刻革命。④ 然而,在这场深刻的革命过程中,需要公平正义的理念和举措,否则,新发展理念难以真正落实。

在当前和今后一段时期,我国发展中的矛盾和不平衡问题依然存在,甚至还存在一定的风险。诸如包括创新体制架构和创新价值评估等创新发展

---

① 《切实把思想统一到党的十八届三中全会精神上来》(2013年11月12日),《求是》杂志2014年第1期。
② 《切实把思想统一到党的十八届三中全会精神上来》(2013年11月12日),《求是》杂志2014年第1期。
③ 《切实把思想统一到党的十八届三中全会精神上来》(2013年11月12日),《求是》杂志2014年第1期。
④ 参见《习近平总书记系列重要讲话读本》,北京:学习出版社、人民出版社2016年版,第130页。

动力问题;城乡发展、东西部发展不平衡问题;分配不公和贫富差距问题;生态环境及人与自然和谐共生问题;教育、就业、医疗、福利问题等。这些问题的解决,确实需要公平正义的政策和手段,否则,新发展理念将会成为空中楼阁,难以推进和落实。

说实在的,我国发展中的矛盾和不平衡问题解决得好与不好,它直接关系到发展资源的分配和利用的"帕累托最优"问题,更关系到人的积极性调动和发挥问题。创新发展中要解决的是动力问题。"对我国这么大体量的经济体来讲,如果动力问题解决不好,要实现经济持续健康发展和'两个翻番'是难以做到的"①。然而,动力之动力是人的积极性,唯有不断明确创新的国家发展意义和个人发展价值,并在制度和机制上保证意义的体现和价值的实现,才能最大限度地激发人们的积极性。协调发展中要解决的是不平衡问题,要"处理好局部和全局、当前和长远、重点和非重点的关系,在权衡利弊中趋利避害、作出最为有利的战略抉择。从当前我国发展中不平衡、不协调、不可持续的突出问题出发,我们要着力推动区域协调发展、城乡协调发展、物质文明和精神文明协调发展,推动经济建设和国防建设融合发展"②。在这里,"强调协调发展不是搞平均主义,而是更注重发展机会公平、更注重资源配置均衡"③。只有这样,协调发展才可以顺利实现。绿色发展中要解决的是人和自然的共生问题。在我国发展进程中,生态环境问题已经"成为明显的短板"。从"共时性"角度来看,发达地区的经济发展,对大气污染、水污染、土壤污染等造成了较为严重的问题;从"历时性"角度来看,当代人往往为了眼前的利益或一时的 GDP,"穿越"地超前支取了应该由后代人开发和利用的资源或利益,而要解决这些问题,必须消除在环境和资源利用上的有失公平正义的自私和短视行为,"一定要树立大局观、长远观、整体观,不能因小失大、顾此失彼、寅吃卯粮、急功近利"④。开放发展中要解决的是我国经济发展与发达国家的差距问题,以及如何汲取国外的可以被我国利用的经验和文化问题,当然,更需要解决"支撑高水平开放和大规模走出

---

① 《习近平总书记系列重要讲话读本》,北京:学习出版社、人民出版社 2016 年版,第133 页。
② 习近平:《深入理解新发展理念》,《求是》2019 年第 10 期。
③ 习近平:《深入理解新发展理念》,《求是》2019 年第 10 期。
④ 习近平:《深入理解新发展理念》,《求是》2019 年第 10 期。

去的体制和力量仍显薄弱"[①]的问题。对此,我们不能"掉入别人精心设计的陷阱",更不能忽视公平正义行为的宣传力量和聚力作用。共享发展中要解决的是如何做到人人共享、全面共享的问题,其实这本身就是公平正义问题,共建一定共享。"要坚持社会主义基本经济制度和分配制度,调整收入分配格局,完善以税收、社会保障、转移支付等为主要手段的再分配调节机制,维护社会公平正义,解决好收入差距问题,使发展成果更多更公平惠及全体人民",也只有这样,共享发展才有可能实现。

3. 唯有坚持公平正义,才有可能建立健全促进发展的相关制度

习近平总书记指出:"要在全体人民共同奋斗、经济社会发展的基础上,加紧建设对保障社会公平正义具有重大作用的制度,逐步建立以权利公平、机会公平、规则公平为主要内容的社会公平保障体系,努力营造公平的社会环境,保证人民平等参与、平等发展权利。"[②]同时指出:"我们讲促进社会公平正义,就要从最广大人民根本利益出发,多从社会发展水平、从社会大局、从全体人民的角度看待和处理这个问题。我国现阶段存在的有违公平正义的现象,许多是发展中的问题,是能够通过不断发展,通过制度安排、法律规范、政策支持加以解决的。"[③]这说明制度建设能够促进公平正义,而合理、科学的制度需要公平正义的理念和价值观。

的确,制度及其相关法律、政策等科学与否,直接影响到发展的速度和效益,而科学、理性的制度需要公平正义的理念和价值观来指导和渗透。一是公平正义理念和价值观将会厘清历来的各种制度的合理度,有利于合理解决以往制度的存废问题,尤其是能有效撤除影响发展的不合理制度,解决发展中的制度瓶颈问题。二是公平正义理念和价值观将会引导人们理性地对待域外与发展相关的制度的吸收与排斥问题。当然,我们的公平正义是社会主义核心价值观指导下的公平正义,它有利于我们客观、科学地分析国外与发展相关的制度,科学地吸收对我国制度建设有用的东西,并有效抵制表面上标榜公平正义其实质是违背理性的相关制度。三是公平正义理念和价值观作为制度建设的指导思想和灵魂,将切实解决促进发展的制度的全

① 习近平:《深入理解新发展理念》,《求是》2019 年第 10 期。
② 《切实把思想统一到党的十八届三中全会精神上来》(2013 年 11 月 12 日),《求是》杂志 2014 年第 1 期。
③ 《切实把思想统一到党的十八届三中全会精神上来》(2013 年 11 月 12 日),《求是》杂志 2014 年第 1 期。

面性、系统性和科学性问题,并进而推进新发展理念的全面落实。

(三)坚持共建共享的道德责任

新发展理念中的一个核心理念是共建共享,它内含着发展需要人人参与、人人尽力,发展成果应该人人享有、全面享有。这里的人人参与和人人尽力,意味着不同的人有不同的岗位,各自应该有着不同的行动目标和道德责任。同样,这里的人人享有和全面享有,意味着每一个人应该有着实现共享的建设行动和道德责任。

1. 政府要时刻不忘服务于国家和人民、服务于发展

要有勇气进一步深化改革,"让一切劳动、知识、技术、管理、资本等要素的活力竞相迸发,让一切创造社会财富的源泉充分涌流"[1],同时要"更好发挥政府作用,就要切实转变政府职能,深化行政体制改革,创新行政管理方式,健全宏观调控体系,加强市场活动监管,加强和优化公共服务,促进社会公平正义和社会稳定,促进共同富裕。各级政府一定要严格依法行政,切实履行职责,该管的事一定管好、管到位,该放的权一定要放足、放到位,坚决克服政府职能错位、越位、缺位现象"。当然,"在我国,党的坚强有力领导是政府发挥作用的根本保证",要加强各级党组织的作用,在党政配合一致的情况下,推进新发展理念的全面落实。[2]

2. 提升境界,敬业奉献

新发展理念的落实要靠广大人民群众的参与和奋斗。首先,"确立新发展理念,需要不断学、深入学、持久学,从灵魂深处确立对新发展理念的自觉和自信"[3]。这就需要每一位参与者认真学习习近平新时代中国特色社会主义思想,深刻领会新发展理念的内涵及其实质,尤其要真正弄清楚"共享理念实质就是坚持以人民为中心的发展思想,体现的是逐步实现共同富裕的

---

① 《习近平谈治国理政》,北京:外文出版社 2014 年版,第 93 页。

② 参见《习近平谈治国理政》,北京:外文出版社 2014 年版,第 118 页。

③ 《习近平在省部级主要领导干部学习贯彻党的十八届五中全会精神专题研讨班上的讲话》,《人民日报》2016 年 5 月 10 日。

要求"①,进而进一步明确自身在创新发展、协调发展、绿色发展、开放发展、共享发展中的角色和责任,促使自己不断向上和向善。其次,"空谈误国,实干兴邦",每一位参与者应该积极投身于社会主义建设事业,按照新发展理念中的价值取向要求,兢兢业业地干好自己的本职工作,为实现中华民族的伟大复兴奉献自己的一切力量。

3. 公平公开分享成果

共享发展成果是发展中的重要环节,在落实共享中真正实现人人共享、全面共享,就能促进人的全面发展,也就能最大限度地激发广大人民群众的潜能和劳动积极性。尤其要在实现人人共享、全面共享中坚持公平公开,好事办好,决不能因分享成果的不公平而挫伤人民群众的积极性。更要注意,在落实共享过程中,要充分关注人民群众的教育、就业、医疗、福利等问题,不断增强人民群众的获得感和幸福感。

发展中的共享是好事,但是,共享是一件复杂的社会要事,"要按照人人参与、人人尽力、人人享有的要求,坚守底线、突出重点、完善制度、引导预期,注重机会公平,着力保障基本民生"②,并在保障基本民生的基础上,不断增强共建共享力度,"朝着实现全体人民共同富裕的目标稳步迈进"③。

4. 德、法并举,保障共建共享

共建共享客观上内含着权利和义务的辩证统一关系,参与建设才能享用,享用必须参与建设;共建实现共享,共享促进共建,而这一切需要有保障举措和制度机制,这本身也是共建共享之题中应有之义。德、法并举最能有效保障人民群众的共建共享目标,习近平总书记说:"坚持人民主体地位,切实保障公民享有权利和履行义务。公民的基本权利和义务是宪法的核心内容,宪法是每个公民享有权利、履行义务的根本保证。"又说:"法律是成文的道德,道德是内心的法律。我们要坚持把依法治国和以德治国结合起来,高度重视道德对公民行为的规范作用,引导公民既依法维护合法权益,又自觉

---

① 《习近平在省部级主要领导干部学习贯彻党的十八届五中全会精神专题研讨班上的讲话》,《人民日报》2016年5月10日。
② 《习近平总书记系列重要讲话读本》,北京:学习出版社、人民出版社2016年版,第215页。
③ 《在庆祝中国共产党成立95周年大会上的讲话》,《人民日报》2016年7月2日。

履行法定义务,做到享有权利和履行义务相一致。"①这是保障共建共享的最重要的指导思想。

第三节　伦理的经济意义②

　　从 20 世纪 70 年代起,一批哲学伦理学家突破学科界限,把道德理论引入商业领域,并最终发展出经济伦理学。③ 2002 年的安然事件和 2008 年席卷全球的金融危机,促使西方学术界重新思考:道德究竟能对经济生活起到多大的作用? 道德的经济价值如何体现? 多年来,国际伦理学界对经济伦理的研究可谓是势头强劲,表现在连续六届的"ISBEE 世界大会"的重要主题均有关于伦理的经济作用的研讨,其理论和实践研究的见长推动了国际经济伦理学学科的发展,也直接影响企业的文化建设和经营活动向纵深发展。

　　20 世纪 90 年代初,社会主义市场经济在中国确立伊始,我国学界就围绕道德的经济价值问题展开了激烈的讨论。夏伟东提出了"市场经济是道德经济"的观点,认为市场经济是"规则经济",道德就是规则和规范。"所谓规范市场经济,实际就是规范市场经济的行为主体(个人、群体和社会)的行为。"④不久,经济学界发生了一场关于经济学该不该讲道德的争论,有人指出,经济学谈道德是"不务正业",经济学"只是在给定的(由别人给定的、由别的学科给定的,或者就是由社会给定的)道德规范和价值体系下进行分析,它是把人们(个人或社会)的'偏好'、'口味'、'价值观'、'生活目标'、'社会公德'、'平等观'等等当作'外生的'、在经济学体系之外决定的东西来看

---

① 《习近平谈治国理政》,北京:外文出版社 2014 年版,第 140—141 页。

② 参见王小锡:《论道德的经济价值》,载《中国社会科学》2011 年第 4 期。

③ 参见 De George, Richard T., The status of business ethics past and future, *Journal Business Ethics*, volume 6, issue 3, 1987, p.201.

④ 参见夏伟东《市场经济是道德经济》,载《新视野》1995 年第 3 期。

待"。[①]"道德无用论""不道德的经济学"之类的观点遭到许多经济学家和伦理学家的批评,在某种程度上,学界形成了一种共识:市场经济有不可或缺的道德维度,经济学应该讲道德。[②] 韦森的观点具有一定的代表性:"市场秩序有着伦理之维;道德支撑着市场的运行。看不到这一点,将是一个理论的'道德色盲'"[③]。为此,"当代经济学与当代伦理学应当恢复对话与沟通"[④]。回溯西方经济思想史,经济学应该讲道德并不是今天才有的理念,凯恩斯就曾提出:"经济学在本质上是一门道德科学,而不是自然科学。"[⑤]诺贝尔经济学奖获得者阿马蒂亚·森则明确指出,"经济学与伦理学的分离已经导致了福利经济学的贫困化,也大大削弱了描述经济学和预测经济学的基础","随着现代经济学与伦理学之间隔阂的不断加深,现代经济学已经出现了严重的贫困化现象"。[⑥] 可见,经济学不能无视道德,经济学研究离不开道德及其经济作用之维。

一、生产活动中特殊的作用力

一切价值的创造归根结底都来源于劳动生产,对道德在经济活动中所起作用的考察必须从劳动生产出发,具体分析道德在劳动生产过程中如何以特殊的作用力体现经济价值,由此展开论述,其结论一定是,道德在生产活动中有着不可替代的特殊的作用力,事实上,道德也是生产力。

生产的发展是生产力的物质方面和精神方面共同作用的结果。精神生产在劳动过程中直接参与活劳动的对象化过程,这是理解道德可以体现为

---

① 参见樊纲《经济学家谈道德》,载《经济学消息报》1994 年 12 月 8 日;樊纲《"不道德"的经济学》,载《读书》1998 年第 6 期。参与争论的代表作有刘福寿《经济学家不讲道德吗?》,载《探索与争鸣》1995 年第 7 期;贾春新《经济学能远离道德吗?》,载《财经科学》1995 年第 6 期;罗卫东《经济学与道德——对经济学某些倾向的反思》,载《浙江学刊》2001 年第 5 期。

② 20 世纪 90 年代中期至 21 世纪初阐释经济或经济学要讲道德的主要代表作有,厉以宁:《经济学的伦理问题》,上海:三联书店 1995 年版;张军:《道德:经济活动与经济学研究的一个重要变量》,载《中国社会科学》1999 年第 2 期;万俊人:《论市场经济的道德维度》,载《中国社会科学》2000 年第 2 期;徐大建《经济学家如何讲道德》,载《道德与文明》2002 年第 5 期等。

③ 韦森:《经济学与伦理学》,上海:上海人民出版社 2002 年版,第 69 页。

④ 韦森:《伦理道德与市场博弈中的理性选择》,载《毛泽东邓小平理论研究》2003 年第 1 期。

⑤ 转引自韦森《经济学的性质与哲学视角审视下的经济学》,载《经济学》第 6 卷第 3 期。

⑥ [印度]阿马蒂亚·森:《伦理学与经济学》,王宇、王文玉译,北京:商务印书馆 2000 年版,第 79、13 页。

生产力的特殊的作用力的逻辑前提。

马克思认为,"生产力当然始终是有用的、具体的劳动的生产力"①,这种生产力包括"物质生产力和精神生产力"②。精神生产力是与物质生产力相对的一个概念,是由知识、技能和社会智慧等要素共同形成的力量。③ 物质生产力和精神生产力之间存在着辩证关系。一方面,生产过程中物质生产力的形成,有赖于精神力量的参与。马克思指出:"固定资本的发展表明,一般社会知识,已经在多么大的程度上变成了直接的生产力,从而社会生活过程的条件本身在多么大的程度上受到一般智力的控制并按照这种智力得到改造。它表明,社会生产力已经在多么大的程度上,不仅以知识的形式,而且作为社会实践的直接器官,作为实际生活过程的直接器官被生产出来。"④另一方面,物质生产力是精神生产力的物质载体。马克思指出:"人本身单纯作为劳动力的存在来看,也是自然对象,是物,不过是活的有意识的物,而劳动本身则是这种力在物上的表现。"⑤所以,"没有人的作为'主观生产力'及其观念导向,生产力将是'死的生产力',不能成为'劳动的社会生产力'。"⑥

因此,道德作为一种精神生产力,是活劳动的"主观生产力",是物质生产力的精神支撑和价值灵魂。道德转化为劳动生产力的过程,不同于物质生产力转化为劳动生产力的过程,不是以直接、显性的方式,而是以间接、隐性的方式,物化在劳动生产过程中,物化在活劳动的对象化产物上。

(一)道德是生产力中的核心精神要素

恩格斯指出,劳动"还包括经济学家没有想到的第三要素,我指的是简单劳动这一肉体要素以外的发明和思想这一精神要素"⑦。这就是说,在劳动生产过程中,伴随着活劳动的物化,"发明和思想这一精神要素"也物化在

① 《马克思恩格斯文集》第5卷,北京:人民出版社2009年版,第59页。
② 《马克思恩格斯全集》第30卷,北京:人民出版社1995年版,第176页。
③ 参见《马克思恩格斯全集》第31卷,北京:人民出版社1998年版,第92页。
④ 《马克思恩格斯全集》第31卷,北京:人民出版社1998年版,第102页。
⑤ 《马克思恩格斯文集》第5卷,北京:人民出版社2009年版,第235页。
⑥ 王小锡:《再谈"道德是动力生产力"》,载《江苏社会科学》1998年第3期。
⑦ 《马克思恩格斯文集》第1卷,北京:人民出版社2009年版,第67页。

劳动产品中。无疑,"精神要素"中包含有道德的成分,且应该是基础或核心要素。当然,道德不能直接塑造劳动产品的属性,只能优化属性的功能,并在一定程度上设计各类属性的组合方式,这实际上是根据一定的道德价值来塑造并满足人的需要的过程。因此,人的需要的合理性限度是确定道德向经济价值转化的合理性限度的依据。

既然劳动生产离不开精神要素,且道德又是精神要素之核心,那么,道德就是物质生产的精神动力和价值支撑。一方面,道德是社会生活中人与人之间应然关系的反映,是伦理关系在价值观念中的凝结,道德上的"应该"能够引导人们通过推理和实践达成理性的存在方式。同时,道德能够揭示并引导人生的理性发展方向和社会的理性发展趋势。因此,作为生产第一要素的劳动者,在道德自觉状态下,将会确立积极的人生价值,遵循合理的道德要求,适应社会发展的需要,以积极的姿态投入生产过程,促进生产的理性方式的形成并推动生产力和生产的发展。事实上,作为品质和素养的道德,也是引导劳动者的价值观念、决定其劳动态度的稳定器。没有基本的道德素养,作为生产力第一要素的"活劳动"就会成为工具性的"死的生产力"。因此,作为生产力要素的道德,应该而且必须以稳态的形式凝聚在劳动者的价值观念系统中,必须成为固定的行为方式才能发挥生产力的作用。

另一方面,道德可以为社会生产力的发展营造人性化的劳动生产环境和和谐的社会条件,减少生产发展的"社会成本"。现代的社会化大生产绝不是单一的物质生产,而是一种全面的社会生产。① 道德作为生产内在构成的精神要素,在其中发挥着重要的作用。② 人类的生产和生活实践说明,作为产品质量的尺度,道德在物的内容和形式上参与了产品功能的规定;作为规范的尺度,道德在活劳动的物化过程中参与了生产活动条件和劳动组成方式的规定。就前者而言,道德是凝结在产品中的需要;就后者而言,道

---

① 《德意志意识形态》将"社会生产"区分为四种相互区别但又彼此联系的类型,即物质生产、人的生产、社会关系的生产和精神生产。俞吾金认为,马克思的生产理论是一种"全面生产"理论,社会生产的结构以物质生产和人的生产为基础,以精神生产为最高层次,以社会生产为中介环节,因而是一种全面的社会生产。参见俞吾金《作为全面生产理论的马克思哲学》,载《哲学研究》2003年第8期。

② 尽管物质生产主导其他诸如包括精神生产的生产,但是其他生产也会制约物质生产的发展水平,道德正是通过各种方式渗透到其他生产之中,并由它们来影响物质生产。

德是生产的"非制度约束"①，是提高产品质量和减少社会生产成本的必要条件。当然，要指出的是，作为生产力要素的道德，它必须是对社会道德正确认识和把握基础上的观念要素，并在此基础上形成一种共识道德，因为，只有在实现道德共识的基础上，道德才可以实现向经济价值的转化。

（二）道德是生产力发展的重要依据和条件

生产工具是生产力发展水平的标志，而劳动者的道德状况与生产力的发展水平具有不可分割的正相关性关系。首先，生产力水平应根据生产力要素的整合效应进行衡量。生产力要素的整合效应是指合理地配置劳动者、劳动工具和劳动对象之间的组织方式，使其最大限度地发挥生产系统的合力。道德是激励与联合劳动者的精神酵母，是劳动者在劳动生产过程中提高生产力要素整合效应的价值依据，不仅可以增强劳动者的责任心，而且能够最大限度地发挥劳动工具的作用和充分地利用劳动对象。其次，道德是协调人际关系的重要手段，是优化劳动生产关系的精神纽带。劳动共同体内部建立起来的和谐关系，能够有效地减少人际的"摩擦消耗"，起到关系"润滑剂"的作用。现代化的社会化大生产过程是以复杂精细的社会分工和千头万绪的价值交换为基础的，即使是最简单的产品生产也有赖多方合作才得以完成。合理的道德观念有助于劳动者树立合作性竞争理念，推动社会生产和社会交往朝着更加合理的方向发展，提高生产效率，创造出更多的社会财富。再次，生产力水平并不是只看一时的生产效益，只顾眼前，不顾长远，无视环境伦理，不讲生态道德，滥用自然或社会资源，破坏自然生态、社会生态、自然社会生态的平衡，过早消耗应该由后代人消耗的资源，从生产力发展水平的持续性过程性即动态性来评价，这种一时的 GDP 提升，甚或所谓生活质量的提高，其实从人类长远发展利益来看则是对生产力、生产

---

① 这里的"非制度"因素是指人们在长期的社会生活中逐步形成的习惯习俗、伦理道德、文化传统、价值观念、意识形态等对人们行为产生非硬性约束的规则规范。诺斯认为，在人类行为的约束体系中，非正式制度具有十分重要的地位，即使在最发达的经济体系中，正式规则也只是决定行为选择的总体约束中的一小部分，人们行为选择的大部分行为空间是由非正式制度来约束的。参见道格拉斯·C.诺斯《制度、制度变迁与经济绩效》，刘守英译，上海：上海三联书店 1994 年版，第 140 页。

力发展进程的破坏。

综上所述,道德是现代化大生产条件下不可或缺的精神要素。作为伦理关系的价值凝结和规则体系,道德普遍地存在于各种类型的社会生产过程中,对物质生产起着重要的促进作用。为此,从客观存在于社会生产过程的精神要素中认识并提炼出道德要素,将其作为"工具理性"来对待,就显得十分必要。正是在这种意义上,道德才成为一种可以带来经济价值的精神生产力,即所谓的"道德生产力"。

二、资本的精神要素

道德是资本不可或缺的精神要素,道德也是资本。

资本的价值源泉在于活劳动的价值创造过程,所有在价值形成过程或价值增殖中影响活劳动发挥作用的物质和精神因素都具有资本属性,这就是所谓的"资本一般"。科学的道德能够以其特有的引导、规范、制约和协调功能作用于生产过程,促进经济价值增殖。因此,从资本一般这一概念出发,道德作为影响价值形成与价值增殖的精神因素具有资本属性。换言之,道德资本是体现生产要素资本的概念,是广义资本观下的资本概念。

在经济活动中,有助于活劳动创造剩余价值(利润)的一切道德因素都应该是道德资本。道德资本主要有观念体系、行为规则、活动德性等,具体包括道德境界、价值观念、习俗规范、善意善行、集体行动方式等。

需要指出的是,道德资本概念中的"资本"并非马克思的经典资本概念,它不同于马克思政治经济学中作为反映或批判资本主义商品经济制度和经济关系的分析工具的资本概念。在马克思看来,资本不是物,资本是带来剩余价值的价值;资本是经济范畴,更是经济关系范畴,它是体现资产阶级和工人阶级之间的资本剥削雇佣劳动的关系的作为"资本特殊"的范畴。而道德资本基于资本一般的理论视阈,把道德视为一种有价值的生产性资源,以此来分析道德在经济价值增殖过程中特殊的功能和作用,这正是道德资本概念与马克思资本概念的区别,也是理解道德资本的理论空间和逻辑边界的起点。罗卫东明确地将道德的经济功能称为道德资本:"道德的经济功能与资本相类似,它介入经济活动,会带来较大的利益。我们可以借用布尔迪厄的宽泛的资本概念称其为'道德资本'。"①从社会效用来看,道德资本与他类资本不同,它不单纯是促进价值物保值和增值的精神要素,更是一种富含社会理性精神的价值目的,以实现经济效益与社会效益的双赢。如此而言,实物资本和无形资本中所包含的一切价值要素都可归入道德资本的范畴。

从马克思的经典资本理论,到包括人力资本理论②、社会资本理论③和文化资本理论④在内的广义资本理论,人们对资本范畴的理解正不断发生变化。而道德资本是在广义资本理论基础上的进一步拓展,是从广义资本形态中分离出来的一种特殊的资本形态。非实体性的道德资本不仅和实物资本相对立,而且还渗透在人力资本、知识资本、文化资本和社会资本之中,并通过其他资本形态而发挥其特有的功能和作用。在广义资本形态中,无论是实物资本中凝结的劳动属性,还是非实物资本中含有的精神要素,只要与价值目的相关,都可以成为道德资本的价值来源。道德资本不仅具有工具理性价值(价值规范性),也遵循目的理性功能(价值目的性)。作为一种工具理性,道德资本在依据同社会发展保持正向价值关联的理性价值目标中主要发挥着规范和约束的作用。但道德资本绝非是一种赚钱的工具而已,道德工具主义不过是资本所设下的"道德骗局"。可资本化的道德仅是作为充当实现理性经济目的的手段时才成为道德资本,充当资本形态的道德在为价值增殖服务的同时也对资本提出约束,引导和规范资本投资的理性取向及其发展趋势。因此,道德资本是"作为资本形态的道德"和"有道德的资本"的统一,这是其特有的社会价值属性。

道德资本的资本意义主要体现在几个方面:

(一)道德是提高资本增殖能力的重要条件

资本的本质特征在于运动,资本只有不停地运动,才能实现价值增殖,

---

① 罗卫东:《论道德的经济功能》,载《中共浙江省委党校学报》1998年第1期。
② 参见[美]西奥多·W.舒尔茨:《论人力资本投资》,吴珠华等译,北京:北京经济学院出版社1990年版,第19页。
③ 参见赵延东《"社会资本"理论述评》,载《国外社会科学》1998年第3期。
④ 参见[法]布尔迪厄《文化资本与社会炼金术——布尔迪厄访谈录》,包亚明译,上海:上海人民出版社1997年版。

否则就不能称其为"资本"。在资本运动的过程中，道德能够通过激活人力资本和有形资本促使价值增殖。

其一，道德通过组织制度的道德化设计以及对人的潜能的激发，盘活有形资产，实现资源的优化配置，从而提高生产效率。其二，道德还可以通过人的主观能动性不断地物化并渗透于有形资本当中，并进而获得企业信誉和核心竞争力，形成资本存量，提高有形资产的附加值。其三，道德能够通过对经济主体品质、素养和境界的提升而激活人力资本，从而成为企业利润增加乃至整个社会财富增长的资本性资源。企业通过系统的道德教育、道德渗透和道德实践，终将促进企业道德水平和企业员工道德素质的提升，而具备积极的人生价值取向和优秀的职业道德素养的劳动者，能够真正成为生产活动的"第一要素"，能够促使企业正常、高效地运转。

（二）道德是生产力精神要素之核心

道德能否成为资本，关键要看道德在经济运行和企业发展中能否产生应有的作用力，形成独特的经济价值。道德在经济运行和企业发展中不是可有可无的，正如前面所说，道德其实也是一种生产力。

其一，就劳动资料的技术含量及其功能来说，利用先进生产工具驾驭和改造自然界的过程，不完全是我们的"能不能"的技术性问题，更是存在着如何驾驭、为何驾驭等应然性的价值观问题。其二，就劳动者的综合素质和劳动技能来说，没有人的作为"主观生产力"及其观念导向，生产力将是"死的生产力"，不能成为"劳动的社会生产力"。其三，就社会人际关系的和谐来说，社会生产也是人的关系即社会关系的生产。社会关系和谐与否将直接影响社会生产力的发展水平。其四，就生产力的内部要素的关联来说，生产力是一个由多种要素结合在一起的综合概念，而且，各要素之间的结合关系说到底是人与人之间的关系，因此，生产力本身的发展也有赖于生产力内部各要素之间的合理联系和理性存在，即是说，劳动者与劳动工具、劳动对象如能实现合理的理性的结合，生产力才会正常发展。

需要说明的是,这不是说道德就是物质的生产力,而是指道德是生产力要素中的精神要素,是精神生产力。

（三）道德是人性化产品设计和制造的灵魂

企业靠高质量的产品赢得市场,获取利润。然而,道德是高质量产品的根本性保证。产品的特性,除了科技文化因素外,更重要的还取决于产品的道德性。在一定意义上说,道德是产品设计和制造的灵魂。

其一,产品的"人性设计"主要应体现在关注人的生理、心理乃至社会等需求上,事实上,产品设计越是接近于人的生理和心理等需求,产品越有销路,也越能赚钱。其二,产品设计是一回事,制作又是一回事。即是说,为用户着想、对用户的负责精神应该渗透在制造产品的各个环节和各个方面,才能制造出高质量产品。其三,企业的利润并不仅仅在于产品质量好坏,更在于企业优质低价的产品质量和经营理念。加强售后服务的道德精神,将会不断增加"回头客"。

当前我国重视的"供给侧"产品生产理念,又从另一个角度强调了产品生产及其质量的道德性问题,因为企业超前考虑顾客的需求,引导顾客寻求更高质量的生产和生活图式,这必将给企业带来更好更多的效益和利润。

（四）道德是缩短单位产品劳动时间的重要依据

在当今社会,缩短单位产品(制造某种使用价值)的社会必要劳动时间,实现价值增殖,不能忽视道德的独特的重要作用。同样,企业要获得更多利润和效益,缩短单位产品的个别劳动时间是关键,其中,道德同样起着独特的重要作用。

其一,就社会意义或宏观意义上来说,单位产品的社会必要劳动时间,在一定意义上受制于全社会或全行业的道德水平。不稳定的社会或不合作甚或尔虞我诈的人际关系,即道德约束力弱甚或道德缺位的社会或行业,必然出现获取应该获取的信息艰难、道德风险增加、交易成本提升、资源配置效率降低等无谓的能量摩擦消耗和时间的浪费,在这种情况下,单位产品的社会必要劳动时间就会增加,这就导致产品成本的增加。因此,体现为全社会、全行业的和谐、信任、真诚合作等道德觉悟和道德行动是缩短单位产品社会必要劳动时间的重要精神要素。其二,就具体企业来说,在产品制造的过程中,由于生产技术和生产工艺的不同,尤其是生产过程所渗入的道德含量不同,同类产品的价格成本所依据的个别劳动时间在不同的企业中有所不同。在信息化程度越来越高的今天,生产技术和生产工艺的趋同程度越来越高,趋同的时间越来越短。由此,如何缩短单位产品的个别劳动时间已成为企业间竞争的关键。单位产品个别劳动时间的缩短,很大程度上依赖于产品制造过程中的道德渗入。事实上,道德性管理能最大限度激发职工的积极性。

(五) 道德是市场信誉之源

企业信誉是一种无形资产,它是企业在信用关系的基础上不断累积起来的市场信任度,是获得更多利润的根本性精神资本。

其一,企业和供应商、中间商之间通过长期合作、公平交易的营销关系树立企业的信誉。企业的经营与发展离不开供应商和中间商,相互之间信誉度高,就不会因推诿甚至刁难等行为而增加企业的经营矛盾和经营难度,就会在互相真诚的支持中取得最好最稳固的发展。其二,企业的道德性买卖可以在企业与消费者之间树立企业信誉,并由此不断增加市场份额。其三,企业的对内部员工的真诚将极大地增强企业员工对企业的信誉度,最大限度地提升企业员工的创造力和成就感。这就是说,企业发展并获得良好效益需要"道德基础"和"道德管理",需要由此而形成的企业凝聚力和诚信品质。

(六) 道德是互联网经济生存和发展的前提

企业经营道德在互联网时代显得尤为重要。因为,今天的资本运作不只是实物资本和货币资本的专利,道德资本也不仅仅体现在实物资本和货币资本的精神要素或精神作用上,互联网把现实世界生产和销售中的各种利益关系"电子化"或"虚拟化",互联网经济或物联网经济、以至于智能经济,改变着人际关系和人际利益关系的生存和发展模式,使得信誉、公正、平等、理性等道德要求成为利益和利润多寡的重要原因。在互联网和物联网时代,道德作为资本显现得十分明显。

其一,互联网经济的特殊性首先在于利益相关者是由网络联系在一起的,相互之间没有直接的接触,在一定意义上是在"摸索"着进行经济交往和利益或产品交易,在这种情况下,道德与信誉是维系正常关系和理性交易的条件和纽带。一旦丧失道德或失去信誉,那互联网经济将会衰败直至崩溃。其二,互联网企业尤其是电子商务企业的道德形象和信誉就是企业生命。在某个产品有多个电子商务企业经销的情况下,或每个电子商务企业经营多种产品的情况下,价格不合理甚或弄虚作假、坑蒙拐骗等不讲道德、丧失信誉的企业一定是"自杀性"企业。可以说,互联网企业尤其是电子商务企业,它们与其说是在经营产品,不如说它们是在"经营道德"或"道德经营"。其三,互联网企业尤其是电子商务企业运行需要道德,但也十分需要在道德引导下订立的各种经营或交易的规则或制度,在一定意义上,道德化的规则或制度是互联网企业道德资本实现和运作的依据和条件。

当然,探讨道德的资本价值并不意味着道德会带来一切经济价值。所谓道德资本概念,既不是一种泛道德主义,也不是一种道德万能论,而是指投入生产过程之中作为一种生产要素而客观存在的道德形态,生产活动的场域就是道德资本发挥作用的实际边界。

从历史上看,资本概念从一开始就同生产活动紧密联系。随着人类生产活动的发展,现代资本逐步囊括了人力资本、社会资本、文化资本和道德资本等新内容,道德资本是生产活动发展的产物。从社会发展的宏观意义上来看,说道德是一种资本,并不是要从道德上去美化资本,使道德沦为资本增殖的伪善工具。其实,道德资本具有深刻的理性两重性:一方面,道德资本在充当资本的盈利手段的过程中,价值目的性较他类资本形态更为突出,尤其值得注意的是,道德在促进获得更多利润过程中,也在不断地促进创造和再创造利润者的完善与发展。另一方面,道德资本对资本具有"内向批判"性。道德不仅能够以自身的工具理性为资本服务,也可以在资本内部以自身的价值理性约束资本及资本投资活动本身。当然,要发挥道德资本的两重性功能,就必须在资本运行过程中把道德从自在的状态转变为自为状态,这就需要在现实的经济活动中运作道德资本。具体而言,就是要在市场经济条件下把企业的经营管理活动和道德实践有机地结合起来,形成企业特有的伦理文化和道德经营模式。正如西班牙阿莱霍·何塞·G.西松所言:"没有道德资本,其他形式的资本都很容易由企业的优势转变为其衰败之源。"①

三、企业经营不可或缺的软实力

在市场经济运行过程中,道德的经济价值主要通过企业的道德经营体现出来。因此,企业的经营实践是考察道德的经济价值的落脚点。在社会主义市场经济条件下,作为经济活动的主体,企业不仅要追求经济效益,还要追求企业发展的"合道德性",实现企业的道德经营。正如张军所说:"一个企业虽生产'私人产品',但企业的生产力却是个'公共产品'。单有自利动机并不能保证企业的效率,企业也需要自利以外的道德价值,如团队精神和企业文化等。在这里,道德起着十分重要的作用。"②因此,企业的经营管理者必须意识到道德是企业的核心竞争力,道德经营是企业实现可持续发展的必由之路。

企业的道德经营主要包括道德管理、道德营销和道德领导等三个方面。只有通过"多管齐下"的道德经营模式,企业才能最大限度地开发和利用人力资源,充分调动员工的潜能,提高产品的市场占有率,最终铸就企业的核心竞争力。

(一)道德管理与企业凝聚力③

企业效益和利润的高低取决于企业员工的认同度、忠诚度、劳动积极性和企业凝聚力,而企业员工的认同度、忠诚度、劳动积极性和企业凝聚力又

---

① [西班牙]阿莱霍·何塞·G.西松:《领导者的道德资本》,于文轩、丁敏译,北京:中央编译出版社2005年版,第56页。
② 张军:《道德:经济活动与经济学研究的一个重要变量》,载《中国社会科学》1999年第2期。
③ 参见王小锡《道德资本论》,南京:译林出版社2016年版,第126页。

取决于企业对员工的思想、情感、生活、交往等的关注度和关怀度,即取决于体现为人文关怀的企业道德管理水平。

管理在本质上是管人,而"泰罗制"式的把人当作机器的管理方法,或者仅仅以获利为目的而忽视"人性"的管理手段,绝对不适应我国现代企业的发展要求。"一个不尊重人性的企业,是人的个性和活力被疏远、被低估的企业。这样的企业,实际上是一个由提供劳动力来交换金钱的场所,无法实现和展开人性"①,在社会主义市场经济条件下,这样的企业将会逐步失去它生存的时间和空间。

现代化的管理应该是以人为本的管理,它充分体现管理中的道德性,唯此才能促使企业员工同心协力,维护生产的正常运转,并实现企业的最佳效益。

其一,实现人格平等,激发全体员工的活力。企业管理工作者的一个基本目标是要统一员工的思想,调动员工的积极性,圆满实现企业发展指标。然而,这一基本目标的实现需要员工树立主人翁精神。这样一来,一方是管理工作者,一方要树立主人翁精神,当如何处理这种情况?作为企业管理工作者应展示既是领导又不像领导的形象。说是领导,他应该统揽全局,有效指挥。说不像领导,他应该努力倡导和实现与员工的人格平等,要以自己的实际行动来说明,企业的所有成员只有分工不同,没有贵贱之分。因此,企业管理工作者应该从尊重员工入手,在努力为员工服务的同时,广泛征求员工意见,变"管理全员"为"全员管理",即企业管理工作者的管理目标、管理内容、管理方法和手段是全员集体智慧的结晶,企业实际是在全体员工的思想观念引导下运作的。假如企业管理工作者不能平等对待员工,甚至人格受损,情绪对立,管理失效,那企业失去的不仅是活力和利润,最终完全有可能走向死胡同。

其二,坚持利益公平,获取更大效益。员工的切身利益是员工工作中关注的焦点,员工的劳动积极性来自自身利益的最大限度的获得和全体员工利益的公平合理的兑现。因此,可以说,不懂得维护员工的利益,就不懂得管理,更不懂得何为道德管理。事实上,员工利益的实现程度(已得利益占

---

① 王成荣:《中国名牌论》,北京:人民出版社1999年版,第67页。

企业效益和自身应得利益的比重)和员工利益协调的公平程度,往往与企业实现的利润成正比。因此,一个合格的企业管理工作者,他首先且始终应该考虑的是员工利益的协调,唯此才能最大限度地凝聚人心。实践已经充分说明,一个不能正常获得正当利益的员工是不可能全身心投入工作的。为此,对员工的切身利益处置随便,甚至严重不公,哪怕是所谓能力最强的管理者也终究会是管理的失败者。

其三,身先士卒,以身作则。企业管理工作者的形象直接关系着企业的命运。一个尽心尽责的管理工作者能让员工在他身上看到希望,即使企业暂时遇到困难或挫折,员工们也会发扬团队精神,勠力同心,努力工作。假如企业管理工作者让员工感觉到整天忙于无为的应酬,忙于捞取一己私利等,那必将严重挫伤员工的积极性。这样的企业管理工作者实际上在起着增加企业负担、提高产品成本、降低企业利润的负面作用。因此,在社会主义市场经济条件下,不管是什么性质的企业,管理工作者应充分认识到管理者的自身行为是无声的命令、无形的杠杆。管理工作者加强自身素质,客观上也是对员工的关注和尊重。可以说,企业的效益和利润直接受制于管理者及其所造成的影响力。

许多经营成功企业都说明,企业通过道德管理及人文关怀,员工的价值和尊严被重视,在增强了归属感、安全感、获得感的基础上,企业员工的凝聚力会不断增强,劳动积极性和劳动智慧就能充分发挥,高质量的产品和高水平的服务将会不断引来更多的"回头客"或"点赞人",将促使企业产品的市场占有率的不断增加,企业利润和效益也会随之提升。这就是说,企业发展并获得良好效益需要而且必须坚持"道德管理",并由此而形成企业凝聚力。[①]

(二)道德营销与市场占有率

一个成功的企业,在企业营销过程中必须协调好与各种利益相关者的

---

① 参见厉以宁《超越市场与超越政府——论道德力量在经济中的作用》第二章第四节"效率的道德基础",北京:经济科学出版社 2010 年版。

关系。企业的营销活动不仅要让消费者满意，更要在讲求诚信的基础上，建立起企业与利益相关者之间的信任关系。从长远来看，企业与利益相关者的关系必定以信任关系为基础。这种信任关系不仅是维系互利关系的纽带，更有助于企业提高竞争力。正是在这个意义上，我们可以说基于市场信任的企业营销实际上是一种合道德的营销战略。虽然道德营销战略并非唯一企业营销战略，但却是富有长期价值回报潜力的营销战略，它可以通过如下途径提高企业的市场占有率：

1. 道德营销能够塑造品牌竞争力。德国的彼得·科斯洛夫斯基在《伦理经济学原理》一书中提出，"当今经济中的非物质性活动比物质性活动增长得快，（服务型）经济的文化方面的东西比工业经济的物质生产增长得快。评价商品中象征性的和非物质性的价值成分随着经济物质的饱和在向物质性商品价值方面增长。"①因而，在市场经济条件下，销售实际上是一种文化销售，其功能在于促使消费者认同商品输出的文化价值观念。价值认同一旦形成，消费者就会把产品作为文化价值的符号接受下来，产生习惯性甚至依赖性的购买行为。因此，成功的企业往往能够通过对产品文化及其价值观念的输出，在取得消费者和社会信任的同时，与消费群体建立稳固的信任关系，从而塑造企业自身的品牌竞争力。

2. 道德营销能够树立企业信誉。企业信誉是一种无形资产，它是企业在长期的信用关系中不断累积起来的市场信任度。道德营销至少可以通过以下三个方面提升企业的信誉并发挥作用：一是企业和供应商之间通过长期合作建立起来的信任度，它可以降低交易成本，使商品流通过程保持高效低耗；二是企业与消费者之间的信任关系，它主要体现在消费者对产品功能、质量和销售服务的满意度上，实现市场占有率的不断提升；三是企业树立诚实守信的社会形象，通过提高美誉度来开发潜在的消费需求，实现产品市场最大化。

3. 道德营销能够提高组织绩效。现代市场营销是由营销网络构成的一组价值链，包括采购供应、技术研发、人力资源管理和支撑保障体系等一系

---

① ［德］彼得·科斯洛夫斯基：《伦理经济学原理》，孙瑜译，北京：中国社会科学出版社1997年版，第123页。

列环节。这一营销网络以营销活动为核心统筹各类资源,确保企业在最短的时间内,以最好的服务为消费者提供最满意的产品。在营销活动中,只有各部门坚持道德营销并通力合作以保障信息交流的通畅,最终才能实现组织绩效的整体提升。例如,技术研发就离不开销售服务部门反馈的市场信息。实际上,真诚的合作关系是产品信息与市场信息在组织内部畅通无阻的前提条件。没有充分的信息交流,就没有相互的信任,更不会有真正的合作。因此,一件客户满意的商品,表面上看是功能、价格、售后服务的体现,实质上却是道德理念的"物化"形式。

(三) 道德领导与企业发展

真正的企业领导者既有职业角色特征,更重要的是富有人格魅力。而这种人格魅力并不是职位赋予的,而是源于某种道德领导力。事实上,对企业而言,企业家的道德领导力具有直接或间接的经济价值。合道德的领导行为是实现企业价值增殖的来源之一,是推动企业可持续发展的一种企业伦理精神。企业家的道德领导力与企业发展的内在关联主要表现在三个方面:

1. 道德领导可以激发企业家和员工的创业精神,为企业发展注入不竭的精神动力。在市场经济条件下,领导者一般有指挥、协调和激励三个方面的作用,领导伦理学称之为带头、团结和"核心队员"三种作用。[1] 道德领导能激发管理者和员工的创业精神,为企业发展注入不竭的精神动力。[2] 道德领导在激励下属朝着既定的组织目标前进的同时,还能与下属共同思考企业的发展战略,极大地调动下属的创造性。事实上,企业领导若能时刻关注

---

① 参见[美]霍尔斯特·施泰因曼、阿尔伯特·勒尔《企业伦理学基础》,上海:上海社会科学院出版社 2001年版,第 152 页。

② 伦敦经济学院的森岛通夫在《日本何以成功? 西方的技术和日本的民族精神》(四川人民出版社 1982 年版)中,把日本的民族精神放在该国以规则为基础的行为模式下加以考察。罗伯特·韦德在《驾驭市场》(企业管理出版社 1994 年版)中强调了"儒家伦理"在日本商业精神中的作用。另一位日本经济学家青木昌彦在《日本经济中的信息、激励和谈判》(商务印书馆 1994 年版)中用博弈论的逻辑解释了日本人的合作敬业精神和行为规范。这些文献无不提供了经济学家研究道德领导问题的丰富成果。参见张军《道德:经济活动与经济学研究的一个重要变量》,载《中国社会科学》1999 年第 2 期。

企业员工发展条件、人格平等、利益均衡等合理诉求,即企业让职工有尊严地工作和生活,这本身就是企业家创业精神的重要视阈,而且,企业家的境界在一定意义上就是企业员工的希望,因此,这也必然会充分调动广大员工的创业和奋斗精神。

2. 道德领导有助于企业家领导力的发挥,促进团队精神的形成。企业的发展离不开合作的团队,这在很大程度上要依赖于企业家的道德领导力。西班牙的阿莱霍·何塞·G. 西松在《领导者的道德资本》一书中提出,"领导力是一种存在于领导者与其被领导者之间的双向作用的、内在的道德关系。在领导关系中所涉及的双方——领导者和被领导者——通过相互作用,在道德上相互改变和提升。由此,在道德上的领导就成为主要的领导途径,基于此,个人及其所服务的组织都具有伦理道德性。领导力丰富了个人道德,使个人道德不断成长,并有助于形成良好的组织文化",可见,"领导力的核心是伦理道德"。① 缺乏道德力的领导,难有真正的领导力,难以带领一流的团队。实践证明,那些创造了辉煌业绩并以人格魅力影响公众的企业家,不但是企业文化的象征,更是凝聚员工团队精神的领袖。

3. 道德领导可以促进企业承担社会责任,为企业的发展营造良好的社会环境。"市场需求迫使企业降低成本、调整战略、减少投入和减少员工。但是企业家在面临市场巨大压力的同时,也必须重视道德考虑。企业经理只有将道德要求整合于企业政策之中,才能取得更好的绩效"②。这就是说,道德领导要求企业家勇于承担社会责任,不仅要对自己的企业负责,还要对社会负责,要在重视道德责任的考虑中应对企业的市场压力。《2007 年中国企业经营者成长与发展专题调查报告》调查了 4586 名企业经营者,结果显示,超过九成的企业家认为,"优秀企业家一定具有强烈的社会责任感"③。可见,越来越多的企业家开始认可企业的社会责任问题,而社会责任感也越来越成为优秀企业家的评价标准之一。具有社会责任感、身体里"流淌着道德

---

① [西班牙]阿莱霍·何塞·G. 西松:《领导者的道德资本》,于文轩、丁敏译,北京:中央编译出版社 2005 年版,第 49—50 页。
② [美]P. 普拉利:《商业伦理》,洪成文、洪亮、仵冠甲译,北京:中信出版社 1999 年版,第 107 页。
③ 《2007 年中国企业经营者成长与发展专题调查报告》,http://business. sohu. com/20070415/n249440719. shtml。

血液"①的企业家,会带动企业担负起更多的社会责任。这势必会为提升企业存量资本的层次,为企业进一步的发展营造良好的社会环境和舆论氛围。

综上所述,足以阐明伦理之经济意义的主要方面,这也在很大程度上有助于祛除经济学和经济伦理学研究中长期存在的"道德外在论"的消极片面性。

当然,尽管我们着意从上述三个方面凸显道德的正向经济价值,但这并不意味着我们忽视或否认道德之经济价值的有限性问题。相反,应该清醒地认识到,道德所具有的经济价值有其合理限度,这个限度就是道德在向经济价值转换的过程中所要满足的前提和条件。具体地说:其一,只有当社会的基本经济制度安排获得充分的道德资源的支撑和持续供应,道德才有可能成为一种"主观生产力"和"道德资本"。正如前面所论,作为"主观生产力"的道德和作为资本的道德首先指的是社会道德。这意味着,只有当道德成为一种充裕的社会资源时,只有当道德资源的供应持续而稳定时,社会道德向精神生产力和资本的转化才是可能的。不过,作为"主观生产力"和资本的道德是一种潜能,而不是一种现实,并不会直接向经济价值转化,必须以社会的基本经济制度和经济运行规则安排为条件。一般而言,社会的基本经济制度和经济运行规则安排不仅是社会利益之条件,其中也蕴含着一定的伦理原则和道德目的,事实上,只有经济制度和经济运行规则实现道德性设计,才能产生最佳经济效益。其二,只有当市场在自由、公正和诚信的道德环境中有序运作时,"道德经营"才有可能。市场经济是规则经济,是按照一定的活动规则进行自由交易的"制度平台",只有当自由、公正和诚信成为基本的社会风尚,道德经营才有可能具备必需的社会条件。反之,倘若没有自由、公正和诚信的道德环境,市场就会退变成纯粹的利益角逐地。在这种情况下,所有作为资本投资的道德都会沦为投机的所谓"道德"。同时,不道德的市场环境又会向企业内部渗透,瓦解企业的凝聚力和向心力,使"道德经营"无从谈起。如此一来,那些追求"道德经营"的企业反而会成为道德的牺牲品。因此,没有良好秩序的市场道德环境,也就没有真正的"道德经营"。在德国的米歇尔·鲍曼看来,经济市场要以"道德市场"为保证,"一个

---

① 温家宝:《用发展的眼光看中国——在剑桥大学的演讲》,载《人民日报》2009 年 2 月 4 日。

社会如果在现代生活关系的条件下对追求个人利益原则上采取放任自流的态度,无疑将造成一种发展趋势,这种发展趋势势必将摧毁任何一个社会的基础,从而也将摧毁其自身的基础"。[①] 其三,只有当企业或其他经济行为主体自觉承担基本的社会责任并充分履行"利益相关者"的行为角色责任时,道德才有可能带来较高的工作绩效和生产效率。一般说来,企业在经营管理过程中,存在着利益相关者的网络关系结构。要实现利益相关者各自利益的最大化,社会责任意识就应该成为指导利益相关者网络关系建构的基本原则。尤其是在企业内部,社会责任意识可以激活并整合所有管理要素,并把各项"工作要求"转变为责任心和义务感,从而带来工作绩效和生产效率的提高。相反,若企业缺乏社会责任意识,经营管理就会流变成单纯的"工作治理",导致利益相关者网络关系的畸形。美国次贷危机引发的全球性经济危机,其深层次原因正是金融机构基本社会责任感的缺失。

可见,在现代经济生活条件下,道德不会自然地或自发地带来经济价值。失去上述前提条件的支撑,道德的经济价值便无从谈起,道德的价值转化活动更是无以维系。

第四节　经济伦理概念的认知

"经济伦理"一词早在 20 世纪初马克斯·韦伯的《新教伦理与资本主义精神》一书中便已出现,我国学界在 20 世纪 80 年代后期才有"经济伦理"一词出现在学术文章中。作为社会现象的经济伦理在中外学界有着各种不同的表述,且各种表述均依据对经济与道德关系及其互为作用的不同理解而展开。

一、国外学者的代表性表述

"经济伦理"一词在国外有各种提法,也有各种不同意见。美国的乔

---

① 参见[德]米歇尔·鲍曼《道德的市场》,肖君、黄承业译,北京:中国社会科学出版社 2003 年版,第 28 页。

治·恩格勒指出,"经济伦理"这样的字眼在英语语言环境中常引起多种多样的反应,有人主张不要在争论中使用"经济伦理"一词,因为它会引起太多的误解。而乔治·恩格勒认为,让"经济伦理"一词在我们的语言中取消,办不到,也不应该。他指出,经济伦理或经济伦理学应该明确地探讨企业责任和规范问题,同时,经济伦理或经济伦理学应该面向经济实践、面向行动,并认真对待当今的道德危机。他还说,广义的经济伦理"涵盖整个'经济生活领域',因此论述的范围包括经理人员和一般雇员等工商人士的个人决策,经济组织的塑造和行为,与企业相关的公共政策、经济制度,以及全球性的经济和金融机构等等"。[1]

现今国外学者对"经济伦理"一词的理解在学术业务范围上已经逐步趋于一致,至少在国际学术交流活动中是这样。而且,学者们在分别使用经济伦理、企业伦理、商业伦理、经营伦理等词汇时,理念基本趋同。

美国的理查德·T.德·乔治在《经济伦理学》一书中说,经济伦理学包括五方面主要内容,一是"一般伦理学原理在经营活动的具体案例与事件中的应用",在对有关行为进行道德评判与合理性论证的同时,更有针对具体事件开放和应用专业的道德原则。二是"需要研究那些一般用于描述个人及其行为的道德术语是否同时适用于对组织、公司、经营单位及其他团体的研究"。三是对经济系统的道德提出相关问题,及其在对企业的结构进行评价的过程中,"必须对产权、剥削、竞争等一些非道德术语的含义及其依据,对投入产出分析、会计核算模式的前提及运用进行认真地研究和分析"。四是对伦理学研究的一些宏观问题,如富裕国家对贫穷国家所承担的道德义务等作出道德或不道德的判断。五是对值得推崇的道德标准和典范式道德行为的描述、宣传和追求。也就是说,经济活动中对于各种道德或不道德的行为要"激浊"与"扬清"。[2] 这里表明了经济伦理即经济道德,也就是企业道德体验、道德责任、道德规范和道德评判与行动等。

日本的永安幸正试图建立一种能促进经济的普适的经济伦理结构,"他认为,朝全球化发展的世界经济,需要有新的共同的伦理范式有效地指导所

---

[1] 参见[美]乔治·恩格勒《面向行动的经济伦理学》,上海:上海社会科学院出版社2002年版,第27页。
[2] 参见[美]理查德·T.德·乔治《经济伦理学》,北京:北京大学出版社2002年版。

有参与者和谐地发展。新的伦理体系应该是促进经济的,由两方面组成:力量的方面和善的方面。前者涉及增加行为者或公司的生存力量的功能准则,后者包括提高道德行为善的水平的人的准则。功能准则有:吸收外部和内部冲击的稳定性、节约成本的有效性、确保可能达到目标的可靠性,以及通过行为者自我创新对环境变化作出回应的创造性。人的准则有:行为者的自治、行为者之间的公正或公平、行为的非邪恶性,以及行为者对邻居的善行或爱。"①这就是说,经济伦理指的就是经济活动中有利于经济活动条件和环境改善并确保经济目标实现的善的理念、准则和行为。

诺贝尔经济学奖获得者、印度的阿马蒂亚·森在他的《伦理学与经济学》一书中表达了以下思想,即经济伦理指的是在经济活动中作为"工具伦理"的道德准则及其作用,他说:"进一步加强伦理学与经济学之间的联系,无论对于经济学还是伦理学都是非常有益的。许多伦理问题也具有我们所称之为'工程学'方面的因素,它们中间的一些也的确涉及经济关系","甚至亚当·斯密也赞成'行为准则'的工具重要性:'那些一般的行为准则,当它们经过我们的日常反省而在我们的头脑中固定下来时,那些在特定处境中什么是适宜的和应该的行为,对于纠正我们对自利的曲解是非常有用处的'。在这样的社会道德中存在着复杂的工具伦理。在促进产业关系发展、企业内部生产力提高,以及其他经济实践中,这类行为也许是非常重要的"。②

经济伦理在国外也叫作商业伦理,美国的诺曼·E.鲍伊在他的《经济伦理学——康德的观点》一书中说,"商业伦理学应该属于规范性的伦理研究","商业伦理学是'对个人或公司商业活动进行的研究,主要关注这些活动的道德恰当性'。商业伦理学也可以被理解成一种实际的活动,'是对何种行动(或政策)正确、错误或许可进行决策的时候人们的反思和自我批判过程'"。"也就是说,商业伦理学既不像描述性的伦理研究那样超然于价值判断,也不像分析伦理研究那样埋头于学理研究。它要对商业活动进行强烈的干预,企图制定一系列正确的价值观,并用它们规范各类商业行为"。因此,经济伦理或商业伦理是指经济价值观及其规范和与之相关的行动。③

---

① 陆晓禾、[美]乔治·恩格勒:《发展中国经济伦理》,上海:上海社会科学院出版社 2003 年版,第 347 页。
② 参见[印]阿马蒂亚·森《伦理学与经济学》,北京:商务印书馆 2000 年版,第 79—88 页。
③ 参见[美]诺曼·E.鲍伊《经济伦理学——康德的观点》,上海:上海译文出版社 2006 年版,第 4 页。

二、国内学者的不同认识和界定

我国经济伦理学作为哲学伦理学的分支学科,近 20 年来发展迅速,对于何为经济伦理也有各种不同的见解。

有些学者是在论及经济伦理学及其研究对象时表明经济伦理概念的。[①]如夏伟东认为,"经济伦理学是以社会经济生活中的伦理道德现象为研究对象,揭示经济活动中道德的形成、发展和发挥作用的规律,为社会和个人的经济行为确立道德价值准则和道德理想的科学"[②]。章海山认为,"经济伦理学,简单说来就是要研究和解决经济活动与道德行为之间的关系,或者说研究和解决道德对经济活动的激励或约束作用。一般说来,经济伦理学侧重从伦理道德角度去考察或规范经济活动。从深层次上看,经济伦理学从理论层面上考察经济因素与非经济因素的关系"[③]。周中之、高慧珠认为,"所谓经济伦理学,是一门研究经济制度、经济政策、经济决策、经济行为的伦理合理性,并研究经济活动中的组织和个人的伦理规范的学科"[④]。陆晓禾认为,"经济伦理学的研究对象是经济领域中的道德现象",它包括宏观制度、中观组织、微观个人、国际商务和全球市场行动层次的所有方面、关系等一切同道德有关的问题、行为、决策、法令、规范、惯例等。[⑤] 陈泽环认为,经济伦理学是人们在经济活动中的伦理精神或伦理气质和看法的理论化形态,或者说,是从道德上对经济活动的理论化的理解、评价和规范。[⑥] 从以上具代表性的关于何为经济伦理学的观点来看,经济伦理学既是理论学科,也是实践性学科,那么,经济伦理是观念的也是实践的。

有的学者直接界定经济伦理一词。如刘可风认为,经济伦理一指经济制度、经济体制、经济政策、经济决策、经济行为和经济环境的内在伦理价

---

① 参见王小锡《经济伦理学——经济与道德关系之哲学分析》,北京:人民出版社 2015 年版,第 1 页。

② 夏伟东:《变幻世界中的道德建设》,郑州:河南人民出版社 2003 年版,第 113 页。

③ 章海山:《经济伦理及其范畴研究》,广州:中山大学出版社 2005 年版,第 36 页。

④ 周中之、高慧珠:《经济伦理学》(修订版),上海:华东师范大学出版社 2016 年版,第 2 页。

⑤ 参见陆晓禾《经济伦理学研究》,上海:上海社会科学院出版社 2008 年版,第 70 页。

⑥ 参见陈泽环《功利·奉献·生态·文化——经济伦理引论》,上海:上海社会科学院出版社 1999 年版,第 2—3 页。

值、伦理合理性和伦理质量；二指经济组织和个人在经济活动中特有的伦理规范和伦理反思。并指出，经济伦理分为宏观、中观和微观三个层次，生产伦理、分配伦理、交换伦理和消费伦理四个领域，经济伦理意识、经济伦理活动和经济伦理规范三个部分。[①] 罗能生认为："经济伦理是在社会活动中产生并用以约束和调节人们的经济行为及其相互关系的价值理念、伦理规范和道德精神的总和，它既是调节人们之间经济利益关系的一种行为规范，也是主体把握社会经济生活的一种实践精神。"[②]窦炎国认为："经济伦理是经济生活领域中固有的伦理道德现象，它形式上是社会伦理要求与经济运行过程相互作用的产物，本质上则是由经济必然性所派生的伦理应然性，具体表现为经济活动主体的伦理理念、伦理行为方式以及经济活动主体间的伦理关系。"[③]钱广荣认为："所谓经济伦理，指的应是'生产和交换的经济关系'及其实践活动本身内涵的伦理属性与伦理形态和伦理要求。"[④]葛晨虹等认为，"所谓经济伦理，就是在社会经济活动中产生并用以约束和调节人们经济行为及其相互关系的伦理规范、道德精神和价值观念的总和，它既是调节人们之间经济利益关系的一种行为规范，又是主体把握社会经济生活的一种实践精神"。[⑤] 王淑芹认为，"经济伦理既包括企业经济关系和活动中的伦理关系和道德要求，也囊括国家在行使经济职能中的伦理关系和道德要求，各种行会和协会协调利益关系的各种道德原则，消费者所应具有的基本经济道德观念。确切地说，经济伦理涵盖企业伦理，企业伦理是经济伦理的重要部分，企业伦理的核心是具体企业经营的合宜性、正当性、公平性。"[⑥]李建华认为，"'经济伦理'不是伦理对经济的一种简单的、现实性的规制，而是一种'应然'性追求，是一种理想状态，是一种不断走进的过程"[⑦]。

---

① 参见刘可风《当代经济伦理问题的求索》，武汉：湖北人民出版社2007年版，第32—33页；刘可风等《企业伦理学》，武汉：武汉理工大学出版社2011年版，第7页。

② 罗能生：《经济伦理与经济发展》，载《广西经济干部管理学院学报》2002年第4期。

③ 窦炎国：《经济伦理的性质》，载《苏州科技学院学报》（社会科学版）2003年第2期。

④ 钱广荣：《"经济伦理"论辩——关涉经济伦理学对象和范围问题的思考》，载《学术界》2011年第9期。

⑤ 葛晨虹等：《经济伦理学的兴起、发展和走向》，参见王小锡《经济伦理的当代理念与实践》，上海：上海人民出版社2010年版，第74页。

⑥ 王淑芹：《经济伦理刍议》，载《道德与文明》2001年第3期。

⑦ 李建华等：《走向经济伦理》，长沙：湖南大学出版社2008年版，第407页。

有学者指出,完备和合乎理性的经济伦理研究应坚持内部理解与外部分析的统一。万俊人认为:"对经济伦理的内在理解与外在分析具有同样重要的理论意义和实践重要性。对经济伦理的内在理解包括对市场经济,乃至人类所有经济生产、生活方式之积极道德价值理解和自我价值学反思;而对其外部分析则是对经济的伦理学反思或批判性价值反思,并将这种批判和反思扩展到包括社会基本制度及秩序、社会政治条件和文化道德条件的综合批判层面。"[1]

有学者指出,经济伦理不能不谈经济动机及其经济行为问题。赵修义认为,经济伦理是指经济动机的正当性以及经济活动中遵循的道德规范及其内在依据。他说:"人们的经济生活和整个的社会生活,包括精神生活和文化生活是联系在一起的。从事经济活动的人既是经济人又是道德人。他总是一国的国民,所以与自己所归属的国家的历史、语言、文化和整体利益有不可分割的关系。关心国家和民族的命运,关心自己所在地区和社区的发展,关心自己的同胞等乃是题中应有之义。不仅如此,长期的社会生活使得人们不仅追求自身的物质利益,也追求得到社会的认可、赞赏。这些动机事实上也是人们从事经济活动的内在推动力。"[2]

我们认为,"经济伦理学是研究人们在社会经济活动中的善恶价值取向及其规范和行动形成与发展规律的学问"。因此,作为经济伦理学的基础和核心范畴,经济伦理指的是经济活动中的主体及形成的相互关系之应当及其规范和行动。[3]

在我国,还有部分学者以不同视角界定了经济伦理概念,或侧重伦理学,或侧重经济学,或侧重伦理学和经济学的结合做了有针对性的表述。[4]

① 万俊人:《开放的经济伦理研究》(特稿),《中国经济伦理学年鉴(2013)》,北京:中国社会科学出版社2014年版,第1页。
② 参见赵修义《经济动机及其与经济伦理的关系》,载陆晓禾、恩德勒《发展中国经济伦理》,上海:上海社会科学院出版社2003年版,第38页。
③ 参见王小锡《经济伦理学——经济与道德关系之哲学分析》,北京:人民出版社2015年版,第2页。
④ 参见强以华《经济伦理学》,武汉:湖北人民出版社2001年版,第9—21页;汪荣有《当代中国经济伦理论》,北京:人民出版社2004年版,第2—3页;王露璐等《经济伦理学》,北京:人民出版社2014年版,第1—3页;余达淮等《中国经济伦理学发展研究》,合肥:合肥工业大学出版社2015年版,第34—47页。

三、经济伦理概念解析

严格意义上来说,经济伦理或经济的伦理存在趋善和趋恶的区别,而我们的学术语言习惯是将经济伦理作为趋善意义上来使用的,为此,依据国内外学者对经济伦理乃至经济伦理学的认识和界定,经济伦理概念可以作以下解析。①

(一)经济伦理是经济行为的价值取向及其所体现的崇高境界

所有经济行为客观上都有着一定的价值取向,这是经济伦理之核心。当然,经济行为价值取向存在趋善和趋恶的区别,本书所指经济伦理,其价值取向应该是体现在为自己谋正当之利和为社会造最大之福。在此意义上,为自己谋利和为社会造福是并不必然地发生矛盾,往往是一种统一的关系,换言之,自身获利和造福社会是互为存在和互为促进的,这是崇高的经济行为之道德境界。的确,经济体(企业)或个人的经济行为首先考虑自身的利益是完全正常的,但应该是在为了社会、服务社会的过程中来获得,假如唯利是图,甚至损人利己的经济行为是一种缺乏经济德性的表现,必将遭人唾弃,与我们所指的经济伦理是格格不入的。

当然,经济行为的价值取向及其所体现的崇高境界之经济伦理,应该依托发展或进步了的经济的社会形态的条件,“任何一个经济的社会形态的经济条件具有相对的稳定性,适合现有经济条件的经济伦理亦有它的相对稳定性,在原有的经济的社会形态没有根本变化或灭亡之前,现有的经济伦理亦不会变化或消灭”,新的经济伦理观的出现,不是凭空可以产生出来的,只有经济条件发生新的变化并且有了这种新的需要才有可能。所以,“经济伦理任务的提出以及解决,只有依靠经济条件的变化才能够实现”。②

---

① 参见王小锡《简论经济德性》,载《道德与文明》2008年第6期。
② 参见章海山《经济伦理及其范畴研究》,广州:中山大学出版社2005年版,第24页。

（二）经济伦理是经济主体所应该承担的道德责任及其规范

任何一个经济主体（包括企业或个人），其产生、生存、发展繁荣都离不开社会的支持。具体说来，这种支持主要有三：一是经济主体需要社会的智力支持，在现代社会条件下，没有文化知识和专业技术的经济行为主体是不具备生存基础和基本条件的；二是经济主体需要政府引导和政策的扶持，唯此才能有行动的依据和经营的条件保证；三是经济行为一定是需要利益协调与工作协作的行为，哪怕是最简单的商品买卖双方的商业经济行为，至少有着相互信任的基本要求，否则，买卖就不能成功。更何况，经济主体的经济行为的正常展开，也需要社会方方面面的关心和支持。因此，任何经济主体在其存在那天起就客观上内含着对他人和社会的道德责任。换句话说，对他人和社会承担道德责任是经济主体的存在本质。在此层面上可以说，经济主体在一定意义上就是道德实体。任何经济主体，只要不承担对他人和社会的责任，就会失去其生存的理由和条件，必然会遭到社会的唾弃和抛弃。

进而言之，经济伦理是由经济主体的精神境界和道德行为体现出来的，其基本前提是对经济道德责任的把握和对体现经济道德责任的经济道德规范体系的认同和执行。事实上，经济伦理就是系统履行道德规范要求的经济行为。任何经济活动的任何环节都有着"应该"与"不应该"的道德考量，都有着作为行动依据的道德规范体系。唯此，复杂的经济行为才能在规范、有序、理性中实现最大限度的经济效益。所以，经济道德规范就是经济的精神因素，就是经济活动的内在依据和核心内容。正如万俊人所说："作为一种经济生活的协作方式或交往方式，市场不仅给每一个参与市场经济活动的人提供了一个开放的公共场所，使人们有可能在一个开放的公共领域里自由地进行各种经济活动。更重要的是，市场从一开始便强制性地规定了每一参与者的平等自由的资格。也就是说，它强行规定，只有获得自由人身资格的人，才能进入市场（自由作为市场的门票），也只有预先承认人际平等并服膺平等交换之经济法则的人，才能进入市场（平等作为市场游戏的先定规则）。"①这就是经济或市场经济的运行必然具备责任及其规范的伦理特质。

（三）经济伦理是经济行为主体的德性修养与持久的经济品质

伦理之为伦理，道德之为道德，在其本质上体现人的道德习惯，是人的持久品质的展示。经济伦理或经济道德亦是如此，它是经济人、经济主体及其在处理经济关系中的道德觉悟和自觉行动。

事实上，经济活动是人的活动，是人际关系的活动。经济行为所要履行的道德责任、遵守的道德规范体系都要有经济行为人在行动中具体落实。然而，经济行为人需要是自觉的行为主体，才能使得经济道德责任和道德要求落实到具体的经济行为中。换句话说，人有德性才能使得经济有德性，经济德性在于人的德性。因此，作为经济主体的人，需要在经济活动中自觉修身养性，提高道德觉悟，真正认识经济是道德的经济，并以有效的理性经济行为说明经济德性的存在与价值。

同时，作为经济活动成果的产品的质量在一定意义上取决于经济行为人的道德素质。产品设计的人性化程度、制造产品中对用户责任心的渗透程度以及产品销售承诺的兑现程度等与人的价值取向和道德自觉有着密切的关系，缺少甚或没有基本的道德觉悟，产品质量将必然地受到影响。优质产品意味着一定内含经济德性。持久的经济品质不仅仅在于优质的产品质量，更在于经济行为人稳定而又形成为经济行为习惯的道德品质。只有这样，经济活动才能体现崇高的经济品质，崇高经济品质彰显经济活动的正当、理性与完美，这就是经济伦理的本色。

---

① 万俊人：《道德之维——现代经济伦理导论》，广州：广东人民出版社 2011 年版，第 31 页。

第二章
中国传统经济伦理的思维范式

作为一种文化精神形态,中国传统社会的经济伦理思维范式的形成具有滞后性,甚至长期被掩盖和遮蔽。而作为一种经济伦理哲学的研究成果,经济伦理思维范式又呈现出诸理论形态。问题的关键在于如何处理经济伦理思维范式的"多"与"一"的关系。其实,理论形态的多样性表明学术界对于经济伦理思维范式的探索日益丰富和深化,但这决不意味着理论形态的总体性逻辑只是"不可能之可能",因为,任何理论形态都是建立在历史与现实的社会情境的基础之上,而绝不可能由研究者主观臆想达成。社会的历史与现实境域是经济伦理展开自身的终极泉源。"由于道德问题无法脱离开生活的其他方面问题来讨论(道德问题的复杂性和丰富性正体现于此),于是在考虑道德问题时就不得不考虑道德问题的那些额外的、有些庸俗的计较和拖累。"①这充分表明,建构经济伦理思维范式须寻求思考经济伦理问题的切入点,进而确立经济活动的终极伦理价值标准。

在《中国古代经济伦理思想史》一书中,唐凯麟等学者已指出:"中国古代不仅有着丰富的经济思想,还有着更为丰富的经济伦理思想,甚至从某种意义上说,经济伦理化乃是中国古代经济思想的主要特征。"②总体而论,在学术界,就以中国传统社会经济伦理为主题的研究上,以"思维范式"为问题域的缺场是不争的事实。中国传统社会经济伦理研究的"思维范式"问题意识还未能在研究者学术意识中自觉呈现。作为新学术境域的"思维范式"问题域在道德哲学的学术高度下把握传统社会经济伦理思想有利于深化中国传统社会经济伦理思想史研究,它对拓展经济伦理学的研究视野以及领会和把握西方经济伦理学思想具有重要的学术意义。与此同时,它对当代中国道德建设和经济伦理学学科建设也具有重要的理论意义和现实意义。

中国传统经济伦理思想研究应该具备"思维范式"的自觉问题意识,经济伦理学的类型学研究理应成为学术前沿。"范式"是库恩在《科学革命的结构》中最初提出的一个科学哲学概念。"范式"概念在各门具体学科中的运用非常广泛。近年来,它在人文学科中的运用更是如此。"范式"概念的最本质内涵即所谓"家族相似"。在库恩看来,"科学革命"的实质,一言以蔽之就是"范式转换",即新范式排挤掉"不可通约"的原有范式。③ 应该看到,新范式一定是在扬弃旧范式的

---

① 赵汀阳:《我们和你们》,载《哲学研究》2000 年第 2 期。
② 唐凯麟、陈科华:《中国古代经济伦理思想史》,北京:人民出版社 2004 年版,第 1 页。
③ 参见[美]托马斯·库恩《科学革命的结构》,金吾伦、胡新和译,北京:北京大学出版社 2003 年版。

基础之上诞生的,新旧范式之间必然存在着诸多关联。因此,在新旧范式之间的不可通约性之外,可通约性则为新旧范式的历史转换提供了可能性。本文"范式"概念意指在独特个性、不可公度性、不可通约性基础上的内在关联性、可公度性、可通约性与相互嵌入性。

依照马克思关于主体发展状况的三大社会形态理论,根据其所呈现出的研究视阈,主体主要关涉人与人的关系问题。马克思把人类社会分为三大阶段,即"人的依赖"关系阶段、"物的依赖"关系阶段及"人的自由全面发展"阶段。"人的依赖"关系阶段是最初的社会形态。在此形态下,人的生产能力只是在狭窄的范围内和孤立的地点上发展着。"物的依赖"关系阶段是第二社会形态。此形态形成普遍的社会物质交换、全面的关系、多方面的需求和全面的能力体系。"人的自由全面发展"是第三个阶段。第二个阶段为第三个阶段创造条件。[①] 由此推之,"人的依赖"关系是中国传统社会的基本特质。[②] 在中国传统社会形态中,生产力水平低,且自然经济占据主导地位。自然经济的生产方式决定社会上层建筑和思想意识形态。传统社会总体上未能真正迈进"物的依赖"关系的社会形态。

本章探究中国经济伦理思维范式的历史进程、理论形态及其可能存在的理论缺陷。以此为基础,从中国经济伦理思维范式研究的具体特性、思维对象、思想家个性与共性出发,理解和把握中国经济伦理诸思维范式之间的差异性及互补性的辩证关联。同时,德性论、功利论和理想论是划分以血缘为纽带而结成的家族、人情关系及"家国同构"宗法等级体系为特征的中国传统社会经济伦理思维的三个主要理论范式或理论形态。基于此,本章从"传统经济伦理思维诸范式"、"'历史流程'和'视界融合'"、"中国传统经济伦理思维范式的评价"专题展开论述。[③]

第一节　传统经济伦理思维诸范式

传统社会经济伦理研究呈现出诸多理论形态,但其逻辑理路仍然是以

---

① 参见《马克思恩格斯全集》第 46 卷(上),北京:人民出版社 1979 年版,第 104 页。
② 参见朱贻庭《中国传统伦理思想史》(第四版),上海:华东师范大学出版社 2009 版,"序言"。
③ 王腾参与了本章第三节内容的初稿撰写。

义本利从的德性论、利即义的功利论以及"均"至"安"、"和"的理想论的三重变奏为主导的经济伦理思维范式。

一、义本利从——德性论

义本利从的德性论经济伦理思维范式在传统经济伦理思维范式中占主流地位。它始于西周,兴于春秋,盛于西汉,极于北宋,强调"仁义"、"德性"和"伦理道德的价值优先性"。在奴隶社会处于鼎盛期的西周,德性论经济伦理思维范式的开拓者芮良夫揭示了经济与伦理的关系。他主张,"夫利,百物之所生也,天地之所载也。而或专之,其害多矣。"[①]在此之后,晏婴提出了"正德幅利"思想。"利不可强,思义为愈。义,利之本也。"[②]"正德幅利"论意味着"利"自身有其"义"的伦理限度。"正德幅利"论是儒家德性论经济伦理思维范式的伦理哲学基础。德性论经济伦理思维范式的基本理论特质在于如何处理"利"与"义"的关系问题。它具体展现为三个向度:第一,"利"与"义"是客观存在。儒家德性论经济伦理思想承认经济、利益、财富与伦理或道德皆具有其客观实在性。它遵循从经济利益和伦理道德的客观实在性推出价值论的伦理思维路径。孔子认识到"利"与"义"都具有客观性并各自具有存在的价值。荀子认为:

> 义与利者,人之所两有也。虽尧舜不能去人之欲利,然而能使其欲利不克其好义也。虽桀纣亦不能去民之好义,然而能使其好义不胜其欲利也。[③]

董仲舒将"义"和"利"理解为人的两种属性,"义"与"利"与人的体养和心养具有关联性。

> 天之生人也,使人生义与利。利以养其体,义以养其心。心不得义不能乐,体不得利不能安。义者心之养也,利者体之养也。[④]

---

① 《国语·周语》。
② 《左传·鲁昭公十年》。
③ 《荀子·大略篇》。
④ 《春秋繁露·身之养重于义》。

　　第二，"利"与"义"是辩证统一关系。从总体上看，德性论经济伦理思维范式认识到经济与伦理之间的辩证关系。一方面，经济是伦理的基础或者前提，即"仓廪实而知礼节，衣食足而知荣辱"。另一方面，伦理对经济具有约束力。

　　第三，在"义""利"排序问题上，"义"比"利"具有优先性。比如，孔子主张"君子喻于义，小人喻于利"；孟子主张"何必曰利"；荀子主张"义胜利者为治世，利克义者为乱世"；宋明理学的集大成者朱熹主张"存天理、灭人欲"，朱熹的伦理主张类似于康德先验纯粹的道德形而上学。"德性之所以有那样大的价值，只是因为客观存在招来那么大的牺牲，而不是因为它带来任何利益。"①义本利从的德性论是"家族本位"或"群体本位"为根本特征的传统社会必然具有的伦理思维范式。在义利观上，儒家总是主张"正其谊不谋其利，明其道不计其功"②。儒家义利观的终极性表达是"纯乎天理而无人欲之杂"。总体上，德性论经济伦理主张集体或整体本位而非经济利益本位与个人本位，"重义轻利"是其基本价值取向。

二、利即义——功利论

　　利即义的功利论思维模式始于西周，兴于先秦，盛于两宋，极于明清。功利论经济伦理思维范式与德性论经济伦理思维范式相对应。与德性论一样，功利论也认识到经济与伦理具有辩证统一的关系，但在价值排序上，它主张经济相对于伦理具有价值优先性。利是社会伦理的基础，道义的前提是利或利人。"交相利"乃是"圣王之法"。功利论经济伦理思维范式的基本特质在于它的"功利性"，它具体展现为三个向度：第一，在"利"与"义"之间的关系问题上，二者都具有客观实在性。墨家承认经济、利益、财富与伦理（道德）是客观存在的，不能主观任意地否定它们的存在。"利，所得而喜也"，"害，所得而恶也"③。趋利避害是人的自然本性。与此同时，墨子并不否定伦理道德的客观实在性及其作用和价值，他同时主张用伦理道德约束

① [德]康德：《实践理性批判》，关文运译，北京：商务印书馆1960年版，第158页。
② 《春秋繁露·身之养重于义》。
③ 《墨子·经上》。

趋利的行为。第二,"利"与"义"是辩证统一的关系。墨子提出了"兼相爱而交相利"的著名学说。他认识到经济与伦理之间存在着差别,但两者又具有关联性。伦理对经济起到调节或者约束作用。墨子的"功利"有三层含义:一是"公利";二是"他利";三是"自利"。他主张"见利"也应"思义"。这与儒家德性论经济伦理思维范式具有一致性。[①] 第三,在价值排序问题上,功利论的经济伦理思维范式认为经济、利益比之伦理(道德)具有价值优先性,即认为经济是伦理(道德)的目的,伦理(道德)是经济、利益的手段。与德性论不同,判定道德不道德,不是看人格的力量及其所要求的责任义务,而是看有无功利以及功利大小。无论对功利做怎样的理解,利益具有价值优先地位的。尽管墨子认为,义可以获利,可以利人,"故曰义天下之良宝也"[②],"万事莫贵于义"[③]。但是,道义的根据以及道德的目的是利益。不难看出,"义利合一"本质上是"利优于义"。

三、"均"至"安"、"和"——理想论

"均"至"安"、"和"的理想论经济伦理思维范式在传统经济伦理思维范式中占据重要位置。

在中国古代,与以义本利从的德性论、利即义的功利论齐名的经济伦理思维范式当属体现为"均"至"安"、"和"的理想论模式,尽管它在中国传统经济伦理思维范式中不属主流,但是却对中国社会经济发展产生了巨大影响。战国以降,随着封建地主制经济的发展,社会状况发生了重大变化,由于人们各自占有的生产资料的多寡不同,各阶层的贫富不均已成为当时社会的普遍现象。贫富不均是伴随原始社会的解体、私有制的产生而出现的。它是在一定历史阶段由于生产力不均衡发展的必然产物。适度的贫富不均是历史前进的动力,有利于人类文明的进步,而过度的贫富不均不仅影响社会的稳定、经济发展,甚至危及封建政权的合法性。应该说,从先秦开始,"均调"的经济伦理理想社会的建构一直是中国封建社会主流思想

---

① 北京大学哲学系:《十八世纪法国哲学》,北京:商务印书馆 1963 年版,第 158 页。

② 《墨子·耕柱》。

③ 《墨子·贵义》。

家努力的方向,且不论理想社会的实践效果,经济伦理的理想论建构与实践的历史功绩是不可抹杀的。在对中国传统均贫思想的研究上,一般学者把其分为不同阶级的均贫思想,也有少数学者把均贫思想分为社会上层的均贫思想和社会中下层的均贫思想。理解传统社会的均贫思想,关键在于理解何为"均"以及"均"的基本理念。"均"是指物质财富在不同的社会成员之间的分配达到基本平衡、不同等级之间各安其分、相安无侵夺的协调状态。"均"的理想状态强调"下"不侵"上",因为"下"侵"上"是"治"的最大威胁。"均"的实现目标在于"和"与"安"的社会理想状态。"均贫富"观念是关于社会财富分配和占有状况的经济伦理观。它包含三个层面:一是何种统治者与被统治者的财富分配状态是合理的;二是财富分配的正义标准;三是财富正义分配的实现方式。中国传统社会的分配伦理观可以分为三种形态:一是儒家等级分配伦理形态。儒家学派努力追求的"均贫富"的理想社会形态主要是将主体道德性参与到财富分配中以求实现财富的正义分配而达到天下之"安"与"和"。就孔子来说,他实现天下之"安"与"和"之目标是通过"仁"而达至的"均"。换言之,"均贫富"的经济伦理理想状态是通过"仁"来实现。二是农民阶级平均主义分配伦理形态。它渗透着超越小农经济生产方式的商品经济精神要素的宋明农民起义者所倡导的绝对平均主义经济伦理思维范式。绝对平均主义者所主张的理想社会意欲彻底打破不均等的封建等级分配经济伦理范式或形态,而追求诸如"均贫富,等贵贱"和具有乌托邦式的"有田同耕,有饭同食,有衣同穿。有钱同使,无处不均匀、无人不饱暖"的理想社会图式。三是资产阶级财富分配伦理形态。它包含两种形态:一方面是维新派的财富分配伦理观,在主张向西方国家学习、保护私有财产的同时,强调发明创造和有财者经营赚钱"均无不可",说明了经济发展的合理性及其意义。要求创办各种福利事业,反对奢侈浪费,并指出,富人应当"拯困扶危",当然,劳动得食,最好"宜令做工以受所值"。另一方面是资产阶级革命派的财富分配伦理观,主张"耕者有其田",提出"私有资本不能操纵国民之生计",反对巨富与贫困两极分化,等等。

儒家等级分配伦理观主要是以孔子的"均贫富"思想为理论基础;农民阶级平均主义分配伦理观以宋明时代农民起义所提出的"均贫富,等贵贱"

思想为理论基础；资产阶级财富分配伦理观主要是以资产阶级维新派纲领性文件《资政新篇》和资产阶级革命派纲领性文件《三民主义》为理论基础。中国传统社会三种分配伦理观代表着"均贫"思想发展的三种理论形态。纵观中国传统经济伦理理想论的三种理论形态，它们之间存在紧密的逻辑关联。因此，无论是儒家统治阶级主张的"均贫富"、农民阶级倡导的"均贫富"还是资产阶级倡导的"均贫富"，目标都在于社会财富分配所处的一种平衡状态，"均"逐渐演变为中国传统社会财富分配的经济伦理规范。在中国传统社会中，"均"作为一种经济伦理规范或经济伦理精神，应该说，在不同的经济伦理系统中，"均"所表达的经济伦理意蕴具有本质上的差异。

中国传统社会的"均贫富"思想发轫于先秦。汉代乃至明清民国时代的"均贫富"思想是在先秦"均贫富"思想观念的进一步具体化及可操作化。先秦"均贫富"思想观念对后代政权统治者的国家政治治理起到了重要作用。其共同的政治经济伦理理想就是要建立一个"天下均平"的理想社会。在这个意义上，就道德理想主义而言，它"是一种基于人生的道德安顿而言述的理想主义，具有不因为时代和地域因素变化的永恒价值"①。总之，理想论经济伦理思维范式的基本特质是设想无分尊卑、人人同耕、男女同耕、君臣同耕的平均主义，主张利益平等、没有剥削和欺诈的和谐理想社会。

四、经济伦理诸思维范式之关系分析

义本利从的德性论、利即义的功利论以及"均"至"安"、"和"的理想论经济伦理思维范式产生于以"家国一体"为特质的传统社会结构与以自然经济为主导的经济结构。德性论经济伦理思维范式的基本理论特质在于如何处理"利"与"义"的关系问题。德性论将"利"置放在"义"的伦理秩序框架下，任何"利"的取得都必须用"义"的伦理或道德标准来衡量。在这个意义上，德性论的"义"比"利"具有价值优先性。功利论经济伦理思维范式的基本特质在于它对德性论的"反动"。"义"在德性论理论系统中处于核心优先地

---

① 任剑涛：《道德理想主义与伦理中心主义：儒家伦理的双旋结构》，载《中山大学学报》（社会科学版）2002年第6期。

位,而功利论则是要扭转"义"的价值优先性地位,用"利"取代"义","利"在功利论理论系统中处于核心优先位置。"利"是功利论伦理秩序中的道德标准,但这并不意味着功利论取消"义"的伦理约束。功利论并不等价于"唯利是图"。在图"利"的同时还要思"义"。功利论的"义"的价值指向在于"利",因此,功利论的"义"意指"公利"或"他利"之"义",在本质上,功利论之"义"即"公共效用",公共效用也就成为功利论道德或伦理价值评价的标准。由此,我们可以推知,德性论之"义"具有先天纯粹性,它具有超越"利"的理论特质。而功利论之"义"自身就含有"利"——"公共效用"。在这个意义上,无论是德性论抑或功利论,"利"与"义"均具有辩证统一关系。

传统社会经济伦理理想论思维范式的基本理论特质在于如何处理"贫富"关系。在传统社会,贫富关系直接决定或影响政权的稳固和延续。在本质上,调节贫富关系的目的在于社会各阶层之间的和谐共在,贫富关系的调节基于特定的标准,贫富调节的标准的选择在于何种标准最有利于社会各阶层之间的和谐共在。在事实上,中国传统社会的基本性质在于它的封建专制性,即使在民国时代,中国社会的封建性质依然存在;同时,半封建半殖民的资产阶级政权自身具有无法克服的局限性,资产阶级与中下层劳动者之间的矛盾也始终存在。因此,无论如何,中国传统社会的社会性质决定了地主阶级与农民阶级、资产阶级与中下层劳动者之间的矛盾具有不可调和性。因此,中国传统社会努力寻求各阶级之间的和谐共在也就成为不可能。在这个意义上,贫富关系的调节就自然带有乌托邦式的理想性质。就理想论的理论特质而论,理想论最核心的概念就在于贫富之"均"。问题的关键在于,财富之调"均"的本质内涵是什么? 调均贫富亦即均"利",财富的本质就在于"利"。在中国传统社会形态中,贫富现象表面上是一个经济现象,实际上是一种政治现象。中国传统社会的政权性质决定了社会财富的分配制度。在既定的政治框架下,贫富悬殊现象的消除只能通过经济调节手段而达成。而贫富调节的标准就是让已经悬殊的贫富格局均衡化,因此,均"利"是政权稳固的重要手段。在这个意义上,调均的标准就是如何使得政权稳固和社会稳定和谐。也就是说,凡是有利于社会和谐共在和政权稳固的贫富调均就是"义"("正义")的分配。因此,理想论强调的是财富分配的正义原则。何种利益或财富的取得或分配符合正义就成为中国传统社会各阶段思想家和统治阶级必须考虑的问题。无论是历史的横向上还是纵向上,从先秦时代到明清民国时代,财富或贫富调均的思想自身具有历史继承性和延续性,它随着社会历史条件的发展变化而变化。从理想论的历史演进过程看,中国传统社会历代统治者和思想家就一直谋求一种和谐共在的社会理想状态。要言之,传统社会经济伦理的理想论要旨在于不同等级之间各安其分、相安无侵夺的和谐共在状态。概言之,理想论的财富分配之调"均"的目标在于"和"与"安"的社会理想状态。

以上三种思维范式的共同点体现在三个方面:一是三种经济伦理理论形态都关涉到"利"与"义"的关系问题。"利"与"义"的关系问题贯穿着中国传统社会伦理价值秩序始终,理解了"利"与"义"的关系问题也就理解和认识了中国传统社会经济伦理的本质内涵和结构要素。二是三种经济伦理理论形态具有共在性。从先秦时代到明清民国时代,无论是德性论、功利论还是理想论,三种经济伦理的理论形态和实践形态都存在于同一社会形态中。三种经济伦理形态各自都随着经济社会形态的历史演进而发展变化。三是三种经济伦理理论形态具有融合性。在重农抑商的传统社会形态中,商品经济社会形态始终未能在社会经济生活中居于应有地位。这主要关涉到两个基本因素:一方面是生产力因素;另一方面是传统社会基本价值理念因素。其一,以农为本的生产方式和交往实践方式决定了"重农抑商"价值观念在社会经济伦理价值体系中处于支配地位;其二,德性论经济伦理思维范式所倡导的"重义轻利"思想束缚着商品经济社会形态的发展。尽管功利论经济伦理理论形态所倡导的社会伦理价值秩序缺乏社会生长环境,甚至功利论受到德性论经济伦理的批判和挤压,但是,随着社会历史的不断发展,尤其是商品经济社会形态的发展,功利论对德性论具有积极的制动作用,反过来,德性论也对功利论具有改造和规范作用。在资本主义商品经济萌芽乃至其不断发展壮大的经济社会形态中,理想论作为一种贫富或财富调节的经济伦理理论形态又会与德性论和功利论结合在一起,它们在社会实践形态上都维护特定经济社会形态的社会结构和经济结构,共同以"义"与"利"相统一的伦理价值观来审视特定时代的经济社会形态结构。

三种传统经济伦理思维范式的差异性表现为四个方面:一是在"义"与"利"的关系问题上,不同时代的不同思想家所持观点具有差异性。二是在具体的经济伦理主张上,有的侧重在一般意义上谈论义利关系,主张解放和发展生产力的功利论;有的主张伦理至上的德性论,将伦理道德(儒学道统)作为一切的准绳,由此在一定意义上阻碍了社会经济的发展。三是在人性原理的预设上,人性预设不同(性善论、性恶论或自然人性论等),经济伦理思维范式也就不同。人性预设的异质性决定着经济伦理基本理念和主张的差异性或异质性。所有这些合理的思想资源及缺陷必然受到实践和理论的双重批判。研究者应当在道德哲学视阈下把握和领悟经济伦理思维范式从而能够更好地发挥价值引领和实践指导的功能。四是德性论、功利论与理想论各自的问题域不同。德性论和功利论的问题域主要指向具体的经济社会活动中,它们共同主张"义"与"利"的分殊与统一,其所倡导的伦理价值秩序和伦理评价标准呈现于具体的经济实践活动中。而理想论的问题域指向社会财富的分配活动中,其所倡导的伦理价值秩序和伦理评价标准呈现于自上而下的国家政治制度设计和自下而上的底层民众对理想社会的价值诉求中。它在"义"与"利"分殊与统一的关系基础上进一步上升到"正义"原则,这就使得传统社会经济伦理的理想论带有经济制度伦理的内涵和维度。

第二节　传统经济伦理思维范式的历史演变与融合

传统经济伦理思维范式的生成与发展可以划分为三个历史阶段,即"产生时期""成熟时期"和"转型时期"。综合来看,传统经济伦理思维范式是在以义本利从的德性论、利即义的功利论以及"均"至"安"、"和"的理想论三重变奏中有序地进行历史演进。就基本理论取向和价值优先性来说,德性论、功利论以及理想论经济伦理思维范式之间存在差异性乃至异质性,但就其所依托的历史背景、问题域及价值趋向上,三者又具有辩证互参的理论旨趣。以"历史流程"与"视界融合"的研究境域来观照传统经济伦理的思维范式,产生、成熟和转型的三阶段不仅表征着先哲对传统经济伦理问题思考的深度和广度,且传统经济伦理思维范式对于不同时期的经济发展和经济伦理秩序的构建都起到价值牵引作用。换言之,政治经济的脉动与伦理思想蕴含着的道德精神之间具有历史和逻辑的统一性,它们之间也存在着内在紧张。在一定的历史时期,由于社会经济发展产生了新的变化和动向,而道德精神却没有适应这种趋势,从而成为历史发展的桎梏或者阻碍力量,因此,这需要道德精神作出必要的调整和反拨才能适应历史发展进程。与此同时,历史与现实往往滞后于伦理思想蕴含着的道德精神,历史发展往往会方向迷失甚至呈现出混乱状态。因此,在理论上必然需要合乎时代的伦理价值的精神形态来引领历史前进的新方向。唯此,传统社会经济伦理价值生态的不断跃升及以此为精神哲学基础的经济社会的实践形态的秩序建构才具有历史必然性和现实可能性。

一、产生于先秦时代

在先秦时代,以义本利从的德性论、利即义的功利论以及"均"至"安"、"和"的理想论经济伦理思维范式为主导的经济伦理所涉及的主要议题——"义利之辩"及"生产"、"分配"、"交换"和"消费"诸问题。在此阶段,它已提出并初步形成了与时代相一致的思维范式。总体而言,受先秦时代政治经济社会大背景制约,由于等级秩序以及与之相适应的伦理规范支配地位导致先秦时期经济伦理的基本倾向是伦理本位、伦理优先的,经济活动尤其商业活动遭受贬抑而处于社会伦理价值评价的边缘。换言之,在先秦时代,德性论经济伦理思维范式占主流地位,而"功利论"和"理想论"相较于"德性论"则处于边缘地位,但无论如何,"功利论"和"理想论"与"德性论"并存于同一社会形态中。

春秋战国是"礼崩乐坏"的大变革时期。奴隶制生产方式逐渐式微,而封建生产方式破茧而出。由于社会分工的出现和生产力的发展,私人商业出现了。各个阶级和阶层之间的社会矛盾日益尖锐和突出,社会利益矛盾和利益关系错综复杂。由此,先秦诸子普遍关注经济伦理问题。经济伦理关涉生产、分配、交换和消费等诸领域。儒家、道家和法家诸子所阐发经济伦理思维范式涉及经济与伦理关系、义利关系等问题域。应该说,先秦诸子论及的经济伦理基本问题辐射面已相当广阔。最重要的是,在经济伦理研究上,先秦诸子都意识到经济伦理的核心议题——"义利"关系问题。无论是孔子、孟子、荀子还是墨子,经济伦理都是在如何处理"义利"关系问题的基础之上建构而成的。尽管各自的理论旨趣不尽相同,但他们都毫无例外地紧扣"义利"关系问题来述说经济伦理。

虽然德性论、功利论以及理想论等经济伦理诸思维范式之间存在基本价值取向的差别甚至对立,但三者之间也存在着融合之处,这就为三者进一步发展提供了可能性。比如,功利论经济伦理思维范式是重利轻义,强调"兼相爱,交相利"乃"圣王之法"。以儒家为代表的德性主义"重义轻利",儒家之"利"就其本性乃是以"义"为衡量标准的"利",合"义"的"利"才是正当合理的"利"。换言之,儒家是在"利"之上设置了一个利益审判的合理性标准、程序和机制。任何"利"的取得都必须通过"义"的审判标准、程序和机制的道德伦理思维才能断定其正当性和合理性。就德性论和功利论而言,一个"重义轻利",一个"重利轻义"。需要说明的是,"重义轻利"意指儒家主张个人对于"私利"的追求要以"天下之公利"为限度。它强调的是私人利益的实现是否妨碍他人利益的实现。从本质上说,儒家并不绝对反对"利",其根本要旨在于对"利"的哲学把握方式和实现方式。"重利轻义"之"义"意指儒家德性论"义利"之"义"。事实上,在功利论看来,"利"就是"义",功利论之"义"是通过"利"来界定的。在本质上,功利论所言之"利"实际上是社会"公共利益效果"。而理想论则是立足于德性论和功利论对财富之利的贫富悬殊和不公作一定限度的调节和均衡。因此,理想论也必然关涉"义"和"利",换言之,理想论是用德性论之"义"来分配社会功利化成果——"财富"。理想论既重视"道德"之"义",与此同时,它也注重在确保统治者政治统治的前提下对"利"的均衡分配。

进一步来说,德性论、功利论以及理想论经济伦理思维范式之间的融合之处主要表现为三点:一是德性论与功利论都主张义利统一,反对不义而利。比如,"义胜利者为治世,利克义者为乱世"①。墨子认为,"万事莫贵于义","天下有义则治,无义则乱"②;二是尽管墨家功利论主张"兴天下之利,

---

① 《荀子·大略》。
② 《墨子·天志中》。

除天下之害"，反对儒家"罕言利""耻言利"①，儒家所谓的"利"是指"私利"，而非"公利"。儒家德性论的经济伦理思维范式并非反对"公利在先"而是主张"公利是义"。由此，义利关系问题至少有一个层面可以转化为"公利（义）"与"私利"的关系问题，即主张公利在先。这样，儒家德性论不仅不与墨家功利论经济伦理思想范式在此点上相矛盾，而且是相通的，甚至是一致的。三是理想论自身是在儒家德性论经济伦理思维范式基础之上在一定限度内对"天下之利"作等级之间的"均平"和"调均"。《周易》最早提出"均贫富"。"君子以衷多益寡，称物平施。"②意思是说，治国者应善于取多余以补不足，衡量财富的多少以平均施受于人。老子强调：

> 天之道，其犹张弓欤？ 高者抑之，下者举之，有余者损之，不足者补
> 之。天之道，损有余而补不足。③

老子认为，调均有余者与不足者之间的财富是符合天道的正义行为。孔子则从维护国家统治的高度强调"均贫富"的迫切性。

> 不患寡而患不均，不患贫而患不安。盖均无贫，和无寡，安无倾。④

其实，孔子的"均无贫"不是提倡绝对平均主义，而是一种财富与身份地位相配的等级分配伦理思想。孟子立足于井田制进一步发展了孔子的"均贫富"思想，他通过"正经界"使民众保有特定限度的"恒产"从而达到抑制土地兼并之目的。理想论经济伦理思维范式与德性论和功利论紧密关联。理想论必然需要德性论或道义论作为其基础，同时，理想论与功利论又紧密相关。很显然，如果没有功利主义经济伦理思维范式作为基础，理想论对"天下之利"的分配以及均贫富的经济伦理诉求的理想社会愿景也就无从谈起。

---

① 在儒家看来，一切社会活动归结为以德性为核心和主轴，即以人生哲学为主轴。经济活动概莫能外。由此，为了修身齐家治国平天下之目的，自然在价值取向上不能唯利是从，更不要谈唯私利是从了。如果撇开人生哲学的视阈，从经济伦理哲学的视角看，儒家的基本主张是义利统一。它基本符合对经济伦理的辩证理解。

② 《周易·谦》。

③ 《老子·第七十七章》。

④ 《论语·季氏篇》。

二、成熟于宋元时代

宋元时代，传统经济伦理思维范式处于成熟期。在政治上，阶级矛盾和民族矛盾日益尖锐。"均贫富"成为农民起义的主要纲领与目标。在经济上，江南地区出现了不同于以往的新的生产方式，商品经济进一步发展，它代表一种新的生产力发展方向。宋元时代是封建制度趋于成熟的时代。传统社会的主流伦理意识形态呈现为"经济服从伦理，伦理制约经济"。朱熹的德性论主张"义利之说乃儒者第一义"①。在他看来，伦理道德观念具有绝对的独立性和超越性。可见，朱熹将儒家德性论经济伦理思维范式推向了极端。代表新兴生产方式的商品经济形态必然对传统经济伦理秩序提出了新的要求。功利论经济伦理思维范式开始挑战德性论伦理意识形态的主流地位。功利论主张"私利"具有价值合理性，它直接推动了功利论所及范围或地区的经济社会发展。

就理想论而言，经过汉唐时期理想论的历史演进，宋元时代的"均贫富"理想论有了长足发展。在《论积贮疏》中，贾谊重申了管子关于民众拥有的物质基础与统治者政治统治之间辩证关系的著名论断。"管子曰'仓廪足而知礼节'。民不足而可治者，自古及今，未之尝闻。"②在《春秋繁露·度制》中，董仲舒在孔子"均贫富"理想论基础上认识到民众的过度贫困和统治者的过度富裕都会加大国家治理的难度。在《盐铁论》中，御史大夫桑弘羊也对贫富调节问题作了进一步阐明。在东汉，《太平经》针对贫富不均现象提出"四反对、四主张"。《太平经》的"均贫富"理想论主张贫者要自强独立，富者自觉地救济贫者，均贫富的精神动力来源于人的道德良知。可以说，儒家"均贫富"经济伦理理想论一直贯穿于中国传统社会的始终。总体上，在唐代以前，"均贫富"思想都是由统治者和主流思想家提出，而被统治阶级并没有明确地提出"均贫富"的经济伦理理想论图式。在《"均贫富"思想的历史演变》一文中，叶朗认为，在唐末到两宋时期，唐末农民起义领袖王仙芝第一

---

① 《朱文公文集》卷二十四。
② 贾谊：《论积贮疏》。

次提出"平均"口号,这充分表明了被统治阶级最初明确表达了对地主阶级剥削的不满,他们向往着一种"均贫富"的理想社会的良好愿景。在宋代,王小波、李顺起义和钟相、杨幺起义已经不满足于单纯的"均贫富"口号而直接上升为行动——"吾疾贫富不均,今为汝均之"①和"等贵贱,均贫富"②。这一时期的"德性论""功利论"和"理想论"的经济伦理思维范式同属于儒家主流伦理意识形态界限之内,虽然它们之间存在基本价值取向的差异,但也存在融合之处。它主要表现为三个方面:一是三者都主张义利统一,反对不义而利;二是从对公利或者私利的态度看,三者都把公利摆在重要位置,强调"利"的正当性;三是反对极端利己主义。需要说明的是,在宋元时代,由于新兴商品经济"小荷才露尖尖角",代表新兴生产方式的生产者在社会财富贫富悬殊的经济社会结构不平衡的背景下,意图冲破儒家主流意识形态的限制,而寻求自身的经济解放并相继提出"均贫富"的经济伦理主张,在某种意义上,它又促进儒家理想论经济伦理思维范式的发展。

如前所述,在宋元时代,尽管一些人高扬功利主义经济伦理观,并将中国传统社会的功利主义的伦理形态推进到一个新高度。但在总体上,以朱熹为代表的德性论和理想论抬高伦理,而将"功利"视作伦理道德的手段和工具。因此,宋元时代的功利论只具有挑战儒家德性论的精神冲动力。在最终意义上,功利论并没有完全取代儒家主流的德性论经济伦理意识形态。

三、转型发展于明清民国时代

明清民国时代为经济伦理思维范式的转型时期。③ 明清民国时代既是

---

① 王辟之:《渑水燕谈录》。
② 徐梦莘:《三朝北盟会编》卷一百三十七。
③ 一般而言,学界在论及经济伦理思维范式问题上都将时间定位在明清时代,这有其合理性。因为经济伦理思维范式的转型一定是基于特定的思想或哲学范式的变革——资产阶级启蒙哲学。而资产阶级启蒙哲学运动是一个漫长的历史发展过程。在某种意义上,资产阶级革命时期才是真正意义上的启蒙时代。前资产阶级革命时期只是为资产阶级启蒙哲学运动奠定基础。基于此,论及中国传统社会经济伦理思维范式的转型问题必然要将民国资产阶级革命派时期涵括在内,否则,就不能完整地加以阐明中国传统社会经济伦理思维范式的转型问题。

封建社会的衰落期,也是资本主义的萌芽和发展期,与此相应,政治、经济和文化精神观念也发生了巨大变化。在明代后期,农民阶级认识到土地分配不均是贫富悬殊的本质根源,"均田免粮"的理想论纲领要求平分土地。在近代,理想论的历史演进可分为三个阶段:一是太平天国时期;二是资产阶级改良和维新时期;三是资产阶级革命时期。在太平天国时期,在《天朝田亩制》中,洪秀全提出"有田同耕,有饭同食,有衣同穿。有钱同使,无处不均匀、无人不饱暖"的绝对平均主义的乌托邦式的理想社会图景。太平天国的平均主义经济伦理分配原则和贫富理想论在中国历史上达到了空前高度。从秦末的"苟富贵,勿相忘"、两宋的"等贵贱,均贫富",到明末的"均田免粮",再到《天朝田亩制度》,为实现"无处不均匀,无处不饱暖"的地上天国所实行的平均主义的分配政策和规定,是农民阶级这一社会最底层民众的道德意识、伦理觉悟觉醒和提高的过程。撇开太平天国运动的历史局限性,我们应当从这一历史事件中把握其历史进步性和开创性意义。在明清时代,农民阶级之所以能达到如此的思想高度,在本质上,它是与明清时代的资本主义萌芽与发展直接相关。《资政新篇》所体现的财富分配伦理的理想论虽然对中国近代思想界的影响微乎其微,但它具有很强的象征性意义,它表明近代资本主义性质的理想论的出场。虽然早期资产阶级改良派基本上否定传统社会的理想论,但它只是一些具有资本主义性质的朦胧色彩的理想论意识和愿望。改良派和维新派的理想论与传统社会统治阶级理想论纠缠不清。而资产阶级革命派以西方资产阶级的天赋人权、自由平等学说作为革命的思想武器,结合中国传统社会的国情,提出了"三民主义"的理论纲领。其基本主张是用暴力推翻封建政权从而建立资产阶级民主共和国。资产阶级革命派的经济伦理理想论表现为一种"平等"的理想观念和意识。[1] 在近代社会形态中,经济伦理的理想论表现为两种形态:一是等级制分配和消费伦理形态;二是要求财富包括政治权益的机会均等。可以说,在中国传统封

---

① 自然经济的"均贫观"与商品经济的"平等观"有着本质的区别。前者着眼于结果的"平均",而不看重谋取方式和机会的"均等";而后者则追求经济效益,鼓励生产者在机会均等的条件下自由竞争,促进生产发展。物质财富不足产生强烈的弥补短缺需求的"平等"要求。因此,"平均"思想是小农经济生产方式的必然产物,"平等"思想是资本主义经济生产方式的必然产物。在以生产使用价值为主的经济形态下,追求结果均等是必然趋势。

建政权存在的前提下，两种不同的经济伦理理想论相互纠缠在一起，它们之间具有相斥互补的关系与特征。在资产阶级推翻封建政权之后，资产阶级经济伦理的理想论具有与传统社会经济伦理的理想论完全不同的理论内涵与特征。

与此同时，在明清民国时代，近代资产阶级开创的资本主义生产关系也有力地推动了中国传统社会功利论经济伦理思维范式的近代转型和发展。尽管此时德性论经济伦理思维范式和相对主义形态的理想论经济伦理思维范式仍然具有相当影响，但功利论经济伦理思维范式和倡导"机会均等"的资产阶级财富分配的经济伦理理想论在当时已经合流并占据经济伦理意识形态的主流地位。在某种意义上，在资产阶级商品经济发展的历史背景下，无论是德性论，还是功利论、理想论，三者都实现了由传统向近代的转型。

所谓中国传统经济伦理思维范式的近代转型意指经济伦理的理论形态在性质上的根本变革。经济伦理理论形态作为一种精神文化的哲学形态，其性质的根本变革取决于经济社会形态的转型。经济社会形态的转型取决于封建自然经济形态与资产阶级商品经济形态的力量对比。与此相应，资产阶级商品经济形态的发展又必然推动人的要素的革新与转型。受商品经济经济社会形态制约的时代精神文化形态的发展直接推动了人的精神文化结构形态的革新。因此，无论如何，在论及经济伦理思维范式转型问题上绝对不能忽略时代精神文化嬗变的近代启蒙哲学运动。在研究传统经济伦理思维范式转型问题上，如果将研究视角仅仅局限于商品经济形态的历史嬗变，这是不够的，我们还必须深入到受时代经济社会形态决定的人的精神文化领域考察人的精神形态的历史嬗变。唯此，我们才能在道德哲学的高度来洞察经济伦理思维范式的近代转型。中国近代启蒙首先是"伦理启蒙"。这是由中国传统社会的特定文化结构和文化性质决定的。"启蒙"概念源于西方启蒙运动哲学，即17—18世纪发生在欧洲的一场广泛而深刻的思想文化解放运动。文德尔班指出了启蒙运动哲学的一般特征：

> "人类正当的研究对象是人。"波普的这句话具有整个启蒙时期哲学的典型特征：这不仅从实践意义上说，此种哲学认为整个科学研究的最终目的总是人类的"幸福"；而且更重要的从理论观点看，就此哲学的

整体而言,一切知识基于对心理活动的实际过程的观察。①

这就是说,为了达到人类幸福的终极目标,启蒙运动哲学批判和否认传统的宗教权威和政治制度,试图打碎一切现成的阻止人类幸福的陈旧的制度和思想框架。

在《历史理性批判文集》的第二部分,《答复这个问题:"什么是启蒙运动?"》一文中,康德进一步深刻地揭示了启蒙概念的本质内涵。康德认为,"启蒙"一词意指人类精神的发展进程,人类精神的历史进程总是由不成熟状态向成熟的状态演进。换言之,启蒙运动就是"人类脱离自己所加之于自己的不成熟状态"②。在康德看来,人类精神上的不成熟状态之所以发生,其根本的原因就在于人类自身加之于之自身的某种阻碍或阻止其精神向开明的或开化的成熟状态趋近。这种精神上不成熟状态的一个根本标志就在于人类自身缺乏勇气和决心去运用自身的理性。这种运用理性的勇气和决心的缺乏,其根源于自身理性的缺乏。依照康德,启蒙的要点在于,"要有勇气运用你自己的理智"和"公开运用自己理性的自由"。由此,启蒙的根本条件在于敢于并且能够自由地运用理性。在本质上来说,启蒙就是努力使处于蒙昧不成熟的精神状态转换为成熟状态,成熟的标志在于人敢于自由地运用自己的理性对既有的历史存在或历史文化精神传统作永久批判。可以说,康德启蒙概念具有普遍意义。它不仅仅适用于西方文化形态,就其所关涉的人的精神成长的主题来看,启蒙概念也同样适用于中国文化形态。就中国的近代启蒙来说,"变革图强"有两个要点:一是图强,即中国人过上幸福生活必须首先强国富国。这主要归因于近代中国的民族危机和社会危机,在根本上,富国图强最终取决于人的文化精神品格的变革和创新。二是变革,即中国人的精神必须从两千年来的封建纲常礼教中解放出来,从而能够自由地运用自己的理性批判乃至解除礼教所加于人自身的精神枷锁,最终实现社会政治制度变革。这主要是由于人的精神从不能自由运用自己的理性的蒙昧不成熟精神状态向能够自由运用自己的理性的成熟精神状态过渡的必然要求,因为变革社会政治制度在归根结底的意义上还是取决于人

---

① [德]文德尔班:《哲学史教程》下册,罗达仁译,北京:商务印书馆1997年版,第622页。
② [德]康德:《历史理性批判文集》,何兆武译,北京:商务印书馆1990年版,第23页。

的精神文化观念的革新和变革。儒家倡导的纲常礼教是一种伦理(道德)与政治合一的伦理(道德)政治文化结构模式。这是由中国社会存在结构("由家及国""家国一体")决定的。中国传统社会的伦理政治文化或道德政治文化的核心结构在于伦理理想与政治理想的统一与互释,修身齐家与治国平天下相互结合在一起。但是,中国传统伦理(道德)政治文化结构模式具有自身难以克服的弊端甚至痼疾,在伦理政治文化结构模式中,人的精神深深地被封建礼教束缚,人的精神处于不能自由运用自己的理性的不成熟状态。这主要有两方面的原因:一是人自身的精神沉陷于固定化、模式化的礼教之中;二是顽固的封建政权势力强加给人的外在压迫力量使得人的精神无法从封建礼教的精神桎梏中解脱出来。每个人的精神必然被三纲五常的伦理关系秩序所固定。正是由于人的精神禁锢于三纲五常的伦理关系秩序之中,必然地,人的精神也就不可能站在自己所处的伦理关系秩序之外自由地运用自己的理性对之进行批判和审视。人的精神也就难以从不成熟状态向成熟状态转换和过渡。因此,中国近代的启蒙运动首先是伦理启蒙。换言之,中国近代启蒙运动就是将人的精神从封建礼教的纲常伦理关系秩序中解放出来。这是近代中国启蒙运动的最本质要义。因为无论是富国图强还是革新政治制度都是建立在人的精神解放的基础之上。在近代中国,在落后挨打的被动格局之下,由科技落后和封建专制所导致的社会危机与民族危机在根本上源于人的精神长期禁锢在封建纲常伦理关系秩序之中而处于蒙昧不成熟状态。蒙昧不成熟的精神状态直接决定了人没有勇气自由地运用自己的理性批判审视自己所处的文化形态,从而形成一种文化惰性。贪图"安逸"和自觉"畏难"情绪占据着整个精神。因此,人的精神不能挺立起来审视自己和观看世界。在这个意义上,日益僵化、教条化并与封建制度相结合的儒家伦理关系秩序成为启蒙哲学批判的对象。基于此,就其经济伦理的近代转型效果而言,中国近代经济伦理观念的转型主要体现在三个方面:第一,从群体价值取向到个体和群体双向价值取向蜕变;第二,从家族本位到社会本位的演化;第三,从超验的理性原则到现实的感情生活的转换。①就其本质而言,传统的经济伦理思维范式被打破,主张现代自由主义经济伦

---

① 唐凯麟:《中国明清时期伦理思潮的早期启蒙性质论纲》,载《道德与文明》2000 年第 2 期。

理理念和思维范式逐渐明朗化。传统经济伦理思维范式的近代嬗变和转型主要表现为三个特征:第一,由德性论经济伦理思维范式转向功利论经济伦理思维范式。近代社会经济结构性变化赋予功利论以新的时代内涵:一是伸张人欲,二是肯定私利,三是倡导公正,四是重视世功。第二,儒商精神构成了明清民国社会形态最为核心的商业精神。儒家思想与近代商业经营理论合流形成了具有中国特色的商业伦理体系,它发展出了一整套商业道德规范、商人职业素质和商人伦理价值诉求。第三,以国家富强为目的,主张农工商全面发展,强调有利于国家经济发展的系列经济措施。就经济伦理的变革而言,它一方面秉承了传统儒学的经济伦理思想,承认发展农业对于中国经济发展的本体意义;另一方面又借鉴了西方经济伦理的学术资源,强调工商业对于中国富强的重要意义。

在明清民国时代,德性论、功利论和理想论的经济伦理思维范式之间的融合主要表现为四个方面:一是德性论与功利论都主张义利统一。颜元明确提出了"正其谊以谋其利,明其道以计其功"的思想主张;王阳明一方面强调道德高于经济,另一方面强调经济活动可以并且应该顺应道德要求。二是德性论与功利论对私利都持肯定态度。王阳明承认经济生产的重要地位,一方面,他提出"物产而事兴";另一方面,他认为"养遂而民生可厚"。康有为、梁启超和严复的经济伦理思想都肯定私利的价值合理性。三是德性论与功利论都主张公利和国家利益具有价值优先权。李贽认为,"正义就是谋利,不谋利就不是正其义"。严复在强调一种合理利己主义价值观的同时,在群己关系上,他从个人利益最终走向了国家利益,强调国家富强和民众利益高于个人利益。四是近代中国的理想论经济伦理思维范式由明末清初的小农绝对平均主义经济伦理思维范式向近代功利论经济伦理思维范式转换,同时,近代中国启蒙运动将民主主义理想论与近代德性论和功利论结合起来。在近代中国,功利论、德性论和理想论相互交错。因此,总体上看,尽管儒家传统德性论影响犹存,但德性论经济伦理思维范式自身受到近代社会语境的浸染而转型。可以说,德性论经济伦理思维范式转向功利论经济伦理思维范式已经成为这个时代的基本特征。功利论经济伦理思维范式达到了空前的历史高度,它对推进民族资本主义经济形态的发展具有巨大作用。与此同时,功利论又与理想论相互纠缠在一起。

以历史发展与流派融合的视阈审视经济伦理思维范式,有利于对传统社会经济伦理思维范式特质进行历史阶段性和流派特质性的纵深把握和理解。同时,这也意味着只有遵循历史发展与流派融合的研究视阈,才能洞察传统经济伦理思维范式的优点和缺陷。

第三节　对中国传统经济伦理思维范式的评价

在先秦时代,受先秦政治经济社会大背景制约,等级秩序以及与之相适应的伦理规范支配地位导致先秦时期经济活动的基本倾向是以伦理为主导的,经济活动尤其商业活动被轻视甚至遭受贬抑而处于社会伦理价值评价的边缘。德性论经济伦理思维范式占主流地位,而"功利论"和"理想论"相较于"德性论"而言则处于边缘,但无论如何,义本利从的德性论、利即义的功利论以及"均"至"安"、"和"的理想论经济伦理思维范式并存于同一社会形态中。在宋元时代,德性论、功利论和儒家理想论(儒家相对主义理想论形态)的经济伦理思维范式同属于儒家思想主导的意识形态范围之内,它们之间的融合为中国经济伦理思维范式的进一步发展提供了基础,并为其历史转型埋下了伏笔。在明清民国时代,近代资产阶级作为新兴生产力的代表开创的资本主义生产关系有力地推动了中国传统社会功利论经济伦理思维范式的近代转型和发展。尽管此时德性论经济伦理思维范式和相对主义形态的理想论经济伦理思维范式仍然具有相当影响,但功利论经济伦理思维范式在当时已经占据主流地位,同时,包括绝对主义理想论在内的多种形态的理想论经济伦理思维范式也得到了充分发展。

传统经济伦理思维范式已成为过去时态,但由于历史具有延绵性和连续性,传统思想资源必然会以某种方式"活"在当下。问题的关键在于如何在当代语境中发掘传统经济伦理的思维范式,即中国传统经济伦理思维范式的现代转型问题。而发掘传统经济伦理的现当代意义,首要的理论工作就在于洞察中国传统经济伦理思维范式特质及其自身具有的历史局限性。要对中国传统社会经济伦理思维范式进行评价,主要有三个层面:一是从中国传统经济伦理思维范式的历史演进逻辑中展开；二是从中国传统经济伦理思维范式之外的西方经济伦理思维范式或理论形态层面对其进行伦理哲学意义上的理论观照；三是揭示传统经济伦理思维范式或理论形态所蕴含的理论价值和现实意义。

一、时代的局限性

中国经济伦理的思维范式与中国经济社会发展之间具有先验的内在逻辑关联。基于唯物史观立场，通过对中国传统的经济社会背景和经济伦理思维范式的产生和发展的概括和分析，考察各个时期生产方式和生活方式的变化对经济伦理思维范式产生的影响以及经济伦理思维范式对中国传统的经济社会发展产生的作用与影响。一种伦理精神和伦理价值观是由特定的、复杂的物质经济条件以及历史文化积淀孕育培养起来的，历史的特殊性决定伦理精神和价值理念的特殊性。其中，制度是集体行为对个体行为的控制，框定了人们的选择自由的空间。"在详细描述长期变迁的各种现存理论中，马克思的分析框架是最有说服力的，这恰恰是因为它包括了新古典分析框架所遗漏的所有因素：制度、产权、国家和意识形态。马克思强调在有效率的经济组织中产权的重要作用，以及在现有的产权制度与新技术的生产潜力之间产生的不适应性。这是一个根本性的贡献。"[①]有学者指出，"中土以农立国，国基于乡，民多聚族而居，不轻离其家而远其族，故道德以家族为本位。"[②]正如信任一样，总体上来看，它"始终未能从根本上超脱'家庭'、'亲情'、'义气'和'熟人'的特殊主义限阈"[③]。中国传统经济伦理思维范式之所以没有走出"传统的迷雾"，从知识社会学的角度看，不应仅从思想本身找原因，而应从产生思想的社会历史语境出发，脱离社会历史语境的知识是不存在的。正如马克思所言：

> 价值表现的秘密，即一切劳动由于而且只是由于都是一般人类劳

① ［美］诺思：《经济史中的结构与变迁》，陈郁、罗华平译，上海：上海三联书店1991年版，第68页。
② 黄建中：《比较伦理学》，济南：山东人民出版社1998年版，第85页。
③ 万俊人：《道德之维——现代经济伦理导论》，广州：广东人民出版社2000年版，第214页。

动而具有的等同性和同等意义,只有在人类平等概念已经成为国民的牢固的成见的时候,才能揭示出来。而这只有在这样的社会里才有可能,在那里,商品形式成为劳动产品的一般形式,从而人们彼此作为商品占有者的关系成为占统治地位的社会关系。①

中国传统社会的道德伦理一贯具有重"义"轻"利"的倾向。这种重义轻利的道德精神固然足以造就圣贤品格,却难以成为大众精神。在这个意义上,中国传统经济伦理思维范式的历史走向必然由形而上学的超越性意义世界转向生活世界。

"均贫富"理想论对后代政权统治者的国家政治治理起到了重要作用。其共同的政治经济伦理理想就是要建立一个"天下均平"的理想社会。因此,理想论"就道德理想主义而言,它是一种基于人生的道德安顿而言述的理想主义,它具有不因为时代和地域因素变化的永恒价值"。② 中国传统社会的理想论的精神冲动力意欲打破不均等的封建等级分配经济伦理范式或形态,而追求诸如"均贫富,等贵贱"和乌托邦式的"有田同耕,有饭同食,有衣同穿。有钱同使,无处不均匀,无人不饱暖"的理想社会图式。从秦末的"苟富贵,勿相忘"、两宋的"等贵贱,均贫富",到明末的"均田免粮",再到《天朝田亩制度》中要实现"无处不均匀,无处不饱暖"的地上天国,再到《资政新编》的改良性的财富分配方案,再到《三民主义》所实行的机会均等的财富分配政策和规定,财富伦理的历史演进过程也就是社会中下层民众作为被压迫阶级的道德意识、伦理觉悟的觉醒和提高的历史过程。撇开各自的历史局限性——农民阶级自身的局限性和资产阶级自身的局限性,尽管它们各自对理想社会的设计具有浓厚的乌托邦性质,但是,我们应当从这一系列历史事件中把握理想论经济伦理思维范式的历史进步性和开创性价值及意义。

123

---

① 《马克思恩格斯文集》第 5 卷,北京:人民出版社 2009 年版,第 75 页。
② 任剑涛:《道德理想主义与伦理中心主义:儒家伦理的双旋结构》,载《中山大学学报》(社会科学版)2002 年第 6 期。

二、思维范式的融合性

传统经济伦理诸思维范式之间并非绝对不可通约,诸范式之间具有辩证融通的关系。义本利从的德性论、利即义的功利论以及"均"至"安"、"和"的理想论经济伦理思维范式之间并非不可通约,而是融合互渗的关系。具体来说,德性论是一种超越型伦理思维范式。德性论高扬德性,它着重强调德性的纯粹性和绝对无条件的非功利性。尽管如此,德性论随着历史流程的演进,其自身的价值符号系统也在不断地更新和变革,更何况,就德性论传统而言,其自身也没有绝对地将"利"排除于价值系统之外。在德性论传统的历史绵延过程中,我们可以领会到德性论价值系统与合理性的"利"的价值并不矛盾,德性与利益总是辩证地融合在一起。总体上,德性论并非拒斥功利性的经济利益。只不过,德性论拒斥短期性、眼前性、私人性的利益或功利。由此,德性论试图建立起一个以血缘亲情和封建宗法等级制为基本社会结构的纯粹性伦理价值秩序。在这个意义上,就德性论伦理价值系统的建构来说,它具有强烈的道德伦理理想色彩。因此,德性论诉求的是一种社会道德伦理理想。如此看来,实际上,德性论遵循伦理道德价值优先性而将德性置放于伦理价值系统的核心位置,将对功利的理性考量置放于伦理价值系统的从属位置。尽管如此,德性论和功利论具有融合性这一点是毋庸置疑的。与德性论不同,功利论将功利性价值置放于伦理价值系统的核心位置,它试图实现最大多数人的最大幸福。最大多数人的最大幸福就必然需要为功利论伦理价值系统中的"利"设置一个"义"的价值标准。对于功利论而言,"义"的价值标准也就是绝大多数人的最大利益,也就是公共利益效果。可以说,公共利益效果是功利论的基本道德原则。在这个意义上,功利论并没有完全游离于意义世界之外而单纯地追逐功利。功利论与意义(德性)世界具有融合性。只不过,功利论的意义世界并非传统德性论的形而上学意义世界,它是建立在经验与观察基础上的伦理价值的普遍性。因此,功利论与德性论在处理"利"与"义"的关系问题上具有融合性。二者的不同之处在于,在功利性优先还是德性优先问题上,二者作出了截然相反的回答。进一步,功利论也具有自己的伦理价值理想,其价值理想是重视功利的优先性地位、实现以功利为导向的理想生活和理想社会。如此看来,与儒家德性论相比,尽管其理论旨趣大异,但从思维范式之间的沟通和互动来说,二者在精神哲学层次上具有一致性。马克斯·韦伯的"理解社会学"强调"理解"是一个历史的流程和"视界融合"过程。实际上,研究中国传统经济伦理思维范式又何尝不是如此。[①] 如前所述,德性论、功利论和理想论具有共在性。三者的共在性特征就决定了它们之间必然存在着相互渗透的统一关系和效果。因此,理想论作为一种贫富或财富调节的经济伦理理论形态必然与德性论和功利论紧密关联在一起,在某种意义上,德性论与功利论是理想论建构的理论基础和价值基石。在社会实践形态上,德性论、功利论和理想论都共同维护特定经济社会形态的社会结构和经济结构,它们共同以"义"与"利"之关系观来审视特定时代的经济社会形态结构。

三、中西经济伦理思维范式的伦理哲学观照

西方经济伦理思维范式不只是一个地区性的伦理道德哲学知识。它对中国传统乃至现当代的中国经济伦理思维范式的生成产生过巨大影响。可以说,西方经济伦理思维范式对于中国经济伦理思维范式的展开具有知识发生学意义。以西方经济伦理范式来观照中国传统经济伦理思维范式,首要的理论工作在于阐明西方经济伦理思维范式的基本形态。基于对中国传统社会经济伦理思维范式的历史考察和梳理,我们可以粗略地概括其独特的个性,从而在与西方经济伦理思维范式的比较中呈现中国传统经济伦理思维范式的个性和特质。

中西经济伦理思维范式之差异主要体现为三个方面:

一是人性预设的前提和基础不同。中国传统社会经济伦理思维范式的展开是建立在人性善的基础之上,而西方经济伦理思维范式建立在人性恶的基础之上。人性预设的前提和基础不同决定了经济伦理思维范式的差异。正如刘可风所说:"西方传统思想主流尤其是基督教伦理持人性恶的看法:人不能仅凭自身努力,而需借助上帝的力量才能真正向善,在世俗生活

---

① 参见党圣元《传统文论诠释中的视界融合问题》,载《中国社会科学院研究生院学报》2006 年第 6 期。

中也找不到纯粹的善。因此,'以恶制恶'、两害相权取其轻,就成为解决经济伦理问题的重要方式。相反,儒家伦理中的'性善论'对中国文化的影响最大,这是一种对人性的乐观看法,它认为人性本然纯善,恶根本上说源自人之外,并体现为不能恰当处理各种关系。由这种观点出发,在求利的动机和过程中,发挥人的善性、'以善制恶'或'以善导欲',成为儒家思考经济伦理问题的主要方式。"①

二是经济结构的不同导致中西方经济伦理思维范式对于功利的伦理哲学态度上具有明显差异。中国是自给自足的农耕自然经济占传统社会经济结构的主导地位,自然经济自身的性质决定了社会成员的交往实践的广度和深度的有限性,由此带来了商品经济的不发达,这是中国传统社会经济伦理鄙视功利主义的天然原因,这也是极其重要的生产方式根源。而西方则与之相反,在西方传统社会中,尤其是在西方文化的源头古希腊,由于其地处海洋,商品经济天然发达,由此决定了其在商品经济形态和频繁交往实践的社会形态上与中国传统社会具有明显的差异。

三是伦理精神形态不同。贯穿于西方经济伦理的精神结构可以表述为"最高善(道德本体)—自由—意志"。伦理主体的精神自由的实现是意志将经济伦理行为的决定的根据定位在外在于现象世界的本体世界,伦理主体依照最高善或善的理念行动,而不是依照现象世界的偏好或意欲行动。在这个意义上,西方经济伦理思维范式先定位最高善或道德本体,也就是先行确立经济伦理行为的普遍性原则或法则,然后再将意志的决定根据置放在普遍性原则或法则之上。伦理自由或道德自由就是意志依照外在于自身的意欲或偏好的道德法则行动。需要说明的是,以柏拉图为代表的古希腊伦理学和以康德为代表的德国古典伦理学为主线的西方伦理学不同的功利主义经济伦理学则是将普遍性原则从"天"上拉回到经验现象生活世界,休谟开创的功利主义经济伦理学将意志的决定根据定位在经验现象生活世界之中。他们在经验现象生活世界中寻求道德或伦理行为的具有经验主义性质的一般道德伦理原则。无论是先天的道德法则还是经验的一般道德原则,

① 刘可风:《论中西经济伦理的语境差异及其沟通——"利益"与"interest"之比较》,载《哲学研究》2006年第11期。

相对于意志主体而言,它们都外在于人自身的意志。但是,尽管它们外在于人自身的意志,但作为实践理性又都直接规定意志的行动。总的说来,西方经济伦理精神的自由形态具有外在性和形式性特征。在中国传统伦理精神结构也可以表述为"最高善或道德本体—自由—意志"。伦理主体的精神自由的实现也是通过将意志的决定根据定位在最高善或道德本体之上。但是,中国传统经济伦理的最高善或道德本体的历史嬗变趋势是由天或天命道德本体向心性道德本体的转折。具体来说,《诗》《书》将道德本体建立在先天的"天"之上;孔子将道德本体建立在"天—命"之上;孟子将道德本体建立在内在的"心性"之上。从道德本体的历史演进的趋势看,中国传统道德本体的基本趋势是由外在于自身意志的"天"或"天命"向内在于自身之内的"心性"转向。西方伦理学中的道德本体无论是先天的还是经验的,它们直接决定意志的行动,如果依照康德的讲法,先天的道德伦理法则属于纯粹实践理性,它们直接可以作为意志的根据,纯粹实践理性自我立法自我实践——"道德自律"。而经验性道德法则则是属于自身之外的道德法则,意志的行动根据在于自身之外的偏好或意欲——"道德他律"。无论是道德自律抑或道德他律,西方伦理学的一个共性特点就是都沿着苏格拉底开创的"知识即美德"的道德认识论致思路线。即使康德伦理学也不例外。尽管康德明确区分了"自然"与"自由",道德只属于自由领域。但是,无论如何,纯粹实践理性或先天道德法则多多少少依然带有认识论的痕迹,也就是说,纯粹实践理性或道德法则也必然是通过心灵的理解而呈现于心灵之中,道德法则不可能现成地在人的心灵中呈现。这一点是毋庸置疑的。根本上说,西方伦理学的道德法则都是外在于自身的普遍性原则,它具有形式性或制度性特征。而中国传统伦理学的道德本体的历史嬗变走向显明了道德本体由外而内,在心灵自身中就能寻求到意志的决定根据。从《诗》和《书》,到孔子,再到孟子的道德本体的由外而内的历史演进,充分阐明了中国传统伦理学在寻求意志的决定根据的自律道德精神。从某种意义上,中国传统伦理学所谓的道德自律与西方伦理学所谓的道德自律具有不一样的内涵。站在中国传统伦理学的学术立场上,西方伦理学寻求的外在于自身的善的理念并不存在于自身的心灵意识之中,而只有将心灵自身中本然具有的道德原则规定为意志的决定根据才是真正意义上的道德自律。在这个意义上,中国传统经济伦理的精神自由是自身的意志与不假外求的本来就具有的道德原则的统一和契合。儒家经济伦理的自由精神形态具有鲜明的"入世"特征,即所谓"以义制利""义以生利""义利统一"。"义"作为道德本体具有内在性,由此也决定了中国传统伦理精神的自由形态具有内在性和质料性特征。

四、中国传统经济伦理思维范式研究的理论价值和现实意义

经济伦理思维范式研究系统、全面、深入地梳理了中国经济伦理思想的历史发展脉络。无疑地,它对中国经济伦理思想通史研究起到重要的启迪作用。进而言之,它深化了对中国传统经济伦理思想的萌芽、发展、嬗变和转型的认识。同时,它厘清了中国传统经济伦理与现代经济伦理的关系、中国历史发展不同时期经济伦理思想之间的关系以及不同流派之间、不同人物之间的关系,在一定意义上揭示了中国经济伦理思想发展的基本规律。

中国传统经济伦理思维范式研究的理论价值主要表现为三个方面:

第一,中国传统经济伦理思维范式研究系统地梳理了传统经济伦理思想演变的历史进程。坚持历史与逻辑相结合的方法有助于考察诸经济伦理形态在其历史发展过程中既有区别又有共通性的复杂关系,从而展现出诸经济伦理形态既相互对立又相互吸收的辩证运动。

第二,中国传统经济伦理思维范式研究总结和阐释了不同历史时期经济伦理形态的主要特征、变化规律和当代价值。中国传统经济伦理思维范式研究有助于把握中国经济伦理形态的多重变奏中不断演绎和深化的特征和基本脉络。

第三,中国传统经济伦理思维范式研究有助于概括经济伦理形态的规范、范畴及其特点。在文献研究的基础上,中国经济伦理思维范式的系统和整体研究有助于准确、完整、全面地廓清经济伦理形态的规范、范畴及其特点,从而为构建中国特色经济伦理学理论体系提供科学依据和学术资源操作平台。

与此同时,中国传统经济伦理思维范式研究的现实意义也表现为三个方面:

第一,深入考察中国经济伦理思维范式的传统特色和历史变迁,探究当代中国改革进程中经济价值观和伦理关系的变化及特征,从而把握中国经济伦理思想发展的内在规律,对于建设中国特色的社会主义精神文明、促进社会主义道德建设并进而推动整个中国特色社会主义建设事业的发展,具有重大的现实意义。

第二,中国传统经济伦理思维范式研究对中国经济伦理思维范式的全面梳理和系统阐释有助于准确把握中国经济伦理思想的特质,在此基础上,合规律地传承中国传统经济伦理思想,并结合现实,构建现代经济伦理理念及其道德规范,服务于中国特色社会主义市场经济建设。

第三,研究和提炼中国传统经济伦理思维范式的内在结构对于完善我国的当代工业经济、农业经济、商业经济等应用经济理念和经济文化建设思路都具有重要的启迪和指导意义。它也能够为解决当前我国经济发展中出现的道德失范等问题提供有益的经济伦理理念。"传统农业社会之架构和政治体制已经消失,但这并不意味着和它曾经结合过的价值观念、道德意识、思想和行为方式都失去了存在的合理性,这是思想继承的前提。"[1]因此,综合研究中国传统经济伦理思维范式,并切实服务于经济建设和人们对美好生活的追求,这是中国经济伦理思维范式研究的实践要求,不可小视。

---

① 郭齐勇:《儒家伦理的当代意义》,载《江西师范大学学报》(哲学社会科学版)2010 年第 6 期。

第三章
中国经济伦理思想发展的基本问题——义利之辩

从先秦到当代,义利问题贯穿中国经济伦理思想发展的始终,它是中国经济伦理思想发展的基本问题,也是道德与利益关系这一中国传统伦理基本问题在经济领域的集中体现。张栻在《孟子讲义》序中说,"学者潜心孔孟,必得其门而入,愚以为莫先于义利之辩"。朱熹更是认为,"义利之说乃儒者第一义",可见其对于"义利观"的重视。但由于流派和时代的差异,在中国经济伦理思想史上,对"义"和"利"内涵的理解不尽相同,对义利关系的认识也在不断变迁,总体上呈现为由早期的义利对立说到当代的辩证统一说。传统思想家们在义利之辩这一经济伦理基本问题的统摄下,围绕"理"与"欲"、"公"与"私"、"本"与"末"、"俭"与"奢"、"分"与"换"等论题展开了论说和阐释,谱就出一部恢宏的中国经济伦理思想史。

第一节　义利之要义

正如宋儒程颐所言:"天下之事,惟义利而已。"①义利关系问题是中国伦理精神和传统道德价值论的基本问题,也是自西周以来中国经济伦理思想史的一个基础性问题。在中国伦理思想史上,各个主要流派和重要代表人物都对义利问题表达过自己的观点和看法,并且由于对"义"和"利"的内涵的认知差异,形成了不同的义利观和伦理观。由此可见,对"义"和"利"的不同理解和界定是形成不同义利关系学说的基础,也是不同义利观形成的基础。

一、义之内涵

在中国传统伦理中,"义"就其字面意义而言多指"道德价值""道德应当""道德准则或原则",是"道德"的总称。但是在不同时期,不同的思想家对"义"的理解和判定又存在较大的差异。

（一）义的最宽泛内涵：道德

在汉字体系的确立过程中，同一个字在传写过程中字形、内涵和外延等都会有一定的变化，但是，在变异的过程中一般都会保持大致相同的结构和基本内涵。"义"为会意词，繁体为"義"，史书记载未见于甲骨文[①]，但散见于钟鼎文中，表威仪，为上下结构，上部表威，呈显耀武功之形，下部为华贵装饰之形，表仪容。许慎在《说文解字》中对"义"字的解释是，"義，己之威仪（仪）也，从我从羊。"又说："我，施身自谓也。……从戈从手，手或说古垂字，一曰古杀字。"垂是古代的一种钩击兵器戈端所垂挂的装饰，后被引申和借代为第一人称代词"我"，意为"取戈自持"或以戈击人。羊有两种解释：一是《说文解字》所言，"羊，祥也。"徐铉等注："与善同意故从羊。"羊是一种性情温顺且具有相当审美价值的动物，古人以"羊"大为"美"，并把羊和善良、美好的事物相联系，赋予羊以"美善"蕴意。二是人首插羽为饰，以修仪容，最初意为礼节仪容有度得宜，后来拓展为德行、言语、举止等方面体现令人敬畏、使人效法的内在威严，引申为行为符合善美的道德。

关于"義"还有另一种稍有差异的解释："義"，上半部分为羊，指人类早期游牧时代的财产，下半部分为"我"，而"我"的左边是"禾"，意为庄稼、农田谷物，右边为"戈"，代表执干戈以保护财产。这说明，"义"在造字之初，就被有意识地与经济相联系，认为道德发生于调节人们义利关系的需要，道义是对经济生活秩序的一种维持。而"羊"作为一种美好的事物，又是被置于"我"之上的，故而，道义、道德比"我"具有更高的地位和价值。"羊"的价值高于"我"的价值，以美善来主宰自我即"义"。也正因为上羊下我的结构，使得"义"与善美和追求善美的心理意向及行为相关。由此才有了以"心之制，事之宜"来界说义的观点。也正因为义与我对美善的认识和行为趋向相关，就有了"义之法在正我不在正人"。此种解释，在有关"义"的德行、道德等方面内涵上的理解与上一解释是一致的。

[①] 有学者认为，甲骨文中已经有了"义"字。参见陈瑛《中国伦理思想史》，长沙：湖南教育出版社2002年版，第277页。

此外，古代"义"字又作"谊"，而"谊"字似"宜"。《说文解字》曰："谊，人所宜也。"《释名》说："义，宜也，制裁事物，使合宜也。"故而，事得其宜为义。"义者谓谊在我者，宜在我者而后可以称义。故言义者，合我与宜以为一言。以此操之，义之为言我也"①，这是对义之精神和特质的阐说。与此一致，《礼记·中庸》说："义者，宜也"，《礼记·祭义》亦说："义者，宜此者也"。由此，制事得其宜，外己有度，也就是义了。《韩非子·解老》对"义"字有一个解释："义者，君臣上下之事，父子贵贱之差也，知交朋友之接也，亲疏内外之分也。臣事君宜，下怀上宜，子事父宜，宜而为之。"中国历史上很多思想家都持这种观点，贾谊认为，"行充其宜谓之义"；扬雄认为，"事得其宜之谓义"；朱熹则把"事之宜"称为"义"。"事得其宜"是主体行为的一种外在结果，这一判定是以正确的价值判断和心之所向作为前提和基础的。正确的价值判断和裁决要求主体有所为、有所不为，而其基本的要求就是善善恶恶，即朱熹所言"善善恶恶为之义"②。由此，一些思想家便把"义"视为一种正确的价值判断和价值裁决。朱熹的弟子陈淳说：义"是心裁制决断处。宜字乃裁断后字。裁断当理，然后得宜"。"若可否都不能剖判，便是此心顽钝无义了"。③ 清代段玉裁的《说文解字注》认为，"言己者，以字之从我也。仪者度也……义之本训，谓礼容各得其宜。礼容得宜则善矣。……威仪出于己，故从我。董子曰：'仁者人也'，义者我也。谓仁必及人，义必由中判断也。"这些观点与《释名·释言语》中"义，宜也。裁制事物使合宜也"以及《淮南子·缪称训》中"义者比于人，而合于众适者也"的说法是相通的，都是说义是善、宜、法度、法规、规范的意思，也就是人们在思想和行动中应该遵循的善的标准和原则。

"义"的最广泛含义是相对于一切道德而言的，因此，在这一意义上"义"是道德的同义词。如法家认为"谓义者，为人臣忠，为人子孝，少长有礼，男女有别"④，这里商鞅所讲的义实质上就是整体意义上的道德的意思。儒家的"义"的概念相对宽泛，大凡符合礼、仁、忠、恕、信等道德规范的行为都可

① 《春秋繁露·仁义法》。
② 《朱子语类》卷六。
③ 陈淳：《北溪字义·仁义礼智信》。
④ 《商君书·画策》。

以成为"义"。荀子说:"凡奸人之所以起者,以上之不贵义,不敬义也;夫义者,所以限禁人之为恶与奸者也"①。孟子说:"义,人之正路也。"这个"义"包含着在儒家看来人生在世所需要遵循的一切正确和必要的道德规范,即指定人生之正选。但是,义的具体含义,在不同的社会、阶级、集团和不同的思想家那里会有不同的理解和解释。如在封建社会,有的思想家把义解释为君臣关系的正当,所谓"君臣有义"是也,并将君臣有义界定为"君惠臣忠";也有一些思想家把义解释为"从兄"和"敬长",认为"义之实,从兄是也","敬长,义也";还有一些思想家把义界定为"贵贵、尊尊,义之大者也"②,董仲舒就认为"大小不逾等,贵贱如其伦,义之正也"③。

(二)不同社会、不同思想家对"义"的理解

1. 前现代语境中我国思想家对"义"的理解

从先秦到清末的传统语境中,各个集团的思想家对"义"作出了不尽相同的理解,并基于此形成了不同的义利观和经济伦理思想,我们选取一些典型观点作一分析。

西周初年的《易经》记载了我国上古社会经济活动的一些史料,其中提到日中而市,致天下之民,聚天下之货,交易而退,各得其所。从这一记载中可以得知,当时人们把商业认为是一种"各得其所"的互利行为。而《易·乾传》中说"义者,利之和也","利物,足以和义"。这在某种意义上就把义和利在利天下这一点上统一了起来,即利天下的就是义。

对于孔子,学者一般认为孔子"罕言利"而推崇义。而对于"义"的具体内涵,孔子并没有具体说明。通过梳理孔子的相关言论,可以认定孔子大体是在四种意义上来使用"义"这一概念的。第一种意义,"义"即符合仁与礼的要求。孔子说:"君子喻于义,小人喻于利。"在孔子看来,君子所通晓的是义,代表了礼与仁的要求,而小人追求的利则是一己私利。孔子说:"不义而富且贵,于我如浮云。""不义"即不符合礼的要求。《论语·阳货》又说:"君

---

① 《荀子·强国》。
② 《礼记·丧服四制》。
③ 《春秋繁露·精华》。

子以义为上,君子有勇而无义为乱,小人有勇而无义为盗。"此处的义即可理解为符合礼、仁的要求。孔子极为主张"见义勇为",为义而战,把义看作人立身的根本。第二种意义,"义"指具体的道德品质或者道德规范的总称。孔子说,"君子以义为质,礼以行之",这里的义和礼都是君子应该具备的品质。孔子在评价子产时说:"有君子之道四焉,其行己也恭,其事上也敬,其养民也惠,其使民也义",这里的"义"和恭、敬、惠一样,都是君子的品质。同时孔子还在道德一般意义上来使用"义",这个道德一般就是他所推崇的仁德和周礼。孔子提倡"义以为上","君子义以为质",这种义本身就包含了仁德和周礼。第三种意义,指适当、善、道义、正义、公义、信义等。《礼记·中庸》曰:"义者,宜也,尊贤为大。"以尊贤为宜之大端并不算错,但是,在孔子看来,义在价值趋向上应该取决于"依于仁",践行"为仁"之道便是"义"。第四种意义:制裁、裁断、裁决、宜。既然践行"为仁"之道是君子的人生价值趋向,那么在面对世间万物时就必然会有一个如何度量和裁决的问题,这自然就包含了"义"的另一层含义,即"裁""裁制""裁断""裁决"。这也就是后来汉儒刘熙在《释名》中有言:"义,宜也,裁制事物,使合宜也。"

《孟子》中"义"字出现108次,其中复合词有"理义""礼义""仁义",其中"理义"只出现1次,特指正确的道理,一般的道理。"礼义"出现5次,特指人伦之理,礼仪之理。"仁义"出现27次,特指道德的内在根据。在此之外单独出现的"义",大体可以分三类理解:一是作为名词,意为公正合宜的道理、正义或者基本的伦理道德规范;二是作为动词,意为符合道理正义或者符合基本的伦理道德规范;三是作为名词,意为意义或道理。具体而言,"义"在孟子那里大体可作如下四种理解:第一种理解,"义"为具体的道德品质。孟子认为,"恻隐之心,仁之端也;羞恶之心,义之端也;辞让之心,礼之端也;是非之心,智之端也。"[1]这里的"义"就是一种具体的道德品质。第二种理解,"义"为基本的道德规范。孟子见梁惠王,梁惠王问孟子:"您不远千里而来,有什么对国家有利的事情?"孟子曰:"王何必曰利? 亦有仁义而已矣。"[2]孟子把仁义道德看作是治国的根本原则,在秦楚两国交战之际,孟子不同意以

---

① 《孟子·公孙丑上》。
② 《孟子·梁惠王上》。

对交战双方不利为由来劝双方退兵,他主张以"仁义"说明之。第三种理解,"义"为以仁义为核心的所有道德规范。孟子认为如果君主、大夫、庶人"上下交征利而国危矣","苟为后义而先利,不夺不餍。①"此处的"义"已经不是直接的"仁义",而是与"利"相对的范畴,是君主、大夫、庶人都要各自遵循的以仁义为核心的所有道德规范。第四种理解,"义"即意义。

荀子注重孔子思想中"礼"的方面,把礼作为其思想体系的最高范畴。在荀子看来"礼"是做人治国所必须遵循的基本规范。在《修身》和《王制》篇中荀子分别指出,"礼者,所以正身也"②,"礼者之所以治国也","礼仪者,治之始也"③。所以他说"人无礼则不生,事无礼则不成,国家无礼则不宁"④。在荀子看来,符合礼的规定即是"义"。他说:"义者循礼,循礼故恶人之乱之也"⑤,"夫义者,所以限禁人之为恶与奸者也"⑥。在荀子那里,大体而言,"义"在以下几种意义上被使用:一是循礼,"义与利者,人之两有也"⑦,"凡言不合先王,不顺礼义,谓之奸言"⑧,这里的礼义的"义"就是循礼;二是作为人的善良本能,是人成为善的先天基础,是人与动物的根本区别,与"仁"同义。孟子说:"羞恶之心,义之端也",但是荀子认为这无法区别人与动物的本性。荀子说:"水火有气而无生,草木有生而无知,禽兽有知而无义;人有气、有生、有知亦且有义"⑨。"义"被看作是人的根本属性,"义"虽然具有道德倾向性,但是本质上是属于人性本体的,它是人存在的规定性。另外,荀子把公私关系引入到义利关系之中,他说:"公道达而私门塞矣,公义明而私事息矣"⑩,"君子之能以公义胜私欲也"⑪。此处"义"不再是一个静态的观念,而是动态的强制力,它与荀子的"礼"一样,具有矫治人类自认本质的力量,与"法"的差别几乎间不容发,由此,"义"就等同于"公",公义就等同于善。

---

① 《孟子·梁惠王上》。
② 《荀子·修身》。
③ 《荀子·王制》。
④ 《荀子·修身》。
⑤ 《荀子·议兵》。
⑥ 《荀子·强国》。
⑦ 《荀子·大略》。
⑧ 《荀子·非相》。
⑨ 《荀子·王制》。
⑩ 《荀子·君道》。
⑪ 《荀子·修身》。

墨家一般出自社会下层,代表下层普通劳动群众的利益、要求和思想状况。《墨子·经说(上)》认为,"义,利也","义,志以天下为芬,而能能利之,不必用",依此,墨家认为义即是利。墨子将"亏人自利"的行为斥为不义,由此,从经济的角度看,义就是兼顾他人的利益;从政治的角度看,墨子尚贤,反对儒家"亲亲"原则下的举贤,试图为小生产者开拓出参政的路子,并认为这是义的表现;而从伦理学角度看,墨子主张兼爱,以"兴天下为利,除天下之害"为义。在墨子看来,"义"是实现"利"的手段,"兴天下之利"就是墨子的道德规范。《墨子·耕柱》指出:"义可以利人,故曰:义,天下之良宝也"。"义者正也,何以知义之为正也? 天下有义则治,无义则乱。我以此知义之为正也。"墨子以是否有利于天下来作为评判的出发点和归宿点,由于"义"能起到使天下平治的效果,所以是正当的、正义的。

法家的不同代表人物对"义"持不同的理解。管子既重视法治也比较重视道德的作用,礼义廉耻,国之四维,"四维不张,国乃灭亡"①。在管子看来,"义"和"礼""廉""耻"一样,都是维持国家的基本保障,其中"义"主要是指道德规范。《管子·任法》说:"群臣不用礼义教训,则不祥;百官服事者离法而治,则不祥。"《商君书·靳令》中把义理解为仁义,还提出施仁义的重要性:"圣君之治人也,必得其心,故能用力。力生强,强生威,威生德,德生于力。圣君独有之,故能述仁义于天下"②。同时,商鞅还从道义的意义上来使用"义",认为只讲道义而不图利益的行为是有害的。韩非等人则从仁义、道德的意义上使用"义",并否定其作用,甚至把仁义道德称为危害国家的五蠹之一。《韩非子·五蠹》说:"是故乱国之俗:其学者,则称先王之道以籍仁义,盛容服而饰辩说,以疑当世之法,而贰人主之心。……人主不除此五蠹之民,不养耿介之士,则海内虽有破亡之国,削灭之朝,亦勿怪矣。"《韩非子·奸劫弑臣》指出:"吾以是明仁义爱惠之不足用,而严刑重罚之可以治国也"。

但是要指出的是,韩非等人的仁义道德其内涵不再是儒家仁义道德之意的简单重复,而是有所特指的。韩非认为,只有维护以封建君主为代表的

---

① 《管子·牧民》。
② 《商君书·靳令》第十三。

封建国家利益的行为思想才称得上是仁义的，即"夫仁义者，忧天下之害，趋一国之患，不避卑辱谓之仁义"，"仁义者，不失人臣之礼，不败君臣之位者也"①。虽然韩非子称"忘民不可谓仁义"，但其不忘民并不是惠民忧民，而是把民看作是巩固君的统治的基础，并且认为要遵循君臣的伦理道德，"逆君上之欲，故不可谓仁义"②。

两晋时的葛洪则较多地在"道义"的意义上理解和使用"义"。面对当时社会的颓势，葛洪着意论证的不是"达不离道"而是"穷不失义"，他认为穷和达取决于时和命，但是对于"道义"的坚持，却与时运无关，这里蕴含的是道义至上的逻辑，"穷不失义"是对因应时势、逐名趋势的鄙视，葛洪认为不能为了"达"而不择手段，道义是始终不能变的。他说："穷之与达，不能求也。"③为什么不能求呢？因为在葛洪看来，"求"本身就失去了"道义"。

汉儒董仲舒特别重视"义"，并强调要"以义正我"，他认为，"《春秋》之所治，人与我也，所以治人与我者，仁与义也"，"仁之法在爱人，不在爱我。义之法在正我，不在正人，我不自正能正人，弗予为义"，"众人不察，乃反以仁自裕，而以义设人，诡其处而逆其理，鲜不乱矣"④。由此可见，在仁和义这两种道德规范的关系上，董仲舒强调"仁谓往，义谓来"。所谓"仁谓往"，就是说仁是施仁爱于别人的，所谓"义谓来"就是说对自己要严格要求，两者不能颠倒。他认为如果对自己不严格要求，自己行为不端正，虽然纠正别人，但他的行为不合乎义；别人不能得到他的爱，他的行为也不合乎仁。董仲舒说"仁大远，义大近"，就是说，施仁爱于别人越远越达到仁，而义是对待自己的，越严格要求自己越能达到义。所以董仲舒强调："故王者爱及四夷，霸者爱及诸侯，安者爱及封内，危者爱及旁侧，亡者爱及独身。"⑤爱及四夷者才能为王，爱及诸侯者只能为霸，爱及旁侧者危险，仅爱独身者就要灭亡了。由此可见，董仲舒的"义"更多的是一种自我裁制，他对"义"的强调也更多地侧

---

① 《韩非子·难一》。
② 《韩非子·难一》。
③ 《抱朴子·外篇》卷三十六·交际。
④ 《春秋繁露·仁义法》。
⑤ 《春秋繁露·仁义法》。

重于对自我裁制的必要性的强调，在某种意义上还是对统治阶级的一种警示。当然，董仲舒的义总体上是为维护封建等级观念和维护封建宗法观念服务的，换言之，在董仲舒那里，对封建等级关系和封建宗法关系调整的较为协调就是"义"。这种观点反映在经济关系上，就是要求各个阶层的成员根据自己的社会地位和身份取得应得的一份物质利益，各得其所、相安无事，这在董仲舒看来就是义。

朱熹用客观唯心主义的"理"来解释"义"。他在注释《论语·里仁》中的"君子喻于义，小人喻于利"时说，"义者，天理之所宜"，"利者，人情之所欲"①。由此，朱熹把"义""利"和"天理""人欲"联系了起来，认为符合天理的就是义，而利是人欲的表现，并且以此作为区分君子和小人的标准。在朱熹那里，"理"是一个独立于物质世界和人的意识之外的最高的精神实体，而道德规范就是天理的表现。"义"为合乎天理之宜，合乎天理当做者为宜，亦为义，不合乎天理，不当做者为不宜，亦为不义。所以在朱熹看来，君子要明确事情的当做与不当做，即合与不合乎义，合乎义则当做，不合乎义则不当做，这便是合乎天理之义了。具体来说，朱熹的"义"通常以"仁义""礼仪"并称的方式出现，并且也主要是涉及"仁""礼"这两个主要维度。一者，在朱熹那里，"义"是"心之制，事之宜也"。朱熹在《孟子集注》里注解"仁义"为"仁者，心之德、爱之理。义者，心之制、事之宜也"②。朱熹认为义乃是人的道德理性对人心的裁制、对具体人伦事务的合理状态的准确判断和把握。朱熹也因此而指出，"仁""义"分别为"心之德""心之制"，认为"仁""义"均为发于心的德性，"仁"为人心之道德本体，"义"则为人依据"仁"对其内心欲念的裁断与控制。至于朱熹所说之"义者，事之宜"，事实上自先秦以来"义"就有了"宜"的含义，只是到了朱熹这里，义、宜成了本于"天理"的正当合宜的为人处事原则；而在人伦事务上，仁是"亲亲而仁民，仁民而爱物"，义是长长、贵贵、尊贤。长长、贵贵、尊贤的实践以及具体的规范仪则便是礼，是"义"之德在日常生活实践中的展现与落实。他所谓"行得恰好""由中而出"，即是指在人们具体的行事为人中一切都把握得恰到好处，合情合理。这就是合于

---

① 《论语集注》卷二。
② 《孟子集注》卷六。

"义"的典型表现，乃"事之宜也"。二者，在朱熹那里，"善善恶恶为义"。在日常伦理生活中，"义字如一横剑相似，凡事物到前，便两分去。""'克己复礼为仁'，善善恶恶为义。"此处的"善善恶恶为义"当指以善意善行善待善者，以恶意恶行恶待恶者，这种行为及态度就是"义"。所以，"义"不仅是一种重要的道德智慧与实践原则，也是一种爱憎分明、不惧权贵、敢说敢当，充满正义与激情的人格素养和担当精神。从某种意义上来说，朱熹的"天理"之"义"，其形而上意义与康德对头顶的"星空"和内心的"道德法则"的景仰和敬畏是一致的。

儒家的"义"到了宋明道学家那里就呈现出一种比较明显的理论自觉。他们更多地把"义"当作"公利"，而与之相对的"利"较多地作为个人利益的特别指称。因此，"义"是符合道德原则和包含普遍利益的。张载就认为"义公天下之利"，而李觏则强调"焉有仁义而不利者乎？"而王船山更是提出"义"有"一人之正义""一时之大义"和"古今之通义"之分，而与之相对，"利"也有"公利""共利"和"私利"的区分。总的来说，在儒家那里义是符合伦理道德、符合统治阶级利益的规范和要求，在一定条件下也是符合社会整体利益的规范和要求。因此，在义的问题上，儒家的观点总体上洋溢着一种爱国主义的大义情怀。

到了清朝中后期，义除了一般的伦理道德的内涵之外，公利、社会共同利益的内涵不断凸显。清儒较为明确地从经济和商业、实业等角度来阐释传统的义利问题，并且不断把义利之辩的内涵相应地拓展到经济领域。如集《论语》学大成的清儒刘宝楠的《论语正义》就明确地把义利问题从朱熹所做的解释传统——即是区分君子和小人的标准——中解脱出来，进行了更具时代特征的解释。他将君子和小人依据清儒礼论中所强调的礼秩"定亲疏、决嫌疑、别同异、明是非"，即"贵贱有等、长幼有差"的封建制度与宗法社会之个人地位有贵贱的观点来作解释。他将这一思想溯源到郑笺与皇侃的《论语义疏》，并引用焦循的观点来论证："卿士大夫，君子也；庶人，小人也。贵贱以礼义分，故君子、小人以贵贱言"[1]，他认为，"论语此章，盖为卿大夫之

---

[1] 焦循：《雕菰集》，台北：鼎文书局1977年版，第137页。

专利者而发,君子、小人以位言"①。因此喻于义、喻于利不再是道德标准,因而,谋求和合理的利则被认为是可以接受的,其前提就是不害义、合理。在此前提下,清儒延续了传统文化中对义的解释,如康有为认为,"义以事宜",说"礼无定而义有时,苟合于时,义则不独创世俗之所无,虽创累万年圣王之所未有,盖合事宜也"②。所以,清儒对义的解释一般都是道德和公利并重,强调对国家和社稷、民族、民众有利就是义。

魏源认为要以义制利,但是对于"义"他有着自己的理解。他强调,"世之极盛也,使天下以义为利,其次则以民为利"③。以义为利在魏源看来应该是最佳的理想状态,但是魏源的生活时代是不得不"其次则以民为利"的时代,因此,魏源积极策动经济变革,并强调利民和利国的倾向。魏源认为的义是国家大义之义,具体内涵就是"利民""便民""利国""利天下",它是在主体间产生实际效果的基础上所建立起来的一种崇高的价值尊严。魏源认为义与利必须高度统一,"仁义之外无功利",求利的行为应该在符合道德规范的前提下展开。利是公利之利,既有民众之利,亦有国家之利,而二者也有内在逻辑,民不得利,国家无利可言,国家无利,则民之利是虚无缥缈的,因此不可偏颇,否则就会后患无穷。

左宗棠是晚清名臣,洋务运动的代表人物,他主张"尚义""兴利"。左宗棠的尚义论主张"义"为天理之公,"利"为人欲之私,人们的一切思想言行都必须"衷诸义",以利中之义、私中之公为转移。因此,义利取义是道德行为和道德评价的根本标尺。左宗棠认为,"天理"是人生下来便具备的本性之善,是"当然之则"的伦理道德准则。而在他生长的时代,面对当时"天下熙熙,皆为利来"的趋向实利的世风,左宗棠一再倡明合宜于"天理"的"义"的重要性,再三主张灭利取义。左宗棠的取义灭利的价值理论和行为,是以程朱理学为代表的封建伦理道德为旨归,"义"的主要内涵是指道义,即儒家的道德精神。其义利观的精神实质,即重道德、重公利,而漠视人的自然本性和个人利益。当然,与当时的时代和晚清的实际相关,左宗棠的"义"在经济层面主要是指"富国强兵"的政治使命感,以及由此产生的爱国热情和道德

---

① 刘宝楠:《论语正义》,台北:文史哲出版社1990年版,第154页。
② 康有为:《康南海文集》第八卷,上海:上海共和编译局1912年版,第17页。
③ 赵丽霞选注:《默觚:魏源集》,沈阳:辽宁人民出版社1994年版,第51页。

原则。而"利"主要是指社会利益,包括发展农牧业、开矿山、办企业等兴利主张。所以,在左宗棠那里,义是天理、道德、公利,利也应该是公利。对于合理的私利,他由一开始的排斥也转变为接受。当然,这种利应该是符合义的,他主张减免盐商积欠的税款,因为"商情唯利是趋,倘若杂税太多,商人无利可图,亦非体恤商民之道"①,并倡导为民谋利,兴天下之利,以民族大义为重,开展"教民兴利""怯商累而广招徕,利源而便民用"②等带有民本倾向的经济活动。这里左宗棠的言"利"的价值主张则明显是以拥护清王朝的根本利益为前提,以符合"中国自强之策"的整体利益为终极标准的。

2. 近现代语境中"义"的内涵

晚清思想家对义的理解已经具有越来越浓郁的经济维度,并凸显出对国民和国家利益的关注。进入近代以来,这一特点在资产阶级思想家和实业家那里也越来越明显,并且在这一基础上,"义"被更多地从"公利"的角度来理解,伦理、道德与否更多地从是否符合公利的维度来判定。进入社会主义阶段以后,在义利问题上,"义"更多地在义利统一的基础上来理解,并且具有经济、政治、个体、社会、行动、道德等多个维度的内涵。

受到近代西方功利主义的影响,晚清资产阶级维新派代表人物严复、康有为、梁启超等对义的理解都呈现出了新的特点。西方近代功利主义强调趋乐避苦、趋利避害的道德性,严复接受了以这一功利主义为基调的自然主义人性论和快乐主义伦理思想,并基于此提出对"义"的新的阐释。他认同自然主义的"乐者为善,苦者为恶"的道德标准,他说:"以苦乐为究竟,而善恶则以苦乐之广狭为分,乐者为善,苦者为恶,苦乐者所视以定善恶者也。"③在严复看来广泛的利就是义,两利相利就是义。并且他从天演进化的角度进行了论证,他说:"自天演学兴,而后非谊不利,非道无功之理,洞若观火。……故天演之道,不以浅夫、昏子之利为利矣,亦不以黢刻自敦、滥施妄与者之义为义,以其无所利也。"④这就是认为人的逐利性是自然属性并且先于道德形成,他从亚当·斯密那里拿来"开明自营"的原理,认为"开明自营"

---

① 左宗棠:《左文襄公全集·上总理各国事务衙门》(书牍:卷8),第63—64页。
② 左宗棠:《左文襄公全集·拟购机器雇用洋匠试造轮船先陈大概情形折》(奏稿:卷18),第1—6页。
③ 参见王栻《严复集》,北京:中华书局1986年版,第1359页。
④ 参见王栻《严复集》,北京:中华书局1986年版,第859页。

就是主张"明两利为利，独利必不利"，因此，"开明自营，于道义必不背也"①。他认为促进公利或通过公利来实现的私利才是真实的、长远的私利，私利的实现能够促进公利，由私利的价值合理性可以推论公利的价值合理性，"两利相利"就是义。

康有为也从"求乐避苦"的自然人性论出发，对传统的"义"进行了批判性的改造。他认为根据进化论，人的基本欲望是天生的自然属性，无师自通、不学自会。"人性之自然，食色也，是无待于学也；人情之自然，喜怒哀乐无节也，是不待学也"②。当人的欲望得到满足时，"则益乐"；反之，当人的欲望得不到满足时，"则以为苦"，"凡为血气之伦必有欲，有欲则莫不纵之，若无欲则惟死耳"③，因此，人的趋利属性是自然合理的，物质欲望和利益的满足本身也是一种善。因此，康有为极力反对传统义理对人欲的压抑，而主张"义者，人事之宜"。他说中国传统重义轻利，违背了人的自然人性，致使国势日趋衰微，"立义隘狭，反乎公理，悖乎圣义，而世俗习而不知其非，宜仁义之日微，而中国之不振"④，而西方国家讲究利，满足人的合理欲望，所以国势强盛。因此，他主张对传统的"义"进行批判改造。他认为"义"作为一种规范人的伦理道德，其内涵要随着时代的变化而改变，因此，在他那个时代，"义"就是满足人的合理需求，从而达到国力强盛，所以他主张"义者，人事之宜"，判断义与不义、善与恶的标准就在于能否满足和实现人们"求乐免苦"的欲望，能满足人们合理欲望、促进国家强盛的就是善的、就是道德的，是"义"。

而梁启超从社会关系角度对道德和"义"进行了重解。他认为道德是人类社会特有的现象，产生于一定的社会关系，鲁滨逊孑身独立于荒岛"无所谓道德，亦无所谓不德"⑤。道德是因群而立的，是人们协调和处理各种关系的产物，因此，道德的本质就在于"利群"，任何时代任何公民个体都应以"一群之公益"作为主导的道德评价标准。而在梁启超看来，"利群"就是利国、

① 参见王栻《严复集》，北京：中华书局 1986 年版，第 1359 页。
② 参见汤志钧《康有为政论集》上册，北京：中华书局 1981 年版，第 12 页。
③ 参见汤志钧《康有为政论集》上册，北京：中华书局 1981 年版，第 14 页。
④ 康有为撰，姜义华、张荣华编校：《康有为全集》第六卷，北京：中国人民大学出版社 2007 年版，第 493 页。
⑤ 葛懋春、蒋俊：《梁启超哲学思想论文选》，北京：北京大学出版社 1984 年版，第 185 页。

爱国,"利群"就是公德和大义,因为一个民族有无公德和公德之盛衰,关系到这个民族的存亡盛衰。由此,梁启超就把道德和义与当时的救亡图存联系了起来。梁启超倡导"新民德",这一"新民德"由两个层面的"义"和道德组成,一是公德,一是私德。所谓"公德",指的是个人与社会、群体、国家之间的关系,即个人对于社会、群体、国家应尽的各种义务。梁启超将其定义为"人群之所以为群,国家之所以为国"①的道德,是一种"大义"。而"私德",主要是指个人的道德修养、道德意识以及处理个人与个人之间关系的伦理准则,梁启超把它称为"中国旧伦理",即"家族伦理",②是一种"小义"。

章太炎从当时的社会现实出发,以康德的信仰主义伦理学的道德论为基点,把"义"阐释为一种为国家而献身的"革命道德"。在章太炎看来,维新派的改革之所以屡屡失败,原因就在于他们"不能忘情于名利",事事为利欲所制。所以章太炎认为"道德堕废者,革命不成之原,……亡国灭种之根极"③。章太炎根据康德的观点,认为人生而独立,不是为他人而生的,人对道德责任的履行也是出于自由意志,任何道德行为都是人格独立的、意志自由的活动。由此,道德和"义"就与人格、意志等相结合,并且是自由选择的结果。这自然就能够引申到他要强调的"革命道德"上来。他认为革命道德之大义要靠坚强意志力才能坚持下去,这对于树立以献身精神为准则的"革命道德"具有积极意义。因此,在章太炎看来,有大义者、"道德者不必甚深言之,但使确固坚厉、重然诺、轻生死"④,也就是说,革命者的大义就是应该有坚定的立场、崇高的信仰和自我牺牲的精神,应该对社会和民族负起责任。由此可见,"义"在章太炎那里就成了革命大义、民族大义。

孙中山认为道德观念产生于"互助"的实践活动,由于"互助"基本法则的存在才产生了"道德仁义"的规范。他认为"社会国家者,互助之体也;道德仁义者,互助之用也"⑤,因此他提出了"替众人来服务"的道德仁义观。他认为,"利于民则为是,不利于民则为非","利于国则为是,不利于国则为

---

① 参见张品兴主编《梁启超全集》,北京:北京出版社 1999 年版,第 660 页。
② 参见张品兴主编《梁启超全集》,北京:北京出版社 1999 年版,第 660 页。
③《章太炎全集》(四),上海:上海人民出版社 1985 年版,第 284 页。
④《章太炎全集》(四),上海:上海人民出版社 1985 年版,第 393 页。
⑤《孙中山全集》第 8 卷,北京:中华书局 1986 年版,第 156 页。

非"①,因此,在孙中山看来,判断仁义道德善恶的标准在于是否"利国""利民"。他主张以国家和人民的利益为道德标准,文明、仁义的道德标准是为公而不是为私,要在维护国家利益、民族利益和人民利益的前提下来追求个人利益,并且要能够为了国家、民族和人民的利益而牺牲个人利益。因此,他认为这是一种新的道德仁义。

社会主义特别是社会主义市场经济,要求对"义"的内涵作出更为全面、科学、合理和富有时代特色的诠释。有学者指出,在社会主义市场经济条件下,"作为传统的义,在市场经济条件下,它不仅有正义、道德之意,更要调整为合理谋利的内涵,它是能够顺应市场经济的利益法则,有助于调动社会成员的积极性,在合理谋利的基础上增进公利,推动社会生产力的发展"②。因此,"在社会主义市场经济条件下,合理谋利、增进公利、自觉让利,将成为义的新的内容而发扬光大"③。有学者明确提出,"在社会主义社会,国家利益和人民利益是利也是义,在国家利益和人民利益之中包含着社会主义道德的基本精神,内蕴和凝聚着社会主义的道义,社会主义义利观是直接把国家人民利益视为道义的载体和化身"④。因此,在社会主义条件下,"义"的内涵就更为科学、合理、全面,是"道义""仁义"和"正义"的有机统一体。

具体来说,社会主义条件下"义"的内涵主要包含以下几个方面:一是,对社会整体利益、根本利益和长远利益的肯定、强调和认同、维护,把国家和人民利益放在首位就是"义"。马克思主义认为,"义"归根结底要以"利"即从社会历史发展的物质利益的要求基础上来解释和说明。而这一基础在社会主义条件下被界定为公共利益。道德的基础并不在于对个人幸福和个人利益的追求,而在于对社会公共利益和公共幸福的追求,公共利益是道德的基础和尺度。符合这种要求的行为将被认为是善行、是义,而不符合这种要求的则被认为是恶性,是非义、不义。二是,对社会主义条件下个人的正当利益的认同也是社会主义"义"的应有内涵,合法的个人利益即是"义",虽然这种义可能是比较低层次的。在历史上,传统封建统治者及其思想家一般

① 《孙中山全集》第3卷,北京:中华书局1981年版,第24页。
② 徐培华:《市场经济视野下的义利思想》,载《世界经济文汇》2005年第4期。
③ 徐培华:《市场经济视野下的义利思想》,载《世界经济文汇》2005年第4期。
④ 王泽应:《义利关系的不同类型及其实质》,载《南通大学学报》(社会科学版)2006年第2期。

都主张存天理、灭人欲；而资产阶级仅仅把一小部分人的阶级利益说成是合乎道德和义的，而把劳动阶级争取个人利益的活动和斗争视为不义。社会主义条件下，第一次把人民群众的个人利益纳入道德的体系中来思考，赋予其合乎道义的地位。合法性是其道德的基础和前提。当个人利益和国家、人民的公共利益发生冲突时，个人利益自觉服从国家和人民群众利益，这是舍小义为大义。三是，在日常行为中诚实守信、尊老爱幼，敬民亲贤，上下和睦，彼此宽厚仁爱等也是"义"。社会主义的"义"强调把国家和人民的利益放在首位，同时也兼顾到个人的利益要求，并把这种国家和社会、个人维度的"义"具体化到经济生产、交往和日常的生活、消费之中。经济生产、生活中，诚实守信是义，是美德；日常生活中，与人交往时诚实守信、彼此宽厚仁爱、助人为乐也是义。

（三）义的一般含义和经济伦理内涵

在整个中国经济伦理思想发展过程中，"义"的内涵都在不断地流变，总体的趋势是越来越科学、合理、全面，并且也越来越具象、多维，在这一过程中，"义"从抽象的一般伦理道德概念逐渐丰富为包含经济伦理内涵在内的既抽象又具象的伦理道德概念。

1. 义的一般含义

在中国伦理思想史上，如王夫之所言，"义"是"立人之道"，又是人们立身处世、待人接物的价值目标和行为准则。作为"立人之道"的"义"，一般而言，具有三个层面的含义：即"一人之正义""一时之大义""古今之通义"。这三个层面的内涵，因其适用范围的时空限制而具有轻重、公私之别。如果从"一时之义"的角度来审视"一人之义"，那么"一人之义"就是私义，如果和古今通义相比，则一时之义又是私义。不同层面的"义"的轻重是通过比较而得到权衡的。当然，对三个层面的"义"的关系的理解和界定，在不同时代、不同流派和不同思想家那里是不尽相同的。有思想家主张把"义"界定为仁义道德，并以维护统治作为出发点和目标，而与之相左的则被视为是小义或者不义；而有的思想家则主张把一人之义和"义"对立起来，认为一人之义是"人欲"，是要克制甚至扑"灭"的；也有思想家主张以义制利或者以义和利等。不同层面的"义"在不同思想家那里或处于对立状态或处于制约状态，或者处于协调状态。如在王夫之看来，"义"的三个层面在一定条件下就可以统一起来，当然这一统一的前提就是一人之义既要能够反映一时之义，也要能够符合古今通义，而在三者发生矛盾时，就应该坚持"古今之通义"的价值取向，不可以以一时废千古，不可以以一人废天下。

而在社会主义的语境中，义的一般含义则更加明确，所谓"义"，一般指人与人之间、人与社会集体之间关系的正当、合宜或者善的状态，它既包含正当、合宜的心态及其观念，也包含着正当、合宜的伦理行为及其实践。义者宜也，宜就是正当、合理，它是人们必须遵循的一种伦理规范和价值目标，是人们遵循义的规范和目标所形成的道德品质和所达到的道德境界。社会主义条件下，"义"是一个多维的统一体，既坚持公共的义，也兼顾个人合理合法的私利意义上的"义"，它是"道义""仁义"和"正义"的统一体。道义是总的价值目标和最根本的道德原则，也是所有道德原则和规范、品质的总体的综合化的体现。这一层面的道义，由于它是一切道德原则和规范、品质的综合化体现，在一般情况下可以被视为是等同于"道德"概念的范畴，是一种最高层级的最一般意义的"义"，在大多数情况下甚至可以和"道德""义"通用。而在总的价值目标和根本的道德原则这一意义上，道义作为最高的"义"常常代表着至善和最高的道德境界，是在任何经济、政治和文化领域，任何公共领域和私人领域，都普遍适用的最基本道德准则，也是人们的认知和行动所要追求的目标和方向。而仁义是"义"的某一特殊层面，是在某些特殊领域和特殊行为过程中表现出来的道德规范和要求。仁义是一种基于仁爱之心而产生的具有较高的道德价值的行为规范、道德准则和道德行为，是一种能给他人、集体和国家带来利益或者福祉的道德规范和行为。因此，有时也把仁义和道德合并在一起称为"仁义道德"。正义则是比较具体的具有特殊适用性的道德原则和规范，是人们应当具有的一种基本道德品德。在现实生活中，正义一般指公正、公平、不偏不倚，代表正确的道德倾向和价值取向，符合公道的道德规范和行为。这样一种原则和行为由于符合一定的时代道德，因而在处理人与人之间的关系时往往一视同仁，用同一原则对待同类事件，使人、事得到公正的或者与所出相当的所得，功过、是非得到应有的处置。因此，正义与正当和公正的含义相近。"义"的道义、仁义和正义三种不同层面的含义,在境界上存在高低之别。一般而言,"道义"的层次和境界最高,"仁义"次之,"正义"又次之。一般可以把大公无私的原则和行为称为"道义",先公后私的原则和行为称为"仁义",公私兼顾的原则和行为视为"正义"。正义是最基本意义上的"义",是维护社会秩序和调节人际关系的最一般原则。而仁义是较高层次上的"义",它往往要求在处理有关利益问题时,要把他人和集体、国家利益放在优先位置,自觉地抑制自己的个人利益以便成全他人和集体利益。道义是最高层次的义,它不仅要求先公后私,甚至在某些时刻要求做到大公无私,为他人和集体、国家利益而牺牲个人利益。

2. 义的经济伦理内涵

义利关系从根本上来说,是道德和利益、精神生活和物质生活的关系问题。这是中国伦理精神和传统伦理道德的基本问题,也是中国伦理思想史的一个基础性的问题。"义"一般被理解为道德的总称,而"利"则被理解为利益的总称。但是,在中国伦理思想史上,利、义等范畴从来都不是纯粹抽象的概念,它们都具有丰富的、历史性的内涵。由于"义"和"利"这对范畴不仅涉及一般意义上的伦理道德,更深层次上,"义"和"利"直接关涉和调控着社会经济、政治、文化各领域以及人们生活的生产、分配、交换、消费等各个环节,这样一组范畴,从根本意义上来说与整个社会的持存、发展,与个人的生产、生活、交往紧密相关,甚至是直接来源于社会和个人的生产、生活活动。正如马克思在《德意志意识形态》中所指出的,"人们为了能够'创造历史',必须能够生活。但是为了生活,首先就需要吃喝住穿以及其他一些东西。因此第一个历史活动就是生产满足这些需要的资料,即生产物质生活本身,而且这是这样的历史活动,一切历史的一种基本条件,人们单是为了能够生活就必须每日每时去完成它,现在和几千年前都是这样"①。而在这个过程中就会有新的需要产生,并形成人与自然、人与人、人与集体、人与社会之间的关系,道德就是在这一过程中产生的。因此,作为道德一般的"义"在最初的意义上就是在人类生产生活等经济活动中产生的,因此,从初始意义上,"义"就具有调节经济活动的功能,具有经济伦理学的内涵。而在整个

①《马克思恩格斯选集》第1卷,北京:人民出版社1995年版,第79页。

中国伦理思想史上,"义"的经济伦理内涵也是一直贯穿于始终的,并且在不同时期、不同思想家那里以不同的形式得到体现。

有学者对"义"这一汉字所做的解释就充分表明了先民在造字之时就注意并强调了"义"的经济伦理内涵:"義"字中的"羊"是财产,"我"是由"禾"和"戈"组成,是以戈保护作为财产的"禾",而"羊"更是美德、美好的表征,并且代表美德的"羊"被放到了处理生产、生活中的利益关系的由"禾"和"戈"组成的"我"之上,以示美德产于处理利益关系的经济活动中,是经济活动的产物。因此,义的经济伦理的内涵就很好地得到了表征,道德生发于处理和调节人们利益关系的需要这一事实也得到了体现,义作为对经济生活秩序的维持的功能也得到了彰显。

孔子主张在国家生活和社会日常活动中都要讲义,他主张"见得思义""见利思义""义然后取",认为"不义而富且贵,于我如浮云"。义是在处理与利相关的问题时所凸显出来的。因此,孔子认为不同的阶层在社会中由于其所处的地位不同,因而在社会生产、生活中面对利益时所应该采取的立场、态度和具体做法也不同。他主张"君子以义为质""君子以义为上",认为"君子之于天下也,无适也,无莫也,义之与比"。也就是说,君子在面对各类问题和关系时,没有固定不变的具体做法,只要是"义"的都可为。因此,孔子说"虽执鞭之士,吾亦为之"[1],也就是说,在面对物质利益时,只要君子的求富行为不违背义,即使让他去做手执皮鞭的市场守门人也是可以接受的。由此,对于孔子欣然接受学生送给他的见面礼(一些干肉)这一事实也就很顺理成章了,因为孔子认为他作为君子并将要对该学生履行教诲之责,故而收取见面礼并不是不义,这种日常生活中的物质利益的往来是符合他的"义"的原则的。由此可见,在孔子那里,义也具有明显的经济伦理的内涵,并执行着经济伦理的调控功能。

孟子的"义"也是在与"利"相对的意义上来讨论的,并且在一定程度上具有经济伦理意蕴,成为衡量和调节物质利益关系的标杆。当梁惠王问孟子有什么"利吾国"时,孟子回答说,如果王曰"何以利吾国?"、大夫曰"何以利各家?"、士庶人曰"何以利吾身?",上下都争利国家就面临危险了。由此

①《论语·述而》。

可见,孟子的义是和统治集团的国之利、士大夫的家族之利和普通个人的利益关系对立起来了,自然这种利益也包含物质生产、生活中的具体的经济和物质维度的利益。如孟子主张"无穿窬之心",也就是说不取非其所有,这一属于"义"之范畴的行为,事实上包含着在社会生活中尊重他人的所有权的要求和潜在意蕴。因此,从这个角度来说,孟子的义自然具有经济伦理的意义,是调节经济利益和物质、精神活动的重要依据,只是这种经济伦理的意蕴是通过对经济和物质利益的否定得到体现的。

荀子"义"的范畴也具有明显的经济伦理维度的内涵,他认为君子和小人的区分不在于是否好利,而在于能否克制利欲、能否以道求之,能做到就是符合义的,就是君子。他说虽然"尧舜不能去民之欲利""梁纣不能去民之好义",但是尧舜能使民之"欲利不克其好义也",而梁纣却使民之"好义不胜其欲利也"[1]。因此,荀子的义也是相对包含物质利益、经济利好在内的"利"而言,自然就包含着经济伦理的维度。并且,荀子强调,对于统治者来说,不能与民争利。

而先秦之后的儒学道义论经过西汉董仲舒的概括提炼而逐渐固定并对后世产生了重大影响。在这一过程中,传统思想家对"义"的内涵的理解也一直涵盖了对物质经济领域的利益关系的裁量。董仲舒认为人天生就有"义与利","利以养其体""以义养其心",心不得义不能乐,体不得利不能安。他要求"正其谊不谋其利,明其道不计其功"[2],同时他还主张"仁人者正其道不谋其利,修其理不急其功"[3]。由此可见,董仲舒不是"不计"其功,而是"不急"其功。仁人不误利、不急功,就在于爱人、利人。因此,董仲舒的"义"也是在和包括物质、经济利益在内的关系中凸显出来的,是调控经济、社会、政治生活的准则。到了二程、朱熹、陆九渊等思想家那里,他们则把"义"扩展为道德的总称。这样一来"义"将调控社会生产、生活的方方面面,是政治、经济和社会、个体生活各个方面的调控准则,经济生活领域自然是要遵循这一"义"的要求的,因而"义"的经济伦理意蕴自然成为"义"的内在要求。并且,朱熹在实践层面还把义利和治国、修身结合起来,并扩展为公私之辨、王

---

① 《荀子·大略》。
② 《汉书·董仲舒传》。
③ 《春秋繁露·对胶西王越大夫不得为仁》。

霸之辨。二程也把义利扩展到了公私领域,他们认为"义与利,只是个公与私也"。由此可以明确,中国传统伦理中的"义",从初始形态上就内在地包含了经济伦理的维度。

当然,儒家的"义"不管是就政治生活维度还是经济生活维度,都是建立在一定的阶级性基础上的。就其经济伦理维度而言,孔子、孟子所强调的"义",虽有尊重人们的社会地位、尊重所有权的经济伦理内涵,但这也是在尊重和维护一定的统治秩序,孔子就认为义而不取则是不义。这与亚里士多德和托马斯·阿奎那在讨论商品交换过程中所包含的伦理道德时所坚持的立场和出发点一致,都是在维护统治阶级秩序的前提下来讨论经济伦理。亚里士多德认为,商品交换过程中要体现"公平",这一公平在某种意义上与中国传统伦理中的"义"具有相似性,即强调合理、公正、符合秩序。亚里士多德认为市场活动中有两种行为,即经济行为和道德行为,相互交换的人是不同职业的人,但要交换就必须使他们成为平等的,因此,他们的产品必须是等同的,这一等同的基础是价格,而价格必须体现公平和正义。① 阿奎那的观点更加鲜明地体现了这一与"义"之内涵相近的"公平价格"的阶级性,认为所谓正义行为就是对从他人那里获得的任何物品给予一种公平价格,正义就是一种平等性,正义仅仅存在于那些完全平等的东西之间。而阿奎那认为"公平价格"就是与劳动量消耗相符的价格。但是他的公平是有条件的,那就是从封建等级制度出发来理解公平,他认为公平价格要确保出卖者能够获得相当于他的等级地位的生活条件。具体而言,他认为以下四种情况都是公平的,换以中国传统经济伦理的范畴来界说就是都是符合"义"的:与劳动量相符是公平的;不同等级的人出售同一种单品可以有不同的价格,这是公平的;公平价格还和物品所能得到的利益有关,即物品价格取决于它的效用,但是效用的大小又与使用者对它的评价有关,因此,卖贵一点还是便宜一点,都不破坏公平;公平价格和供需有关,供多则价格下降,反之则上升,这也是公平的。② 当然,除了阶级利益之外,"义"还包含着一定的社会公共利益的维度。在一定程度上,符合统治阶级利益的"义",也在某些层面上

---

① 参见[古希腊]亚里士多德《尼各马可伦理学》,廖申白译,北京:商务印书馆2003年版,第142—145页。

② 参见 S. THOME DE AQUINA. Summa Theologiae, I—II, Q114, a1., http://www.sacred-texts.com/chr/aquinas/summa/。

符合社会整体利益,并且,阶级利益之外也存在诸如抵御外敌入侵、开发自然资源等具有较多公共利益维度的"义"。

"义"是产生于义利关系之中的,"义""利"两者的基础是"利",是经济维度的因素,对"利"或者经济的维护与保证则需要"义"和道德。由此,义是在调节经济与道德之间关系时凸显出来的。在《盐铁论》中,御史大夫和贤良文学围绕义利、贫富、奢俭等问题的争论就充分说明了"义"是不能脱离经济而得到独立解释的。盐铁会议在当时完全是一次"中央经济会议",并在此基础上讨论了经济和军事、外交等问题,但是其核心是"义利"这一经济伦理问题。对于当时的盐、铁、酒榷、均输等财经问题以及军事和外交等方面的问题,贤良文学主张治道,以德教、义礼、农业为本,以实业、利益、工商为末,崇本抑末,德怀远服,内外皆然。贤良文学认为,首先是要以道德教化王道仁政为轴心,实现移风易俗、文明教化;然后,在德政的基础上,经济运行应该以农业为本,国家的财富来源也主要以农业为主,并且在尊崇农业的同时要抑制工商。贤良文学认为,国家的经济、社会政策也应该重农抑商,不与民争利,故而盐、铁、酒榷、均输、平准皆不可行。而以御史大夫为代表的法家观点则相反,但是他们对"义"的理解也同样深深地体现了其经济伦理的意蕴。他们认为国家设立盐铁专营、酒榷、均输、平准制度,可以发展经济并从中得利,以此解决国防和军费等问题,如果取消盐铁专营,废除酒榷均输平准制度,国家财源不足,边防将士处境不易,也未必就能休养生息。并且御史大夫们强调,盐铁专营、酒榷、均输、平准制度是有利于国家和百姓的。由于全国的货物、财力分布各地,需要经过工商业的辅助才能活络,开本末之途、通有无之用,调节工、商、农、财的用度缓急,增加国民财富,这是平万物、利百姓的事。法家对"义"的态度虽然与儒家不一样,但也是从义利关系这一经济伦理核心问题出发来解释和阐释"义"的。由此可见,不管是贤良文学还是御史大夫,虽然他们的政治主张和策略不同,但是对"义"和"利"的理解都体现着浓郁的经济伦理色彩。

御史大夫们所持的是功利论的立场,这一思潮的代表人物还有李觏、王安石、陈亮、叶适等人,他们试图通过国家政策和经济领域的变革来获取和保障利益。王安石就试图通过变法来减轻农民的负担、增加国家收入。功利论对"义"的理解也是饱含经济伦理思想的。先秦与道义论相对的功利论的代表人物是墨子和韩非子。墨子讲的利主要是指别人的利，包括民之利、天下之利，也包含合理的个人的利益。而且，在墨家那里，功、利、义三者是统一的，"义，利也"，"功，利民也。"利人是谓"天德，……圣知也，仁义也，忠惠也，慈孝也，是故聚敛天下之善名而加之"①，仁义之事，务必求兴天下之利。《墨子·耕柱》指出，"义可以利人，故曰：义，天下之良宝也。"由此可见，在墨家那里义和利都是处理伦理和义利关系的同等序列的伦理范畴，具有经济伦理维度的内涵。韩非子对墨子的功利思想特别赞赏，认为墨家"显学"的真正价值不在语言文字而在于实际功用。当然，韩非子和墨家还是存在一定区别的，韩非子是为新兴地主阶级利益服务的，而墨家主要是为小生产者服务的，前者讲功利排斥道义，后者尚利又贵义。但是，两者都有一个明显的特征即对义利关系的理解、对义的界定都是与经济利益不可分的，都是调节和处理生产、生活中的利益关系的范畴。

　　不管是主张义利对立，还是主张以义制利、以义取利或者义利统一，在传统思想中义都是与利紧密相关的，是处理利益关系过程中体现出来的某种德性和伦理道德品质，它内在地体现和包含了某种经济伦理观，调控和解决着伦理和经济的关系问题。虽然在不同学派不同思想家那里，义的内涵并不完全一致，但是，在经济伦理维度上，作为经济伦理的"义"都是一般伦理道德维度的义在经济领域的体现，并且在处理具体的伦理、道德、经济关系问题时，通过特定的方式而得到体现。如韩非子基于性恶论，认为人与人之间的主要关系是利害关系，有利才能行义；管子则明确认为利是义的基础，义是建立在利之上的一种具有经济内涵的伦理道德范畴，即"仓廪实"，人们才会"知礼节"；只有"衣食足"，人们才会"知荣辱"。"义"的经济伦理内涵应该是在与"利"的辩证关系中体现出来的，因而"义"绝对不可能是完全脱离利益关系的，脱离物质利益的虚伪的"义"实际上是一种伪道德和不道德；当然过度追求物质利益，也可能导致物欲横流的不道德现象。所以，在经济伦理维度上，义是在处理利益关系时表征一定维度上道德合理性的概念范畴，是在具体的历史条件下、在具体的生产、生活、交往实践行为中，伦理学对经济活动的一般价值取向，是伦理规范制约、调控、促进经济活动和经济行为的体现。

---

① 《墨子·天志下》。

二、利之内涵

在现代汉语中,"利"大体可包含如下多重义项:锋利、锐利,顺利、便利,利益,使有利,利润、利息等。这些内涵既包括属于一般意义上的、抽象的、在所有领域都适用的维度,如利益,也包括在某些特定领域、特定所指上使用的较为具象的维度的内涵,如锋利、利息等。在中国传统伦理思想史中,"利"同样具有抽象的一般道德哲学层面的意义,也具有特定维度——如经济伦理领域的内涵。同时,利有不同的层次,如个人利益、家族(团体、阶级)利益、国家和社会公共利益等;有生理的需要层面的利和社会需要层面的利以及个体和社会心理发展层面的利;也具有正义和非正义之分;又有应当、正当和失当之别。当然,在不同时期,不同的流派和不同的思想家对"利"的理解也是不尽一致的,因而,与之相关,对"利"的经济伦理内涵的界说和阐释也存在一定的差异。

"利"是个会意字,《说文解字》中对"利"的解释是"利,铦也。从刀,和然后利"。而在甲骨文和钟鼎文中,"利"为左右结构,左边是成熟的禾之状,右边为人形执工具状,就像一个农夫在割禾的样子,由此可见"利"表收获,由于禾之收获能够满足人们的物质生活需要,后来多以利来表示好处、利益、物质、享受等。也有解释认为,"利"是犁的初文,是一种头方阔、按有长柄的掘土、铲物的农具。由此,利的本意是用来耕种和收获的一种农具,以此表示获得利益。而在甲骨文卦辞中被引申为祭祀求吉利,而进一步扩展为希求行为和活动达到预期目的、获得理想效果。从本意来看,利是客体在生产、交往等活动满足主体需要的过程中产生的效应和结果。由于主体存在和需求存在多样性,所以"利"也具有多样性。按照主体的层次不同可以有个人层次之利、集团之利、阶层阶级之利、民族之利、国家之利、社会之利、人类之利等;按照存在形态划分可以有物质之利、精神之利;按照时间划分可有眼前之利、长远之利;按照社会领域划分则可有经济之利、政治之利、文化之利等。中国传统伦理思想家已经意识到了利的多种形态,并作了区分和探讨。如王充就指出,"夫利有二,有货财之利,有安吉之利"①。而在与"义"对举的过程中,"利"也获得了道德伦理价值,并从物质、经济领域渗透到了社会的各个方面。而在中国伦理思想史上,"利"主要是在公、私的意义上来加以讨论和阐释的。

孔子所讲的"利"主要包含两层意思,一是指个人对物质利益的追求,即个人私利,并且孔子对这种"利"进行了道德前提的限定,即"义然后取";二是指统治阶级为政所谋求的大利、"公利",即统治集团、阶级的利益和国家、社会的利益、民众之利。孔子的"利"还有正当和非正当之分。孔子所轻之利是非正当的人欲之私,是"小利""蝇利",而孔子所重之利是正当的物质利益,是国家、朝廷、社会和人民的利益。并且孔子还分析了民利和国利的关系,他主张"无见小利""见小利则大事不成"②,"足食,足兵,民信之矣""百姓足,君孰与不足? 百姓不足,君孰与足"③,"因民之所利而利之,……欲仁而得仁,又焉贪"④。

孟子所讲的"利"主要体现在"利益"和"使有利"这两个意义项上。在《孟子》中,"利"字以独立或者复合的方式共出现 39 次,在词性上大体体现为动词、名词、形容词等。其中作为动词出现和使用的,主要内涵为"使……获利",如在孟子和梁惠王的对话中,梁惠王问孟子"不远千里而来,亦将有以利吾国乎?"⑤又如"拔一毛而利天下,不为也"⑥。作为名词使用的主要内涵为功利、利益,如在与梁惠王的对话中孟子说"王,何必曰利"以及"上下交征利而国危矣"⑦,在《孟子·公孙丑下》中则有"有贱丈夫焉,必求龙断而登之,以左右望,而冈市利",在《孟子·告子下》中则有"是君臣、父子、兄弟去利,怀仁义以相接也,然而不王者,未之有也"。"利"作为形容词主要是有利、便利或者锋利、锐利的意思,如《孟子·公孙丑下》中说"天时不如地利,地利不如人和","兵革非不坚利也"。总体来说,除了作为锋利、锐利之释意外,孟子的"利"大体上都是与经济、物质利益或者其他利益相关的。

---

① 《论衡·刺孟》。
② 《论语·子路》。
③ 《论语·颜渊》。
④ 《论语·尧曰》。
⑤ 《孟子·梁惠王上》。
⑥ 《孟子·尽心上》。
⑦ 《孟子·梁惠王上》。

墨子所讲的"利"与儒家所言之利有一定的差异,它多指公利或者他人之利,即国家百姓人民之利,并且这种利不是私利而是公利。其标准是"利天""利鬼""利人",所以墨家倡导"兴天下之利,除天下之害",把社会公利看作最终的目标,并把它和道德领域的善恶相联系。事实上墨家对"利"的看法是比较具体和辩证的,在墨家那里,公利实际上是被纳入"义"的范畴中的,所以墨家的义和利都是相对而言的,并不是固化的、僵化的。

杨朱所言之"利"则明确是指私利而非公利,并且主要是指个人对物质利益的合理和恰当的追求,不是泛指一切私利,而是合理、正义的符合"义"之规范的私人利益。所以他主张人追求物质利益是用来养性的,但是如果对个人的物质利益过分执着和追求,结果只能是"以性养物",而"以性养物"是不利于"寿"的,更不能因为要满足自己的物欲而轻视他人或者自己的性命,因而杨朱主张合理地节制自己的私欲,并且把这种理念贯彻到经济和社会生活之中,用来规范和调控人的言行和实践。

在汉代以后,儒家的正统地位基本得到确立,虽然儒家也有人主张以董仲舒的"正其谊不谋其利,明其道不计其功"来反对具有功利主义色彩的对"利"的追求,即把功利和义理绝对地对立起来,但是,大多数儒家思想家甚至是董仲舒自己也不是简单地反对私利,而是主张把公利和私利逐步加以区分,并要求在抑制私利的同时兴天下之公利,在他们看来此种公利的总和是和"义"联系在一起的。正因为公利被纳入了"义"的范畴,故,正如有学者指出的:儒家的义和利"所涉及的基本问题始终是道德规范同个人私利的关系问题"①。而且儒家的"利"不仅仅是指财利,它还包含物质利益之外的一切追求物质利益为目的的利己动机和行为,正如北宋理学家程伊川所言:"不独财利之利,凡有利心便不可。如作一事,须寻自家稳便处,皆利心也"②。从这样的道德原则和基点出发,儒家形成了一整套包括对人们的生产、分配、消费以及经济交往中诸方面的经济行为在内的具体的道德规范和行为准则。总体来说,儒家在"利"的问题上,更多强调的是与其相对的"义"的维度,即侧重于强调人们在社会、生产、生活和交往行为中、在精神生活

① 张鸿翼:《儒家经济伦理》,长沙:湖南教育出版社1989年版,第133页。
②《二程语录》卷十七。

中、在道德关系网点上所应该承担的责任和道德义务，而不太注重强调个人的利益和权利，而对国家、社会和他人的义务之中包含着抑利己而重利他的倾向和基调，君对民仁、臣对君忠、父对子慈、子对父孝、兄友弟恭、妇对夫顺等主张都能体现这种思想和倾向，如《吕氏春秋·尊师》中所言："义之大者，莫大于利人，利人莫大于教"。《孔子家语·礼运》中所列举的"义"——父慈、子孝、兄良、弟悌、夫义、妇听、长惠、幼顺、君仁、臣忠——也体现这种"利人"的精神。所以，儒家的"义"在一定意义上是包含对他人的"利"的，故所谓"仁者爱人""己欲立而立人""己欲达而达人"等。

在儒家道德观成熟时期，思想家对"利"的界定和阐释也越来越细致和全面。朱熹对"利"进行了细分，他认为有积极意义上的"利"和消极意义上的"利"，积极意义上的"利"是"自然之利"，消极意义上的"利"是"贪欲之利"。以义协和万物，使物各得其理而为"利"也。也就是说，用"义"来处理万物的联系，使万物各自依据内在的规律而顺利发展便是"利"。朱熹认为，"利者，义之和"，和合于义即利也。"利物足以和义"，利是义之和处，义有分别断割，疑于不和，然行而各得其宜，是乃和也，君子之所谓利也。"利物"，谓使物各得其所，非自利之私也。这种利是自然之利。"自然之利"是由"义"所主导产生的"利"，这种利是君子之利；而"贪欲之利"则来自对"利"的"专言"，也就是只顾、只求个人私欲或者眼前利益的满足，不顾他人及社会整体的利益，这种"利"乃小人之"利"。此种小人之利，朱熹认为主要表现为贪欲。《礼记·礼运》中有"用人之仁，去其贪"一说，朱熹对此作了解释，他认为："盖是仁只是爱，爱而无义以制之，便事事都爱。好物事也爱，好官爵也爱，钱也爱，事事都爱，所以贪。诸家解都不曾恁地看得出"[1]，朱熹认为，"仁"为"爱之理"，"爱"若无礼义的节制，便会事事都爱，爱得过多就成了"贪"。在朱熹那里，好便有贪的意思。因为朱熹认为"爱""好"很容易滑向"贪"，仁善之人往往秉性温和，不够刚硬耿介，因此常会有贪小便宜的毛病，在钱财方面缺乏足够的自控能力，这乃是一种"人之性易得偏"的人性缺陷。由此，在朱熹那里，"自然之利"是一种循"义"而得的能够利他和利社会的真正的精神和物质"利益"，而"贪欲之利"则是人类对物质利益的一种占有欲，

---

[1]《朱子全书》第 17 册，上海：上海古籍出版社 2002 年版，第 2960 页。

是一种心理状态,是一种贪利之心,并不是利益本身。

到了明清时期,中国传统思想家对"利"的解释和阐释更加层次分明并且全面、系统,王夫之则是典型代表。在最一般意义上,他把"利"解释为"生人之用",即认为"利"是能够满足人们物质生活需要的财物和功利。在他看来,人如果离开了物质利益、人的生理的各种需要如果得不到满足,就不能够生存下去,所以"出利入害,人用不生"①,又说"利者,民之依也"。在王夫之看来,自然界的一切生命物质都是按照其本性而悄以自私,各按其本然之性情而自利虽然是合理的,但是却不属于伦理道德的范畴,为此,王夫之提出了两个具有道德层面内涵的"利"的概念。一种是具有善的属性的"利",即"益物而和义"意义上的"利";另一种则是具有恶的属性的"利",即"滞于形质,则攻取相役,而或成乎惨害,于是而有不正者焉"②这一层面的"利"。在王夫之那里,"益物而和义"意义上的"利"是一种与大众的福祉相联系的"利",是国家人民的公利。他说言的"乾道之利"就是这种性质的"利"。王夫之说:"乾之始万物者,各以其应得之正……,使物各安其本然之性情以自利"③,即乾利是一种利天下万物、使万物得益、各得其所的利。"滞于形质""攻取相役"意义上的"利"则是一种唯利是图的个人私利,这种个人私利是置天下大利和人民利益于不顾的自私自利,是不道德的"利"。当然,较之于王夫之强调利之正当性和失当的维度,其实,利还有另外一个维度,即应当的维度。应当意义上的"利"是一种理想的具有正面意义的利,其本质是实现利益的道德转化,实现了利益关系的和谐的"利"。正当的利则是王夫之所言的源于本然之性情的自利和正当的个人利益;失当之利则是违背伦理道德的私利。

孙中山指出,国家、民族和人民的利益是公利。人人应该尊重公利,以公利为重,而以私利为轻。从其"天下为公"的思想出发,孙中山对传统伦理道德进行了继承和发展,并赋予"利"以新的具有资产阶级革命内涵的解释。他说"人人应该以服务为目的,不当以夺取为目的"④,应立"为国奋斗"的大

①《尚书引义》卷二。
②《周易内传》卷一。
③《船山全书》第一册,长沙:岳麓书社2011年版,第69页。
④《孙中山选集》,北京:人民出版社1956年版,第156页。

志气,应"替主义去牺牲"①,但是孙中山并没有否定传统道德的合理性,他对传统的道德持推崇的态度,并充分肯定和称赞了"仁民爱物""爱民若子"等观点,而且主张对于传统伦理道德中好的东西,"当然是要保存,不好的才可以放弃"。正是基于此种态度,孙中山所言的"利"更多是指"共同利益",并区分了共同利益、大家之利益和个人利益。他在 1911 年与《中法新汇报》总编辑的谈话中指出,"所有的个人利益必须服从共同利益"②,此处的"共同利益"不是指的阶级利益和党派利益,而是指国家利益、民族利益和人民利益。他在东京与留学生的谈话中指出:"诸君志愿,须求大家之利益,对大家之事业,不必计较私人之利害"③,而这里的"大家之利益"应该是指人民群众之利益。并且在某种意义上,"共同利益"比"大家之利益"要更高一些,它不仅指人民的利益、大家的利益,更包含国家和民族的利益。而在谈论处理个人利益和共同利益、私人利益和大家利益的相互关系时,要求个人利益服从国家和民族利益,以追求"共同利益"和"大家之利益"为志愿,不计较个人利益。

在按照传统伦理的思路把"利"以公、私为界进行划分,或者以正义、非正义进行划分的同时,也可以对"利"作其他维度的界定,如把"利"界定为基于生存需要的物质利益、基于社会需要的利、基于智能和潜能发挥所需要的自我实现层面的利。基于生理需要而产生的利,主要表现为物质的利,即"饮食男女""声色臭味"以及对生存环境的要求等。这类"利"是人类和个体生存下去的基本条件,这也是较为基本的"利",如果此类"利"得不到满足,更高层次的"利"将很难得到保障。这也是孔子所说的"所重民食",孟子"民非水火不能活。……圣人治天下使有菽粟如水火",荀子所说的"目好色,耳好声,口好味,心好利,骨体肤理好愉佚"意义上的人之本性层面的"利"。基于社会需要的利,主要表现为交往的需要和职业的安全、民主自由的保障、社会应有的尊重等需要。这一"利"是人类作为社会动物的需要。智能和潜能发挥之"利"主要实现理想和个人价值的需要。在历史的交往和市场实践中,这三个层面的"利"都具有一定的经济伦理意蕴。原始

① 《孙中山选集》,北京:人民出版社 1956 年版,第 706 页。
② 《孙中山集外集》,北京:人民出版社 1990 年版,第 155 页。
③ 《孙中山全集》第 3 卷,北京:中华书局 1984 年版,第 24 页。

人类可能更多关注生存层面的"利",由此所要规范和调控的"利"也主要来自这个层面,这更多地体现在生活资料的生产和分配、交换之间;而在阶级生活中,往往剥削阶级以牺牲多数人的利益为代价实现少数阶级的利己主义的阶级私利和个人私利。统治阶级、统治集团和统治者在社会生产、交往中往往醉心于功名、俸禄、财货,而很少尽义务,并长期处于剥削地位,如资产阶级对剩余价值的占有和对工人阶级的剥削,就体现了此种经济伦理意义上的"利"的道德属性。而第三个层面即智能和潜能发挥维度之利,现在基本不具备条件,这是在一定的经济、社会和伦理道德发展阶段才能达及的"利"。

社会主义条件下的利,既具有与自然和社会之间主客体关系的内涵,也呈现主体间生产、分配、交换、享用时的人与人之间的关系,即具有一般的伦理道德内涵也具有经济伦理的内涵。在最一般的意义上,"利"就是好处、便利,泛指对人和对事有益。在社会主义条件下,"利"是一个具有多层次、多维度的有机统一体。如果按照利益主体来分,可以分为个人之利、集体之利、民族之利、国家之利、社会之利、全人类之利等维度;如果按照实现的时间来说,可以有眼前的近期利益、中期利益、长远利益之分;按照利益涉及的范围来分可有局部利益和整体利益;按照利益的性质可有一般利益、根本利益、至上利益之分;按照所涉及的领域可分为经济利益、政治利益、文化利益、生态利益等;按照社会生产、生活的不同环节来说,可分为生产领域的利益、分配领域的利益、交换领域的利益、消费领域的利益等。社会主义条件下,经济利益仍然是一个基础性的重要利益类型,而处理此类利益关系的道德伦理则主要是经济伦理,因此,在这种意义上,经济领域的"利"主要是经济生产和交往过程中的利益。在社会主义初级阶段,社会各个层面和维度的利益在根本利益一致的基础上存在着不同程度的冲突,因而,社会主义的利益观必须要能够协调和调控好各种利益关系,使个人利益、集体利益和国家利益有机统一起来,而在国家利益、集体利益和个人利益发生暂时冲突时,要求在把国家利益放在首位的同时,合理兼顾集体和个人利益,从而使各个层面的利益得到合理的调适和兼顾。同时,也使"利"这一概念从经济领域升华到一般道德领域和精神领域,成为调节经济生活、政治生活和精神生活的基本规范。

三、义、利之关联

在中国经济伦理思想史中,义与利经常被作为一对紧密关联的范畴而被认识和阐释,常常以"义利关系"的形式在场,主要表现为"义利之辩"。因此,"义"和"利"首先是相对的、处于关联之中的,不能简单地在割裂两者关系的前提下来孤立地讨论"义"或者"利"。在不同的时代、不同的思想家那里,对"义""利"的关联的认知也是存在差异的。大体来说存在以下几种认知和观点:认为"义"是第一位的,是"利"的前提,是"利"的合法性依据;认为"义"与"利"对立,在对立的前提下,强调重"义"轻"利";认为"利"是"义"的基础,"义"是在"利"的基础上产生的;认为"义""利"相互关联、相互制约,两者的关系可能包含、可能交叉;认为"义"和"利"部分同一;认为"义"和"利"完全同一;认为"义"和"利"对立统一。在不同的思想家那里,以上几种义利关系并不是简单地独立孤立存在的。一般而言,传统思想家都承认义利是相互关联的,但是大部分思想家在把某种义利关系作为自己的核心主张的同时,也会论及此种主张之外的其他类型的义利关系,并部分地承认其合理性。因此,"义""利"关联问题,在传统思想家那里总体上处于一种较为复杂的状态。

第一种义利关联类型认为"义"和"利"是一种对立关系,在强调"义"的优先性、根本地位的前提下,也附带地承认"利"的部分合法性,但是这种合法性是以"义"为前提的。这样一种义利关系的基本特征是主张"义""利"之间的对立,这是一种形而上学式的极端的片面的义利关系论。当然,要注意的是,在这种义利关系中的"义"一般都是与物质利益层面的"利"不完全对等的范畴,是一种更高、更普遍、更根本意义上的道德范畴,其内涵和适用范围已不仅仅局限在经济伦理领域。主张这样一种义利关联类型的典型代表是孔子以及孟子、荀子和朱熹等。

《论语》中有"子罕言利"的记述,即孔子很少讲"利",他认为"利"说多了会害义,即"放于利而行,多怨"①,并且,当"义"与"利"发生冲突时,孔子主张

---

① 《论语·里仁》。

绝对地无条件地就义而去利，"富与贵，是人之所欲也，不以其道得之，不处也；贫与贱，是人之所恶也，不以其道得之不去也。"①在这里，孔子把"义"看作是比"利"更根本的道德规范和准则，是高于"利"的，因此，"利"必须服从于"义"。当然，孔子把"利"和"义"对立起来是有条件的，他并非一般地、简单地反对"利"。他所反对的只是不义之利，孔子不能接受"不义而富且贵"。因此，在孔子那里，合义是得利的必要条件，不合义必不应得利。虽然孔子重义轻利，但是也没有到彻底否定利的程度，他主张的义利关系是有条件的，是随着条件的变化而变化的。他主张在国家治理问题上，在总的价值取向上统治者应该好礼、好义、好信，而不是好利，但是在对待老百姓的时候，最好要能够"因民之利而利之"。在孔子那里，"义"是人们的外在行为对周礼的遵循，针对当时违礼僭越现象层出不穷的现实，他主张先"正名"后用"义""克己复礼"，由此把"义"作为整个社会的道德价值引导，这种"义"自然是和"利"对立的。但是，孔子承认在合义的前提下的"利"的正当性，即"君子爱财，取之有道""见利思义"。孟子也强调"义"是人们交往活动的基础和前提，在义利冲突没有超越"义"的规范时，对"利"的追求是允许的，正所谓"义然后取，人不厌其取"②；而如果违背礼仪而去求利就是取不义之财。可见孟子在论述一般层面上的义利关系时是把"义"放在首位，把"利"放在派生地位的，即"义以生利"，"见利思义，见危授命，久要不忘平生之言，亦可以为成人矣"③。孔子和孟子主张"义"在与人们的"利"相比较时具有优先地位，主张两者发生矛盾时才"义以为上""重义轻利"，从这一点来看，他们实际上是把"利"的内容包含在"义"之中了。但是，对于孟子而言，他在主张"义"的第一性时，对"利"也给予了充分的肯定，甚至主张两者辩证统一，这已经与孔子的观点存在较大的差异，并在某种意义上溢出了这一义利关系类型，兼具义利辩证统一的色彩。

第二种义利关系类型较多地强调"义"与"利"的对立，在对立的前提下，强调重"义"轻"利"。这种义利关系的典型代表则是朱熹。他把"义"解释为"天理"，把"利"等同于"人欲"，主张"存天理、灭人欲"。他强调"学无浅深，

---

① 《论语·里仁》。
② 《论语·宪问》。
③ 《论语·宪问》。

并要辨义利",也就是说,要严辨义利、善恶和是非,"毋使混淆不别于其心"。在朱熹看来,"义"和"利"是对立的两个极端,而君子和小人的区别也就在于对"义"或者"利"的趋向不同,为义"便是向圣贤之域",而为利"便是趋愚不肖之徒"。所以,在朱熹那里,"为义"才是唯一正确的行为方针和价值取向。朱熹强调:"凡事不可先有个利心,才说着利,必害于义。圣人做处,只向义边做",也就是说,即使是行义也不可以存功利之心,"若行义时便说道有利,则此心只邪向那边去"①。当然,要注意的是,朱熹严辨义利,视义利为对立的关系,义利"不容并立",这种观点和主张仅限于在道德价值观点范围,一旦超出这一范围,朱熹并不完全否定功利。他在解释"利者义之和"时说:"义之和便是利。如君臣父子各得其宜,此便是义之和处,安得谓之不利!"但是,需要提请注意的是,朱熹强调"义之和便是利"并不表示他从理论上肯定"利"的行为方针,而是在教人"只认义和处便是利,不去利上求利了",也就是在"求义"中不必另立"求利"的目的,作为行为方针,只能"为义",不能"为利"或者为利而义。在这种意义上,朱熹对义利关系的理解是既对立又相容的,"义"是正确的值得追求的一端,"利"是不值得追求的一端,但是可以通过"求义"而自然获得"利",这又在某种意义上使"利"包含在"义"之中了。

第三种义利关系类型主张带有一定的功利主义色彩,主张"利"是"义"的基础,"义"是在"利"的基础上产生的。这样一种观点实际上是进一步挖掘了儒家之"义"的基础和目的,也就是说,儒家主张的"义"实际上最终的目的是为了维护一定的"利",这一"利"可以是一定阶级和阶层的"利",也可能是一定家族的"利",还可以是民族之利和国家、社会之利。这一"利"是"义"的深层的基础和根本的目的。当然,中国经济伦理思想史上的不同思想家总是从其特定的历史条件出发来阐释和推行其理论的,如梁启超就主张道德的内容和本质都离不开"利",并且他所主张的新道德也是建立在一定的"利"的基础上的,这一"利"就是"利群",也就是要促进一群之公益。在梁启超看来,对群体无益或者对群体有害都不是道德行为。也就是说,梁启超把"义"、道德与否建立在"利或不利"的判断基础上。这一新道德的"义"不再

①《朱子语类》卷五十一。

与利益相对立,而是建立在"利"的基础上的,具有了利益的内涵。这样,在此种类型的义利关系中,"利"不再离开"义"而存在,相反,"利"优先于"义",成为"义"的基本准则和目的、归宿。由此,梁启超主张为利己正名,并认为利己是国民的社会责任,"故人而无利己之思想者,则必放弃其权利,弛掷其责任,而终至于无以自立"①。

第四种义利关系类型认为"义""利"相互关联、相互制约,两者的关系可能包含、可能交叉。对于义和利的相互制约和相互关联性问题,中国传统经济伦理思想家大多都有论述,主要区别在于对关联和制约方式的认识不同。正如前文所言,有思想家认为"义"是"利"的基础,也有思想家认为"利"是"义"的基础,儒家思想家则较多地强调要用"义"来规制和规范"利"及"利"的获取途径和方式,不能放任对"利"的追求。如朱熹就认为,爱而无义以制之,便事事都爱。好物事也爱,好官爵也爱,钱也爱,事事都爱,所以贪。同时,他也指出了"义"和"利"的关联性,他在解释《易传》中的"利者义之和"时曾指出,"义初似不和,却和。截然而不可犯,似不和,分别后万物各止其所,却是和。不和生于不义,义则无不和,和则无不利矣"②。朱熹认为"义"是贯穿上下两截的,小人追求"利",则理会下半截,而君子是从头做起的,君子所求之利的"自然之利",它源于君子对天理的依循,即从头来,可从"义"处入手以求"利"。这也就说明了义利是关联的。就具体的关联类型而言,有包含型和交叉型之分。包含型的一般是"义"包含"利"或者"利"包含"义"。如朱熹所言的,从"义"入手可求得"利"就是"义"包含"利",梁启超所言的"利"就是在某种意义上包含"义"的内涵的,这两种包含类型,较为明显地对应于道义论和功利论,当然,两者从根本上来说都是德性主义的经济伦理观。交叉性的义利关系,就像两个圆相交,不是所有的"利"都处于"义"之中,也不是所有的"义"都处于"利"之中,而是两者有一定的部分独立于对方之外,但同时确实有部分是重合并融会贯通的。这样一种义利关系具有较多合理因素,既看到了义利的统一性,又看到了两者之间的差异。

第五种义利关系类型认为"义"和"利"部分同一。这种义利关系类型看

---

① 《梁启超全集》第一卷,北京:北京出版社 1999 年版,第 431 页。
② 《朱子全书》第 16 册,上海:上海古籍出版社 2002 年版,第 2283 页。

到了两者之间的统一性,同时也承认两者之间存在一定的差异,但是这种观点不是均衡地、全面地分析两者之间的具体的同一和差异,而是片面地讨论和阐释两者之间的同一性,因而,最终结论上也是不全面的。当然,这种对同一的强调,可能是居于包含关系中的同一,既可以强调"义"的优先性,也可以强调"利"的优先性,也可能是基于交叉关系中的同一,或者是两者的完全同一。如《吕氏春秋·尊师》中所讲的"义"就包含了"利",并且认为在这种意义上,"利"和"义"是统一的,如其所言"义之大者,莫大于利人"。《孔子家语·礼运》中列举的"义"也包含"利人"的内涵,也就是说以"义"来处理和调节人际关系,以爱人、利人之心来对待他人,就是"义"了。以"义"调和处理万物之间的联系,使万物各依内在规律而顺利发展,便是"利"。梁启超的"利"就部分地包含"义",而与一定层面上的"义"同一。而在董仲舒那里,他把义和利实际上看作是手段和目的的关系,不管如何强调"义",归根到底是为了谋求一定的政治经济利益,也就是他所言的"义是利之和,义所以为利也",当然,在作这一阐释的同时,董仲舒是明确知道利和义的区分的,但是,只是他没有着力强调两者的差异,而是重点关注和阐释了两者在某种程度和意义上的统一。

第六种义利关系类型认为"义"和"利"完全同一。这种观点认为"义"和"利"是同一个东西,没有区别,义则是利并完全等同于利,利亦是义并完全等同于义,符合义的也符合利,符合利的也符合义。当然这种观点超越了义利对立,看到了两者的统一性,但是却忽视了两者的客观差异。如陈亮的"义利双行、义利合一"就主张"义"和"利"两者都是合理的,可以并行不悖,"义"和"利"都应该并且都可以得到兼顾和重视,不应该轻视和贬低任何一者,两者是统一的。如严复认为,中西方古代思想家多把义、利分割对立起来,不把二者相提并论,这种观点和做法不利于"利益"的合理化,也不利于道德原则和道德行为本身的发展。为此他主张破除"利义两分"概念,主张"义利合"的思想。严复基于亚当·斯密"开明自营"的原理,认为亚当·斯密这是在主张"明两利为利,独利必不利",他说,"今人则谓生学之理,舍自营无以为存。但民智既开之后,则知非明道则无以计功,非正谊则无以谋利,功利何足病,问所以致之道何如耳,故西人谓此为开明自营,开明自营,于道义必不背也"①。在严复看来,一方面私利的实现能够促进公利,由私利的合理性就能推导出公利的价值合理性,在某种意义上,私利的总和就是公利;另一方面,促进公利或者通过公利而实现的私利才是真实的长久的私利,而"两利相利"就是"义"。所以在严复那里,私利和公利的统一就是"义"。在这个意义上,"义"和"利"是完全同一的。

第七种义利关系类型认为义和利对立统一。这种义利关系类型对义和利的理解较为全面、合理,正确认识到了义和利之间的差异,同时也看到了义和利之间的同一关系,只是对两者的同一的理解上还是存在一定的差异的,一种倾向是以孟子、康有为等为代表,他们主张义和利处于一种对立统一关系之中,但是对两者的对立统一关系的理解较为机械和僵化。我们说孟子主张义与利的对立统一,其实就是在孟子那里,他既主张"义"的第一性,但是也言"利",甚至主张两者统一,自然这是在非同等、非辩证的前提下的同一。在孟子那里,他较多地把"义"与政治生活联系起来,并主张义是称王的途径,义的丧失导致民心丧失从而失去称王的资格。同时,他还认为义是成为仁人君子的必备条件,要"富贵不能淫,贫贱不能移,威武不能屈"②。正视"义"对个人和社会有巨大的作用,使得孟子无比推崇义,进而提出"舍生而取义者也"。但是,在对义的推崇的前提下,孟子事实上也主张积极谋取"利"。如为了达到"养生丧死无憾"的目的,孟子主张"易其田畴,薄其税敛,民可使富也"③,"五亩之宅,树之以桑,五十者可以衣帛矣"④,可见他心系百姓的物质利益,积极为百姓谋利。而对于统治者的谋利和物质享受,孟子也并不反对,并主张君主应该与民同乐,与老百姓共同享有这些"利",正所谓"独乐乐,不如众乐乐"。而且孟子的施政蓝图也是以"利"为基、以"利"为落脚点的。孟子反对的是求利之心过度膨胀反而对"利"不利。他说:"苟为后义而先利,不夺不厌",其实反对的是违背义的要求而追求利益的最大化以及"夺"的行为。在此,他看到了"义"是"利"的前提。同时,对于"民"而言,孟子认为"利"是"义"的基础。他指出:"无恒产而有恒心者,惟士为能。

---

① 王拭:《严复集》,北京:中华书局 1986 年版,第 1395 页。
②《孟子·滕文公下》。
③《孟子·尽心上》。
④《孟子·梁惠王上》。

若民,则无恒产,因无恒心"①,也就是说,对于普通老百姓而言,必须要有一定的物质利益为基础才会有更高层次的恒心即"义"。对此孟子还有更加明确的表述:"今也制民之产,仰不足以事父母,俯不足以畜妻子;乐岁终身苦,凶年不免于死亡。此惟救死而恐不赡,奚暇治礼义哉?"②在此,孟子不但不反对"利",还认为"利"是求"义"的基础。因此,在孟子那里,统治者治国平天下,要施仁政,但是如果离开了"利",百姓处于水深火热之中,物质生活极端困难,最基本的生存权得不到保证,那么,仁政就是一句空话。所以,在孟子那里,"义"和"利"最终是对立统一的。孟子认为正确处理义利关系能够促进社会和谐,他指出:"周于利者凶年不能杀,周于德者邪世不能乱"③,此处孟子指出了"周于利"和"周于德"的好处并把其统一起来,认为周于义利可以促进社会和谐,减少饥饿和战乱,所以君主要求义求利,但是由于利具有扩展性,所以要控制,要以"义"制"利"。并且,孟子认为,"义"可以转化为"利"。他指出政治上施仁政能够给百姓带来"利",使"五十者可以衣帛矣""七十者可以食肉矣"④。而百姓的需要得到了满足就会拥护国君,国君也会受益。他认为道德生活对于利具有一定的依赖性,物质利益的满足是义得以阐释的基础,而利的获得对于民众来说也可以转化为义。义利并不是水火不容的,而是可以相互转化的。只是,对于君和对于民,对其在义利优先性上的要求不一样:于君,先义后利;于民,先利后义。先义还是先利,都只是具体问题具体分析原则下顺序的灵活变动而已。当然,这种观点,看似辩证,但是却是在义利总体对立的前提下的有条件的形式上的统一,实际上两者之间还是有所偏重的。康有为也认为义和利是对立统一的,他同意孟子的"使有菽粟如水火,民无不仁"以及管子"仓廪实而知礼节,衣食足而知荣辱"的观点。但是,在重视"利"的同时,他也十分注重"义",强调"利"的获取要符合"义",因为,"利"在本质上可能导致不义。他说:"利者,人所同好。……恐因自利而生贪夺,反以害人道。"⑤这就是承认利和义在一定程度

---

① 《孟子·梁惠王上》。
② 《孟子·齐桓晋文之事》。
③ 《孟子·尽心下》。
④ 《孟子·寡人之于国也》。
⑤ 康有为:《论语注》。

上是对立的。但是他又主张两者之间是统一的,可以相互转化,背义取利的行为将导致不义;而重视"义"的建设,重视国民素质的提高,也有利于达到利益的均衡和利的获得,"富以养其生,教以养其性,二者备矣"①。

第八种义利关系类型主张义和利的辩证统一,其典型形态是社会主义市场经济条件下的义利观。社会主义市场经济条件下的义利关系是在超越义利对立和重义轻利或者重利轻义的片面义利关系基础上建立起来的义利双重的、义利辩证统一的义利关系。社会主义市场经济条件下的义利观所主张的义利关系是一种义与利的内在结合,它认为义与利是互补的、相互渗透的,但是两者又有明确的界限,讲利是以义为前提的,讲义是以利为基础的,它不主张简单肯定一方而否定另一方。社会主义市场经济条件下的义利观认为,义与利是一个辩证结合的系统,在这个系统中义和利必须相互渗透、相互制约、相互统一。社会主义市场经济条件下的义是在尊重利的前提下的义,而利也是在符合义的规范下的利,它超越了道义论和功利论的对立。它一方面强调利益是道德的基础,是人们行动的基本动因;另一方面也充分肯定道德在调节和规范、引导人们利益行为和关系中的巨大作用。在个人利益和社会利益的关系问题上,社会主义市场经济条件下的义利关系,充分尊重、肯定和满足个人的利益,并使集体利益尽可能地转化为个人利益,能够为集体中所有个人实际地享有,同时,个体也应该在追求自身义利时不损害集体和他人的利益,并积极促进集体利益。当然,在目前的条件下,社会主体之间的义利关系还是有一定的矛盾和冲突的,尚且达不到完全的辩证统一。这种统一最终将在未来社会主义以及共产主义社会中实现,在这一社会中,个人利益和社会利益之间、义和利之间实现了辩证统一,个人利益的实现完全是义的必然并符合义的要求,并且本身就是"义",而社会利益的实现这一"义"也是个人利益实现的结果和前提,两者的实现是同一个过程,并行不悖,相互统一,相互促进,"义"和"利"达到了辩证统一。并且,在未来社会主义和共产主义条件下,义利关系的道德的内在精神价值与外在功利价值、目的性与工具性、动机与效果相统一。

当然,义利之间的关联性,除了从对立、统一、包含、交叉、辩证统一等类

---

① 康有为:《论语注》。

型角度来考察之外,还可以从物质利益和伦理道德关系、个人利益和社会公共利益关系、物质生活需要和精神生活需要、志向动机和功利效果关系[①]等角度来探讨。

义利之间的关系在本质上是伦理道德和物质利益之间的关系。在思想史上,不同思想家对两者关系的阐释是不尽相同的。有重伦理道德而轻物质利益的道义论者,也有重物质利益和功利而轻道义的功利论者,还有两者并举或认为两者对立或者统一的。但是从社会历史的客观事实层面来看,伦理道德和物质利益关系是一种辩证统一的关系,道德是经济的产物,经济的发展阶段和经济关系的性质决定道德的性质。利益是经济关系的集中体现,每一个社会的经济关系都要以利益的方式表现出来,社会经济关系决定道德从另一个维度来说就是利益关系决定道德关系。

义利之间的关系在某些条件下在某些思想家那里可以以社会公利和个人私利的关系作为主要表现形式。一般意义上,把社会公利等同于"义",而个人私利被视为是"利"。当然,在阶级社会中,统治阶级和统治集团总是把阶级利益和集团利益说成是社会公利,掩盖其阶级利益的本质,当然,在此种情况下,也是存在一定的真实的社会公利的。在中国经济伦理思想史上,不同的思想家对两者关系的阐释和主张也是有所差异的。有思想家偏重于公利而轻私利,也有思想家认为两者具有一致性,还有思想家主张在尊重公利的前提下积极寻求个人利益,另有思想家认为两者可以并行不悖,相互促进。事实上,人类社会发展至今,在公利和个人利益问题上,尚没有可能使两者达到完全的统一,因而总是存在一定的矛盾冲突的。未来共产主义条件下,个人利益和公共利益将得到历史的现实的统一。

义利之间的关系在一定程度上还体现为物质生活需要和精神生活需要的关系。一般而言,经济伦理思想家都承认,对于个体而言,物质利益之"利"是维系身体健康和人类生命持存的必需,道义精神则是维系心灵健康、修身、养性之必备,两者缺一不可;对于社会治理和国家治理来说,物质利益是国家和社会强盛、百姓安居乐业的基础,而仁政、人道、伦理道德是维持社会正常秩序和保障社会正常运行、巩固统治、内圣外王的保障。当然,在不

---

① 王泽应:《义利观与经济伦理》,长沙:湖南人民出版社1995年版,第24—29页。

同的思想家那里,两者的权重是不一致的。董仲舒就比较强调精神生活,他认为精神生活的道义价值要高于物质生活的"利"的价值。而孔子也比较注重道义价值,而"寡言利"。孟子则主张对君王而言要注重"义"这一精神生活的价值在重施政过程中的作用,重视"义",并给民于"利",而对于民而言则要注重"义"的前提下的物质生活的"利",并在"利"中提升精神生活领域的"义"。

义利之间的关系在一定程度上还可以表现为志向动机和功利效果之间的关系。在某种意义上说,志、功之间的关系是义利关系的展开和升华。如朱熹和陈亮之间的义利之争就典型地表现为志功之争。朱熹从志向和动机出发来考察和阐释义利关系,是典型的动机论者,而陈亮则是典型的效果论者。朱熹和董仲舒主张"正其义不谋其利""明其道不计其功"[①],而陈亮主张"功到成处,便是有德;事到济处,便是有理"[②]。事实上,片面地坚持动机论或者效果论都是不可取的,必须把动机和效果结合起来,达到动机和效果的辩证统一,因为动机总是指向一定的目的和效果,如果离开目的和效果来谈动机,将是毫无目的的空谈,动机也就无从产生,并且没有目的的动机是毫无意义的。另外,效果作为人们行动的结果,总是依赖于一定的动机的,没有动机,任何效果都只能是后果。动机和效果不可分割,没有动机的效果和没有效果目标的动机都是不可思议的。

第二节 义利之辩的历史演进

在中国传统经济伦理思想史上,由于思想倾向不一致,围绕义利关系问题在同时代思想家中形成了几次较为著名的论争,并且由于时代条件的,义利关系问题在后世思想家对前人相关思想的继承、批判、综合、超越中不断得以发展。

---

① 参见《汉书董仲舒传》《朱子大全·白鹿洞书院揭示》。
② 陈傅良:《答陈同甫书》。

总体来说,围绕义利关系问题,中国经济伦理思想史上出现过三次较为著名的争锋和论战:第一次出现在春秋战国时期,诸子百家都发表了自己的观点和看法,形成百家争鸣的局面,并形成道义论和功利论两种影响比较深远和长久的思想倾向,并且在西汉时期,由董仲舒作出了历史性的总结,凸显了"正其谊(义)不谋其利,明其道不计其功"这一明显带有道义论色彩、排斥功利主义的体现占统治地位阶级利益和伦理道德的义利观,并成为后世儒家伦理的主流形态和观点;第二次争锋和论争发生在宋明时期,这是对前一阶段漫长的历史过程中道义论发展到极端、排斥功利这一不合理现象的一次拨正,主要表现为王安石、陈亮、叶适等事功派和二程、朱熹等道义派的争论;第三次论争发生在明清之际,主要由王夫之、颜元、戴震等人对中国经济伦理思想史上前人的义利观进行清理和总结,他们的观点大体呈现出义利统一论的色彩。就整个中国经济伦理思想史而言,义利之辩大体经历了以下几个阶段并表现出较为明显的阶段性特点:先秦时期,呈现出百家争鸣的特点,并且诸子百家围绕义利关系问题各自的观点不尽相同,出现了较大的对立和纷争;汉唐阶段,各种观点在冲突中开始不断融合,并在形成以儒家道义论为基调的主流观点的同时,开始部分地兼顾和承认"利"的合理性;到了宋元时期,对道义论中极端排斥利欲的观点进行了纠正,承认利欲可言,并主张以利和义;明清时期,则是对宋元功利主义倾向的进一步深化和推进,出现了明显的功利主义的义利观;民国时期,在对前人思想继承总结的基础上,试图纠正道义论和功利论的不足,实现义和利的辩证统一;新中国的成立,给义利关系带来了转型的基础,随着计划经济体制向社会主义市场经济体制的转型,与之相对应的伦理道德观点也发生了相应的转变,开始形成社会主义市场经济条件下的新型的义利关系。

一、先秦

先秦时期是中国经济伦理思想的萌芽和初生阶段,这一时期涵盖了由统一王朝周向诸侯割据列强争霸的春秋战国过渡再到秦朝确立之前的整个历史过程,在这一时期,出现周礼、与各诸侯国利益相关的各类思潮以及代表不同阶层和不同利益取向的诸子百家的思想争鸣。与此相关,在这一阶段,中国经济伦理思想史上各种义利关系类型的基本雏形都已经粉墨登场,呈现出思想观点对立、纷争的局面,其中儒家的基本主张是重义轻利,但是在儒家内部,孔、孟、荀的观点也存在一定的差异,法家主张重利轻义,道家主张义利俱轻,墨家主张交相利,杨朱则主张重生轻物,等等,呈现出百花齐放、百家争鸣的局面。

以孔、孟、荀为代表的早期儒家,在义利关系问题上总体主张重义轻利,都认为合义是得利的前提条件,因而,当义、利发生冲突时,要绝对地、无条件地弃利取义,人即使处于生死抉择之时,也不应苟且偷生而害义,诚如孔子之"杀身成仁",孟子的"舍生取义"。但是,三者也存在一定的差异,孔子主张重义贵利,以仁、礼克利,孟子主张以仁克利,荀子主张以礼克利。

孔子主张重"义"贵"利"、见利思义。义利之说是孔子学说的核心,在孔子的义利观中,"义"是第一位的,"利"是第二位的。孔子主张"义以为上",高举伦理道德的旗帜,但是,他却也不简单地绝对地反对"利"。《论语》有云"子罕言利",这只是说孔子很少谈"利",而并不表示孔子反对"利"。他很少谈论"利"是因为他对"利"比较谨慎,生怕说多了会害义,"放于利而行,多怨"[①]。孔子从仁爱的角度出发,把"义"看作是仁心外化的道德行为,是人们生活活动的基本准则和要求,"利"是个人对物质利益的追求,是人们从事社会活动的重要目的。在两者的关系问题上,孔子更看重"义",要求人们在"义"的引领下取"利",即"见利思义""义以为上"。这样,"义"与"利"之间就有了"轻重"和"主从"关系,同时,在孔子那里义利之间还是一种"贵贱"关系,即贵"义"贱"利",他说"君子喻于义,小人喻于利"。孔子注重"义",但是并不否定对"利"的追求,他认为取利的前提是"合义"即"利以义取",只要"富而可求"即可为之。由此可见,在经济伦理维度,孔子面对义利关系时,在财富问题上,他并不反对追求财富,但他更注重通过什么方式来获得财富。只有以符合道义的方式来获取财富,才是孔子认可的,他主张富贵"不以其道得之,不处也"[②]。并且,在这一问题上,孔子对待国家和对待个人的态度是一致的,如孔子认为"初税亩"是"非礼""非正",用天赋来剥夺百姓是

---

① 《论语·里仁》。
② 《论语·里仁》。

违背"周公之典"和"周公之籍"的行为，由此而取得的财富都是"不以其道得之"的"不义之财"，因而都是被孔子否定的。在一个被孔子视为"邦无道"的历史时代，为了维护道德原则，孔子把"求富"转为"安贫"，极力宣扬"贫而乐"的思想，由此他说"闻有国有家者，不患寡而患不均，不患贫而患不安"。并且，孔子还倡导和主张节俭，他认为"俭则固""奢则不孙（逊）"，是对上层等级的傲慢和冒犯。可见，在孔子那里，不论是求富、分配还是消费，都要以周礼之"义"为第一要义和标准。

孟子的义利观从根本上来说是"以仁克利"。梁惠王问孟子，你不远千里而来，"将有以利吾国乎？"孟子回答："王何必曰利"。在孟子看来，梁惠王是没有必要言利的，因为作为君王主要是要仁义，因为利自在仁义之中。如果举国上下都追逐利益，那么国将危矣。在孟子看来，当义与利发生冲突时，必须把义放在首位，有仁、有义就不会"遗其亲""后其君"①。在孟子看来，取利舍义是君臣反目、父子离散、兄弟成仇以致亡国的根本原因，而舍利取义则可成王道。孟子认为如果只是一味求利，则百害而无一利；如果只追求仁义，那么便会百利而无害。孟子认为，利在义中，当义利冲突时，舍利取义是最佳选择，合义本身就是最大的利。孟子说："生，亦我所欲也；义，亦我所欲也。二者不可得兼，舍生而取义者也。"②孟子的义利观是为其"仁政"学说服务的。他指出"三代之得天下也以仁，其失天下也以不仁"③，在他看来，每个生活成员都以仁义来处理各种社会关系，封建秩序的建立和天下统一就有了可靠的保证。因而，孟子的义利观是想通过仁义的说教去约束君王和百姓，以达到"亲亲而仁民，仁民而爱物"④的理想，即希望君王能实行仁政，赢得百姓的支持。孟子不仅在治国中反对讲利，而且还把"为善"还是"为利"作为圣贤和强盗的区分标准。孟子把义建立在超功利的基础上，对于弘扬民族精神、提升个人道德修养是有进步意义的，但是对于经济发展却是不利的。当然，孟子的经济伦理思想的特点之一就是为制民之产的伦理辩护。他认为为了维护统治，必须使老百姓有一定的地产，"民之为道也，有

---

① 《孟子·梁惠王上》。
② 《孟子·告子上》。
③ 《孟子·离娄上》。
④ 《孟子·尽心上》。

恒产者有恒心",但是民之财产又不能太多,只要"仰足以事父母,俯足以畜妻子;乐岁终身饱,凶年免于死亡"①就可以了,大体而言就是五亩之宅、百亩之田。在保证百姓必要的物质生活条件的基础上,孟子主张对他们"谨庠序之教,申之以义孝悌之义"②。

荀子主张以礼克利。荀子的礼代表了新兴地主阶级的利益,是他们为刚刚形成的封建社会所制定的道德规范。荀子的义利观正是这一阶段统治阶级意志的体现。他的"礼治"主张适应了当时社会统治的需要,而其义利观又是为其"礼治"的主张服务的。礼治的目标是"养人之欲,给人之求",从而能确定人们的政治地位和等级关系,并以此来处理各种财富和物质利益关系。荀子认为,处理各种关系都要讲"义","义"不仅应当成为君臣、父子、兄弟之间关系的准则,同时,它也应当用来规范农、士、工、商的行为并确定他们在社会中的地位。在注重"义"主张"礼治"的同时,荀子也承认"利"和"义"一样是人们所必不可少的,他说:"义与利者,人之所两有也。虽尧舜不能去民之欲利,然而能使其欲利不克其好义也。虽桀纣亦不能去民之好义,然而能使其好义不胜其欲利也。"③他认为,用义来判断政事,就可以懂得什么是有利的事情,即"以义制事,则知所利矣"④。在荀子看来,义应该成为利的标准,合义则义利两得,不合义则义利两失。以义治国还是以利治国,是国家治乱的分界,他说:"义胜利者为治世,利克义者为乱世。"⑤他主张为人君者应该重义重利,"上重义则义克利,上重利则利克义"⑥,因此,荀子主张在义利方式矛盾时要遵循礼,取义弃利。

与儒家主张重义轻利不一样,法家思想家则主张重利轻义。这是一种与儒家重义轻利态度正好相反的义利取向。这种义利观把利益视为道德的基础和主要内容,认为道德是为利益服务或者为利益作辩护的,没有超利益的道德关系,因此,利益是第一位的,道德是第二位的。这种义利观主张在利益与道德发生矛盾时,应该舍义取利。在先秦时期,这种观点的代表人物

---

① 《孟子·梁惠王上》。
② 《孟子·梁惠王上》。
③ 《荀子·大略》。
④ 《荀子·君子》。
⑤ 《荀子·大略》。
⑥ 《荀子·大略》。

有管仲、商鞅、韩非等。管仲说："仓廪实而知礼节,衣食足而知荣辱。"①他主张"凡治国之道,必先富民,民富则易治也,民贫则难治也……民富则安乡重家,安乡重家则敬上畏罪,敬上畏罪则易治也,民贫则危乡轻家,危乡轻家则敢凌上犯禁,凌上犯禁则难治也"②。很明显,虽然管子的观点具有直观和机械性的缺点,但是他认为利是义的基础。商鞅则说:"民之欲富贵也,其阖棺而后止"③,"故民,生则计利、死则虑名"④。在商鞅看来,老百姓都是为利而生、为名而死的,都是自私自利的。商鞅主张以法治理国家,反对道德教育。因此,在义和利之间,商鞅看重的是利,而反对"义"。韩非也是强调法治而排斥道德,他认为人都是自私的,讲仁义道德不仅无用而且是有害的,他说"好利恶害,夫人之所有也"⑤,因此要重法律而轻道德。我们以管子的相关事项为例作一分析。

　　《管子》有三分之二篇幅涉及经济问题,三分之一直接谈论经济问题和经济伦理问题。《管子》一书把"仓廪实""衣食足"视为是"知礼节""知荣辱"的前提和基础,认为国家的治理必须从经济问题入手,必须使人民先富起来。当然,管子及其学派虽然认为道德的好坏决定于物质经济条件,但是他们还是充分肯定道德风尚的作用的。他们把礼、义、廉、耻称为"国之四维",这个"四维"是对社会全体成员的要求,但是由于社会成员的地位是不一样的,所以,管子对他们进行了区别对待,他们从"礼"的角度提出了"大""小"不同的要求。他要求社会各个等级都依据符合各自身份的"小""礼"来行动,这样整个社会的"大""礼"就会实现。管子学派的伦理思想有一个显著特点,即其伦理思想主要表现为经济伦理,他们认为礼义等抽象的伦理道德范畴无不包含具体的经济内涵,而重视发展经济以便富国富民则是礼义的内在要求和本意。管子学派认为经济活动的目的就是自利,认为自利是人的共同本性,并把"自利"运用到对经济问题的分析上。他们认为,人们会在趋利心的驱使下,自觉地选着最合适的生产和交往方式,完全不需要国家的

---

①《管子·牧民》。
②《管子·治国》。
③《商鞅·刑赏》。
④《商鞅·算地》。
⑤《韩非子·二难》。

干预和控制，即"不推而往，不引而来，不烦不扰，而民自富"①。所以在管子学派看来，国家对私人经济最好采取无为的原则，不需要用仁义礼等手段来干预经济。

墨家主张义利并重，即"兼相爱""交相利"，把义和利摆到了同等重要的地位，这是某种程度上的伦理和经济的统一。其主张人与人之间应该平等地、无差别地互爱，主张"视人国若其国""视人家若其家""视人身若其身"②。墨子认为爱不应有"别"，不应有厚薄、亲疏。他主张兼爱、非攻，反对非正义的战争。同时，墨子的兼爱不是从抽象的伦理人性而来，而是基于经济活动，是与经济活动交织和统一在一起的，即"兼相爱""交相利"是结合在一起的。他认为"虽有贤君，不爱无功之臣；虽有慈父，不爱无益之子"③。在墨家看来，贤君、慈父对臣和子的爱也是基于功利的，并且墨家认为这种功利是一种互利，是一种"投桃报李"。墨家主张义利合一，认为义即是利人利国，贵义即是贵利。墨子把普遍有利于天下的一切称为义，主张"利人乎即为，不利人乎即止"。墨子的目标不是简单地停留在自食其力或者稍稍给人一点帮助这个层次，而是要"兴天下之利，除天下之害"，要为天下人谋福利。墨子视义为一种主动的利人、利民和利国。他认为必须爱别人自己才能得到别人的爱护，绝对的利己主义是没有出路的。墨子主张不仅要以义来律己，更要以义来治国，以义作为奖优罚劣和评价行为善恶的标准，形成"不义不富，不义不贵，不义不亲，不义不近"的贵义氛围。在墨子那里，"交相利"的核心是"兴利除害"，墨子曰："仁，爱也，义，利也。爱利，此也；所爱、所利，彼也。爱利不相为内外，所爱、所利亦不相为外内。"④墨子的"利"基本上是属于公利，是多数人的利益。他在《非攻上》中认为小至"窃桃李"大至"战争"等亏人自利的行为都是不义的。由此可见，墨子的义含有不侵犯他人利益的内涵，而"交相利"则是在不侵犯别人利益的基础上进一步为他人、为天下谋取更大的利益。他认为义是实现利的手段，按照义行事，利自然就能实现。如果人人都能兼相爱，社会就能稳定。总的来说，在墨子那里，"兼相

---

① 《管子·禁藏》。
② 《墨子·兼爱中》。
③ 《墨子·亲士》。
④ 《墨子·经说下》。

爱"是"交相利"的前提,交相利的原则是投桃报李,交相利的标准是"利天""利鬼""利人"。交相利不是从利己的角度出发的,而是从利人利天下出发的,只有利天下才能利自己。

道家则主张义利俱轻,即既轻视道义又轻视功利。这一主张基本代表的是政治上失意的没落贵族阶级的愿望,他们怀着"来世不可待,往世不可追"的心态,主张绝仁弃义,绝巧弃利,企图在现实生活之外寻找一种符合人的朴素本性的道德境界。这一流派崇尚自然无为,视无知无求的状态为人生的理想境界,所以他们反对讲仁义求功利的有为之举。他们认为仁义道德是对自然无为的否弃,是社会风气衰败的表现,并且仁义道德产生后并没有把社会伦理道德关系调整到自然和谐的境界,相反还使之恶化了。老子明确主张不要进行任何仁义道德教育和宣传,并且主张绝巧弃利。在老子看来,人的一切忧患痛苦的总根源就在于对物质利益和功名的关注和追求。由于人对物质利益的追求是无止境的,所以世间就充满了灾祸和痛苦。老子认为,为了减少由于对物质利益和功名的追求所导致的祸害和痛苦,人应该寡私少欲,知足不争。老子的义利俱轻说暗含着追求真正的道义与公利的因素,即对自然无为、人的朴素纯真本性的向往。在老子那里,生命价值是高于功名富贵等物质利益和精神利益价值的,并且老子还提倡"将欲取之必先与之"的价值观,主张与人为善,先人后己,不与人争利。可见,从根本上来说,老子主张的并不是纯粹的利义俱轻,而是通过无为而治,达到理想的道德境界。庄子继老子之后阐发了义利俱轻的观点,提出殉仁义与殉货财一也[1]的观点,对儒墨的仁义道德进行了抨击,认为儒墨宣扬的仁义道德使得社会中的许多人竞相卷入了名利之争,最后成为借仁义之名而行贪利之实的伪君子。庄子认为求义或者求利都是伤性害身、违反自然的,为义而牺牲和为利而牺牲一样都是不值得的。庄子认为物欲和求利之心的存在威胁到人性的存在,物欲和求利之心的膨胀势必使人性丧失殆尽。庄子从"齐生死""等善恶"的观点出发,把一切功名利禄看得无足轻重,认为对物质利益的追求是没有丝毫意义和价值的。在庄子看来,人之所以追名逐利,就在于不懂得生死齐一的道理,不能超脱生死之变,就在于对物质利益有所依

---

[1] 参见《庄子·骈拇》。

赖,因而为物所役而不能"物物而不物于物"。庄子的理想人格是不追求功名利禄、不考虑个人利益得失的乘大地之正以游于无穷的至人和真人。在庄子看来,执着于道义和功利都是没有意义和价值的。

在义利问题上,杨朱的主张则是"重生轻物"。重生是指重视个体生命的价值,轻物就是淡泊物欲,不被外物所累。孟子曾经这样评论过杨朱:"杨子取为我,拔一毛而利天下,不为也"①。按照孟子的说法,即使只要杨朱拔身上的一根毛,天下就可以得到好处,杨朱也不愿意。而韩非子也说:"今有人于此,义不入危城、不处军旅、不以天下大利易其胫一毛,世主必从而礼之,贵其智而高行,以为轻物重生之士也"②。按照韩非子的说法,只要杨朱拔身上的一根毛,他就可以享受天下最大的好处,杨朱也不干。杨朱的思想并非简单地如孟子和胡适等人所言的极端的为我主义和利己主义。《列子·杨朱》中记载了孟孙阳和禽子关于杨朱一毛不拔的争论。禽子不同意杨朱的观点,而孟孙阳则同意杨朱的观点。两人不能说服对方,就向他人求教,禽子说:"吾不能所以答子。然则以子之言问老聃、关尹,则子言当矣;以吾言问大禹、墨翟,则吾言当矣"③,老子说:"故贵,以身为天下,若可寄天下;爱,以身为天下,若可托天下。"④可见,杨朱"拔一毛利天下之不为"是对老子思想的发挥。《淮南子》说:"全性保真,不以物累形。杨子之所立也。而孟子非之。"⑤杨朱的重生就是要求人们对自己的生命和他人的生命要加以尊重,肯定人性。在杨朱看来,儒家的"杀身成仁""舍生取义"和墨家的"兼相爱,交相利"都忽视了生命个人在社会实践中的利益。杨朱所重之"生"就是身体、生命,而其所言之人性则是指人的自然之性。杨朱认为生命的长寿首先是对身体的保全,人体机能的健全与否会影响到人的生命,从表现上看,"拔一毛"对身体的伤害十分微小,根本不会危及生命,但是毕竟是对"全身"的一种破坏。全身就是全生。不能全生的主要原因是被外物所累,所以杨朱主张"全性保真,不以物累形"。杨朱说:"智之所贵,存我为贵;力之所贱,

---

① 《孟子·尽心上》。
② 《韩非子·显学》。
③ 《列子·杨朱》。
④ 《老子·第十三章》。
⑤ 《淮南子·氾论训》。

侵物为贱。然身非我有也,既生,不得不全之;物非我有也,既有,不得不去之。身固生之主,物亦养之主。"①重生则轻物,轻物的一个重要表现就是轻利。"今世之人,惑者多以性养物,则不知轻重也"②,在杨朱看来,物是用来养性的,而大多数人却颠倒了两者的关系,用性来养物,所以要保全人性就必须去物。杨朱说:"伯成子高不以一毫利物,舍国而隐耕。大禹不以一身自利,一体偏枯。古之人损一毫利天下不与也,悉天下奉一身不取也。人人不损一毫,人人不利天下,天下治矣。"③杨朱轻物并不是简单地否定人的利欲和物欲,在杨朱看来,人的欲望是与生俱来的,是人的自然属性,但是追求外物必须要看是否有利于全生,"不欲利生者则弗为"。在杨朱那里,合理地满足人的欲望就是全性全生,过分的物欲和过分的控制物欲都是不利于重生的。

总的来说,在义利问题上,先秦的学者基于各自的政治立场和阶级定位,从不同的角度阐发了各自的观点,在各种观点之间呈现出纷繁、对立的状态。

二、汉唐

新的大一统王朝的建立,使得社会的阶级关系也相对明晰化,代表地主阶级利益的思想观点在上层建筑层面得到了确立和巩固,先秦时期多元冲突的义利关系,到了两汉和唐朝,开始出现从冲突到融合的转变。大体而言,两汉学者在义利观上较多地主张舍利取义,当然,最好的状态是义利两得。到了唐朝,"义利观"的内容也发生了变化,对利的内涵作出了不同于汉代的阐释。唐朝佛教不断兴盛,其经济伦理思想也不断影响世俗社会,并与各种观点一并相互交融,促使义利观念第一次出现逐渐融合的趋势。

董仲舒是两汉时期主张义利冲突论的代表人物,在道德实践层面上,董仲舒认为义和利是冲突的,因而他主张"夫仁人者,正其谊不谋其利,明其道不计其功",明确将"义""利"对立起来,但是在理想层面上,董仲舒主张义利两有、义利两养。董仲舒对义利的论说基于不同的对象有不同的观点。对于统治者,他反对与民争"利",而这个"利"指的是私利。由此,他对当时汉帝国的统治者与民争利的行为进行了批判,也正是为此,他才斤斤计较于"义利之辩"。与董仲舒相似,两汉的思想家大多反对政府对私利的谋求,而主张谋求长远的公利。从道德层面上说,董仲舒认为义和利都是人生而具有的欲望,但是义又重于利。他说:"天之生人也,使人生义与利。利以养其体,义以养其心,心不得义不能乐,体不得利不能安","义者,心之养也,利者,体之养也,体莫贵于心,故养莫重于义,义之养生人大于利"①。董仲舒要求人们在社会中要重义轻利,认为义和利是对立冲突的,要求确立"正其谊不谋其利,明其道不计其功"的价值观。同时,董仲舒又强调在满足人们的物质利益需求的前提下,要培养人们的道德情操,以仁义之道充实人们的精神世界。他说:"故圣人之制民,使之有欲,不得过节,使之敦朴,不得无欲,无欲有欲,各得以足,而君道得矣"②,也就是说对受教育者对利的欲求应该予以满足,并将其控制在一定的范围内,以此来培养人民的敦朴之义,但是又不以义灭欲。因此,在董仲舒看来,圣王对民"必以兼利之"。只有对民"足之""利之"才能使民众"体"有所养,从而"义"有所托,教有所成。所以他非常认同"先富之,而后加教"的观点,这充分说明了董仲舒主张以利养义。由此可见,董仲舒把义利作为调节现实社会经济政治关系的手段,但是在不同的情况下,时而突出义、时而强调利,但是基本倾向是主张义利双行,先义后利。

董仲舒所论述的义利关系,主要是指道德原则和个人利益之间的关系。但是在不同的语境中,他对义利概念阐释的角度不同,他说"天之生人也,使人生义与利。利以养其体,义以养其心;心不得义不能乐,体不得利不能安。义者,心之养也;利者,体之养也。体莫贵于心;故养莫重于义"③。这里董仲舒是对义和利的作用的事实判断。而当他说"正其谊不谋其利,明其道不计其功"时,则是对义利之辩的价值判断。董仲舒从人生需要的角度认为"义"

---

① 《春秋繁露·身之养重于义》。
② 《春秋繁露·保位权》。
③ 《春秋繁露·身之养重于义》。

是人的精神需要,而"利"是人的物质需要,两者不可或缺,但是在道德实践领域中,一旦涉及对义和利的关系评价时,董仲舒就表现出了重义轻利、贵义贱利的倾向。董仲舒认为,人之为人的基本特征是有义而不是为利。他说"天之为人性命,使行仁义而羞可耻,非若鸟兽然,苟为生,苟为利而已"①,"义之养生人大于利矣",也就是说,对于人生的价值而言,有义的价值要大于有利。事实上,在董仲舒那里,在道德实践领域,义和利是被视为相互排斥的,"利者,盗之本也"②,"为利""谋利"是"忘义""去理"的根源,为了"能义",不但要"制欲""防欲",还要"终日言不及利",以言利为羞耻。他说:"凡人之性,莫不善义,然而不能义者,利败之也;故君子终日言不及利,欲以勿言愧之而已,愧之以塞其源也"③。基于以上认识,当有人称赞助越王勾践灭吴的范蠡等三大夫为"越有三仁"时,董仲舒不以为然,他认为,此三人"设诈以伐吴",忘义为利,不能算是"仁"。董仲舒认为仁人是"义"而不是"利",也不是义和利的结合。行为是否道德,在于是否符合"道"和"义",不在于是否获得"功"和"利",他主张从动机上就不应该有功利之心。所以董仲舒既看到了义和利的不可或缺的作用,主张兼养,但是在道德实践层面上,他又主张贵义贱利。他这一思想从根本上来说,是为统治阶级服务的,"正其谊不谋其利"对于修身来说具有积极意义,而认为"利以养其体"则也是以"度礼"为限度的。比如对于贫者来说,董仲舒认为"利"就是使他们"足以养生而不至于忧"。实际上董仲舒是更加推崇义的,并把两者对立起来了。

司马迁在义利问题上的看法基本是属于儒道合流,他对儒家和道家的义利观既有批判又有继承,自成一家,他的观点在某种意义上是对义利关系的一个较为朴素的辩证思考。他认为人类的基本经济活动是其他一切活动的前提和基础。"俗"是司马迁概括经济生活的核心概念,在他看来,"俗"就是客观经济条件,他是由人的本性中产生,并反过来决定着人性的基本倾向,尤其是"俗"作为客观经济条件影响并决定了经济生活和社会历史的发展。司马迁认为,经济活动的基本根源和动力是人的需要,而需要既有物质

①《春秋繁露·竹林》。
②《春秋繁露·天道施》。
③《春秋繁露·玉英》。

生活资料方面的,也有精神生活享受方面的。他比荀子更进一步,把人的需要和欲望看作是人类社会经济生活中最为经常和持久的作用因素,他主张顺应人们的自发本性需要的社会经济生产、生活和管理方式。司马迁指出,人们为了满足对物质生活资料和精神享受的需要就必须要有财富,要求利,并且他分析了不同阶层的人的行为动机,认为人类天生就具有求富和致富的本性。在他看来,由于求富是人的本性,所以尽管社会各个阶级从事不同职业,但是其目的都是为了追求财富,"农工商贾畜长,固求富益货也。此有知尽能索耳,终不余力而让财矣"①。由此可见,司马迁极为重视和肯定对"利"的追求。他说"富者,人之情性,所不学而俱欲者也"②。正所谓:"'天下熙熙,皆为利来,天下攘攘,皆为利往'。夫千乘之王,万家之侯,百室之君,尚犹患贫,而况匹夫编户之民乎?"③司马迁主张对这种人的求富本性进行顺应,即"善者因之"。司马迁认为"人各任其能,竭其力",就会"以得所欲"。司马迁的上述观点表明其认为追求财富是符合人性的,也是符合社会经济运动的基本规律的。

同时,司马迁还十分重视伦理道德在社会生活中的作用,并且认为最好的礼仪制度是"缘人情而制礼,依人性而作仪"。在《史记·礼书》一开篇,司马迁就说:"太史公曰:洋洋美德乎!宰制万物,役使群众,岂人力也哉?余至大行礼官,观三代损益,乃知缘人情而制礼,依人性而作仪,其所由来尚矣。"④他不但认为礼仪道德在社会生活中发挥着重要作用,而且还认为礼仪要发挥作用还必须符合人的本性,当然这一本性自然包括人的求利的一面。司马迁认为人的社会道德必须建立在必要的物质基础上。他同意管子"仓廪实而知礼节,衣食足而知荣辱"的观点,并认为"礼生于有而废于无。故君子富,好行其德,小人富,以适其力,渊深而鱼生之,山深而兽往之,人富而仁义附焉"⑤。这十分清楚地表明了司马迁对礼义和物质利益的关系的认识。《平准书》中表明,汉初实行与民休养生息的清静无为政策,国家顺应民间经

---

① 《史记·货殖列传》。
② 《史记·货殖列传》。
③ 《史记·货殖列传》。
④ 《史记·礼书》。
⑤ 《史记·货殖列传》。

济活动而治,才会在短短几十年内就社会财富大增,出现"人人自爱而重犯法,先行义而后绌耻辱焉""网疏而民富"①的具有良好道德状态的"文景之治"。

司马迁不仅说明了利是义的基础,还进一步说明了社会化道德会随着人们的需要和求富活动而变化。他认为随着社会的进步和物质财富的发展,礼仪道德也应该作相应的调整,这样才能起到应有的作用。他认为"缘人情而制礼,依人性而作仪"是利益不被破坏的根本原因。礼仪适应了社会化的经济发展,满足了人们的物质利益和精神需要,就能起到"防其淫侈"的作用,而且还能促进经济发展"救其凋敝"。并且,司马迁还主张各行各业的人都可以依靠自己的才能求富致富,不但如此,他还谴责那些没有正当职业却好讲"义"而陷入贫困的人,认为这是可耻的,即"无岩处奇士之行,而长贫贱,好语仁义,亦足羞也"②。司马迁主张人们通过正当合法的职业来谋取利益,对于选择什么样的职业他并没有用社会道德标准来劝说和评判,他主张"富无经业,则货无常主",问题的关键在于"不害于政,不妨百姓"。这是司马迁从职业道德角度来论述利和义的关系。他曾经说过"本富为上,末富次之,奸富最下"③,但是,这里的本末职业是从经济角度而言的,并没有重本轻末的意思,只是因为在当时农业是主要的生产方式,所以,他认为从事农业最为稳当,因此,他曾主张"以末致财,用本守之"。在司马迁看来,"本富"和"末富"一样,都是正当职业,只有"奸富"才是他所反对的,因为"奸富"违背"义",比如"劫人作奸""掘冢铸币""舞文弄法,刻章伪书"之类,"奸富"是不道德的,它不符合"不害于政,不妨百姓"这样的义的总原则。

与这样的义利融合统一的观点相适应,司马迁主张经济自由主义,他认为"善者因之,其次利道之,其次教诲之,其次整齐之,最下者与之争"④。"善者因之"就是说国家最好的经济政策是顺应经济发展的自然,听任私人进行生产、贸易等活动,不加干预和抑制。"利道之"就是在顺应、听任私人进行经济活动的前提下,封建国家在某些方面进行一定的引导,以鼓励人们从事

①《史记·平准书》。
②《史记·货殖列传》。
③《史记·货殖列传》。
④《史记·货殖列传》。

这方面的经济活动。"教诲之"是指封建国家用教化的办法诱导人们从事某些方面的经济活动，或劝诫人们勿从事某方面的经济活动。"整齐之"是指由封建国家采取行政手段、法治手段来干预人们的经济活动，对私人的经济活动加以限制和强制。"与之争"是指封建国家直接经营商业，并借以获利，这是最坏的政策。所以司马迁反对汉武帝的"有为"政治，反对"轻重论"。轻重论是一种极端强调国家干预经济的理论，它要求政府以各种手段来调控国民经济，加强中央政府干预经济的能力。汉武帝时期实行的某些具体经济政策，如盐铁专卖、平推和告缗令，都与轻重论分不开。在司马迁看来，由于这些政策对社会经济干预太多，属于"与之争"的"最下者"之列，它破坏了社会经济的正常发展，"驾于功利"而"无益于俗"，不符合社会经济发展的自然，因而遭到了司马迁的根本反对。

总的来说，司马迁对义利关系的理解是两者融合统一，对"利"作出了合理的肯定，并主张求利，但是求"利"要以不违背"义"为前提。

进入唐朝以后义利观的内容发生了较为复杂的变化，唐代政府主张臣下应该追求"公利"，然而"公利"的含义却与两汉不同。唐代统治者所说之"公利"指的是"公家之利"，而非人民之"公利"。与统治者相反，"唐代政论家多从人民利益立场言'公利'"[1]，并且，义利关系更多地趋于融合。韩愈就是一个典型的代表，韩愈不讳言功利，甚至也不讳言私利，但主张在个人权利基础上倡言"公利"，以"爱而宜""爱而公"作为"义""利"关系的总体原则，是义利关系达到了一种融合的境界。

韩愈的义利观集中体现在他的《原道》首篇中，他说"博爱之谓仁，行而宜之之谓义，由是而之焉之谓道，足乎己而无待于外之谓德"[2]。在韩愈那里，"义"应该既包含内在的自我良知，又包括外在的社会行为规范。韩愈这一观点可以溯源到《周易》，"天地之大德曰生，圣人之大宝曰位。何以守位？曰：仁。何以聚人？曰：财。理财正辞、禁民为非曰义"[3]。朱熹曾经说过，

---

① 李锐、陈晔：《何以利吾国——民国孟学"义利观"研究述论》，载《江南大学学报》（人文社会科学版）2013年第4期。
② 参见屈守元等校注《韩愈全集·原道》，成都：四川大学出版社1996年版。
③《周易·系辞下》。

"扬雄言'义以宜之',韩愈言'行而宜之之谓义',若只以义为宜,则义有在外意"①。实际上,朱熹没有真正理解韩愈,在韩愈那里,"有在外意"并不排斥"有在内意",兼内外而言,正是韩愈义利观的优长所在。具体而言,韩愈的"义"首先要求的是"爱而宜",即爱、好要有节制,爱、好要有分寸,爱要有等差。韩愈曾指出"节爱理宜谓之义"②,之所以要对爱进行节制,是因为爱本身就是一种贪欲。同时,韩愈还为"义"设置分寸,突破这一分寸就是不义,他说"君者出令者也,臣者行君之令而致之民者也,民者出粟米麻丝,作器皿,通货财,以事其上者也"③。韩愈的"义"还需要做到"爱而公",也就是说韩愈的"义"是一种公义、"公利",因为在韩愈看来,"义"本来就是"利"的一个组成部分,两者是融合统一的。在义利关系上,韩愈主张先"义"后"利",他说"于为义若嗜欲,勇不顾前后;于利与禄,则畏避退处如怯夫然"④,"惟义之趋,岂利之践"⑤。从社会现实功用出发,韩愈反对当时忽视实际功用的进士科考,并且从不讳言功利甚至是私利。他认为利己、利国与利民同等重要。在韩愈看来,与生存相关的物质利益是发展的基础,入仕是经世济民的前提,所以他把"求禄利"与"行道"并列为自己的人生目标。他甚至自嘲入仕的动机,"家贫不足以自活,应举觅官","为利而止真贪馋","惟名利之都府兮,羡众人之所驰。竞乘时而附势兮,纷变化其难推"⑥。韩愈认为私利是公利的基础,个人利益的保障是公共利益和公义得以合法存在的前提,漠视个人权益的公义只能是暴政。所以,他对杨朱比较赞赏,并夸学杨朱的王承福"其贤于世之患不得之而患失之者,以济其生之欲、贪邪而亡道以丧其身者,其亦远矣"⑦。不过,在韩愈那里,"求禄利"的最终目标,还是为了"行道"。就其本人而言,作为朝廷官吏,"利国"是他的分内职责;作为儒家的信徒,"利民"是他的终极追求。就"利国"而言,他认为,为官一方,旨在"去害兴利","苟利于国,知无不为",他最向往的是"号令指麾,以图功利"。就"利

---

① 《诸子语类》卷五十一。
② 《韩诗外传》卷四。
③ 参见屈守元等校注《韩愈全集·原道》,成都:四川大学出版社1996年版。
④ 韩愈:《孔君墓志铭》。
⑤ 韩愈:《祭张给事文》。
⑥ 韩愈:《复志赋》。
⑦ 韩愈:《圬者王承福传》。

民"而言,韩愈认为,作为小民的父母之官,理当"利人",当国家利益与百姓利益发生冲突的时候,他优先考虑的是"利民"。所以在韩愈那里,义和利在某种程度上是融合统一的。

在唐朝,佛教经济伦理也是一种重要的理论思想,在义利观上,也较为明显地呈现出义利融合的倾向,但也存在一定的内在矛盾。佛教认为,造成人世间一切苦的根本原因是人所具有的情欲,其中最重要的是"贪爱",贪爱产生各种欲望和索取的行动,这样就会带来一连串的苦恼。由于佛教把人的贪爱之情当作苦因,因此消灭苦就要根除人的贪爱情欲,做到没有任何欲望。在这个过程中义和利都被消解了,一旦通达了佛所宣示的人生真理,人就在智慧上首先得到解脱(慧解脱),如果能进而灭除一切情欲烦恼,使精神全体进入自由解脱境界(心解脱),人就永远脱离苦海,甚至达到"涅槃"。但是,在现实中,佛教是没有能力真正消除人的欲望和世间的苦恼的,它的各种理论观点也解决不了世间"贫多富少,贱多贵少"以及"无德而富,有德而贫"的社会现象。如果说儒家经济伦理主要强调一种道德义务,道家主要强调一种处世方式,那么佛教就是劝说人们去践行这些道德和要求,并以因果报应的形式来讨论作为因的"义"和作为果的"利"。也就是说,义利关系是一种因果关系,两者是统一的,具有内在必然联系。并且在某种意义上,作为"利"的物质基础还是成佛的必要前提。释迦牟尼的苦行导致了他的昏死,是两个姑娘分别给他的羊奶和米粥才使他恢复,并来到菩提树下才成佛。由此表明,虽然佛教认为欲望是人生诸苦的根源,要消除痛苦就要根除欲望,但是释迦牟尼的经历却表明,即使成佛也离不开一定的物质基础。对此,唐朝的佛教徒似乎有所体悟,并逐步发展出寺院经济,并得到富豪阶层的支持。同时,佛教力劝人们去行善,不要为一己私利而作恶。虽然佛教在义利观上具有一定的内在矛盾,但是,在因果报应论中,还是把"义"和"利"融合统一了起来。

三、宋元

进入宋代以后,义利观的含义进一步发生了分化,司马光把利视为财利,强调"义""利"不能并存,并且以此来反对王安石。王安石则认为理财是

"义",孟子反对的只是一己私利。两人对义利作了全然不同的诠释。而作为理学代表人物之一的程颐则主要从学理上来阐释义利两者之间的关系,承认义利的普遍性,认为"义与利,只是公与私利也",利为天下之常情,常人趋利避害,而圣人"不论利害,惟看义当为与不当为"①。程颐的观点后来成了宋明理学的基本基调,后来的理学思想家包括朱熹在内大体都是在这一基点上来阐释义利关系的。但是,在理学之外,宋元时期出现了另外一种重要的经济伦理思想倾向,这就是功利主义的经济伦理思想。这一思想的代表人物有李觏、王安石、陈亮、叶适等人,他们主张利欲可言,以利和义,而到了元朝,则主张推行重商主义,追求物质利益。

宋代的理学经济伦理思想家主要代表人物有张载、二程和朱熹。理学思想家主要是继承和发展了儒家重义的基本理论观点。张载主张寡欲,他关于义利之辩的观点是从理欲关系的角度来论证的。他认为人的性格可以分为天地之性和气质之性,由于气质之性不同,每个人身上的天地之性受到气质之性的影响也不同,进而不同的人在社会生活中的伦理状态不一样,有的"穷人欲"而"灭天理",有的"善恶混",他主张人应该"寡欲"而"立天理"。在张载看来,天理和人欲是对立的,为了"立天理",就必然要反对"穷人欲"。他说:"今之人灭天理而穷人欲,今复反归其天理。古之学者便立天理,孔孟而后,其心不传,如荀扬皆不能知。"②虽然张载认为天理和人欲是对立的,但是,他并不主张"灭人欲",他继承了孟子的观点,主张"寡欲"。二程的义利观也是建立在他们的人性论基础上的,他们主张天理和人欲是根本对立难以统一的,认为"大抵人有身,便有自私之理,宜其与道难一"③,"不是天理,便是人欲","无人欲即天理"④。他们主张"存天理"唯一的办法就是"灭人欲"。二程说:"人心私欲,故危殆;道心天理,故精微。灭私欲则天理明矣。"⑤在二程那里,人欲不仅包括"私欲",还包含人的基本生理需要。因此,在义利问题上,二程是绝对地主张义而否定利,是典型的禁欲主义观点,所

① 《二程遗书》卷十七。
② 张载:《经学理窟·义理》。
③ 《二程遗书》卷三。
④ 《二程遗书》卷十五。
⑤ 《二程遗书》卷二十四。

谓"饿死事小,失节事大"。从这种理欲观出发,二程对义利问题作出了自己的阐释。程颐明确指出:"天下之事,惟义利而已"①。二程认为,"义利之辩"的实质就是"公私之辩","义利云者,公与私之异也"②,公是为他主义,私是利己主义。在二程看来,义和利是无法统一的,"大凡出义则人利,出利则人义"③,"心存乎利,取怨之道也,盖欲利于己,必损于人"④。尽管二程强调"不论利害,惟看义当为与不当为",但因为其所倡之"义"本身已内在包含着统治者的"利",必然是要人们服从于封建礼制并达到忘我的地步。朱熹同样用天理、人欲的关系来阐释义利问题。他主张存天理、灭人欲,他说:"圣贤千言万语,只是教人明天理,灭人欲"。⑤ 朱熹用理欲来规定和说明"义利",他说"义者,天理之所宜","利者,人情之所欲"⑥。在他看来,"义"是"天理"的一种"恰当"表现即"宜",为"义"就是按"天理"的要求去行事;"利"是"人欲"的外在物质承当,为"利"就是从人情之所欲。朱熹认为"天理人欲不两立,须得全在天理上行,方见得人欲消尽。义之与利,不待分辨而明"⑦。朱熹认为,只要人们能消尽"人欲"而纯乎"天理",就自然不存在"为利"之心,行为就自然会合乎"应当"即礼,从而也就没有"义利之辩"的必要。当然,朱熹也承认人们"为义"的行为之中也包含着"利"的实现,但是,他反对有任何功利心,他说"正其义则利自在,明其道则功自在。专去计较利害,定未必有利,未必有功"⑧,即"不可先计其利"。

与理学家在义利问题上的观点相对,李觏、王安石、陈亮、叶适等人则主张利欲可言,以利和义。

在义利问题上,李觏主张"利欲可言"的义利统一论。李觏认为,人与动物的区别之一在于人的道德性,但是人的这种道德性与人的自然需要之间并不构成完全对立的关系,相反,它是一种既对立又统一的矛盾关系。李觏

---

① 《二程遗书》卷十一。
② 《二程粹言·论道篇》。
③ 《二程遗书》卷十一。
④ 《论语解·里仁》。
⑤ 《朱子语类》卷十二。
⑥ 《论语集注·里仁》。
⑦ 《朱子语类》卷一百一十三。
⑧ 《朱子语类》卷三十七。

说:"盖利者,人之所欲,欲则存诸心,存诸心则计之熟矣。害者,人之所恶,恶则幸其无之,而不知为谋矣"①,"富贵者,是人之所欲也"②。他认为,凡是人都有各种自然需要,圣人也不例外。"圣人"之不同于"众人"者,仅在于"圣人"知道纵欲的危害性,所以他能够自觉地节欲。从这一逻辑出发,李觏论证了言利的合理性,即为了解决生存问题,人类首先是依赖大自然所赐予的果实、动物为生,但这些皆"不足以养口腔也","不足以称肌体也"。在李觏看来,物质义利能够满足人类的需要,因而就具有道德意义。李觏指出:"夫礼之初,顺人之性欲而为之节文者也",也就是说,"礼"这一伦理规范首先是对"人欲"的道德肯定,但是,李觏也意识到,人之"性欲"若任其不加限制地宣泄与满足,也有其危害的一面。"圣人"知其容易"生祸",所以为之"节文"。"节文"即礼,礼的功能就是要防止和消解"性欲"之"祸"。由此,李觏一方面对人性及其物质需要的合理性进行肯定,另一方面也主张对人性的危害加以抑制,从而使得自然人性和伦理道德之间维持一种合理的张力。基于对自然人性的道德价值的肯定,李觏对传统的义利观进行了新的解释,即他主张"利欲可言"。李觏指出,"愚窃观儒者之论,鲜不贵义而贱利,其言非道德教化则不出诸口矣",但是这种观点把人欲和天理完全对立起来了,这是李觏所不赞同的。李觏认为,"治国之实,必本于财用",只有经济发展、人民富足,才谈得上仁义道德教化。当然,他也承认教化的作用,他说:"所谓安者,非徒饮之、食之、治之、令之而已也,必先于教化焉"③。他说:"利可言乎?曰:人非利不生,曷为不可言?欲可言乎?曰:欲者人之情,曷为不可言?言而不以礼,是贪与淫,罪矣。不贪不淫而曰不可言,无乃贼人生,反人之情,世俗之不喜儒以此。孟子谓'何必曰利',激也。焉有仁义而不利者乎?"④从这个角度来说,李觏认为完全可以言利。因为"利"是人类生命得以继续的不可或缺的物质承担,"欲"是人类作为类存在之延续方式的外在形式,人类的道德文明(礼)与政治文明(法)也是围绕着这一问题而发展起来的。在李觏看来,理学家说"利欲""不可言",这是"贼人之生,反人之情",是

---

① 《易论》第四。
② 《强兵策》第八。
③ 《安民策》第一,《李觏集》,北京:中华书局 2011 年版,第 174 页。
④ 《原文》,《李觏集》,北京:中华书局 2011 年版,第 326 页。

一种不人道的主张。因为单纯地讲仁义道德而没有利益、人情的考量,这是根本不可能的。另外,既然儒家认为讲仁义而"利自在其中",为什么讲"利"就必定会害"义"呢? 李觏认为,言"利""欲"并不一定会害仁义。相反,因为伦理道德是建基于人情之上的,所以通过言"利""欲"反倒有助于人们讲仁义。李觏认为,问题不在于要不要言利,而在于怎样"言利"。李觏主张,人们可以言利,但是要明白言利要按礼进行,即"言而不以礼,是贪是淫,罪矣",也就是要求人们谈论"利""欲"的时候,要意识到"利""欲"的二重性,并通过礼、义的教导和约束而使人们对"利"和"欲"的追求不走向"贪""淫"之境。

王安石也认为利是可言的,他主张"以义理财",并表现出一定的功利主义的倾向。王安石同意管子的观点,认为利是义的基础,他指出"财"之"足"与"不足"是人之道德行为的基础,因此,如何使社会财富增加是政治的中心问题,也是进行道德考量的核心问题。王安石认为,没有财不可能团结天下的人心,也不可能形成良好的社会化秩序,即"合天下之众者财,理天下之财者法,守天下之法者吏也"①,由此,王安石就得出了"理财乃所谓义"②的结论,这就赋予"理财"这一求利行为以"义"的道德价值。并且,他通过对孟子观点的重新阐释来为自己的观点提供依据。他说:"孟子所言利者,为利吾国,利吾身耳。至狗彘食人食则检之,野有饿莩则发之,是所谓政事。政事所以理财,理财乃所谓义也。一部《周礼》,理财居其半,局公岂为利哉?"③通过这一阐释,王安石表明孟子所反对的"言利"主要是指一国一身之"私利",至于为天下百姓"言利",则是"政事"所重之"利",此乃"公利",而为"公利"理财,这是《周礼》的重心所在,也是孔子所谓"因民之所利而利之",这种"利"与"义"是一致的。王安石说:"利者义之和,义固所为利也"④。此处王安石明确表明"义"的目的本来就是为了"利",但是这一"利"是指公利。同时,王安石指出,如果不能以正确的方式来"理财",不仅不能达成"利"的目的,而且还有可能与"义"相悖。那么怎样"理财"才是符合公义的呢? 王安

---

① 王安石:《度支副使厅壁题名记》。
② 王安石:《答曾公立书》。
③ 王安石:《答曾公立书》。
④ 王安石:《续通鉴长篇》卷二百一十九,熙宁四年正月。

石说,"臣于财利,固未尝学,然窃观前世治财之大略矣。盖因天下之利,以生天下之财;取天下之财,以供天下之费,自古治世,未尝以财不足为患也,患在治财无其道也……诚能理财以其道,而通其变,臣虽愚,固知增吏禄不足以伤经费也"①。王安石指出,如果"有财而莫理,则阡陌闾巷之贱人皆能私取予之势,擅万物之利"②,直接威胁到"人主"的利益。而所谓"治财有其道",也就是"以义理财"。怎样"以义理财"呢? 王安石认为,商业的发展是必要的,但是商业的发展要有限度,"盖制商贾者,恶其盛,盛则人去本者众;又恶其衰,衰则货不通,故制法以权之"③。在王安石看来,正确的做法是政府应该通过制定法规来引导商业的发展,这就是"制法以权之",也就是"以义理财"。王安石说:"盖聚天下之人,不可以无财,理天下之财,不可以无义。夫以义理天下之财,则转输之劳逸,不可以不均;用度之多寡,不可以不通;货贿之有无,不可以不制,而轻重敛散之权,不可以无术"④。在农业方面,王安石认为要提高劳动者的积极性从而提高生产效率,让社会生产出更多的物质利益,以保证封建统治所需要的税源,这就是"人致其力以生天下之财","盖因天下之力,以生天下之财;取天下之财,以供天下之费"⑤。这是"以义理财"的本质所在。至于"以义理财"的具体方式,王安石认为主要在于不失"生财之道",他说:"尝以谓方今之所以穷,不独费出之无节,又失所以生财之道故也"⑥。

如果说北宋时期李觏和王安石的义利观点尚属于对儒家学说的概念和范畴进行演绎、变异,在一定程度上带有"义利"调和的色彩,那么南宋的陈亮、叶适的观点则是与儒家观点完全相对立的。"王安石的功利主义带有旧瓶装新酒的色彩,而陈亮、叶适的功利主义则是新瓶装新酒,在理论上表现得更为彻底"⑦。

陈亮力主"功利"之学,他的义利观也是建立在人性论基础上的,但是与

---

① 《王安石全集》卷三十九。
② 王安石:《度支副使厅壁题名记》。
③ 王安石:《答韩求仁书》。
④ 王安石:《乞制置三司条制》。
⑤ 王安石:《上仁宗皇帝言事书》。
⑥ 王安石:《与马运判书》。
⑦ 唐凯麟、陈科华:《中国古代经济伦理思想史》,北京:人民出版社 2004 年版,第 345 页。

朱熹的"性即理"不同,陈亮坚持自然主义的人性论。他说:"耳之于声也,目之于色也,鼻之于臭也,口之于味也,四肢之于安佚也,性也,有命焉。出于性,则人之所同欲也;委于命,则必有制之者而不可违也"①。由此,他主张一种既主张利欲但又同时要求节制利欲的义利观。一方面,他反对"自拘其欲",但是主张对"欲恶"要加以节制,另一方面,他又认为对欲望的节制恰恰又是人们的感性欲望得以满足的必由之路。他认为,一个能遵守"五典"与"五礼"的人,必定是"耳目口鼻之与肢体皆得其欲""富贵尊荣之所集也"。这样一来,在陈亮那里,伦理道德就成了主体实现自己功利目的的一种工具,也就是说,人们之所以遵守"义""礼""道德"等,那是因为遵守道德义礼能够带来实际的"利"。陈亮认为人们的一切经济活动都是围绕着"利"这一中心问题而展开的。在陈亮那里,万物都是生存的保障,"人道"就是对人的基本生存与生活需要的一种保障,"人欲"是人的欲望,"人事"是人的活动,他认为"人道"与"人欲""人事"是统一的。他主张一种以"人事"为中心的"集体功利主义"。"人道"基于"人欲",而展开于"人事","人事"是"人欲"得以满足的实践性环节。陈亮对传统儒家的"义利之辩"持批评意见,认为它引导人们"只向义边做",只关注内在的"心性",只考虑主体行为的动机,而忽略了外在的功利对于主体的意义。陈亮认为如果"道义"只停留于"心性"之说的层面,不关注现实的功利问题,则"道义"就会成为无用之虚词。由此,陈亮主张:"功到成处,便是有德;事到济处,便是有理"②,也就是说,行为之是否为"德"与"理",关键在于是否取得实际的功效。

在义利问题上,叶适主张"就利远害""以义和利",并主张"以天下之财与天下共理之"的"理财"观。叶适认为好利是人的本性,"就利远害"乃"众人之同心",人们为了求利"朝营暮逐,各竞其力,各私其求,虽危而终不惧"③。叶适认为,对于人们的这种求利行为,不能堵而应该"通",也就是说要顺应不能抑制。在叶适看来,古人所讲的道义是和功利结合在一起的,他说,"仁人正谊不谋利,明道不计功,此语初看极好,细看全疏阔。古人以利与人而不自居其功,故道义光明。后世儒者行仲舒之论,既无功利,则道义

---

① 陈亮:《问答》七。
② 陈傅良:《致陈同甫书》。
③ 叶适:《留耕堂记》。

者,乃无用之虚语尔"①。叶适认为道义不是一种利他的功利主义,董仲舒等人脱离功利来谈道义实际上把道义变成了一种心性修养问题。叶适认为脱离功利的道义只能是空谈,"道义"之所以为"道义"就在于在"道义"之中存在着"功利","功利"是"道义"的物质内容,有鉴于此,叶适认为君子应当求利。叶适此处的功利主要是指个人的私利,但是他不是极端的个人主义者,叶适强调要在"利"的基础上把义和利二者统一起来。因此,他主张"保富"增强经济实力,认为"保富"是"上下之所赖",并且坚持"以天下之财与天下共理之"的"理财"观。叶适首先强调"理财"的伦理正当性,他认为"理财"与"聚财"是两个不同的范畴,并且认为,在他那个时代,大部分人所做的都不是"理财"而是"聚财",因为人们"以为取诸民而供上用,故谓之理财",实际上,这不是"理财",而是"聚敛",只不过是有些"理财"能手"取之巧而民不知",所以称"聚敛"为"理财"。叶适认为,只要是"取诸民而供上用",其行为肯定就不是真正的"理财",而是"聚敛",真正的"理财"是"以天下之财与天下共理之"。在叶适看来,理财有两个维度的内涵:一是"为民理财",二是"让民理财"②。"为民理财"的目的不只是为了增加国家的财政收入,而是为了促进整个社会财富的增长,经济得到了发展,就可以凝聚人心,因而也到达了"义"和"治"的境界。他认为"圣贤"不仅"为利",而且还善于"为利","君子"如果不学会"理财",则"何以为君子哉"③!叶适认为一个人道德品德高还有利于"理财",因为道德是"理财"的必要条件之一,要理好财,不仅是一个经济学问题,同时也是一个政治道德问题。"为民理财"是统治者为巩固自己的统治而进行的理财,而"让民理财"则是让老百姓主宰和管理自己的经济事务。他主张充分运用和发挥人的"自利"本能的作用,让民"自理"其财,而国家对于私人的经营活动要采取保护措施,促进私人经济的发展。

元朝是蒙古贵族的统治,社会化内部矛盾比较尖锐,经济伦理思想也比较多元和复杂,既有儒家的,也有道家、佛教的经济伦理思想,但是占主导地位的是统治阶级的经济伦理思想。这一思想不认为农业是根本,主张发展商业。元世祖所任用的理财家卢世荣的经济管理思想集中体现了当时主导

① 叶适:《习学记言》卷二十三。
② 赵靖:《中国经济思想史述要》(上),北京:北京大学出版社1998年版,第440页。
③ 参见叶适《财计上》,载《水心别集》卷二。

的经济伦理思想。卢世荣主张发展商业和对外贸易,反对官方对经济的过多干涉、限制和垄断,注意发展生产尤其是工商业,并主张国家支持陆上丝绸之路和海上贸易。这充分体现了元代重利的特点。

四、明清

在宋元"利欲可言""以义和利"的基础上,明清时期的义利观更加明显地凸显出追求利益的倾向,重视功利与实用成为这一时期"义利观"的主要内容,王夫之、黄宗羲、顾炎武等人都反复强调"人事""民用""学贵实效"之重要,否定了为富不仁之说,表现出明显的功利主义的特征。

丘濬是明朝儒臣中最重视经济问题的思想家,他主张"经世致用",他认为《大学》中"治国平天下"一目中孔子要"安天下百姓"的目的就是巩固统治。要达到这一目的,理学家的做法是通过"内圣",基于道德教化,从而达到"齐家治国平天下",并且把"外王"纳入"内圣"之中。丘濬明确反对这种观点,他认为要安天下,除了内圣之外还必须要外王,而外王就是要注意发展经济。他指出"财"才能"聚入",他认为孔子所说的"百姓足,君孰与不足"以及"庶富教"都是表明讲究财利是圣人的本意,并以此来表明自己观点的合法性。他进一步指出,"人之所为人,资财以生,不可一日无焉者也。所谓财者,谷与货而已。谷所以资民食,货所资民用、有食有用,则民有以为生养之具,而聚居托以相安矣"①,这样,物质财富在丘濬那里就具有了"人之所以为人"的本体论高度。这就充分肯定了人作为自然生命存在及其对物质需要的合理性,并主张尽可能地满足人们的欲望,使"人人各得其分,人人各遂其愿"。他的致富之道不是均贫富或者劫富济贫,而是要求用"理财"的方式来实现。他主张一种"取之有度"的理财之道。而在他看来,理财首要的就是要求统治者与民同心,通过这种方式来实现富民,即既要取之于民,又不能"过取于民"导致百姓无法生活。因此,他确立了一些伦理规则以规范"取于民"的行为:既要合乎"天理之公",又不背乎"人情之欲","不得已而取之,所取者皆合乎天理之公而不咈乎人情之欲。如是而取之,则入之既以其义,

① 丘濬:《大学衍义补·制国用·总论理财之道上》。

而出之必以其道矣"①，即既不违背天理又不违背人欲。他主张"为天守财者，为民聚财也"，也就是要"为民理财"。同时他强调取之于民必有"经制"，而这个"经制"就是符合天理和人欲。同时，他主张发展经济，"制民之产""人君之治莫先于养民"，主张把解决人民的生计问题放在首位。由此可见，丘濬的观点表现出明显的功利主义的特点。

张居正也是主张大力发展经济的，主张求利，并表现出功利主义的特征。他主张"厚商而资农""厚商而利农"的观点。张居正说，"孔子为政，先言足食；管子霸佐，亦言礼义生于富足"②。当然，张居正认为富足并不会自然导致道德水平的提升，因而也要注意教化。因此他主张"秉礼以持其势，循法以守其富"③。张居正反对重农抑商，而主张"厚商"。他说"古之为国者，使商通有无，农力本穑。商不得通有无以利农，则农病；农不得力本穑以资商，则商病。故商农之势，常若权衡然。至于病，乃无以济也"④。另外，张居正对明代的边疆贸易也持积极主张的态度。有些人认为明朝边境贸易是一种"讲和""示弱"的行为，但是张居正认为明朝国家强盛，边境贸易没有讲和与示弱的色彩，并认为边境贸易有利于国家的经济发展。

泰州学派也是主张言利的，他们认为现实的人是有血有肉的，有着现实的需要，不能脱离现实需要来谈天理，因此他们主张关心与人们的物质需要息息相关的物质生产活动，并把言利纳入儒学之中。泰州学派创始人王艮认为，人如果失去生命自然就谈不上"爱人"，因此，虽然他把"爱人"作为"人必爱我"和"保身"的前提，但是他的出发点是"保身"。保身是对生命价值的保护和肯定，在人与他人的关系中，人是本，他人是末。这一观点在经济领域就表现出一定功利主义的色彩，因为"百姓日用之学"首先就是经济学。他主张通过均田来保障百姓的生活。王艮之后，泰州学派的何心隐进一步发展了"保身"的功利主义学说，他把"身"理解为具有物质利益欲望的主体，他说："性而味，性而色，性而声，性而安逸，性也"⑤，从而肯定了人的物质欲

---

① 丘濬：《大学衍义补·制国用·总论理财之道上》。
② 张居正：《张太岳集·答应于巡抚宋阳山论均粮足民》。
③ 张居正：《张太岳集·答应于巡抚胡雅斋言严治不善爱》。
④ 张居正：《赠水部周汉浦榷竣还朝序》。
⑤ 《何心隐集·寡欲》。

望的合理性。他主张"君民同欲"、君民平等,有人才有财,有人自有财。

李贽的经济伦理思想也明显表现出功利主义的特征。李贽认为"夫私者,人之心也。人必有私,而后其心乃见;若无私,则无心矣"①,由此李贽充分肯定了人是有"私心"的。这种私心的外在表现就是对物质利益的追求,并且认为这是人的自然本性。"势利之心"是人秉赋予自然所有,具有存在的普遍合理性。由此李贽提出了他的功利主义经济伦理观,并从"人必由私"得出了"人必为私"的结论。他认为受私心的驱动,人都有求利之心,都有求利的行为。在李贽看来,人的所有行为都是为私的,都是为了满足自己的物质欲望和需要,无私的行为只是谎言而已,所以他在批判董仲舒所谓"正其谊不谋其利,明其道不计其功"时说,"天下曷尝有不计功谋利之人哉!若不是真实知其有利益于我,可以成吾之大功,则乌用正义明道为耶"②"夫欲正义,是利之也;若不谋利,不正可矣。吾道苟明,则吾之功毕矣;若不计功,道又何时而可明也"③。这就是说,所谓的正义和明道,都是为了私利,也就是说根本没有正义明道。由此李贽认为人的本质在于利,这是一种典型的功利主义经济伦理思想。

黄宗羲是明末清初的著名思想家,他从"自利""自私"的人性论出发,提出了"各得自利"的主张,并以"工商皆本"和"复井田"等命题具体论述了工商业、农业等经济发展所应遵循的路向,体现了近代功利主义经济伦理思理的色彩。黄宗羲坚持"人各自私""人各自利"的人性论观点,认为自私是人的本性,任何人都是"好逸恶劳"的,君主作为国家的治理者,他的辛劳是因为他接受了"君主"这一"使天下受其利""使天下释其害"的工作,也就是为了"公利"而工作。黄宗羲认为,"人君"的职责就是为了兴"公利"而除"公害",就是为了满足天下万民的"自利"欲,这是明显具有功利主义倾向的经济伦理观点。由于人都有自私的本性,所以老百姓一旦拥有自己的土地就会发挥积极性,从而促进经济发展。并且他主张发展工商业,认为和农业一样,工商业也是"本"。本末不能根据农业还是商业这种行业界限来划分,凡"不切于民用"者,当"一概痛绝之",这便是"古圣王崇本抑末之首",但是"世

① 李贽:《藏书·德业儒臣后论》。
② 李贽:《焚书·贾谊》。
③ 李贽:《藏书·德业儒臣后论》。

儒不察,以工商为末,妄议抑之;夫工固圣王之所欲来,商又使其愿出于途者,盖皆本也"①。也就是说,黄宗羲认为本末之分在于是否有利于经济社会的发展,是否有利于人民生活水平的提高。工商业在圣人看来是可以"财用足""通有无",即是有益于"民用"的,有利于经济发展的,所以便是本而非末。这也明显体现了功利主义的色彩。

顾炎武在经济伦理问题上同样坚持人性自私的观点,同样表现出功利主义的色彩。他认为:"天下之人各怀其家,各私其子,其常情也"②,既然私欲是常情,那么结论自然就是不能对此进行压制,而是要"因而用之",他说:"为天子为百姓之心,必不如其自为,此在三代以上已然矣。圣人者因而用之,用天下之私以成一人之公,而天下治。"③这就是说,虽然人性是自私的,但是只要运用好,也能达到天下大治。由此,顾炎武主张要发挥官员和百姓的积极性,大力发展经济,这样经济社会发展了,百姓生活也就安定了。他要求把封建社会的所有资源都充分利用起来,并以此为依据,对政治经济进行改造,目的就在于通过促进经济的发展而实现天下安定的治理目标。

王夫之认为"天理必寓于人欲以见",人性既有先天的也有后天发展教化的维度,因此,他主张人性是"取之纯,用之粹而善;取之驳,用之杂而恶"④。在王夫之看来,利和义都是不可或缺的,"立人之道曰义,生人之用曰利,出义入利,人道不立;出利入害,人用不生。智者知此者也,智如禹而亦知此者也"⑤,也就是说义、利是立足社会的根本。王夫之主张义利双重,他说"义之必利,而利之非可以利者",由此可见,虽然王夫子注重利,但还是比较重视义的,不过他对利的强调要超出一般的儒家思想家,表现出功利主义的色彩。他认为,欲和利具有共通性,而"盖凡声色、货利、权势、事功之可欲而我欲之者,皆谓之欲"⑥,而欲有公欲和私欲之分,并且是不可能去除的,所以欲望的满足就具有正当性。当然,为"我"所特有的不具有普遍性的欲望则是要克服的,放任其发展则是利己主义。王夫之认为,合理的欲望要得到

---

① 黄宗羲:《明夷待访录·财计》三。
② 顾炎武:《亭林文集·郡县论五》。
③ 顾炎武:《亭林文集·郡县论五》。
④ 王夫之:《尚书引义》卷三。
⑤ 王夫之:《尚书引义》卷三。
⑥ 王夫之:《读四书大全说》卷六。

满足,因此他提倡"自谋论"和"恒财说"。他主张百姓占有土地的合理性,并要求积极促进生产,所谓"自谋论"是指让有"自谋其生"能力的人发挥其本领,天地之大,山泽之富,只要人们肯用力去经营它,就没有被饿死的道理,所以,作为统治者"勿忧人之无以自给也,藉其终不可给,抑必将改图而求其所生"①。王夫之主张统治者要"生当王者之世,而生之厚,用之利,德之正,待王者之治而生乃遂"②,要对社会进行引导,使人各食其力。并且王夫之主张大力发展商业,认为商业对社会经济具有重要价值,同时,他还反对闭关锁国,认为贸易可以促进社会的安定。总的来说,王夫之主张谋利,但是同时要求不违义。

颜元主张"正其谊以谋其利"的功利主义价值观。他认为"正其谊不谋其利"过了,主张"正其谊以谋其利,明其道而计其功"③,"正谊便谋利,明道便计功",他说:"世有耕种而不谋收获者乎?世有荷网持钩而不计得鱼者乎?"④真正的功利是社会的公利,是"富天下""强天下""安天下"。他对王安石的功利主义及其施政要义持赞成态度,并认为宋朝之所以国弱民贫,根本的原因就在于不务"经济实用",专务性命义理之学。颜元指出,历来儒者耻于言利,短于"经济"之学,但实际上"儒之出也,惟经济",如果不关注经济,即使"另著一种'四书''五经',一字不差,终书生也,非儒也"⑤。颜元主张做有用于社会的功利君子。在这样的观点指导下,他提出了以"富天下"为目的的经济伦理思想。基于人性自利,他主张均田,并要求王道顺乎人情。

戴震也基于自然主义人性论得出了具有功利主义倾向的经济伦理观。他对人的自然欲望给予了肯定,反对程朱的无欲说和灭欲说,认为有欲是人的行为的第一动力,欲望支配人的行为,但是也遵循必然的准则。他认为有欲才有"生养之道",而无欲则为"生道穷促",人类就不会有"人伦日用",就不会有社会生活。他主张存理与欲,"理者存乎欲者也;理也者,情之不爽失也。未有情不得而理得者也"⑥。他认为所谓王道的价值就在于"体民之情,

---

① 王夫之:《读通鉴论》卷十九。
② 王夫之:《读通鉴论》卷十四。
③ 颜元:《四书正误》卷一。
④ 颜元:《习斋言行录》。
⑤ 颜元:《习斋记余》卷三。
⑥ 戴震:《疏正上》。

遂民之欲"。他认为程朱视人欲为私欲,从而把天理和人欲对立起来,"存天理、灭人欲"是错误的。戴震区分了"私"和"欲",认为欲不是私,要反对的是私而不是欲,所以他主张求利。

　　唐甄也主张功利主义的求富经济观点,他说:"立国之道无他,惟在于富。自古未有国贫而可以为国者。"①他认为国富主要在于富民,并提出了富民的策略。他认为首先要鼓励百姓自谋其生。他说:"海内之财,无土不产,无人不生;岁月不计而自足,贫富不谋而相资。是故圣人无生财之术,因其自然之利而无以扰之,而财不可胜用矣"②,所以我们应该充分利用"自然之利"。另外,在传统儒家看来是末业的一些行业,唐甄十分重视,认为只要经营好,"日息岁转,不可胜算。此皆操一金之资,可致百金之利者也"③。

　　洋务派的义利观是功利主义的,他们提出了"先富而后能强"的求富观念,以兴办洋务的办法以图自强。他们一方面主张大力拓展近代化的实业格局,宣扬追求国家的富强;另一方面又考虑到统治阶级的利益,运用传统封建伦理来规范人们的商品观念和经济行为。洋务派用富国强兵的道德理想为其经济政策提供伦理基础,他们的富国强兵的理想主要是通过求富活动——兴办官督商办和官商合办的官僚买办企业来实现的。到洋务运动时期,朝廷官员言利者增多,开辟利源更成为洋务派官僚集团关注的热点。洋务派官员在求富追利思想的驱使下开始从事商业企业活动,并肯定了民间的争利求利活动。李鸿章说:"国家必先富而后能强,尤必富在民生,而国本乃可益富。"④左宗棠也认为民间求利获利是合情合理的事情,他说:"所谓求利者各有其具,农之畔、工之器、商贾之肆,此以其财与力易之者也。"⑤他们主张大力发展工业和商业,李鸿章指出:"盖国用出于税,税出于商,必应尽力维持,以为立国之本"⑥,"欲自强必先裕饷,欲浚饷源,莫如振兴商务"⑦。

---

① 唐甄:《潜书·存言》。
② 唐甄:《潜书·富民》。
③ 唐甄:《潜书·富民》。
④ 李鸿章:《李文忠公全集》卷四十三。
⑤ 左宗棠:《左文襄公文集》卷一。
⑥ 李鸿章:《钦差商务大臣李谢恩折》。
⑦ 李鸿章:《李文忠公全集》卷五三。

张之洞也认为,"商务实富之基,泰西以商立国"①,他曾多次指出,"今日中国救贫之计,惟有振兴农工商实业";"然必将农工商三事合为一气,贯通讲求,始能阜民兴利";"窃惟富国之道不外农工商三事"②。冯桂芬认为,要"以中国之伦常名教为原本,辅以诸国富强之术",即要利用西方国家的物质文明,来维护和加强中国封建政权的稳固和纲常名教的统治地位,并且主张开办官办企业,发展工商业。曾国藩一反儒家重义轻利的传统思想,讲究"理财",不讳"言利"。他说:"大抵军政吏治,非财用充足,竟无从下手处。自王介甫以言利为正人君子所诟病,后之君子例避理财之名,以不言有无,不言多寡为高。实则补救时艰,断非贫穷坐困所能为力。叶水心尝谓,仁人君子不应置理财于不讲,良为通论。"③

康有为基于人性"求乐免苦"的观点,认为人类"求乐免苦"的欲望是推动社会发展的原动力。他主张"性是天生,未有善恶"的观点。他说:"人生而有欲,天之性。"善恶的标准在他看来是能否满足人们的"去苦求乐"的欲望,"令人有乐而无苦,善之善者也,能令人乐多苦少,善而未尽善者也。令人苦多乐少,不善者也"④。因此,他主张"富民""乐民"政策,认为"民之欲富而恶贫,则为开其利源。厚其生计,如农工商矿机器制造之门是也;民之欲乐而恶劳,则休息燕飨歌舞游会是也"⑤。他提倡开民"利源",给民"自由",发展"农工商矿机器制造"等,并提出一系列的富国养民的政策,如"富国之法"和"养民之法"等,并且把建设工业国即"定为工国"作为经济目标。这些求富求强的观点表现出了明显的功利主义色彩。谭嗣同认为,在国民经济的各部门中,大工业是增加财富、活跃流通实现人我通的关键手段。富人投资办厂是利国、利民、利己的大好事。他说:"富而能设机器厂,穷民赖以养,物产赖以盈,钱币赖以流通,己之富亦赖以扩充而愈厚"⑥。严复提出了"两利相利"的义利合的经济伦理观,并表现出功利主义的色彩。他希望以西方合理的利己主义原则置换中国传统道义系统,既反对传统儒家对义与利的

---

① 张之洞:《张文襄公全集》卷一〇五。
② 张之洞:《张文襄公全集》卷三五。
③ 曾国藩:《挺经》。
④ 康有为:《大同书》。
⑤ 康有为:《孟子微》。
⑥《谭嗣同全集》。

剖裂和对立,也反对极端自私的利己主义道德观,提出了"义利合"和"开明自营"的思想,期望通过"外明"的手段,达到自营、自利的目的,从而建立一种人我两利、义利合的新道德。在道德和利益的关系问题上,他强调义不能离开利,要获得功利,行为必须以符合道义为前提,否则,非但不能得利,还会招来祸害。他主张"两利为利"。所谓两利,即既利他人(社会),又利自身,因为"未有不自损而能损人者,亦未有徒益人而无益于己者,此乃人道绝大公例也"①。另外,他主张"开明自营",认为奉行西方资产阶级的功利主义会给人民带来富裕。

五、民国

传统义利观经过漫长的发展演进不断完善、丰富、修正,到了民国时期已经表现出较为明显的义利辩证统一的倾向。这一倾向在民国孟学研究以及章太炎、孙中山和资产阶级实业人士的经济伦理思想中得到了较为鲜明的体现。

民国孟学研究者对孟子的义利观进行了多种解释,其中最为显性的特点是把孟子对义利的理解进行了辩证统一的阐释。在孔子那里,义利概念主要是作为修身的道德问题而提出来的,并把义和利对立起来了,到了孟子那里,孟子也明确把"义"和"利"对举。但是在整个中国伦理思想史上,义利之辩是一个极为核心的问题,当然对孟子义利观的研究也是其中的重要问题。到了民国时期,作为孟学重要问题的"义利之辩"逐渐趋于冷落。原因是经过几千年的探究讨论并且随着社会历史的发展特别是中西之辩的兴起,人们在义利问题上的认识越来越趋于理性并冷淡,但是对两者关系的理解越来越趋于辩证统一。有学者就指出孟子不是利己主义者,孟子的人生观是"不以利为利,以义为利也",这是辩证统一的,前者是消极的,后者是积极的。在消极方面,孟子多处讲到"讲利"的害处,并且主张要审视"利"中是否有"义"的存在,"不义而富且贵,更有伤于道"就是不义,并且孟子还把义置于生死之上,要求舍生取义。而另有学者则认为在孟子那里,"义"是人群

---

① 严复:《原富》按语。

的一种离心力,只有"仁"与"义"相辅相成社会才能安定。而孟子之所以严界"义利之辩",是因为假如人只关心一己之私利,而罔顾社会之公义,就会造成政治的腐败、社会的崩溃,因此,只有讲求公众利益才能真正保证个人的幸福。冯友兰认为,在孟子那里,义利之辩不是反对利,而是反对私利,冯友兰指出,"求个人的私利的行为,是求利的行为。若所求不是个人的私利,而是社会的公利,则其行为即不是求利,而是行义"①。在冯友兰看来,当一个人以社会公利为其行为的目的时,他的行为就不是"求利",而具有了道德价值,从而成为"行义"。因此,孟子的义利关系在公利这个维度上是辩证统一的。吕思勉认为,孟子言"义利之辩"是为了让人们明白只有"仁义"才是真正的"利",斤斤于"利"而亡"义",反而会带来不利。只是孟子的观点后来被董仲舒极端化了。俞平伯认为,孟子"不言利,正是因为'利'字这一字,被当时一般人用滥了,全当作自私自利解释,所以另标仁义立说。其实,利如作正当之乐利,则利犹仁义也"②。民国学者认为,孟子主张要先义后利,大多数时候的宣讲对象都是一国之君,或者是"君子";对于人民的要求则是要"先利后义",也就是"仓廪实而知礼节"。也就是说,孟子是主张义利辩证统一的。

在章太炎那里,功利主义的倾向也得到了一定的抑制,他总体上运用整体主义和德性主义为思想武器来对功利主义进行批判,并力主一种义利辩证统一的观点。章太炎主张在人类历史进程中,善和恶不是线性发展的,而是并行交织的,善中有恶、恶中有善,善进恶也进。由此,他反对功利主义,认为功利主义的一大弊病就是以利禄驱使天下,从而造成过于趋向势利的国民性,"会功利说盛行,其义乃益自固,则成败之见,常足以挠是非"③。在章太炎看来,维新派屡屡失败就在于他们"不能忘情于名利",事事"为利欲所制"④,"道德堕废者,革命不成之原,……亡国灭种之根极"⑤。章太炎主张以康德信仰主义伦理学为主体的道德论,他赞同康德的"意志自律"原则,认

① 冯友兰:《新原道》,北京:生活·读书·新知三联书店 2007 年版,第 6 页。

② 参见俞平伯《孟子解颐札》。

③《章太炎全集》(四),上海:上海人民出版社 1985 年版,第 335 页。

④《章太炎全集》(四),上海:上海人民出版社 1985 年版,第 280 页。

⑤《章太炎全集》(四),上海:上海人民出版社 1985 年版,第 284 页。

为道德力量的来源不只是社会的外在规范，更在于人心的内在要求。他认为道德和利益的关系是后天发展起来的，后天的环境影响利益得失的支配，使人们形成了评价他人或者是非的善恶观念，利益本身是无善无恶的，但是它却构成了善恶的内容。所以他对道德和利益作了辩证的理解，"费利亦无所谓义"，道德取决于利益。在章太炎看来，人生本是"无善无恶"的，他认为，只有人们的自利和社会利益的统一与和谐才是评价善恶的标准，或者说，这种统一与和谐是构成善恶的内容。个人同社会是统一的。他说："自利性和社会性，形式则殊，究极则一。离社会性即无自利，离自利性亦无社会。"①因此，他既肯定个人利益，也肯定社会利益，并反对程朱把两者对立起来的做法。在章太炎看来，自利是人的本性，人既反对禁欲主义又反对极端个人主义，他认为只有把"自利"和"利社会"统一与和谐起来，才是善的，才是有道德的。

近代民族资产阶级也将富国利民纳入自己的经济伦理思想体系之中，并体现了两者之间的辩证统一。他们面对内忧外患的形势，选择兴办实业，以实业救国来抗击外患，这种以实业救国的伦理思想体现了义和利的统一。张謇以状元的身份来办实业，就说明他对义的理解和对利的追求在他身上是统一的。他主张积极发展实业，主张发展农业、工业，认为商业的作用较弱一些。他主张实业救国，认为"富国强国之本实在于工"，认为当时棉纺织业十分重要，所以主张发展纺织业，努力使中国成为发达的工业国家，他认为只有这样才能抵御外敌，获得国家的独立。并且他为自己的实业进行伦理辩护，从而为自己的政策提供理论和道德依据。这就把利国之义和利民统一了起来。

孙中山的义利观也是两者的辩证统一，这集中体现在"三民主义"主张之中。在"三民主义"中，"民生主义"是其核心内容。他认为，"欲谋人类之生存，当研究社会之经济"，人类生存问题是历史的重心，因此，民生就是政治的中心，就是经济的中心和种种历史活动的中心。他所主张的民生"就是人民的生活——社会的生存，国民的生计，群众的生命"。由此，他十分重视物质利益问题，认为生产力发展是为了满足人们衣食住行等方面的需要，而

---

① 章太炎：《读佛典杂记》。

不是赚钱,即"民生主义是以养民为目的的",他认为这也是与资本主义不同的地方。民生主义关系到社会文明的发达,经济组织的改良和社会道德的进步。他主张"最大多数人的幸福"的思想,认为近代中国革命的目的就是建立一个能够令人民幸福的强大中国。他主张以富国来解救民生,认为物质文明的发展是一个民族救贫致富的根本出路,物质文明发达了,人民才有可能自由幸福。而自由幸福也绝不是少数人的责任,需要全体民众共同努力。他认为民生是一个社会的原动力,"因为民生不遂,所以社会的文明不发达,经济组织不能改良和道德退步",如果民生遂,则能够促进道德和社会的发展,就是说在某种意义上,民生是社会道德的决定性因素。孙中山的民生观中包含着明确的经济因素,并强调,解决中国的民生问题一定要重视工业经济,发展机器生产。由此可见,孙中山认识到了物质生产的发展和社会道德、文明之间的辩证关系,并且他的未来"大同世界"也是义和利的统一体。

总的来说,民国阶段的经济伦理思想体系中,由于理论和历史两个方面的发展,对义和利的理解已经趋于辩证。陈独秀、李大钊等人对利益关系的理解也表现出明显的辩证统一的特征。陈独秀指出,"名教之所以昭垂,人心之所以祈向,无一不是与社会现实生活背道而驰。……物之不切于实用者,虽金玉圭璋,不如布粟粪土。若事之无利于个人或社会现实生活者,皆虚文也,诳人之事也。诳人之事,虽祖宗之所遗留,圣贤之所垂教,政府之所提倡,社会之所崇尚,皆一文不值也"[①]。李大钊则将国家民族进步与物质的追求相联系,认为传统的义利之辩中义和利的对立是不存在的,这也是对义利关系的一种辩证理解。

六、新中国

中国传统的义利观对利益关系的理解较多地把义利对立起来,对两者统一的维度认识不够,呈现出了较为明显的缺陷,在实践上也存在较多的误区。儒家轻利重义,否定和排斥百姓的个人私利,把一切求利的行为都和道

---

① 陈独秀:《敬告青年》,载《青年杂志》1915 年 9 月 15 日第一卷第一号。

德对立起来，认为求利是一种伤性害义的行为，这种观点较明显地带有禁欲主义的色彩，并在一定程度上只能是抽象论道。马克思主义认为，重义并不意味着轻利，两者之间没有必然的对立关系，真正的重义并不总是必然要求个人作出利益或生命上的自我牺牲。如果一种道义总是时刻要求个人作出轻利的选择，那就不是真正的道义。马克思主义的无产阶级的道义体现在为无产阶级和广大劳动人民谋利益之中，这种谋利益理所当然地包含着尊重和满足无产者和人民群众的个人利益。社会主义义利观是辩证唯物主义和历史唯物主义的义利统一论，它重视公义，但并不排斥和压制个人利益。它注重个人的合法利益，充分尊重并且设法为其实现创造条件，提供保障。这是一种新型的利益观。社会主义新型义利观具有以下特征：

第一，它是建立在对个人利益尊重的基础上的，并且划清了个人利益与个人主义的界限，反对个人主义但不反对合法的个人利益。合法的个人利益是社会存在的客观事实，也是社会发展的需要和保障，个人主义则是极端的、片面的意识形态，它把个人利益看得高于一切。社会主义义利观不反对合法的、正当的个人利益，不把它视为是个人主义加以批判，而是对个人合法利益加以保护。凡是在为社会积极创造财富的过程中，通过合法途径和方式获得合法的正当的个人利益的行为都是被承认和被保护的，在追求个人利益的过程中自觉地把个人利益与他人利益、社会集体利益有机地统一起来，并通过促进他人和社会利益的方式来合法获得个人利益，则是值得尊重和保护的。在个人利益和社会集体利益发生矛盾的情况下，能够摆正二者的位置，先人后己，先公后私，自觉地使个人利益服从社会集体利益，视集体利益和他人利益为第一生命，这样的个人利益不仅是合法的而且是合理的，并应当给予高度肯定的。

第二，社会主义的义利观既反对封建主义的重义轻利，又反对资本主义的重利轻义，它在义利关系问题上的基本价值取向是义利并重、义利统一。在社会主义义利观看来，利益是道德的基础并且是道德的主要内容，任何道德都是社会经济利益关系的产物并为经济利益关系服务。道德不能脱离利益关系，抽象谈论道德问题是没有意义的。社会主义阶段的道德关系是社会主义经济关系的反映，它体现着社会主义的社会整体利益和公共利益以及个人利益的历史的、辩证的统一。在社会主义社会，国家利益和人民利益是利也是义,在国家利益、人民利益之中包含着社会主义道德的基本精神,内蕴和凝聚着社会主义的道义。在社会主义义利观中,公民个人的合法利益既不是单纯的利,也不是单纯的义,它本质上亦是义和利的统一的产物,它在义中有利,利中有义,义利渗透,义利交融。社会主义义利观是建立在对立统一基础上的重点论与非重点轮的兼顾与结合。

第三,社会主义义利观一方面注重物质文明发展,另一方面积极发展社会主义精神文明,推动社会财富和道德不断提升。义利"两手抓"是社会主义义义利观的特点,物质贫乏不是社会主义,精神和道德贫乏也不是社会主义。社会主义义利观要求人们见利思义,以义索利,要求人们"君子爱财,取之有道",自觉地把利益的追求纳入道德的轨道,不取不义之财,不取不义之利。这是在更宏大的社会背景下凸显着义利合一。

第四,社会主义的义利之辩的价值取向是义利并重和义利统一,这从根本上来说是由社会主义根本制度决定的。义利统一体现了我们富强、民主、文明的强国理念,也是实现社会主义全面发展的必然选择。要实现社会和人的全面发展,必须义利并重,义利辩证统一。这是社会发展的必然要求和必然途径。社会主义道德的一个主要标志就在于能够积极、主动而又正确地处理国家人民利益与个人利益的关系,亦即坚持把国家人民利益放在首位而又充分尊重公民个人合法利益。

第五,社会主义义利观是伦理思维两点论和伦理选择重点论的统一,它既主张把公民个人利益与国家人民利益有机地统一起来,又主张把国家人民利益放在首位并以此为根本性的道义、至上性的道义。社会主义道德在人类历史上第一次承认劳动人民利益的合道义性,并将其视为社会整体利益或社会公共利益的有机构成,主张为"全体人民的物质利益奋斗",坚持把是否有利于增进人民群众利益,是否有利于改善和提高人民群众的物质文化生活水平作为道德判断的标准。

第六,社会主义义利观是伦理价值目的论和伦理价值工具论的统一,它既强调义利观的工具价值和工具合理性,又承认义利观的目的价值和目的合理性,主张两者的统一。它要求以道德的手段和途径去追求利益,同时又要求把道德视为个人道德完善的内在要求。当代的义利观,既没有把道德纯工具化,也没有把道德纯目的化。在社会主义义利观的指引下,要求义利统一,形成正当的谋利和竞争观念,把谋利活动纳入道德领域来思考,反对唯利是图。

第三节 义利之辩下的经济伦理范畴

在义利关系问题的统摄下,中国传统经济伦理思想家们基于不同的理论基调和理论主张,对人们日常生活和经济社会活动中的多个层面、维度和领域的基本行为准则和规范进行了探讨,并主要围绕"理"与"欲"、"公"与"私"、"本"与"末"、"俭"与"奢"、"分"与"换"等领域和范畴进行阐释,提出了各自不同的经济伦理主张。其中"理"与"欲"的关系问题是经济伦理思想家理论基调的前提,而"公"与"私"、"本"与"末"、"俭"与"奢"、"分"与"换"等问题则是由不同的义利观决定和延伸出来的,主要体现在经济和道德实践领域以及具体的理论观点。

一、理与欲

在中国经济伦理思想史上,大部分思想家的经济伦理思想是建立在人性论的基础上的,理与欲的关系问题是义利之辩,甚至在很大程度上是思想家整个经济伦理思想体系的一个前提性的、根基性的问题。对"理"和"欲"内涵及其关系的理解影响甚至决定着思想家整个经济伦理体系思想观点的基调。

纵观整个中国经济伦理思想史,在理欲关系问题上,大体存在灭欲求理、抑欲趋理以及理欲并存等几种主要观点,并且基于不同的理欲观,思想家们形成了不同理论基调和倾向的义利观。

首先,"理""欲"之辩亘古有之,早在商朝时期,政治家们就告诫君王"欲败度,纵败礼"[①],希望统治者克制自己的欲望从而实现王朝统治的永续。此

---

① 《尚书·太甲中》。

外,《皋陶谟》《尚书》《伪尚书》等古籍①中均有对当权者远离"欲"的谆谆告诫,但是往往当权者迷,王朝的覆灭在所难免。春秋之前古人只是意识到"欲"对王朝管理者来说是十分危险的,控制"欲"是为了让统治者能更好地治理国家。但是对于民众来说,政治家们则不以为然,甚至将"欲"作为控制人民的手段,固有"民之所欲,天必从之"②之说。因此,我们不难得出此时的灭欲只是统治者的个人之欲,灭欲之目的也只是求统治之"理"。而道家则认为,"欲"无论之于王朝的管理者还是普通人都是极具危害性的,因此道家提倡人"无欲",认为"不欲以静,天下将自正"。老子和庄子作为道家的两个代表人物,都主张人应该无欲无求。不同的是,老子以无为来代替无欲,在老子看来,人道应法天道,而无为即顺应天道。进一步,老子认为无欲是无为的前提,只要人有了欲望则不可能做到无为,因此"欲"在老子那里是有违天道而应该远离的。而庄子的理论基础是天人合一的思想,在他看来,"欲"是人阻碍自然发展的原因,要想达及天人合一的境界,实现人的自由,"欲"越多则自由越少。可以说庄子以与老子相反的角度论述了"欲"之于理的危害。总体来看,以老、庄为代表的先秦道家主张以个人之"无欲"求自然、道法之"天理","欲"在他们这里是一种阻碍天人合一的道法造化的罪魁祸首。但是,不难发现,无论老子还是庄子对欲的态度有时是矛盾的、不彻底的。例如,老子说:"吾所以有大患者,为吾有身。及吾无身,吾有何患?"③"名与身孰亲? 身与货孰多? 得与亡孰病?"④即人拥有自然的身体,身体存在于自然界必然有求于自然才能存在,那么问题自然来了,这种人本身的自然之"欲"该如何面对? 界限又在哪里?

先秦时期,"理"与"欲"还没有出现明显的对立,但是到了宋明时期,灭"欲"求"理"逐渐成为一种显性的要求。在"理"与"欲"的关系上,北宋张载、二程首先明确区分了"理"与"欲"。在张载看来,理与欲是截然相反的东西,二者不可得兼,故而言"上达反天理,下达徇人欲者与"⑤。在张载这里,人欲

---

① 参见《大禹谟》《酒诰》《尤逸》等。
② 《尚书·泰誓上》。
③ 《老子》第十三章。
④ 《老子》第四十四章。
⑤ 张载:《张子正蒙注·诚明》。

与天理是对立的,而只有灭人欲才能达及作为人欲对立面的天理。张载只是简单指认了天理与人欲的对立,而程颐则进一步将天理指认为一种先天的道德意识。他认为现实中的人之所以不显现这种先天的道德意识是由于现实中人欲的存在,人欲遮蔽了天理,只有灭欲才能显现天理,故而言"人心莫有不知,惟蔽于人欲,则忘天理也"①,因此只有灭个人之欲,才能求得天理。在此基础之上,程颐仔细分析了现实生活中各种现象背后的欲求:"天下之害,无不由末之胜也。峻宇雕墙,本于宫室;酒池肉林,本于饮食;淫酷残忍,本于刑罚;穷兵黩武,本于征讨"②,这里峻宇雕墙、酒池肉林之类皆为"末",即天下的祸事都是由于"末"起,而末背后则是各种各样的欲求,这种欲才是末之后的本,因此"先王制其本者,天理也;后人流于末者,人欲也"③。这里的"制其本"即为限制或者消灭欲求。很明显,在程颐看来只有"制其本"才能通达天理。但是即便如此,张载、二程还没有将欲与理的关系发展成为绝对的对立关系,在他们看来,欲与理是有界限的,满足基本的物质需要是天理,而对自然过度的索取放任及对自然的破坏就成为人的欲望,也即二程所言"人心私欲,故危殆。道心天理,故精微。灭私欲则天理明矣"④。

众所周知,朱熹对"理"与"欲"的态度更加激进,"存天理、灭人欲"可以说是朱熹思想的根本。在他看来,"学者须是革尽人欲,复尽天理,方始是学",不论是学者还是普通人心中只要"人欲"消亡了,则"天理"可得;"人欲"如果旺盛,"天理"就会消亡。因此在为《论语》之中"克己复礼为仁"注释时,朱熹认为,"克,胜也。己谓身之私欲也。日日克之,不以为难,则私欲净尽,天理流行,而仁不可胜用矣"⑤。

总而言之,以上思想家将人的欲望统统视为与"天理"相对立的存在,因此需要加以消灭,以此为基础灭欲求理。此种理欲观所导致的结果必然是舍利求义,利是人各种欲求中的代表,而义作为天理的一种是他们的终极追求。在他们看来鱼和熊掌两者只能得其一,而欲必然被抛弃,因此与这种理

---

① 《二程遗书》卷十一。
② 《程氏易传·损卦》。
③ 《程氏易传·损卦》。
④ 《论语集注》卷六。
⑤ 《论语集注》卷六。

欲观相联系的必然是舍利求义观。

其次,在灭欲求理的过程中,思想家逐渐发现有些欲求是人必不可少的合理之欲,且人的各种生理之欲也是无法消灭的。既然人欲无法消灭且有一定的合理性,因此一些思想家开始试图在节欲、抑欲的同时来追求所谓的天理,也就是抑欲趋理。

孔子通过仁、义、礼等将"理"的内涵具体化,使原本内涵难定的"理"变成个人在现实中所能达及的道德要求。在孔子看来,"富与贵,是人之所欲也",且是人的合理追求。而使民众老有所养、幼有所教、生活富足更是安邦治国的要求。与此同时,孔子提出人欲需要加以抑制,反对不加限制地放纵个人的欲望,因此提出"克己复礼""己所不欲,勿施于人""义然后取"等,也就是用仁、义、礼等来对人欲加以限制。孟子对欲的态度类似于孔子。他认为欲是犯罪的根源,如果百姓肚子都填不饱,最基本的欲求都得不到满足,必然导致更高境界的"理"被破坏,因此他反问:"惟救死而恐不赡,奚暇治礼仪哉?"孟子认为温饱只是求理的基本条件,仅仅停留在温饱的解决上是不够的,"饱食、暖衣、逸居而无教,则近于禽兽"①,因此人还需要在精神层面追求更加崇高的价值。人在道德上的追求才是对理的追求,而抑欲才能保持人的善良本性,从而重视对理的追求。在孟子这里,理更多是一种修身养性的生存之理,在他看来,"养心莫善于寡欲",只有寡欲、抑欲,才能求得修身养性之理。

无论是孔子还是孟子,他们都认识到特定的欲求、作为人自然属性的必要欲求是不可被消灭的,但欲始终还是作为一种阻碍追求理的力量需要被抑制。因此,他们推荐的是类似于苦行僧般的生活,寡欲而逐理,最大限度地减少人欲对天理的破坏,当然理之于孔、孟已经变得更加具体化。与此种理欲观相联系的是抑己利逐大利的义利观。此种义利观一方面承认个人逐利的合理性,另一方面要求人们压抑个人之利而求更大的利。

最后,与以上理欲观不同,思想家对欲的态度变得更加成熟。在以往灭欲求理的思想家那里对欲的控制和追求总与社会治理联系在一起,因此欲作为社会动乱之源总是站在理的对立面上。而随着经济社会的发展,个人

①《孟子·滕文公上》。

越来越成为思想关注的焦点，人欲变得更加具有正当性。以此为基础形成了理欲并存的理欲观。

在荀子看来，人的自然之欲是合理的"饥而欲食，寒而欲暖，劳而欲息，好利而恶害，是人之所生而有之，是无待而然者也"①，是任何人都有不可违逆的自然欲求。且荀子认为，以往认为人欲是社会治理的混乱之源的观点并不正确，在他看来，"有欲无欲，异类也，生死也，非治乱也"，即社会治乱与人欲无关。因此，荀子不主张抑欲，更不主张灭欲，而是采取梳欲、导欲的原则。荀子说："人生而有欲，欲而不得不能无求；求而无度量、分界则不能不争。争则乱，乱则穷。先王恶其乱也，故制礼仪以分之。"他认为通过引导和控制，人可以战胜自己的不合理欲望，甚至能产生对理有利的欲望，如舍己为人、抛弃生死以求理。因此荀子的"导欲""梳欲"否定了剥削阶级的贪欲、纵欲的行为，也反对了道家"寡欲""禁欲"主张，比较全面和合理，发展了孔子以来儒家在理欲问题上的观点。随着封建社会中资本主义萌芽的发展，人们对个人利益的需求越渐增强，自然而然提出了"理在欲中"的观点，如严复等人认为个人的欲望和自由具有正当性，王夫之提出"私欲之中，天理所寓"等观点。

总而言之，理欲并存的理欲观通过教化等方式架起了个人与社会、小利与大义沟通的桥梁，打破了二者之间长期的紧张关系。理欲并存可以说是封建社会理欲观发展的顶峰，在这种理欲观之后是对义利关系的调和处理，反映了古代思想家试图以个人与社会的完美结合达及义利的高度统一。

二、公与私

在中国经济伦理思想史上，"公"与"私"的关系问题始终是一个需要首先解决的问题。"公"与"私"的关系是每个社会个人都会遇到的现实问题，它既是一个伦理道德问题，也是一个经济伦理问题。不同的"公"与"私"关系的背后往往隐含着不同的义利观，进而代表着不同的经济伦理思想体系。

总体来看，在处理"公""私"二者关系上，中国思想家们大都坚持大公无

---

① 《荀子·非相》。

私、公而忘私等公大于私的公私观。具体来看,各个时期由于历史条件的不同,思想家们的公私观又有着不同的内涵。

在以氏族制度和血缘关系为主导的原始社会时期,个人必须依靠集体才能够存活。因此,此时无所谓私有还是公有,个人和集体的界限十分模糊,"公"即是"私","私"即是"公"。但是到了封建社会之后,公天下变为家天下,随着封建社会中个体经济的发展,思想家对"公"与"私"关系问题的关注变得更加迫切,公私之分开始明确起来。

春秋时期,以孔子为代表的儒家就主张重公而抑私。如《礼记》中有云:"子妇无私货,无私畜,无私器,不敢私假,不敢私与。"①但需要说明的是,在儒家看来有两种公,一种是家庭内部之"公",即以家庭、父母为公。正所谓"父母生之,子弗敢杀;父母置之,子弗敢废;父母全之,子弗敢阙",这反映儒家在家庭内部要以父母为公、以家庭整体为公的思想。儒家不承认在家庭内部个人之私利,所有与家族、家庭利益冲突的皆为私利,并在此基础上提倡儒家的仁,义、礼、孝等思想。另一方面,儒家认为在家庭之外还有更大的"公",即以国家为公。在儒家看来,国家利益是更高层次的公,当个人利益、家庭利益与国家利益发生冲突时,他们总是强调集体和国家的利益,以此来强调一种大"公"无私、"公"而忘私的精神。如果说儒家所指在家庭内部的公强调的是"孝",那么在国家层面的公强调的是"忠"。"忠者,中也,至公无私。天无私,四时行;地无私,万物生;人无私,大亨贞。忠也者,一其心之谓也"②,也就说儒家认为只有为国无私才能称得上是忠。不仅如此,儒家还认为作为君主和大臣也应该维护国家利益,要求他们以"公"治天下,只有这样才能使得整个社会达到"强公室,弱私家"的理想状态。在这种公私观下,儒家试图建立一整套的国家治理术,以"仁""义""礼""忠""孝"等思想要求人们在处理公与私问题时能够做到大公为先。

春秋之后,"对于公私关系的讨论突然变的热闹起来,而且在这样一场大讨论中,参加的不但有管子后学、儒家的荀子以及《礼记》一书的作者、墨家弟子……几乎所有学派都被卷了进来"③。这场战国中晚期的公私关系大

---

① 《礼记·内则》。
② 《忠经·天地神明章第一》。
③ 陈瑛:《中国伦理思想史》,湖南:湖南教育出版社 2002 年版,第 100—101 页。

讨论,反映了在战国后期私有制关系发展的条件下,思想家们要求打破原来以血缘关系和宗法关系为中心的公私道德伦理即公私观。首先,当时的法家理论家,特别是韩非子首次将公与私作为一个对立的概念而提出,他认为,"古者苍颉之作书也,自环者谓之私,背私谓之公,公私之相背也,乃苍颉固以知之矣"①,为了解决公私不分的状况,韩非子引入严法作为公私的分界线,认为社会的规范应该以法制而非私情作为标准,因此必须"明与公私之分",只有以公灭私,才能取得民心。此外,荀子也认为"公生明,偏生暗"②,在法家理论家看来,私是道德上应该批判的对象,公是整个社会富强、稳定的基础,进而告诫人们"行天道,出公理,则远者自亲。废天道,行私为,则子母相怨"③,因此"崇公去私"不仅是个人的道德要求,还是社会发展所不可少的理论基础。与儒家相同,法家也对统治者提出了"崇公去私"的要求,他们认为只有统治者"以公灭私"才能"民其允怀",即统治者只有以天下为公,灭个人之"私"才能使人民归顺。最终,这次公私关系的大讨论以"去私行公"的思想得到了理论家的一致赞赏,故而留下了许多大公无私,如"天公平而无私,故美恶莫不覆,地公平而无私,故小大莫不载""大道之行也,天下为公"等千古绝唱。但法家所赞美的公,归根到底是封建君主以及统治阶层的私,所谓的大公无私,也仅仅是为了帝王将相的大私。

　　宋明时期,封建社会进一步发展,此时公与私的讨论重新激起了理论家的兴趣,其中最具代表性的非二程莫属。二程从"理"与"欲"的对立中也推导出"公"与"私"的对立,但此时二程已经超越了前人论述的"公""私"内涵。《二程遗书》中有这样一段问答:问"如何是仁?"答:"只是一个公字。学者问仁,则常将他公字思量。"在二程看来,所谓的公就是礼和仁。只有遵守"礼"和"仁"之后才能达及真正的"公"。追求个人私利会使人见利忘义,损坏道德,因而宋明时期也同样主张用"公"来维持社会稳定。无论如何,封建时期的礼和仁是封建社会秩序以及道德礼教的维护工具。但在二程看来,这并不影响"公"对于道德、社会的重要性,因为即使带着私欲而行"公"利那也是

---

① 《韩非子·五蠹》。

② 《荀子·不苟》。

③ 《管子·形势解》。

对的,但"虽公天下事,若用私意为之,便是私"①,在此基础上,他们把人民的思想道德与生活的物质条件联系起来,形成了朴素的义利观,但我们应该看到的是,这种朴素的义利观之下并没有能够解决道德问题与人民的物质需求相冲突的问题,简单地通过道德上崇尚公的精神并不能和解"公"与"私"的对立。

总而言之,中国古代思想中"公"与"私"关系的背后是一种朴素的重义轻利的义利观。古代理论家通过灭"私"为"公"来帮助统治者维持社会的稳定,其实质是用道德伦理来掩盖"公""私"关系下的经济伦理,侧面上也反映了封建社会个体经济的发展。正如陈瑛所言:"这既是理性的胜利,它使中华民族保持了可贵的重视整体、重视大众的道德观念;同时又是一个遗憾,关于个性、关于自由的观念从此受到了遏制,影响了后来中国人几千年来人格的全面、健康地发展。"②

三、本与末

农业和商业作为中国古代社会经济发展息息相关的两个重要方面,一直是封建社会统治者及思想家所关注的焦点。自古就有农为本、商为末之说,如何处理好"本"与"末"的关系是关系到封建社会经济发展的重要问题。"本"与"末"与社会经济紧密相连,因此"本""末"关系能够直接体现义利之辩下所蕴含的经济伦理范畴。

"本""末"之争贯穿整个中国古代封建社会经济伦理思想史,也是中国传统经济伦理学的重要特色。墨家创始人首先在经济意义上定义了"本"的内涵,即"先民以时生财,固本而用财,则财足"③。古代生财的主要方式就是农业,因此这里所指的"本"即是农业。商鞅则将"末"作为与"本"相对的概念提出,而韩非子进一步将"末"指认为工商业,认为"仓廪之所以实者,耕农之本务也,而綦组、锦绣、刻画为末作者富"④。在此基础上逐步形成了中国

---

① 《二程遗书》卷五。
② 陈瑛:《中国伦理思想史》,湖南:湖南教育出版社2002年版,第101页。
③ 《墨子·七患》。
④ 《韩非子·诡使》。

古代的本末观。纵观整个中国古代思想史,在本末关系上大体存在重本抑末、本末并重以及工商皆本等三种主要观点,并且基于各自不同的本末关系,思想家们形成了不同理论基调和倾向的义利观。

早在西汉时期,贤良文学就提出"衣食者民之本,稼穑者民之务也。二者修,则国富而民安也",因此他们主张"崇本退末"。这可以说是重本抑末的初始形态了。将"崇本退末"进一步发展的无疑是法家和儒家了。农业之所以被认为是本,这与封建社会落后的社会生产力紧密相连,由于农业是当时最为重要的生产资料来源,与国家富强、百姓生活息息相关,因此农业成为封建社会早期最为重要的生产部门,重农抑商在先秦时期成为思想家的理论共识也就水到渠成了。韩非子明确提出了重农抑商的口号,"使其商工游食之民少而名卑,以寡趣本务而趋末作"①,法家试图以社会地位来限制工商者的人数,使得他们舍末而趋本,与此同时,在秦国和魏国也推行了一系列重农抑商的经济政策。在他们看来工商业过多,势必影响农业生产的发展,也不利于国家管理与社会稳定,因此虽然他们也认识到商业的作用,如商鞅认为"农辟地,商致物,官法民"②,但依然崇尚重农而抑商。儒家显然受到了法家重农抑商思想的影响。虽然在儒家的早期著作中,我们很难发现儒家思想中对农本商末的明确说法,甚至还有一些发展工商业的思想主张,比如关市无征之类的政策,但是随着儒家逐渐成为统治阶级的理论工具以及封建社会个体经济的发展,统治者对于农业的发展有了更大的需求,因此西汉时期重农抑商逐渐成为儒家一个重要的理论内容。荀子认为"工商众则国贫",虽然并未明确对工商业发展的限制,但是也说明了工商的发展并不是值得提倡的。在儒家看来,只有把民约束在土地上才能使民遵循仁、义、礼等道德要求,而工商的发展会使得人民易于违背仁、义、礼等道德规范。西汉的几位思想家陆贾、贾谊等人继承了重农抑商的思想,他们从农业发展与商业发展之间的矛盾出发,得出了为了防止工商业对农业人口的兼并而必须抑制工商业的结论——"商人所以兼并农人,农人所以流浪者也"。针对宋朝积贫积弱的状况,宋代思想家李觏认为,"民之大命,谷米也;国之

---

① 《韩非子·五蠹》。
② 《商君书·弱民》。

所宝,租税也。天下久安矣,生人既庶矣,而谷米不益多,租税不益增者,何也? 地力不尽,田不垦辟也"①。在封建时代,思想家一直将农业作为经济发展、社会稳定的前提,重本抑末的思想背后不仅是对社会道德的追求,也是古代思想家重义轻利的经济伦理思想的体现。

随着封建社会个体经济的发展,中国古代思想家对农业与工商业的地位问题展开了新的思考,由于商业的繁荣一定程度上增加了统治者的税收,同时也解决了部分没有土地的农民的生存问题,逐渐激起了思想家对工商业之于社会发展的讨论,在此基础上,他们提出了本末并重的观点。著名的王安石变法的内容中就包含了对中国古代社会对工商业态度的一次巨大改变。王安石大胆地提出"货,言化之以为利,则商贾之事也"②,即工商业贸易有利于社会的经济发展,便利于人民的生活,因此需要发展工商业。同时,他也认为工商业的发展"恶其盛,盛则人去本者众;又恶其衰,衰则货不通"③,也就是说,在王安石看来,工商业的发展既不能太过旺盛,盛则"去本者众",也不能过于衰败,"衰则货不通",即一方面商业与农业有着竞争有限人口的问题,另一方面工商业也能够促进社会经济的发展,使得货物流通顺畅。那么该如何处理两者关系呢? 王安石认为"故以法权制之",政府应该作为主导出台引导农业、工商业平衡发展的法律法规。王安石还具体举例分析了政府如何发挥主导职能,防止工商业对农业的损害,如"富商大贾,乘公私之急,以擅轻重敛散之权"。在农业上,王安石并没有轻视之意,他不赞成完全依靠打压工商业的方式来发展农业,而是通过提高农民的生产积极性来发展农业,如"均田税法""免役法"等的推行一方面减轻农民负担,一方面通过税法优惠刺激农民耕种的积极性。另一个持有"本末并重"观点的代表人物是陈亮。陈亮提出了"农商"互补的观点,他认为"古者官民一家也,农商一事也。上下相恤,有无相通"④。农业与商业可以互通有无,这明显比之前的理论更加深入地分析了两者之间的关系。农业与商业不再是之前相互竞争的关系,而是可以互通有无、相互支持的关系。陈亮认为,虽然农商

① 李觏:《富国策》。
② 王安石:《周官新义》卷一。
③ 王安石:《答韩求仁书》。
④ 陈亮:《四弊》。

有别,但是两者只是社会分工有所不同而已,而且"商借农而立,农赖商而行",两者"求以相补,而非求以相病"。总而言之,无论是王安石还是陈亮,他们主张的本末并重都蕴含了深刻的义利并重的经济伦理思想。

叶适深化和发展了陈亮的本末并重思想。中国封建社会的特殊经济状况导致了资本主义萌芽的缓慢发展,因此在很长时间内,重本抑末的思想一直是古代经济学思想的主流。陈亮的观点打开了后人的思路,叶适继承和发展其思想,在中国古代思想史上提出了第一个明确反对农本商末的命题——"抑末厚本,非正论也",即工商皆本的思想。叶适以周"讥而不征"、汉高帝行辱商之策等为例,从历史的角度论证了将商作为末业的亡国后果。因此,他不同意封建统治者对商业活动的干预,并提出"古之人未有不善理财而为圣君贤丞者也"。明清之后,农本意识已经被打破,甚至出现了士不如商的观念。总之,工商皆本观念反映了封建社会资本主义萌芽的发展,在这背后也体现了一种重利轻义的义利观。传统重义轻利的义利观已经发生了根本的改变。

四、俭与奢

消费行为自古有之,中国古代思想家对消费行为的"俭"与"奢"有着长久的争论。在他们看来,这不仅是简单的个人消费问题,还是关系社会稳定、国家命运的大事情。经济伦理所关注的不仅是消费所带来的经济问题,更是消费行为背后所体现的道德上的善恶问题。"俭"与"奢"和道德修养紧密相连,如何看待两者的关系体现了古代思想家对自身以及整个社会的道德要求,但与此同时,如何对待"俭"与"奢"的关系更体现了古代思想家对待以"义"与"利"为中心的经济伦理思想。

中华民族自古就有勤俭之美德,但是在历史的长河中基于不同的历史条件,中国古代思想家们对"俭"与"奢"的关系有着不同认识。大体看来,中国古代思想家就二者关系形成了以"以俭养德""等级奢侈""崇奢抑俭"等俭奢观,不同俭奢观又反映了思想家不同的义利观。

三国时期,诸葛亮有句名言——"以俭养德",将节俭提升为一种优良的个人品德。不仅如此,他认为节俭还有助于人民自觉形成良好的个人品格。

而作为与俭相反的奢，向来代表着一种需要批判的消费伦理。俭在伦理上是一种必要的道德要求，在经济上与我国封建社会以农业为主要经济支撑的经济体系也密切相关，崇俭戒奢是农业社会生存和发展在经济上的必然要求。战国时期，御孙就认为"俭，德之共也；侈，恶之大也"，此时俭与奢就已经作为评判个人道德的标准了。墨子同样对先秦经济伦理思想的发展作出了贡献，他认为国家的经济发展必须"去无用之费"，那么什么是"无用"之费呢？墨子的俭奢并不似孔子以礼、仁等封建道德作为标准。他认为，俭与奢的标准是财富是否对国家、个人有用。如果有用即为俭，如果财富的使用并无所用则为奢。进一步而言，墨子的"有用"与"无用"指的是衣、食、住、行等方面的生理需要。但需要注意的是墨子的"俭"主要是针对封建统治者而言的。孟子在前人的基础上进一步对俭、奢作了规定。在服饰方面，孟子提倡"适身体，和肌肤，……非荣耳目而观愚民也"①，即适合身体舒适即可。在出行方面，他认为"全固轻利，可以任重致远"②即可。在食物方面，他认为"足以充虚继气、强股肱、耳目聪明，则止；不极五味之调，芬香之和，不致远国珍恢异物"③，即只要保证身体健康即可为俭，而求山珍野味则为奢。在住的方面，他认为，"高足以辟润湿，边足以圉风寒，上足以待雪霜雨露"④，即居住只要保证遮风挡雨、保暖御寒即为俭。王安石也从国家安危、社会稳定的角度对俭奢关系进行了思考。王安石认为，"以有时之财，有限之力，以给无穷之费，若不为制，所谓积之涓涓而之浩浩，如何使斯民不贫且滥也。"也就是说，财力有限，只有崇俭才能避免人民贫困和造反。另外，王安石还提出了限制奢侈的方法，他认为，首先是对官员的行为以及主要城市的消费进行限制，以防民众的模仿；其次"约之以礼"，在思想上对人民进行教育。总而言之，在以上几位思想家看来，"俭"即代表着对"义"的追求，而奢代表着对"利"的追求，因此，他们"以俭养德"的俭奢观反映了其重义轻利的经济伦理思想。

随着古代经济的发展，统治者一方面在一定程度上有了奢侈的资本，因

---

① 《墨子·辞过》。
② 《墨子·辞过》。
③ 《墨子·节用中》。
④ 《墨子·辞过》。

此迫切需要为自己的奢侈在道德以及经济上寻求理论论证,而另一方面他们又希望人民能够勤俭。以儒家为代表的思想家提出了"等级奢侈"的俭奢观。孔子就对何为俭、何为奢进行了论述,在他看来,以礼、仁为基础进行的衣、食、住、行以及祭祀、婚礼等消费都是符合"俭"的,而消费中违背了礼、仁的要求则都是"奢"。以此为基础,儒家建立了以社会地位等级为依据的俭奢标准。而"礼"则是统治者所制定的礼,对于统治者来说,只要不超出自己制定的"礼"的范围就不为奢。进一步,儒家认为富贵是统治者显示自己地位的有效手段,"不美不饰之不足以一民也,不富不厚之不足以管下也,不威不强之不足以禁暴胜悍也"①。对普通平民,儒家则以俭谆谆教导之,只有生活上节俭、安分守礼才不会越礼纵欲惹来杀身之祸。李觏进一步考察了俭奢对统治者以及人民的不同影响,他认为奢"损上益下"。李觏认为,人对节俭的强调过多,并没有把握节用之道。在他看来,消费是奢侈还是节俭的依据并不能依靠建立在道德要求上的"礼",而应该是结合具体的生活境遇。他说:"愚以为时有不同,事有通变;用之不足,则礼从而杀,亦圣人之意。"②李觏认为奢侈对于统治者来说是危险的,统治者不应该不顾人民的生活负重而奢,但对于人民来说,奢恰恰反映了统治者治理国家的水平。在管子看来,"耳目觳,衣食足,则侵争不生,怨怒无有,上下相亲,兵刃不用矣,故适身行义,俭约恭敬,其唯无福,祸亦不来矣"③,但是他认为富人的奢侈消费能够带动生产,穷人受益于富人之奢,因此奢在一定程度上有利于社会经济的发展。"等级奢侈"理论无疑是为统治者以及富有阶层的奢侈作辩护,他们以"俭"背后的"义"来约束人民,进而为自己获取不劳而获之"利"提供道德上的合理性。

明清资本主义的萌芽与发展逐渐冲击着传统崇俭戒奢的道德以及经济伦理规范。陆楫在明代商品经济发展的基础上批驳了传统的崇俭戒奢的思想。他认为,"天地生财,止有此数。彼有所损,则此有所益。吾未见奢之足以贫天下也"④。也就是说,天地财富是有一定的量,富人消费,那么穷人就

①《荀子·富国》。
② 李觏:《富国策》。
③《管子·禁藏》。
④《记录汇编》卷二〇四。

会受益,而且奢侈不会导致社会的贫困。陆楫进一步分析认为,就个人以及家庭而言,应该崇俭,因为"一家之俭可以免于贫",但就国家而言财富存在着此损彼益的双向互动关系。因此,他认为"其他奢则其民必易为生,其地俭则其民必不易为生者也"①,奢侈消费对社会商业的发展具有促进作用,比如苏杭之所以富庶是因为商贾云集,而"市易者正起于奢",富商的消费能力带动了整个地区的商业繁荣。而商业繁荣给民众更多的就业机会,如"舆车""舟子""歌童""舞妓"等有了生存的空间。谭嗣同则明确提出了崇奢抑俭的观点,在他看来,以往的崇俭抑奢的传统理论都是在压抑人的欲望无益于社会的发展,"本无所谓奢俭,而妄生分别以为之名,又为之教曰黜奢崇俭",崇俭不过是封建统治者剥削人民的"兼并之术"罢了。总而言之,"崇奢抑俭"体现了我国古代商品经济发展的现实需求,在此背后更体现了商品经济发展条件下见利忘义的经济伦理需求。

五、分与换

财富的创造离不开财富的交换与分配,中国古代社会创造了无与伦比的财富,与此紧密联系的是各个时代思想家对财富分配问题的讨论。在财富分配与交换的过程中形成的各种思想不仅是中国古代道德规范的要求,也体现了中国古代思想家面对"义"与"利"关系背后的经济伦理问题的思考。

由于中国古代经济伦理思想存在生产与分配并重的双重线索,而封建社会在特定的生产力条件下所创造的财富总是有限的,因此统治者与思想家都十分重视分配道德,把社会财产分配作为减少社会动荡、缓和阶级矛盾以及维护统治的关键所在,并形成了"等级分配"和"富均济贫困"的分配观念以及"公平交易"等分换观。

孔子把经济发展作为社会稳定的物质基础,同时主张一种有利于社会稳定的分配制度,也就是著名的"均安论"。在孔子看来"好勇疾贫,乱也"②,

---

① 《记录汇编》卷二〇四。
② 《论语·泰伯》。

也就是说孔子认为贫苦并不可怕,可怕的是分配不均而引起的社会动乱。但是实质上孔子的均并不是财富相对于个人的平均,而是建立在封建"礼""仁"基础上的等级分配制度。孔子的"均安论"并不能从字面上理解所谓的"均",从孔子所处的阶级地位出发,孔子的"均"即社会成员依据周礼所规定的社会等级来占有财富,显而易见,这种"均"是维护封建特权阶级的"均"。在孔子"不患寡而患不均"的思想中,虽然他把经济分配与社会稳定联系在一起具有启示意义,但是"等级分配"最终维护的只是统治阶级的利益而已。丘浚则主张贫富各安其命,贫富的状况是社会自然分化的结果,无论是政府还是个人都不应该改变这种状况。他说"使富者安其富,贫者不至于贫,各安其分,止其所,得矣"①,即社会各阶层应该不论贫富都安于自己的等级,保持社会稳定。进一步,他认为"人人各得其分,人人各遂愿"②才能"平天下",当然这里的"平"类似于孔子的"均",不是平均之意。而是按富人和贫困人的经济需求来区分的,在他看来,贫穷的人"因其所不足而养之",而富人"因其所有作而养之",贫穷的人只需要满足日常的生活需要即可。总体而言,两者的"等级"分配观是基于封建统治阶级的立场,为了统治阶级的"利"而违背了普通民众的大"利",因而体现了一种背"义"逐利的义利观。

随着商品经济的发展,"等级分配"受到新兴商业阶层以及下层人民的反对,思想家面对新的社会基础开始对"分"与"换"的关系进行了思考。墨子最先反对这种等级分配观,在他看来,等级分配观的背后是富贵命定论,这显然也是受到下层人民及新兴商业阶层所反对的。墨子认为,统治者以及富人应该把自己多余的钱财分给贫穷的人,即"有力者疾以助人,有财者勉以分人"③。墨子甚至在道德上提出"据财不能以分人者,不足与友"④,拥有财富而独占的人是令人所不齿的。王安石则对如何均财富提出了更为具体的理论思想,他所倡导的变法试图针对宋朝经济发展而表露出的财富分配不均的社会现象进行调节,具体的方法就是抑制兼并。在他看来,抑制兼并可以防止富人的垄断以及对贫穷人民的掠夺,防止富人"乘民之急,牟利

---

① 丘浚:《大学衍义补》卷二五。
② 丘浚:《大学衍义补》卷二五。
③《墨子·尚贤下》。
④《墨子·修身》。

数倍",最终达到"摧抑兼并,均济贫乏,变通天下之财"的目的。由于中国古代农民对封建统治的不满,在起义过程中逐渐提出新的分配口号——"等贵贱,均贫富"。从字面上看,下层人民已经不满足在财富上的平均分配,而是将社会等级地位与财富并列。陈胜、吴广在起义中将人人平等作为起义的理论支撑,之后各朝各代的农民起义都将此作为起义的口号。太平天国运动更是在《天朝田亩制度》中明确将土地、财富的平均作为治理大纲。以上的理论体现了"富均济贫困"的分配观,尽管这种分配观带有平均主义和空想主义的色彩,但它体现了中国古代思想家以及人民"崇义轻利"的义利观。

随着中国古代经济的发展,商品交换成为人们日常生活中必不可少的部分。最早的商业交换开始于夏代,商业交换初期人们就已经意识到交换公平的重要性。同时"诚"作为一条重要的道德要求而被提出,《周礼》中有云:"贾民禁伪而除诈"①,也就说商人必须诚实交换。宋朝的周敦颐进一步认为,"诚,五常之本,百行之源也",将"诚"上升为各行各业都应该遵守的标准。在商业行为中的双方必须以诚作为交换的道德准则,只有做到了"诚"才能做到交易的公平。在交换中,儒家提倡"重义轻利"的基础指导作用,反对商人唯利是图。但在实际中仅仅依靠道德的制约是不够的,因此人们想出种种测量工具来保证公平交易,如"关石钧约,王府则有""以量度成贾"等。总而言之,通过一系列道德及工具的约束,中国古代思想家试图构建以"公平"为核心的交换关系,这也体现了中国古代经济伦理思想家以"义"来保证"利"的获取的同时,希望能够形成获"利"而不损"义"的义利观。

---

① 《周礼·地官·司市》。

第四章
中国经济伦理思想的基本形态之一——德义为上

中国传统经济伦理思想之中，以儒家德性主义为代表的理论是最核心的形态之一。儒家德性主义强调"德义为上"，即将伦理因素置于最优先的地位，优先于包括经济、生命等诸多领域，因此它的主要特点便是注重仁义，反对"足欲"，强调国家治理要施行"仁政"的伦理手段。这种形态起源较早，可以说，自西周以降，"皇天无亲，惟德是辅；民心无常，惟惠之怀"①的思想就已然存在，并在随后的社会历史中得到了迅速的发展。简言之，这种形态的基本内在逻辑在于：通过强调统治者阶层的道德来达到治理的目的，并最终实现天下太平的政治理想。因此，国家的经济发展只是人民安居乐业的基础和前提，"德义为上"的原则才是至高无上的标准。这种理论形态现如今已经得到了非常广泛的讨论与研究，而本章只针对最基本的思想进行粗浅的刻画，为随后的经济伦理思想研究奠定基础。

第一节　以"仁"为本的德性主义宗旨

通过本丛书各个分卷的研究，我们可以看到，无论在任何时期，这种理论形态最重要的特征便是强调以"仁"为本的基本立场。这也就是强调，经济或财富的获得必须要有一个伦理的标准或伦理的限度。假如不符合这个标准，经济财富不仅不利于人民与国家，甚至可能对人民与国家造成危害。比如在春秋时期，晏婴就曾提出了著名的"正德幅利"思想："利不可强，思义为愈。义，利之本也。"②而这个特点在先秦儒家中尤为凸显，因此本节将以先秦儒家的思想为主，初步刻画以"仁"为本的德性主义宗旨。

一、"义以为上""见利思义"的基本原则

人们通常把春秋后期称为"礼崩乐坏"的大动荡年代，这是因为该段时

---

① 《尚书·蔡仲之命》。
② 《左传·鲁昭公十年》。

期内社会战乱频发、战祸连绵,因此当时诸多思想家都追求天下太平、社会稳定。他们试图通过对统治者的说教,改变现有的政治秩序,恢复早期相对稳定的、有秩序的社会环境。毫无疑问,其中最为著名的便是德性主义经济伦理思想的奠基人物——孔子。

孔子十分推崇周礼,他认为原有的伦理习俗是社会稳定的根本原因,而"礼"便是重建太平社会的基本方式。假如"礼"反映了外在的客观的行为准则,那么孔子的贡献之一便是:更加凸显地强调了"仁""义"等内在美德的重要性。因而,他强调"礼以行义,义以生利"①,即礼、义是"利""欲"取舍的标准。这即是说,只有讲德或义,利益才有正当性可言,否则利益不过是所谓的小人之利。此外,我们还需要"见利思义",不能沉溺于利益的获取,而要将利益视为实现天下大德的手段。总而言之,相较于利益,德或义都具有绝对的优先性。

粗略地说,孔子所提到的"利",大致可以从两个方面来理解:其一是个人追求的私人利益,即个人的私欲或私利。他曾说:"富与贵,是人之所欲也";"贫与贱,是人之所恶也"②。他认为,人天生具有趋富贵、避贫贱的倾向,这是具有普遍性的,每个人都是如此。因此,追求个人的利益是符合天性的行为,我们也就无须指责它。其二是天下或家国之大利,即公共利益。而为国、为天下之大利,实际上也就是为了人们的安居乐业,也就是为了人民的利益。因此,孔子在回答子张时才会说要"因民之所利而利之"③,并且强调或称赞子产的"惠民"举动。不同于古希腊的精英主义思想,在中华民族传统之中,许多思想都具有强烈的民本主义特征。为了天下苍生,尤其是贫苦人民的利益而努力,是儒家士大夫理想的最重要特征之一。因此,孔子罕言利,主要是指孔子不太重视个人经济利益等私人问题,因而谈得比较少而已;但家国或人民的利益则是他一直谈论的主题。

如上所述,首先,孔子认为私利是需要追求的,但一定要有一个标准,即

---

① 《左传·鲁成公二年》。
② 《论语·里仁》。
③ 《论语·尧曰》。

"君子义以为上"①"仁者先难而后获"②"义然后取"③。每个人在修身的过程中,都要更重视德性,这亦是区分君子与小人的重要标准之一。对于国君来说,这一点显得尤为重要。因为统治者的德性以及价值目标将会影响整个国家的人民。国君和君子具有榜样性的作用,因而"君子之德风,小人之德草,草上之风必偃"④。在孔子看来,国君或君子要胸怀天下,并且要致力于维护国家与社会秩序的稳定。换言之,天下之公利是国君或君子应该追求的,但个人之私利则是不需要重视的。当然,这仍然不意味着,为了公利,便可以忽视道德,或忽视"礼"或"义"的诉求。这即是说,天下之公利是统治者优先考虑的内容,但无论是追求公利抑或私利,都要符合"礼"的要求,以礼节之,即取之有道。假如通过一些恶的行为,比如战争与杀戮,能够为本国国民带来巨大的经济利益,同样是不可选取的方式,因为这不符合礼或义的诉求。总之,国君或君子的目的是追求公利、忽视私利,但实现目的之手段一定要符合道德标准。

然而,统治者忽视个人的私利,并不代表他们不能获得自己的个人利益。更准确地说,义利是辩证统一的,"利"在"义"中。齐景公问政于孔子,孔子对曰:"君君、臣臣、父父、子子。"齐景公说:"善哉!信如君不君、臣不臣、父不父、子不子,虽有粟,吾得而食诸?"⑤此外,孔子的学生有若还曾对鲁哀公说:"百姓足,君孰与不足?百姓不足,君孰与足?"⑥所以,孔子说:"君子谋道不谋食。耕也,馁在其中矣;学也,禄在其中矣。君子忧道不忧贫。"⑦又说:"事君,敬其事而后其食。"⑧可见,孔子认为,国君或君子只要一心追求仁义即可,而在追求的过程中,利作为一种附属品,一定会自然而然地得到。个人利益与国家利益是同一的,利益与道德是同一的。以道德的方式追求利益,才能获得更大的利益;全力追求国家的公利,才能获得更大的私利。

---

① 《论语·阳货》。
② 《论语·雍也》。
③ 《论语·宪问》。
④ 《论语·颜渊》。
⑤ 《论语·颜渊》。
⑥ 《论语·颜渊》。
⑦ 《论语·卫灵公》。
⑧ 《论语·卫灵公》。

总而言之,"义以为上""见利思义"的德性主义义利观,大致可以归纳为以下几个方面:首先,无论公利抑或私利,都是应该追寻的目标,并且得以保障。完全摒弃个人私利,而无私地奉献给天下的取向是不符合人性的。其次,公利与私利是紧密结合在一起的。只有国家富强、天下天平,即只有公利得以保障,个人的私利才真正能够得到实现。再次,将公利与私利对立起来,为了一己私利而否定公利的自私行为是不可取的,甚至将会祸害自身,反而失去所有的个人利益;最后,无论公利抑或私利,都要取之有道。在最根本的意义上,礼或道德相对于利益有着绝对的优先性,正是这一点,儒家的伦理思想便可以称为"德义为上"的基本理论形态。

二、"何必曰利"的表述方式

德性主义经济伦理思想强调德义为上,并没有否认个人私利的合理性。但其在表述方式上,却常常表达出一种对"利"的厌恶态度。这种倾向在孟子那里最为明显,假如孔子是"罕言利",那么孟子则明确提出了反对言利的"何必曰利"主张。但实际上,无论孔子或是孟子,都并非宽泛地反对人的一切利益,而这不过是"义以为上"的另一种表述方式。

在孟子与梁惠王进行对话的时候,面对"东败于齐,长子死焉;西丧地于秦七百里;南辱于楚"[①]的处境,梁惠王想要追求富国强兵的"利",以实现称霸天下的目的。但孟子认为,假如梁惠王一味地追求"利",提升军事实力,反而会造成百姓"上下交征利""苟为后义而先利,不夺不餍"[②]的情况,国家就危在旦夕。换言之,假如国家的利表现在经济、武力等方面,在孟子看来,提升国家之利,并非称霸天下的有效或正确途径,而只有"仁义"才能从根本上使国家安定富强。因此,孟子说,"未有仁而遗其亲者也,未有义而后其君者也"[③],假如国家内部人人重义尊礼,那么国家岂有不强盛的道理? 所以,"王,何必曰利? 亦有仁义而已矣"[④]。实际上,在孟子与梁惠王以及齐宣王

---

① 《孟子·梁惠王上》。
② 《孟子·梁惠王上》。
③ 《孟子·梁惠王上》。
④ 《孟子·梁惠王上》。

的对话之中,孟子从来都没有真正地否定过"利"的合理性,他只是反对把追求利益视为富国强兵的根本方式。而对于一心只想征收财税、提升军事实力的国君来说,"言利"实际上便是全身心地逐利,而忽视伦理道德。因此,孟子想要纠正他们的错误观点,让他们知道经济利益或军事实力并非是称王天下的真正手段。

除此之外,孟子有关"恒心"与"恒产"的论述,也足以充分说明孟子同样认为个人的经济利益是具有重要作用的。孟子认为,"无恒产而有恒心者,惟士为能;若民,则无恒产,因无恒心。苟无恒心,放辟邪侈,无不为已。"①这句话的意思是,只有士君子才能在没有经济利益的前提下,保持自己的生活理想;而对于一般人而言,经济利益是生活的基础,只有具备了这些基本的生活条件,他们才有可能保持安定。因此,对于整个国家而言,经济利益无疑起到了保障国家长治久安的重要作用。同时,我们也不能以士君子的标准去要求普通人。或者说,在贫困的状态下保持自己原有的心志,只是少数卓越之人的才能,并非社会中的普遍现象。

最后,对于为百姓谋"利",孟子更是持赞成的态度,并认为这是统治阶层应该做到的基本任务。孟子曾经提出了著名的治国理论——"制民之产",他曾经说道:"五亩之宅,树之以桑,五十者可以衣帛矣;鸡豚狗彘之畜,无失其时,七十者可以食肉矣;百亩之田,勿夺其时,数口之家可以无饥矣;谨庠序之教,申之以孝悌之养,颁白者不负戴于道路矣。"②

可以说,孟子继承了孔子"先富后教"的思想,他同样是在追求利民、富民。他并非忽视经济利益、忽视一般百姓的基本需求,片面地追求道义,而是认为保障人民的经济利益,正是道义的基本要求。由此可见,"何必曰利"并非对个人利益的否定,而是强调君主应当把注意力转移到道德伦理的方向。换言之,只有关注仁义,才能真正带来天下之大利。

三、"仁义为先"的普遍共识

自孔孟以降,儒家对于经济利益与道义之间的辩证关系其实已经逐渐

①《孟子·梁惠王上》。
②《孟子·梁惠王上》。

确立下来。在此之后,诸多儒家学派的思想虽然有一定的差异,但都可以归结为"仁义为先"的普遍共识。

荀子就认为:"义与利者,人之所两有也。虽尧舜不能去人之欲利,然而能使其欲利不克其好义也。虽桀纣亦不能去民之好义,然而能使其好义不胜其欲利也。"①由此可见,荀子显然也继承并发展了孔孟重义轻利的思想,但他并没有将义利视为对立的两极,仿佛有的人只讲利,有的人只讲义;而是认为义利都是人天性中具有的内容,无法摆脱。但是,当两者出现、产生冲突的时候,"义胜利者为治世,利克义者为乱世"②。所以,相较于前人而言,荀子更加理性地承认了私欲在人性中的地位,但仍然坚信在两者之间,义相较于利,具有更加绝对的优先性。

西汉时期,儒学在政治治理之中的作用更加凸显。贾谊、董仲舒等代表人物逐渐被统治阶层接受,使得儒学的理论地位得以提升,并有了更加宽广的实践空间。当然,他们仍然持有"仁义为先"的共识。贾谊认为,富是安天下的前提,礼是安天下的基础。一方面,经济困难的国家不能够仅仅依靠礼义来治理,因此,只有大力发展经济,实现"天下富足,资财有余"③,才有可能有效地治理国家;另一方面,在满足这个前提之后,国家必须要以礼仪为治理的准绳。由此可见,贾谊对于义利关系的理解,仍然是对前人的继承与说明。

董仲舒则认为,天赋予了人两个方面的属性,即利和义,但利和义的功能并不一样,"利以养其体,义以养其心"④。对于圣人而言,他们一般都会重仁义而轻财利;但对于一般庶民而言,他们一般"皆趋利而不趋义"⑤。这即是说,圣人更重视内心的修养,而一般庶民则只会听从本能的动物性欲望。因此,董仲舒进一步地提出了"贵义贱利"的思想。当然,也不能任由一般庶民被逐利的动机所驱使,所以要对其进行教化,即"渐民以仁,摩民以谊,节民以礼,故其刑罚甚轻而禁不犯者,教化行而习俗美也"⑥。不过,董仲舒仍

---

① 《荀子·大略》。
② 《荀子·大略》。
③ 《贾谊新书·过秦上》。
④ 《春秋繁露·身之养重于义》。
⑤ 《春秋繁露·身之养重于义》。
⑥ 《前汉书·董仲舒传》。

然同先贤一样,强调治理民众时首先要确保的就是他们的经济生活,即"治民者,先富之而后加教"①。由此看来,董仲舒的义利观几乎是对前人的继承重述。这既说明他并没有超越前人,也说明了儒家学者对义利的普遍共识。

到了宋明理学时期,儒家的这种义利观念虽然具有了新的时代特色,但仍然继承了先秦儒家重义轻利思想。比如,周敦颐认为,"诚"是五常之本,即是道德的极致。如果要达到"诚"的最高境界,人们就必须"虚静无欲",轻视利欲。其中,宋代大儒朱熹更是直接提出"义利之说,乃儒者第一义"②,道出了经济伦理在儒家思想中的重要地位。可以说,朱熹的义利观与他的天理人欲观密切相关。在朱熹看来,"仁义"是"天理之公","利心"则是"人欲之私"。因此,人们要以义为善,以利为不善,君子必以仁义为先,而不以功利为急。

总之,"德义为上"是儒家德性主义的首要特征。可以说,在中国思想史中,"德义为上"始终占据着主导地位。义利之辩对于个人而言,与其说是经济与伦理的关系,不如说是一个纯粹的伦理问题。义利之辩直接反映了德性主义对于人性的理解,以及对于理想人格的界定。此外,儒家从来都不排斥统治者把天下之大利放在重要的位置。并且认为,只有满足了人民的经济利益,才有可能对他们进行道德教化。可以说,这便是以"仁"为本的德性主义宗旨,是中国经济伦理思想最为典型的形态之一。

第二节　黜奢崇"俭"的德性主义生活观

在人类文明社会的早期,农业是社会的支柱型行业,因此崇"俭"的思想十分常见。同样,在中国传统之中亦是如此。但是,"德义为上"的崇俭观有着其独到的特点,它与中国其他的理论形态不同,也与西方文化不同。粗略地说,德性主义所提倡的俭朴要以伦理道德为标准或依据,即孔子所提出的

①《春秋繁露·仁义法》。
②《朱文公文集》卷二十四。

"俭不为礼"。换言之,我们不能一味地追求节俭,节俭一定要符合道德或礼仪。如果某种节俭不符合礼仪的要求,那么这种节俭同样是需要否定的。此外,德性主义并不是从经济利益的角度来考虑俭朴的问题,而是认为节俭是君子修身养性的手段之一。通过节俭的生活,君子就能够克服外在的欲望,最终提升自己的道德修养。

一、"俭不违礼"是节俭的标准

德义为上的德性主义在节俭问题方面同样强调伦理的内涵,这突出表现在对礼的强调。孔子就认为,人们要俭不违礼、用不伤义。因此,何时节俭、何时不节俭都要依靠礼的界定,"君子之行也,度于礼。施,取其厚;事,举其中;敛,从其薄"①。但通常说来,自觉地节制欲望则是每个人都应该努力的方向。孔子认为,对于君子来说,"饭疏食饮水,曲肱而枕之,乐亦在其中矣。不义而富且贵,于我如浮云"②"食无求饱,居无求安"③,同样是可以得到快乐的。而对于不同阶层的人,"俭"的标准也是完全不一样的,"吾从大夫之后,不可徒行也"④。不可徒行,并不是要炫耀财富,而是要体现出士大夫的尊严,礼的作用正在于此。当节俭和礼仪出现冲突的时候,始终都要以礼仪作为行为的准则。

而当君子处在贫困的境地时,他也能够安贫乐道,这同样是崇俭的一种表现。因此,孔子强调"君子固穷",并十分赞赏弟子颜回对于贫困的态度,即"一箪食,一瓢饮,在陋巷,人不堪其忧,回也不改其乐"⑤。假如君子脱离了贫苦,获得了生活的富足,那么他也要节制欲望,而不应该无止境地追求财富。因此,孔子还曾经赞扬公子荆道:"善居室。始有,曰:'苟合矣。'少有,曰:'苟完矣。'富有,曰:'苟美矣。'"⑥这即是说,公子荆擅长理财,但当有一点财富的时候,他就认为已经差不多了。这种始终满足于现有状态的

---

① 《论语·先进》。
② 《论语·述而》。
③ 《论语·学而》。
④ 《论语·先进》。
⑤ 《论语·雍也》。
⑥ 《论语·子路》。

知足心境,正是孔子所强调的,也正是节俭的真正内涵。换言之,节俭并不完全是在客观上尽可能地少消费,而是在主观上对于财富没有执着之心。

同样,孟子也认为礼仪是节俭的准绳,是以"君子不以天下俭其亲"①。孟子在葬母时就遭受到人们的非议,有人认为他过于铺张奢靡。但孟子的学生乐正子则认为孟子的所作所为是符合礼仪的,他只是依据自身的条件,而选择了符合礼仪的做法。但是,孟子极度反对统治者的奢侈浪费,因而指出"是故贤君必恭俭礼下,取于民有制"②。此外,孟子认为,节俭的人还具有一些相通的美德,比如绝对不会抢夺、侵占他人的财富,即"俭者不夺人"③。

通过孔子、孟子的观点,我们已经可以看到礼或伦理在德性主义崇俭观中的重要地位。此外,在荀子、董仲舒等人的思想之中,这个特点也得到了充分的体现。比如,荀子说:"故虽为守门,欲不可去。虽为天子,欲不可尽。欲虽不可尽,可以近尽也欲虽不可去,求可节也。所欲虽不可尽,求者犹近尽欲虽不可去,所求不得,虑者欲节求也。道者,进则近尽,退则节求,天下莫之若也。"④这即是认为,人们的欲望应该与礼仪所规定的等级彼此吻合,要坚持礼义的原则,而以礼仪去引导和节制欲望。假如人们的生活条件优越,便可以追求多一点;假如人们生活条件较低,就应该节制多一点。董仲舒更是强调了礼对于崇俭标准的意义。他认为,即便人们在衣食困难的时候,也同样要遵守祭礼,并用了一个比喻说明这个问题,即"民未遍饱,无用祭天者,是犹子孙未得食,无用食父母也"⑤。

可以说,对于"德义为上"的中国经济伦理形态而言,节俭与礼仪的关系是非常突出的一个特点。这种与日常伦理密切相关的崇俭理念,再次将经济或消费纳入伦理的框架之中,使得日常经济问题成为一种深刻的伦理问题。

---

① 《孟子·公孙丑下》。
② 《孟子·滕文公上》。
③ 《孟子·里娄上》。
④ 《荀子·正名》。
⑤ 《春秋繁露·郊祭》。

二、崇"俭"反"奢"的德性论要求

在节俭观方面,"德义为上"经济伦理形态的另一个最重要的特征则是将节俭与君子的美德修养紧密结合起来。就人性论而言,德性主义的儒家思想普遍把个人的"私欲"视为需要克服的自然人性之一,同样也是统治者治理国家的基本方式之一。而通过崇俭反奢的道德诉求,个人能够修身养性、安贫乐道,国家则能够避免动乱、长治久安。

其实,早在商朝初期,尹伊就说:"慎乃俭德,惟怀永图"①,建议即将继位的太甲一定要注意节俭。而大臣祖伊曾说道:"惟王淫戏用自绝"②,则一针见血地指出了商纣王因侈靡而亡国的实质。正是看到商朝的历史命运,周朝的统治者更加重视节俭对于治国统治的重要性。例如,周公就十分强调要向文王学习克勤克俭的美德,"惟乃丕显考文王,克明德慎罚。不敢侮鳏寡,庸庸、祗祗、威威、显民"③。因此可以说,对于这些统治者而言,崇俭反奢的美德要求并非是一个至高无上的道德理想,而是一个涉及家国生死的关键诉求。而孔子也继承了这个观点,同样认为这是治理国家的重要手段之一。他曾经说道:"道千乘之国,敬事而信,节用而爱人,使民以时。"④这即是说,在治理千乘的大国时,统治者有许多需要注意的内容,比如诚信于民、使民以时等,而节用和爱人便是其中非常重要的方法。

但崇俭反奢除了与国家兴亡有关之外,与个人的日常生活同样息息相关。孔子明确地将俭与温、良、恭、让等并列,被视为人们日常生活的行为准则。对此,他有许多相关的论述,例如:"衣敝缊袍,与衣狐貉者立,而不耻者,其由也与"⑤;"不仁者不可以久处约,不可以长处乐。仁者安仁,知者利仁"⑥。如上所述,君子始终是可以在简陋之中寻找到乐趣,并追求真正的大道。

---

①《尚书·太甲上》。
②《尚书·西伯戡黎》。
③《尚书·康诰》。
④《论语·学而》。
⑤《论语·子罕》。
⑥《论语·里仁》。

　　而那些不知道满足与节俭的人，正是社会动乱不安的原因与源泉。可以说，正是由于人们的不知足，不知道节俭，所以才会有各种纷争。孔子说道："贫而无怨难"①，"小人穷斯滥矣"②。很多贫困的人，正是由于不知足或者不安于贫困，所以才会犯上作乱；而很多富裕的人，同样是因为不满足自己已经拥有的财富，所以才会贪得无厌，因而破坏重要的礼仪或制度。因此，无论对于贫困的人抑或富裕的人而言，都要学会节俭或知足。假如在贫困的时候还能够知足，那么就能获得得道的快乐；假如在富裕的时候知足，就能够"富而无骄"，进而"富而好礼"。

　　孟子则认为，单方面强调安贫是不现实的，对于大多数民众而言，必须要有一定的经济利益作为支撑，他们才能够保持稳定；而只有对于君子而言，他们才能够凭借意志，超越对于物质基础的依赖。因此，他认为，"无恒产而有恒心者，惟士为能。若民，则无恒产，因无恒心。苟无恒心，放辟邪侈，无不为已。及陷于罪，然后从而刑之，是罔民也。焉有仁人在位，罔民而可为也？是故，明君制民之产，必使仰足以事父母，俯足以蓄妻子，乐岁终身饱，凶年免于死亡。然后驱而之善，故民之从之也轻。"③但是，以上的观点更多是针对治国理政而言的，而对于每个人而言，"寡欲养心"则是非常重要的修养途径。因此，孟子还指出："饱食暖衣、逸居而无教，则近于禽兽。"④

　　秦汉时期，董仲舒在阴阳五行说的基础之上，重新诠释了以上的崇俭反奢思想，尤其是强调这种美德对于国家稳定和平的重要性。董仲舒以阴阳家的五行学说作为论证方法，明确表示：假如统治者奢侈纵欲，那就必然将会导致民众的叛乱。他说："夫木者，农也，民也""夫土者，君之官也，君大奢侈，过度失礼，民叛矣，其民叛，其君穷矣，故曰木胜土。"⑤即统治者一定要轻徭薄赋，这样才是"奉顺于天者"，才是遵循了人道，否则他将会遭到"天绝之"的因果报应。到了宋明理学时期，朱熹更是提出了"存天理、灭人欲"的思想。他虽然承认满足人的基本需求的合理性，并认为"饮食者，天理也"。

---

① 《论语·宪问》。
② 《论语·卫灵公》。
③ 《孟子·梁惠王上》。
④ 《孟子·滕文公上》。
⑤ 《春秋繁露·五行相胜》。

但在此基础之上，他认为人们一定要对这种欲望加以限制，进而提出了更加明确的节俭寡欲与人性修养之间的关系。张载也同样认为，"今之人灭天理而穷人欲，今复反归其天理。古之学者便立天理，孔孟而后，其心不传，如荀扬皆不能知。"①但在张载看来，人之欲，是不可能完全灭绝的，不过虽然"人人有利欲之心，与学正相背驰，故学者要寡欲"②。

由上可见，"德义为上"的经济伦理形态除了强调节俭与外在的伦理礼仪之间的关系，同样强调节俭与人的内在美德之间的关系。节俭是修身养性的必要途径。而对于统治者而言，这种美德尤为重要，因为它直接涉及国家的生死兴忘。这种思想也鲜明地反映出了中国经济伦理思想的重要特色之一。

第三节　"为政以德"——重义轻利在政治伦理中的实践

众所周知，德性主义的"民本"的政治伦理思想与经济伦理思想密不可分。可以说，强调国家公利、强调人民的物质生活保障的经济伦理思想，正是政治伦理中国家治理的主要手段。换言之，德性主义强调的"富国利民"正是实行仁政的必要前提或坚实根基。就此而言，它看似与墨家、法家等有异曲同工之处，但墨家、法家等功利主义思想将"天下之大利"视为判断政治有效性的最终标准，而儒家却仅将国富民强视为一种有力的手段而已，其最终目的仍是培育君子之德、维护国家之礼。其次，儒家德性论强调的是以"仁义"为核心的"王道"政治，而非以"武力"为核心的"霸道"政治，更是清晰地辨析了目的与手段的关系，凸显出其"德义为上"的德性主义理论特色。最后，儒家所设立的政治理想，即"大同"与"小康"，同样鲜明地刻画了道德、礼法要置于经济利益之先的理论特征。通过这三个方面的描述，"德义为上"的经济伦理形态在政治领域同样彰显出鲜明的理论特征。

---

① 张载：《经学理窟·义理》。
② 张载：《经学理窟·学大原上》。

一、经济利益是治国之基——"富国利民"

如上所述,历代儒家学者在强调"德义为上"之时,始终没有否认,甚至始终都在强调"富国利民"的重要性。他们都普遍相信,假如人们缺乏了安身立命的基本经济保障,缺乏了生存的基本条件,那么就势必会"放辟邪侈,无不为已"①,进而成为社会混乱、天下不宁的根源。因此,如果君主与民争利,重敛以致民贫,那么这便是孟子所说的"富桀","君不乡道,不志于仁,而求富之,是富桀也"②。

同样,荀子也曾经明确指出:"厚刀布之敛,以夺之财;重田野之赋,以夺之食;苛关市之征,以难其事。不然而已矣,有掎絜伺诈,权谋倾覆,以相颠倒,以靡敝之。百姓晓然皆知其污漫暴乱,而将大危亡也。是以臣或弑其君,下或杀其上,粥其城,倍其节,而不死其事者,无他故焉,人主自取之。"③而他在《王制》篇中还指出,"聚敛者亡""筐箧已富,府库已实,而百姓贫,夫是之谓上溢而下漏。入不可以守,出不可以战,则倾覆灭亡可立而待也",所以,"聚敛者,召寇、肥敌、亡国、危身之道也"。这样的君子,最终的结果必然是"将以取富而丧其国,将以取利而危其身"④。

由上可见,假如统治者无止境地收敛财富,只为一己私欲,而无视富国利民的天下公利,那就势必会导致人民的不满,甚至引起他们的反抗、揭竿而起,招致天怒人怨、国破人亡。"饥者弗食,劳者弗息。暗暗胥谗,民乃作慝。方命虐民,饮食若流。流连荒亡,为诸侯忧"⑤。所以,孔子说:"四海困穷,天禄永终。"⑥

然而,富国和富民并不是同一个概念。在先秦时期,人们对于是先富民还是先富国存在许多争执。大致说来,以商鞅、韩非为代表的法家更加强调藏富于国,而反对富民;但"德义为上"的经济伦理形态则明确认为,一定要

---

① 《孟子·梁惠王上》。
② 《孟子·告子下》。
③ 《荀子·富国》。
④ 《荀子·富国》。
⑤ 《孟子·梁惠王下》。
⑥ 《论语·尧曰》。

首先强调民富,国富是建立在民富的基础之上。只有民富,才能称得上是真正的国富。《论语·颜渊》中记载道:

> 哀公问于有若曰:"年饥,用不足,如之何?"有若对曰:"盍彻乎?"曰:"二,吾犹不足,如之何其彻也?"对曰:"百姓足,君孰与不足?百姓不足,君孰与足?"

《孔子家语·贤君》也曾记述了鲁哀公与孔子的一段对话:

> 哀公问政于孔子。孔子对曰:"政之急者,莫大乎使民富且寿也。"公曰:"为之奈何?"孔子曰:"省力役,薄赋敛,则民富矣;敦礼教,远罪疾,则民寿矣。"公曰:"寡人欲行夫子之言,恐吾国贫矣。"孔子曰:"诗云:'恺悌君子,民之父母。'未有子富而父母贫者也。"

这即是说,只要民富,国家自然而然就富裕了。如果没有民富作为前提,国家不可能真正富裕。正所谓"下贫则上贫,下富则上富。……潢然使天下必有余,而上不忧不足"①。此外,人民一旦过上了富裕的生活,那么他们还会进一步追求更加富裕的生活,生活便会越来越好,国家就可以实现"上下俱富"的目的,"民富则田肥以易,田肥以易则出实百倍"。生产愈发展,国家也就愈富有,从而就可以达到"上下俱富";相反,"民贫则田瘠以秽,田瘠以秽,则出实不半;上虽好取侵夺,犹将寡获也"②。假如人民总是处于贫困的状态,那么他们自然也就没有心力从事劳动,国家只会越来越穷。即便统治者想要侵夺人民的财富,也不可能有所收获。

此外,假如国穷民贫的话,这也不是人民的责任,而是统治者的责任。正是由于统治者没有很好地履行自己的义务,国家才会衰败。孟子就曾经批评梁惠王道:"庖有肥肉,厩有肥马,民有饥色,野有饿莩,此率兽而食人也。兽相食,且人恶之。为民父母,行政不免于率兽而食人。恶在其为民父母也?"③孟子还指责邹穆公道:"凶年饥岁,君之民老弱转乎沟壑,壮者散而之四方者,几千人矣;而君之仓廪实,府库充,有司莫以告,是上慢而残下

---

① 《荀子·富国》。
② 《荀子·富国》。
③ 《孟子·梁惠王上》。

也。"①因此,在极端的情况下,我们甚至可以说,如果统治者没有做到富国利民,那么他就不是一个合格的统治者,也就是可以被人民群众推翻的统治者。

具体而言,"德义为上"的传统经济伦理形态还提出了一些实现富国利民的措施。但是,这些措施并没有得到系统的论证,而是散落在一些经典文献之中,我们大致可以把它们归纳为以下三个方面:

第一,轻徭薄赋。赋役是封建统治者对人民进行剥削的重要手段,因此显而易见,减轻人民的赋役负担,也就是最为直接有效的富民手段之一。自古以来,关注民生的思想家都对苛捐杂税的问题进行过批判。孟子就曾深刻地指出:"民之憔悴于虐政,未有甚于此时者也。"②统治者的贪婪暴敛,役使无度,直接导致了人民的贫穷,而只有"薄其税敛",才能实现民众的富裕。第二,制民之产。这即是说,人民只有拥有基本的生活条件,社会才能安定。《孟子·梁惠王上》中曾经指出:"是故明君制民之产,必使仰足以事父母,俯足以畜妻子,乐岁终身饱,凶年免于死亡。"而孟子也曾经大致描述过这种基本的生活标准,即:"五亩之宅,树之以桑,五十者可以衣帛矣。鸡豚狗彘之畜,无失其时,七十者可以食肉矣。百亩之田,勿夺其时,数口之家可以无饥矣;谨庠序之教,申之以孝悌之义,颁白者不负戴于道路矣。"③《荀子·大略》中也提到过类似的物质生活标准:"故家五亩宅,百亩田,务其业而勿夺其时,所以富之也。"第三,富而后教。当人们不被苛捐杂税所奴役,并且有了基本的物质生活保障之后,他们就会过上比较安稳的生活。而要让他们过得更加好,则要对其进行教化。"子适卫,冉有仆。子曰:'庶矣哉!'冉有曰'既庶矣。又何加焉?'曰:'富之。'曰:'既富矣,又何加焉?'曰:'教之。'"④

总之,人民的经济利益是治国的根基。假如统治者没有做到富国利民的经济目标,他就不是一个合格的统治者,甚至有可能会丧失统治的资格。而且富国利民也不是一个遥不可及的目标,只要统治者能够轻徭薄赋、制民之产,为人民提供基本的教育,就一定能够更好地治理国家,实现人民的安

---

① 《孟子·梁惠王下》。
② 《孟子·公孙丑上》。
③ 《孟子·尽心上》。
④ 《论语·子路》。

居乐业。

二、德性治理是治理的正确方式——"王道"

早在《尚书·洪范》中，"王道"的概念就已经出现："无偏无陂，遵王之义；无有作好，遵王之道；无有作恶，遵王之路。无偏无党，王道荡荡；无党无偏，王道平平；无反无侧，王道正直"。到了战国时期，孟子与荀子对于王道有了更多的论述。自此开始，王道逐渐成为一个代名词，主要是指最好的政治方式。具体而言，王道通常指的是古代先贤君主的治国之道，也就是"先王之道"，而典型代表便是尧舜至文、武、周公的历代"圣王"。

"霸道"则是与王道相对应的一个概念。霸道指利用权力、刑罚等而实行的统治政策。孟子认为："五霸者，三王之罪人也；今之诸侯，五霸之罪人也；今之大夫，今之诸侯之罪人也"①。在孟子看来，霸者崇尚"力"，王者崇尚"德"；霸者以力服人，但无法让人信服，王者以德服人，使人心悦诚服。

因此，"王道"概念本身就说明了德性治理是治理的正确方式。而先秦儒家之所以认为"先王之道"在道德上具有绝对的正当性，则是因为他们普遍认为，先王具有超越一般人的美德。或者，他们假借先王的典范意义，进而描述自己理想中的君主美德。正是由于这种美德，他们才能够得到天下，才能够有效地治理天下。"三代之得天下也，以仁，其失天下也，以不仁，国之所以废兴存亡者亦然。"②

正是基于这样的理解，先秦儒家带有明显的复古情绪，主张当代的统治者一定要效法先王。这即是说，"因先王之道"或"遵先王之法"是政治治理的重要原则。"遵先王之法而过者，未之有也。"③而在孟子那里，他所指的先王一般包括尧、舜、禹、汤、文、武。其中，他最常称道的则是尧舜，因而便有孟子"言必称尧舜"④之说，或"非尧舜之道不敢以陈"⑤。他多次强调这一点，

---

① 《孟子·告子下》。
② 《孟子·离娄上》。
③ 《孟子·离娄上》。
④ 《孟子·滕文公上》。
⑤ 《孟子·公孙丑下》。

并借用孔子的话说道:"大哉尧之为君! 惟天为大,惟尧则(法)之,荡荡乎民无能名焉! 君哉舜也! 巍巍乎有天下而不与焉!"①"尧舜,性者也,汤武,反之也。"②然而,在先秦儒家的伦理思想中,"法先王"并非孟子首创,也亦非在他这里达到鼎盛。众所周知,荀子就提出了丰硕的"法先王"与"法后王"思想。但至于荀子之"先王""后王"到底指什么,许多学者业已对此提出了富有洞见的观点,却尚未达成定论。但这些问题的答案并不重要,因为它们所反映出的核心主张始终是一致的。这即是说,先秦儒家"王道"理想的本质便是强调德性治理。在他们看来,无论春秋五霸在历史上取得了什么样的成功,获得了多大的权力,它们都是不符合道义的统治方式。"非本政教也,非致隆高也,非綦文理也,非服人心也。"③而先王依靠德性的治理,才是最正确的治理方式,同时也最有可能真正实现"王天下"的治理结果。

三、政治治理的目的与理想——"大同"与"小康"

"德义为上"的儒家理论曾经对理想社会曾作出一个较为清晰的描述,而它包括两个方面:一种是终极性的理想,即"大同";另一种则是现实性的理性,即"小康"。这种区分源于《礼记·礼运》篇:

> 大道之行也,天下为公,选贤与能,讲信修睦。故人不独亲其亲,不独子其子,使老有所终,壮有所用,幼有所长,矜寡、孤独、废疾者皆有所养;男有分,女有归;货,恶其弃于地也,不必藏于己;力,恶其不出于身也,不必为己。是故谋闭而不兴,盗窃乱贼而不作,故外户而不闭,是谓大同。

> 今大道既隐,天下为家,各亲其亲,各子其子,货力为己,大人世及以为礼,城郭沟池以为固,礼义以为纪,以正君臣,以笃父子,以睦兄弟,以和夫妇,以设制度,以立田里,以贤勇知,以功为己,故谋用是作,而兵由此起,禹、汤、文、武、成王、周公,皆由此其选也。此六君子者,未有不

---

① 《孟子·滕文公上》。
② 《孟子·尽心下》。
③ 《荀子·王霸》。

谨于礼者也。以著其义,以考其信,著有过,刑仁讲让,示民有常。如有不由此者,在势者去,众以为殃。是谓小康。

大同社会是终极性的理想,但在现实中未必能够实现。在这个社会里,人与人之间的亲密关系不再局限于家庭,而是已经扩展到整个天下。天下的所有人都共同拥有这个社会,彼此和睦相处。人人都能够讲信用,并互相关爱。老年人都能够安度晚年,壮年人都能够发挥自己的作用,青年人都能够茁壮地成长。社会中的弱势群体,比如鳏寡孤独病残者,都能够得到供养,好好地生活。这个社会中的所有产品都是人们共同所有的,人与人之间不欺诈争利,而社会上也不会存在偷窃掠夺。可以说,这是一个完美的社会。

显然,大同社会的理想具有一定的时代性。这种理想社会的设定未必符合当代人的理解,但它所表达的无疑是孔子对最完美社会的假设。而这种假设之中,最为凸显的特征就是:各种各样的伦理规则都完美地融入了社会生活之中,并且每个人都是具有美德的君子。他们能够在自己所处的位置上发挥自己的作用。因此,通过这种理想社会的设定,人们关注的不应该是具体的内容,而是要关注儒家对于伦理道德的强调,反映出了"德义为上"的伦理形态。其中,所有关涉到经济利益的行为准则都不复存在,而是被仁爱的伦理准则所取代。

与大同世界相对应,满足百姓基本需要的社会是"小康"。"小康"已经不是天下为公了,而是天下为家。人们的言行,必须以"礼"为原则,尽管"小康"比"大同"的理想程度低,但"小康"社会还是一个"有道"的社会。

小康社会不再是天下为公,而是天下为家。人与人之间的亲密关系只局限到了家族内部,并由此会出现了国家的区分,也会出现战争。但总体而言,这个社会是讲礼仪和伦理的。君臣、兄弟、夫妇之间的关系和谐和睦,人民的基本物质生活也能够得到保障,具有美德的贤者能够在政治中居于高位。可见,这是一个礼制健全、生活稳定的社会,它更加具有现实性,是一个更加容易实现的目标。小康社会同样充满着儒家的伦理观念,但相较于大同社会而言,具有一定的局限性,因为家国天下之间,仍然存在着一定的差异。可见,所谓大同和小康的区分,代表了不同理想层面上的社会制度。而在礼崩乐坏的乱世,人们可以期待的目标只能是"小康"。"王道"正是实现"小康"社会的具体途径。正如唐文明所言:"实际上,历来讲王道就是讲小康,不是讲大同,因为要有一个入手的地方,即礼乐,而大同则缺乏现实性。"①

　　总之,大同与小康的政治理想,虽然存在差异,但都普遍反映了"德义为上"的理论形态。在小康社会里,人民整体的经济利益是国家稳定的根基。对于每个人而言,他们则都更加注重道德和仁义。这种对于道德和仁义的重视,同样反映在大同的理想社会之中。但此时,国家稳定已经不需要再强调经济利益这个前提,因为天下已然实现了共同富裕。就此来看,小康与大同社会并不冲突。大同是已然实现了富裕的社会,而小康则是君主追求人民富裕的社会。由上可见,通过对这两种政治理想的区分,"德义为上"的理论形态再次重申了人民的经济利益是和谐生活的前提,重申了伦理道德的绝对优先性地位。

① 彭永捷:《王道政治与天下主义》,载《现代哲学》2013 年第 2 期。

第五章
中国经济伦理思想的基本形态之二——义即是利

中国经济伦理思想的第二种基本形态主要以墨家、法家等思想为代表,其突出特征是"义即是利"。简单地说,他们普遍肯定"人本自利"的人性论,承认人们追求自我利益的合理性与必要性。对于上文所述的"德义为上"的理论形态,他们通常都持有一定的批判态度。因为他们认为儒家眼中的"仁义"是一个虚假的概念,如果人们要接受它,就要以"利"来界定它。于是,他们更加正视社会的经济生活,重视利益存在的合理性。此外,相较于"德义为上"的理论形态而言,这种形态虽然在我国古代历史上并未占据主导地位,其影响也远不及前者那么深远。但是,它依然具有悠久的传统,是我国重要的理论形态之一。早在春秋时期,管仲便提出了"仓廪实而知礼节,衣食足而知荣辱"[①]的著名观点,这即是将经济之利视为伦理道德的前提基础。不过,它的核心观点主要是体现在先秦墨家、法家以及宋代王安石、陈亮与叶适等人的思想之中。作为"德义为上"形态的一种补充或对立面,"义即是利"形态表现出更强的批判性和现实性。

第一节　"人性自利"的人性论基础

"义即是利"的理论形态与"德义为上"的理论形态最根本的差异,首先体现在它们对于人性论的不同理解。"义即是利"的理论形态首先肯定了"人性自利"的现实性与合理性。其普遍认为,所有的社会制度都不能否定或违背这一条最基本的人性论假设。只有接受了这样的假设,人们才能进一步思考或设置理想社会的问题。比如墨家的"兼相爱、交相利",就是在"人性自利"基础上进行的理论推理,使得"自利"与"利他"辩证地统一起来。同样,法家的一切制度设置则是基于人"喜利畏罪"的人性观,等等。可以说,承认并接受"人性自利"的人性论假设,以此为理论的根基,正是"义即是利"理论形态最突出的特点之一。

一、"兼相爱、交相利"的墨家人性论

墨子十分反对儒家"罕言利"的态度,而是认为"利"正是解决社会问题

---

① 《管子·牧民》。

的关键所在。因此,他主张言利。他认为:"仁人之所以为事者,必兴天下之利,除去天下之害,以此为事者也。"①"仁人之事者,必务求兴天下之利,除天下之害。"②如果要求得天下安稳,就应该追求天下的利益,这才是道德之人所做的事情。换言之,正是由于他们追求了天下的利益,他们才能够被称为道德的人。

墨子之所以这样认为,因为他坚信人的本性是"趋利避害"的。他认为,人都有一些自然的本能欲望,需要满足自己的生存。这些本能欲望是理解人类自身的开始,也是设置社会制度的起点。具体而言,这种欲望有很多,比如求生的欲望,"民生为甚欲,死为甚憎"③;比如追求物质财富的欲望,"欲福禄而恶祸祟"④;再比如性欲等情感的欲望,"天地也,则曰上下;四时也,则曰阴阳;人情也,则曰男女;禽兽也,则曰牝牡雄雌也。真天壤之情,虽有先王不能更也"⑤。

墨子虽然承认人的天性是自利的,但他并没有因此而认为人只能考虑自己的利益,他也并不认为人的自利会引发争端。或者说,墨子认为人即便是自利的,彼此之间也能够和谐相处。人性自利,并非社会动荡不安的根源。在墨子看来,只要人与人之间能够做到"兼爱",国与国之间能够做到"非攻",那么天下同样能够达到和谐的状态。甚至可以说,这也正是达到天下和谐的最有效的手段。

"兼爱"说强调的是人人彼此平等,彼此相爱。他认为,假如我们爱别人的父亲,像爱自己的父亲一样,那么,别人就会爱我们的父亲,像爱他们自己的父亲一样。这种无差别的爱才是社会和谐的真正解决方法,而其他的理论都有弊端。因为其他的理论形态否定了人们之间的平等,而是承认彼此之间的差别或"交别"。墨子认为,"交别"是"天下之大害"。这是因为,"交别"体现的是人与人互相对立的一种状态。而儒家的"尊尊有等"正是一种极端维护"别"的道德体系。更准确地说,儒家的仁爱其实就是一种"差等之

---

① 《墨子·兼爱中》。
② 《墨子·兼爱下》。
③ 《墨子·尚贤》。
④ 《墨子·天志上》。
⑤ 《墨子·辞过》。

爱"，他们强调亲疏之别、厚薄之分。因此，在儒家所设想的体系下，人与人之间一定会存在不可调和的矛盾，社会也就永远不可能实现完全和谐有序的状态。于是，墨子认为，只有以"兼相爱"取代"别相恶，交相贼"，才能真正实现兴天下之利、除天下之害的理想。

可见，"兼爱"说正是一种抛弃了贫富、贵贱、智愚、亲疏之间的差异，甚至抛弃了人我差异的一种平等之爱。

> 然则兼相爱、交相利之法将奈何哉？子墨子言：视人之国，若视其国；视人之家，若视其家；视人之身，若视其身。是故诸侯相爱，则不野战；家主相爱，则不相篡；人与人相爱，则不相贼；君臣相爱，则惠忠；父子相爱，则慈孝；兄弟相爱，则和调。天下之人皆相爱，强不执弱，众不劫寡，富不侮贫，贵不敖贱，诈不欺愚。凡天下祸篡怨恨，可使毋起者，以相爱生也。是以仁者誉之。[1]

这即是说，爱人或利人虽然意味着一定程度的自我牺牲，看似与"自利"的本性不符；但长远来看，他们肯定能得到相应的甚至是更加巨大的回报。因此，利他和自利完全是不矛盾的。或者说，只有愿意利他的人，才能真正高效地实现自利。利他与自利是统一的，义与利也是统一的。相反，有的人为了自利而害人，看似短暂地得到了利益；但长远来看，他们一定会损失更多的利益，最终导致违背了"自利"的本性。或者说，假如人们完全不考虑他人，则是一种事与愿违的愚蠢行为，它会妨碍人们追求自己的利益。正如墨子所说："夫爱人者，人必从而爱之；利人者，人必从而利之；恶人者，人必从而恶之；害人者，人必从而害之。此何难之有？特上弗以为政、士不以为行故也。"[2]以上思想用后期墨家的话来说，则可以表述为："爱人不外己，己在所爱之中"[3]。可见，墨子始终强调的是自我利益与他人利益的统一，爱人即爱我，"义即是利"。

---

① 《墨子·兼爱中》。
② 《墨子·兼爱中》。
③ 《墨子·大取》。

二、"喜利畏罪"的法家人性论

法家的思想同样也是"义即是利"形态的代表之一。他们更加强调自利和言利是人的本性,甚至极端地认为君臣、君民、父子等一切人际关系,都是围绕利益而展开的。因此,他们才会注重法治而轻德治,甚至认为道德在社会治理的过程中不会起到真正的作用。

具体来说,法家的观点同样建立在他们的人性论基础之上。而法家人性论的核心就是一个"利"字。法家思想家普遍认为,人的一切实践活动都是为了追求名利而为。人的本性就是好利恶害、趋利避害的,正如《商君书·算地》所言:"民生则计利,死则虑名。"在先秦时期,商鞅、管仲和韩非都是法家具有代表性的人物。商鞅本人就坚信自利是人们的本性,因此他便试图利用人的自利心,进而实现"弱民"而"强国"的霸道政治。

管仲学派则更加强调从"人心""人情"的角度,进一步界定人的本性。因此,他们明确提出人的本性是"趋利避害""乐欲恶忧"的:

> 夫凡人之情,见利莫能勿就,见害莫能勿避。其商人能贾,倍道兼行,夜以继日,千里而不远者,利在前也。渔人入海,海深万仞,就彼逆流,乘危百里,宿夜不出者,利在水也。故利之所在,虽千仞之山,无所不上;深渊之下,无所不入焉。①

这种对人性的界定与儒家形成了鲜明的对比,更是被法家最著名的代表人物韩非子继承,且发扬光大。在韩非子看来,"夫安利者就之,危害者去之,此人之情也"②。他不仅认为人是好利的,甚至相信人的行为在本质上都是一种利己的行为。他曾经举例说道:"医善吮人之伤,含人之血,非骨肉之亲也,利所加也。故舆人成舆,则欲人之富贵;匠人成棺,则欲人之夭死也。非舆人仁而匠人贼也,人不贵,则舆不售;人不死,则棺不买。情非憎人也,利在人之死也。"③

---

① 《管子·禁藏》。
② 《韩非子·奸劫弑臣》。
③ 《韩非子·备内》。

　　所有的事、所有的行为,在某种程度上都属于自利的行为,甚至父子亲情都是这样,"父母之于子也,犹用计算之心以相待也"①。那么,人们一般的社会性交往显然就更是一种彼此的算计了。因此,依据法家的人性理论,人的行为的落脚点就只有两个:追求利益、躲避灾祸。正是对于利益与灾祸的计算,构成了统治者治理社会的基本依据。

　　总之,法家坚信人性的自利,并且不相信所谓的道德仁义。同墨家类似,他们也认为,日常语言中的仁义需要通过"利"来界定。但法家与墨家对于"义即是利"的不同理解则在于:墨家相信自利与利他的统一,并且认为人是可以利他的;而法家则认为利他只是虚假的幻想,利他的背后仍然是自利,所有人的所有行为其实都只是出于"趋利避害"的动机。

三、宋代"荆公新学"与"功利之学"的人性论假设

　　宋代时期,"德义为上"的理论形态是以理学为典型代表的。理学家继承了先秦儒家的义利观,并赋予了新的内涵,但他们同样强调仁义的绝对优先性地位,而否定了言"利"的正当性诉求。对于这种观点,也有一些思想家明确地表达了反对的意见,主要代表有:北宋李觏和王安石所创立的"荆公新学",以及南宋陈亮、叶适创立的"功利之学"等。从经济伦理学的角度看,皆属于"义即是利"的理论形态。

　　李觏的经济伦理思想同样要以其人性论为根基,正是基于他的自然人性论,提出了自己的义利观念。李觏认为,与天下万物一样,人首先是"感阴阳气而生"②的存在;但是,人又超越了其他生物,这是因为人是具有道德的。他说:"人受命于天,固超然异于群生:入有父子兄弟之亲,出有君臣上下之谊。"③仅就此而言,李觏的思想并没有体现出一定的创新性。李觏的创新之处在于:他并不认为人的道德性与自然性之间构成了一种绝对的对立关系;而是认为人的道德性与自然性是一种对立统一的辩证关系。于是,李觏同意并强调了"利"在人性中的合理性地位。他指出:"盖利者,人之所欲,欲则

①《韩非子·六反》。
②《李觏集》,北京:中华书局1981年版,第234页。
③《李觏集》,北京:中华书局1981年版,第66页。

存诸心,存诸心则计之熟矣。害者,人之所恶,恶则幸其无之,而不知为谋矣。"①"夫饮食男女,人之大欲,一有失时,则为怨旷。"②"富贵者,是人之所欲也。"③这即是说,李觏同样相信,每个人都是趋利避害的,都有饮食男女的自然欲望。

由于承认自然欲望的合理性,李觏进一步认为,人的利欲之情不仅存在一般人的身上,甚至存在圣人的身上。只不过相较于一般人而言,圣人能够更好地节制这种自然欲望。但在根本上,圣人的情欲与一般人的情欲没有任何差异,两者是完全相同的。所以,李觏明确地说:"形同则性同,性同则情同。圣人之形与众同,而性情岂有异哉?然则众多欲而圣寡欲,非寡欲也,知其欲之生祸也。"④

王安石的人性论是一种一元论,可以归纳为"性情一也"。这既与理学的人性二元论不同,同时也与韩愈以来流行的"性三品"论有异。在《性情》一文中,王安石明确指出:

> 性情一也,世有论者曰:"性善情恶",是徒识性情之名,而不知性情之实也。喜、怒、哀、乐、好、恶,欲未发于外而存于心,性也;喜、怒、哀、乐、好、恶,欲发于外而见于行,情也。性者,情之本;情者,性之用,故吾曰性情一也。

具体来说,王安石认为,性情本身是不分内外善恶的,可是在具体的事情上,性情则有善或恶的表现。因此,为了促使人们行善遏恶,我们就需要用礼节加以调节。由于王安石的人性论是一元论,因此他的人性观念并非是人天赋的那种情感,而且包括智慧、思考与理性。他说:"气之所禀命者,心也。视之能必见,听之能必闻,行之能必至,思之能必得,是诚之所至也。不听而聪,不视而明,不思而得,不行而至,是性之所固有,而神之所自生也,尽心尽诚者之所至也。故诚之所以能不测者,性也。"⑤

可见,对王安石而言,人性并不是一个价值概念,而是一个事实概念。

---

① 《李觏集》,北京:中华书局1981年版,第38页。
② 《李觏集》,北京:中华书局1981年版,第71页。
③ 《李觏集》,北京:中华书局1981年版,第163页。
④ 《李觏集》,北京:中华书局1981年版,第234页。
⑤ 王安石:《临川先生文集》,北京:中华书局1959年版,第702页。

人的天性没有合理不合理、没有善恶之分，只不过是一个客观存在的事实。善恶的产生是后天的结果，而非先天的禀赋。就此而言，王安石虽然没有强调人性自利的合理性，但强调了人性自利的必然性。他只是没有用善恶的概念去界定它。在某种程度上，这已经构成了对理学人性论的一种批判和否定。

由此可见，李觏、王安石都认为饮食男女的自然天性是不可避免的，都存在于每个人的身上。或者说，他们都在某种程度上承认了人是追求自利的。同样，南宋的陈亮与叶适亦是如此，并且将这个观点往前推了一步。

陈亮旗帜鲜明地指出："耳之于声也，目之于色也，鼻之于臭也，口之于味也，四肢之于安逸也，性也，有命焉。出于性，则人之所同欲也；委于命，则必有制之者而不可违也。"①这即是说，人的自然需求、人的自然欲望正是人性的最主要内涵。同样，叶适也认为好利是人的本性，人们为了求利而"朝营暮逐，各竞其力，各私其求，虽危而终不惧，已多而犹不足"②。

于是，面对这种不可避免的求利之心，我们就不应该采用堵塞的方式背离它，背离了自然欲望、背离了利益，就是背离了人性本身。叶适认为，应该采取"通""广"的方式对待人们的这种求利之心，他说："夫天下之所以听命于上而上所以能制其命者，以利之所在，非我则无以得焉耳。是故其途可通而不可塞，塞则沮天下之望；可广而不可狭，狭则来天下之争。"③这就如同大禹治水一样，只能顺应人的自然欲求，而不应该去抑制它。

总而言之，"义即是利"的理论形态首先在人性论就表现出了与"德义为上"明显的不同。他们都强调"人性自利"的基本判断，并且认为这种人性观点具有一定的客观性和合理性。基于此，我们就不应该否定利的客观性和合理性，而要围着利，去理解道德、理解仁义。换言之，相较于利益，德义并不具有优先性，两者在本质上是同一的。

---

① 《陈亮集》（上），北京：中华书局 1987 年版，第 42 页。
② 《叶适集》，北京：中华书局 1961 年版，第 164 页。
③ 《叶适集》，北京：中华书局 1961 年版，第 671 页。

第二节 "义,利也"的功利原则

如上所述,基于"人性自利"的人性论,"义即是利"的经济伦理思想往往都在一定程度上消解了"仁义"等道德规范的崇高地位,而在某种程度上肯定或确立了"利"的重要性。因此,他们不再把"仁义"置于一个高高在上的特殊地位,而是打通了"义利"之间互相转换的通道。但在打通义利之时,他们所采取的方式却不尽相同。简单地说,墨家将"利",或者说"天下之大利"视为"义"的最终标准;但对于法家来说,他们更为彻底地贬低了道德的价值。他们更加相信,仁义是虚假的,唯有利益是真实的。因此,他们更加强调法的重要性。

一、墨家的"利人即为"

从言辞来看,墨子并不否认"仁义"的合理性,甚至提出了"万事莫贵于义"的思想:

> 子墨子曰:"万事莫贵于义。今谓人曰:'予子冠履,而断子之手足,子为之乎?'必不为。何故?则冠履不若手足之贵也。又曰:'予子天下,而杀子之身,子为之乎?'必不为。何故?则天下不若身之贵也。争一言以相杀,是贵义于其身也。故曰:万事莫贵于义也。"①

这即是说,墨子虽然认为人性是自利的,但同时也承认"义"对于人类社会的重要性。墨子甚至还承认,相对于物质财富而言,生命是更加宝贵的;但相对生命而言,"义"则要更加宝贵。仅仅从这里对"义"的强调而言,我们似乎是无法区别儒家与墨家之间的思想的,墨子的思想与儒家的杀身成仁、舍生取义有着极大的相似性。

---

① 《墨子·贵义》。

但是,与"德义为上"的理论形态不同,墨家在回答"何者为义?"的问题上,有着他们独到的见解。儒家强调的仁义,往往与个人私利或私欲是彼此对立的范畴。而且,儒家通常认为求利的动机,势必会妨碍求义的动机,两者并不是相容的。但是,在墨家看来,上文所说的"义"正是一种"利",只不过主要指"天下之利"或他人之利。

在此基础之上,墨子不但表达了对"利"的认同,而且还进一步将"利"视为道德评价的标准。墨子曾指出:"所为贵良宝者,可以利民也,而义可以利人,故曰:'义,天下之良宝也。'"①由此可见,墨子的"贵义"和"贵利"其实是相同的表述。甚至可以说,"贵义"最终就是"贵利"。由于墨子坚信人的自然欲望是不可克服的,人们为了生存,必须要追求物质利益,因此,他认为,一切行为都要落实到利,"将以为法乎天下,利人乎即为,不利人乎即止。"②与之相应,在墨子看来,"不义"也可以用"利"来表述。具体来说,"不义"就是指一种损人利己的行为,即"亏人自利"。"亏人自利"的极致就是战争的行为,就是"攻人之国"。

此外,墨子还提出了"利"的三个标准,即"利人""利鬼"和"利天"。墨子指出:

> 今天下之所誉善者,其说将何哉? 为其上中天之利,而中中鬼之利,而下中人之利,故誉之与? 意亡非为其上中天之利,而中中鬼之利,而下中人之利,故誉之与? 虽使下愚之人,必曰:"将为其上中天之利,而中中鬼之利,而下中人之利,故誉之。"今天下之所同意者,圣王之法也。今天下之诸侯,将犹多皆免攻伐并兼,则是有誉义之名,而不察其实也。此譬犹盲者之与人,同命白黑之名,而不能分其物也,则岂谓有别哉! 是故古之知者之为天下度也,必顺虑其意而后为之。行是以动,则不疑速通。成得其所欲,而顺天、鬼、百姓之利,则知者之道也。③

> 观其事,上利乎天,中利乎鬼,下利乎人,三利无所不利,是谓天德。聚敛天下之美名而加之焉,曰:"此仁也,义也。爱人、利人,顺天之意,

---

① 《墨子·耕柱》。
② 《墨子·非乐》。
③ 《墨子·非攻下》。

得天赏者也。"①

这即是说，人们称赞的有德之人，其实就是满足了上天利益、满足了鬼神利益、满足了人的利益的人。正是从天、鬼、人的"利"着手，我们才能够真正理解什么是伦理道义。在墨子之后，后期墨家也对人的天性给出了类似的看法，他们不仅承认人有欲望，而且逐渐认识到欲望对人的行为有着巨大的支配作用。简单地说，他们认为，使人喜悦的就是利，让人厌恶的则为害。于是，义可以归结于利，而利可以归结于喜恶。既然喜恶是人的自然欲望的满足与否，因此，义最终也就可以归结于自然欲望的满足。

总之，墨家虽然在言辞上强调道义的重要性，但实际上，他们更加强调的是天下之大利。只有从利出发，我们才能界定义；也只有满足了利，义才能够被人们理解。

二、法家的"以利为义，以法制义"

如上所述，法家认为人的自然本性和欲望是趋利避害的，并且认为人都是要追求利益的。他们认为，这种强有力的自然本性无法依靠仁义道德进行引导，因此需要通过法来控制、调节。但是，既然要控制，那么就一定要有一个追求的目标。而这个目标就是天下之"公利"。所以，法家既认为每个人都是要逐利的，同时认为，要通过法制调控每个人的逐利动机，最终实现天下之大利。

具体来说，前期法家认为，义的前提或基础是利。只有具备了一定的物质条件，才有可能衍生出道德仁义。比如："仓廪实而知礼节，衣食足而知荣辱。"②"吾所谓利者，义之本也。"③与儒家安贫乐道的道德理想不同，法家更强调道德的经济基础，强调仁义的利益基础。

此外，商鞅还认为，只有通过刑罚来治理人民，他们才会因为畏惧而不敢为非作歹。因此，社会才能保持稳定，国家才能富强。而这一切的前提则

---

① 《墨子·天志中》。
② 《管子·牧民》。
③ 《商君书·开塞》。

是因为每个人的本性是好利恶害的。"所谓义者,为人臣忠,为人子孝,少长有礼,男女有别;非其义也,饿不苟食,死不苟生。此乃有法之常也。圣王者,不贵义而贵法"①。这即是说,统治者根据人类的本性制定了法律,并用法律限制管理人民,那么人民就会因其趋利避害之心而养成一定的行为习惯。久而久之,这种行为规范逐渐根深蒂固,就形成了伦理道德。所以,人的本性是法律产生的基础,而法律则是道德产生的基础。在这里,商鞅已经认为伦理仁义只不过是衍生的习惯,并不出自人向善的天性,而是出自人趋利避害的天性。因此,"利"是"义"的根基和前提。

然而,先秦法家到了鼎盛之时,以韩非为代表的思想家却已经完全否定了道德的作用,而是主张"不务德而务法"②。他认为,我们应该完全用法度取代道德。他甚至认为,仁义等美德还有可能起到反作用:对于统治者而言,他们有可能出于仁慈而无法严厉地管理国家;对于一般人而言,他们有可能不再接受利益的驱使,因而不听命于统治者。这些都不利于治理国家。于是,韩非极端地将仁义之学视为危害国家,甚至导致国破家亡的"五蠹"之一:

> 是故乱国之俗:其学者,则称先王之道以籍仁义,盛容服而饰辩说,以疑当世之法,而贰人主之心。其言古者,为设诈称,借于外力,以成其私,而遗社稷之利。……人主不除此五蠹之民,不养耿介之士,则海内虽有破亡之国,削灭之朝,亦勿怪矣。③

由上可见,法家普遍轻视或试图否定道德在国家治理中的作用,而是强调人的自然本性与自然欲望,强调物质利益对于人的激励作用与刑法的惩治作用。不过,我们需要再次强调的是,法家虽然承认并强调了人的自利本性,并且围绕这个基石建立自己的学说,但他们并不认为社会应该满足这种本性。他们试图通过物质利益与法度,来实现天下之大公。在法家那里,"公"的含义也比较明确,即国家的利益或君主的利益。因此,法家对于公私之分尤为看重。"明主之道,必明于公私之分,明法制,去私恩";"明主在上,

---

① 《商君书·画策》。
② 《韩非子·显学》。
③ 《韩非子·五蠹》。

则人臣去私心行公义;乱主在上,则人臣去公义行私心"。①

总而言之,法家贵法不贵义,轻视或否定了道德的社会作用,而以法度作为社会规范的最高准则。而他们之所以强调法度,一方面出于他们对个人逐利动机的重视,另一方面则出于他们对天下大利的追求。

三、新功利主义的义利观

如上所述,宋代"义即是利"的理论形态主要是处在批判或反思正统儒学的立场而展开的。因此,他们的义利观也与正统理学有着较大的差异。李觏就曾经提出了一种完全不同于理学的义利观,即"利欲可言"。他明确指出:

> 愚窃观儒者之论,鲜不贵义而贱利,其言非道德教化则不出诸口矣。然《洪范》八政,一曰食,二曰货……是则治国之实,必本于财用……礼以是举,政以是成,爱以是立,威以是行。舍是而克为治者,未之有也。是姑贤圣之君,经济之士,必先富其国焉。②

这即是说,财利或财用是一切伦理道德的基础。他继承了管仲"仓廪实而知礼节"的思想,明确指出当衣食温饱没有满足的时候,人们就无法恪守道德,即便外在的礼仪已经制定出来了,但对于人民来说,仍然是无用的。这即是说,所谓的伦理规范与政治威严都是建立在经济或物质基础之上的。经济利益是伦理道德产生的前提。只有经济条件得到满足,国富民强,才有可能进一步推行伦理道德的教化。不过,李觏也并不认为一切都要以物质利益作为决定性的因素。因此,他在谈到"安民"的策略时也曾经说道:"所谓安者,非徒饮之、食之、治之、令之而已也,必先于教化。"③

既然伦理道德要以物质利益为基础,首先要富国强民,那么李觏就认为,必须鼓励人们追求物质利益,才有可能让经济迅速发展。他说:

> 利可言乎? 曰:人非利不生,曷为不可言? 欲可言乎? 曰:欲者人

---

① 《韩非子·饰邪》。
② 《李觏集》,北京:中华书局 1981 年版,第 133 页。
③ 《李觏集》,北京:中华书局 1981 年版,第 168 页。

之情,曷为不可言? 言而不以礼,是贪与淫,罪矣。不贪不淫而曰不可言,无乃贼人之生,反人之情,世俗之不喜儒以此。孟子谓"何必言利",激也。焉有仁义而不利者乎?[1]

可见,李觏明确批判了孟子不言利的观点,而是认为物质利益和自然欲望原本就是人的天性,不谈它们恰恰违反了人之常情。因此,我们不但应该正视物质利益和人类的自然欲望,而且应该以合适的程度实现它们。

而王安石同样把增加社会物质财富视为治理国家的核心问题,他指出:"夫合天下之众者财,理天下之财者法,守天下之法者吏也"[2]。假如缺乏必要的物质利益作为支撑,那么天下人不可能归顺统治者,社会也无法形成良好的、和谐的秩序。因此,王安石明确得出结论:"理财乃所谓义也"[3],把"义"与"利"统一起来。"孟子所言利者,为利吾国,利吾身耳。至狗彘食人食则检之,野有饿莩则发之,是所谓政事。政事所以理财,理财乃所谓义也。一部《周礼》,理财居其半,周公岂为利哉。"[4]这即是说,孟子反对言利,原本是指统治者的一己私利,假如为天下百姓追求利益,其实就是孟子真实的想法,这就是公利。就此而言,"利"和"义"是一致的,"义即是利"。

同样,陈亮也肯定了为天下谋利的合理性。他甚至更进一步,认为只要能够实现富国强兵、抗金复土的目的,即便通过不合道义的手段,仍然是可取的。于是,陈亮从"实事实功"的角度,着重强调了发展经济的"富国"政策。而叶适则直接批评了儒家的义利关系。他认为:"'仁人正谊不谋利,明道不计功',此语初看极好,细看全疏阔。古人以利与人而不自居其功,故道义光明。后世儒者行仲舒之论,既无功利,则道义乃无用之虚语耳。"[5]换言之,叶适认为,先贤所讲的道义其实就是与利益密切相关的,只不过他们看重的是追求他人的利益。在叶适看来,儒家先贤的这种合理性诉求,自董仲舒之后,就改变了原有的样态,而是逐渐脱离利益,演变成了一种修养问题。然而,假如真的完全脱离物质利益去谈道义,那么道义实际上就会沦为一纸

---

① 《李觏集》,北京:中华书局 1981 年版,第 326 页。
② 王安石:《临川先生文集》,北京:中华书局 1959 年版,第 861 页。
③ 王安石:《临川先生文集》,北京:中华书局 1959 年版,第 773 页。
④ 王安石:《临川先生文集》,北京:中华书局 1959 年版,第 773 页。
⑤ 叶适:《习学记言序目》,北京:中华书局 1977 年版,第 324 页。

空谈。道义之所以具有合理性,只是因为它关怀着天下苍生的物质利益。鉴于此,叶适明确倡导君子要言利,获得治理国家的主动权。

　　总而言之,"义即是利"的伦理形态,批判了不言"利"而崇尚"义"的思想。他们从趋利避害的人性论角度,论证了物质利益的合理性,并且强调了天下公利与伦理道德的同一性。

第六章
中国经济伦理思想的基本形态之三——无利无义

中国传统经济伦理思想中的另一种主要形态就是倡导"无利无义"的自然论思想，主要以道家为集中代表。道家思想普遍主张自然无为，因而常常否定道德与利益的现实意义。在他们看来，无论争取做一个仁义的君子（求义），抑或追求物质生活的提升（求利），都是不恰当的行为，都是"争"的外在表现，而"争"却正是社会动荡不安的源泉。自然论的主要代表人物无疑是先秦时期道家学派的老子、庄子等，还包括之后的道教思想，与各朝各代深受黄老之术影响的统治者等。就思想性而言，自然论的经济伦理思想在老庄之处已然奠定了深厚的根基，而之后的学说都没有偏离其基本论点。同时，其学术特性也使得自然论看似没有儒家德性论的影响深远。但就中国传统社会发展的历史来看，自然论的经济伦理思想作为一条隐形的力量，始终贯穿在中国历史之中，并发挥着极其重要的社会作用。

第一节 "道法自然"的自然主义宗旨

"道法自然"是道家自然论经济伦理思想的核心论点，正是通过对"道"以及"自然"的解读，自然论的基本原则或宗旨得以确立。在看待个人修养、义利关系、治国方略等问题上，自然论都延续着"道法自然"的立场，从而构建了不同于德性论、功利论的一种思想特质，对中国传统文化产生了深远的影响。

一、"自然而然"的"自然"概念

在《老子》之中，"自"通常指"自己"，而"然"通常指"如是"或"如此"，即如《礼记·大传注》所说，"然，如是也"。于是，根据这两个字的含义，"自然"就主要指自己如此、本来如此、天然如此等，也就是事物它自己本身的那个样子。因此，"自然"这一概念就已经凸显了道家的主题思想，即不施加外力给事物本身，任其按照本性发展。

具体来说，按照刘笑敢的理解，老子的"自然"概念可以分为三个层次①：最高的是"道法自然"；中间的是"百姓皆谓我自然"，是对社会的管理；最后、最低的层次以个体来讲，就是"辅万物之自然"。

老子曾经说道："人法地，地法天，天法道，道法自然"②。刘笑敢认为，"道法自然"这四个字，把"自然"推到最高的程度，但自然不等同于自然界，这里并非指道要效法大自然，人要回到原始社会、没有文明的状态；而是指人的生存状态，人要效法的不是自然界，而是人自然而然的、和谐的状态。他进一步指出，现代汉语中的"自然"到晚近的时候才开始指自然界，在先秦和两汉之时，"自然"从来没有指自然界。而根据古代汉语，"自然"就是"自己如此"，是自然发生的，事物本身状态的自然的延续、自然的变化。

按照刘笑敢的说法，自然的第二个层次是人类社会的层次。他认为，这个社会可大可小，可以是国家、地区、民族、村落、家庭。在这个层面上，"道法自然"强调的便是道家提出的最佳治理方式，这也就是强调无为而治。换言之，真正的治理者不需要把自己主动的治理措施强加在人类社会之上，让人类社会自然而然地发展，便是治国之道。而这就意味着，不仅国家的运行发展符合了自然的要求，同时社会统治者的做法也符合了自然的要求，即"功成事遂，百姓皆谓我自然"③。

最后，刘笑敢认为，第三层次或最低层次的自然是个体的自然，他将其总结为老子的一句原话："能辅万物之自然而不能为"④。其中，最重要的一个词是"辅"，这也就意味着圣人从属于辅助性的地位，而不是主导型的地位。对于任何一个人来说，他都不是一个统治或掌控自然的主体，而是顺从或听命于自然的辅助者。换言之，这与我们近代以来的"人与自然"的关系截然相反。只有个人意识到这一点，他才能够成为圣人；相应地，只有个体成为圣人，他才能做到辅万物自然。因此，在这个层面上，"道法自然"同样指不干涉万物的自然发展，而去顺从自然规律。

总而言之，"自然"就是强调人类不应该施加外力于事物原本的样子，干

---

① 参见刘笑敢《人文自然与天地自然》，载《南京师范大学文学院学报》2009 年第 3 期。
②《老子·第二十五章》。
③《老子·第十七章》。
④《老子·第六十四章》。

涉其符合本性的自我发展。正如陈鼓应所说:自然"并不是名词,而是状词";"并不是指具体存在的东西,而是形容'自己如此'的一种状态"①。因此,无论是自然界或人类社会,最完美的和谐都存在于事物按其本性的自由发展之中。这种听任事物自然发展而无需加以干涉的做法,才是符合大"道"的行为。

二、"道常无为"的基本设定

老子曾指出:"道常无为而无不为"②。"道"是老子哲学体系的最高范畴,简单地说,它是世界的本源,是天地之根、万物之母,同时又是宇宙最普遍的规律与法制。而"无为"的字面意思则是无所作为,也就是顺其自然的意思。通过"道常无为而无不为",老子强调了自然万物最合理的存在方式,便是不设不教、自然而然。凡是刻意的追求和改变,就是有为,这就违反了"道"的要求。只有"无为",才能使万物保存其原有的淳朴状态。在这里,"无为"是手段,"无不为"是结果。正是由于自然万物以其本性自然生长,天下的所有一切才能够达到和谐。

具体而言,"道常无为"的基本思想通常还可以从以下几个层面来理解:

第一,自然无为是天道,是宇宙万物的产生方式。老子不再以自然宗教的方式理解万物的产生,而是把天地万物的出现归结为"道"。并且,天、帝、鬼神等人格神在老子那里的地位也很低,老子也并不认为人格神是宇宙万物的造物主。老子曾指出:"道生一,一生二,二生三,三生万物"③。可以说,道生万物的过程,正是一种自然而然、顺其本性的,没有任何主观意图强加的"无为"过程。因此,宇宙万物的产生是出于"自然无为"的,但"自然无为"的道却无所不为地创造了宇宙万物。

第二,自然无为是规律,是宇宙万物最合理的生存方式。老子认为,"道"之所以被人们尊崇,就在于它从不干涉天下万物,而让万物依其本性生长。所以,老子说:"道生之,德畜之,物形之,势成之。是以万物莫不尊道而

---

① 陈鼓应:《老庄新论》,北京:商务印书馆 2008 年版,第 150 页。
② 《老子·第三十七章》。
③ 《老子·第四十二章》。

贵德。道之尊，德之贵，夫莫之命而常自然。"①天下万物有其自身的生长规律，我们无须将自己的意志强加于它们。道的可贵之处正在于：它任由天下万物自然生长。这看似是一种"无为"，但只有这种"无为"，才能让天下万物最合理地生存，这便是"无所不为"。所以，在自然规律面前，在"道"面前，包括人在内的天下万物，都不应该刻意追求某个不符合本性的目标，它只会阻碍原本最合理的生长方式。

第三，"无为"是"无不为"的前提和条件，"无不为"是"无为"自然而然导致的后果。老子强调"道"自身的完满性，他曾经说道："天之道，不争而善胜，不言而善应，不召而自来，挥然而善谋，天网恢恢，疏而不失。"②这即是说，道自身是完备的，而不需要任何外在的补充。换言之，道本身就是"无不为"的。但是，假如我们试图改变原有的天道，反而会适得其反。这是因为，"道"本身就是"无为"，而采用"有为"的措施，便是违反了天道。由此可见，只有坚守"无为"的天道，天道才会实现无所不为。在这个意义上，"无为"是"无不为"的前提和条件。而只要我们做到了"无为"，也就符合了天道的要求，结果自然而然就会是无所不为。

总而言之，老子首次提出了"自然无为"的思想，并将其与"道"紧密结合起来。道生成天下万物的方式是自然而然的"无为"，道统治天下万物的方式同样是自然而然的"无为"。天下万物只要符合了"无为"的天道要求，就能达成最和谐的理想状态。"道"的这种特性应该由包括人在内的所有事物效法，尤其是对人有着重要的意义。在老子看来，正是由于人们违背了"无为"的要求，也就违背了"道"的规律，才导致了当时战乱纷起的混乱时局。

三、"无为而治"的自然主义治理方式

上文简单介绍了"自然"与"道常无为"的思想，这两者正是"无义无利"理论形态最为重要的核心思想。可以说，它们是一体两面，表述虽有不同，但反映了相同的理念。而这个理念具体应用到现实生活之中，便是"无为而

---

① 《老子·第五十一章》。
② 《老子·第七十三章》。

治"的自然主义治理方式。

　　老子本人生活在春秋末期,当时社会的政局动荡、战乱频繁、民不聊生。正是处于这样的乱世之中,老子的思想虽然多提倡"无为",却始终包含着许多对于政治治理的关切。老子曾经批判性地描绘当时的社会道:"朝甚除,田甚芜,仓甚虚;服文采,带利剑,厌饮食,财货有余;是谓盗夸,非道也哉。"①"天下多忌讳,而民弥贫;人多利器,国家滋昏;人多伎巧,奇物滋起;法令滋彰,盗贼多有。"②在他看来,沉重的社会灾难,一方面,正是由于统治者在治理国家时有太多刻意的、人为的举措。他们横征暴敛、大收赋税,他们穿着华丽的服装、佩戴锋利的宝剑,还吃着精美的食物。进而,这些精美的物品勾起了人们的贪婪之心,导致小偷、强盗频繁出现,社会只会更加混乱。

　　另一方面,老百姓虽然辛苦地劳作,却依然要忍受饥寒交迫。老子说道:"民之饥,以其上食税之多,是以饥。民之难治,以其上之有为,是以难治。民之轻死,以其求生之厚,是以轻死。"③这即是说,人民之所以饥寒交迫,同样是由于统治者的高税收,使之不能保持基本的生活需要。如果人民已经无法生活、濒临死亡了,他们又怎么会听从治理呢?"民不畏死,奈何以死惧之"④,"民不畏威,则大威至"⑤。所以,老子强调,当人民无法生存之时,他们必然不会畏惧统治者以死要挟他们。在他看来,统治者一定要效法"无为"的天道,因为"为者败之,执者失之"⑥。

　　正是出于这样的逻辑,老子始终想告诫统治者去化生万物,但绝对不要主宰万物,这样他们才能具有"玄德",才能"无所不为"。对于统治者而言,正确的治理手段便是:"我无为而民自化,我好静而民自正,我无事而民自富,我无欲而民自朴。"⑦换言之,假如统治者可以清心寡欲、顺其自然,百姓自然而然就会安居乐业、民心淳朴了。具体而言,"无为而治"的自然主义治理方式大致可以归纳为以下三点:

---

① 《老子·第五十三章》。
② 《老子·第五十七章》。
③ 《老子·第七十五章》。
④ 《老子·第七十四章》。
⑤ 《老子·第七十二章》。
⑥ 《老子·第二十九章》。
⑦ 《老子·第五十七章》。

首先,统治者自身要清心寡欲,无欲无求。老子反对统治者过着极度纵欲的生活,而是主张"清静为天下正"①"不欲以静,天下将自定"②。这即是说,假如统治者能够达到清静的境界,不被贪欲所困扰,那么天下自然而然就会得到平定。老子还有一个著名的比喻,以说明这个道理,即"治大国,若烹小鲜"③。因此,假如统治者想要天下太平,那么他所做的事情非常简单,便是着眼于自己的内心、摒弃自己的欲望。"是以君子终日行不离辎重,虽有荣观,燕处超然。奈何万乘之主,而以身轻天下? 轻则失根,躁则失君。"④

其次,统治者不要干扰百姓,而要任其自然而然地生活。老子曾经明确说道:"其政闷闷,其民淳淳;其政察察,其民缺缺。"⑤这即是说,统治者想有效地治理天下时,总是想采取严苛的手段。但实际上,执政者的手段越严苛,民风就越差;相反,假如执政者的手段越宽松,那么民风就越淳朴。因此,只有放任自然,人民才能安居乐业。于是,老子认为,统治者应该寡言慎行,尽量不给百姓施加政令。假若政令过于烦苛,就会对人民造成危害,因而统治也就难以长久。所以,老子说:"希言自然。故飘风不终朝,骤雨不终日。"⑥总之,老子认为,统治者要像天地一样,不偏不私,任凭自然万物顺其自然地生长和发展,任凭百姓顺其自然地生活,而不要经常去干扰百姓。如果随意地支配或扰乱天下的百姓,终归会为自己带来失败和灭亡。所以,统治者若想要长久地维护自己的统治,就要顺应民心,任其自由发展。

最后,统治者对待国际关系时,一定要慎征战。老子是极度反对战争的,因为战争是对生命的极度摧残,也是社会动乱的典型表现。老子说:"夫佳兵者,不祥之器,物或恶之,故有道者不处。"⑦老子认为,得道之人,是绝对不会使用兵器的,并且一定对它们十分厌恶。如果不得已参加了战争,那么战争胜利也没有什么值得高兴的,因为以战胜而感到喜悦的人都是享受杀

---

① 《老子·第四十五章》。
② 《老子·第三十七章》。
③ 《老子·第六十章》。
④ 《老子·第二十六章》。
⑤ 《老子·第五十八章》。
⑥ 《老子·第二十三章》。
⑦ 《老子·第三十一章》。

人的人。"胜而不美,而美之者,是乐杀人。"①因此,老子才会说:"杀人之众,以哀悲泣之。战胜,以丧礼处之。"②

总而言之,老子的"自然""道""无为而治"是相通的,是一脉相承的。正是基于"自然"和"道"的基本哲学概念,老子不仅刻画了一种自然的宇宙生成论,而且表达了他对于现实的关怀。

第二节　"寡欲""崇俭"的自然主义生活观

可以说,"寡欲""崇俭"在以农业经济为主的传统时期,几乎是各学各派公认的价值规范。但是,不同观点却基于不同的理由。如上所述,"德义为上"的理论形态更强调美德,而将"寡欲""崇俭"视为修身的方式,并表现出他们重"义"轻"利"的价值取向。"义即是利"的理论形态则从重"利"的角度,论述了"寡欲""崇俭"对于社会整体财富增加的有利作用,但他们并不否认个体的"欲望"以及对物质利益的渴望和追求。而"无义无利"的理论形态则不同:他们虽然同样赞同"寡欲"和"崇俭",但否认了个人欲求的合理性,认为私欲是人性变坏的结果,因而要"复归于朴";其次,他们提倡"崇俭",但并不认为"崇俭"表明了义重于利,而是将"义"和"利"都视为虚妄的概念。

一、"复归于朴"的人性理想

在老子看来,人的本性原本是纯朴无邪的。但随着人类文明的发展,人性逐渐开始堕落,而丧失了本真的、质朴的本性,变得更加狡诈。基于此,老子对儒家的道德规范进行了深刻的批判。他认为,儒家所倡导的价值理念和道德规范,其实是对人性进行的人为的加工,从而导致朴实无华的人类天性改变了原有的样态。所以,提倡这些价值理念和道德规范,不仅不是社会

---

① 《老子·第三十一章》。
② 《老子·第三十一章》。

的进步,反而是社会的退化。于是,老子说:"大道废,有仁义;智慧出,有大伪;六亲不和,有孝慈;国家昏乱,有忠臣"①;又说,"失道而后德,失德而后仁,失仁而后义,失义而后礼。夫礼者,忠信之薄,而乱之首也。"②

所以,老子认为,一定要返回到婴儿的赤子之心,摒弃已经染指的恶习。这就要从顺从自然出发,"见素抱朴,少私寡欲"③。假如能够做到少私寡欲,就能逐渐"含德之厚,比于赤子"④,"常德不离,复归于婴儿……常德乃足,复归于朴"⑤。可见,老子强调的是符合自然本性的纯真状态,婴儿正如出淤泥而不染的莲花,并没有染指任何虚伪的乌烟瘴气。

因此,根据以上所述,我们可以把老子所言的"朴"大致归纳为两层含义:第一层含义便是指事物自然而然的状态、未经雕琢的天然状态。这种天然的状态正是天下万物的自然本性,它也充分地体现出了天道。"道之尊,德之贵,夫莫之命而常自然。"⑥那么,人的未经雕琢的天然状态便是人们试图返回的纯朴状态。第二层含义便是刚刚所提到的婴儿状态。婴儿状态在时间上是生命的一种倒退或回归,但在本真性上则是比成人状态更加完满的纯朴状态。

进一步来说,复归于朴、返璞归真的最高境界则是自然无为、与世无争。老子曾经说道:"上善若水,水善利万物而不争"⑦;"圣人之道,为而不争"⑧。争是一种偏执,是对天道的背离,也是对宇宙规律的一种违背。所以,老子才会说:"善为士者不武,善战者不怒,善胜敌者不与,善用人者为之下,是谓不争之德,是谓用人之力,是谓配天古之极也。"⑨这句话的意思是指:擅长统帅的人,并不会看上去很勇武;擅长打仗的人,并不会看上去很刚健;擅长统治的人,反而会在人民面前表现得谦卑。因此,想要有所作为的人,就会表现得自然无为、与世无争。从另一个角度而言,唯有自然无为、与世无争,才

---

① 《老子·第十八章》。
② 《老子·第三十八章》。
③ 《老子·第十九章》。
④ 《老子·第五十五章》。
⑤ 《老子·第二十八章》。
⑥ 《老子·第五十一章》。
⑦ 《老子·第八章》。
⑧ 《老子·第八十一章》。
⑨ 《老子·第六十八章》。

能够有所作为。换言之,这种"不争"才是最大的争。所以,老子说:"以其无争,故天下莫能与之争。"①

总而言之,复归于朴、返璞归真的人性修养论,为"无义无利"的理论形态奠定了稳固的根基。相较于儒家、墨家、法家等学派的人性论,道家独树一帜地提出了摒弃欲求的"纯朴"人性观,从而为摒弃所谓的"仁义"和"功利"的做法创造了空间。

二、"无知无欲"的寡欲思想

如上所述,老子所憧憬的是"复归于朴"的人性论理想,而要实现该理想,首先也是最重要的做法便是"少私寡欲"。人类的贪婪之心之所以产生,需要两个条件:一个是内在的私欲;另一个是外在的奇技淫巧。就前者而言,当人们面对外在世界各种各样的物质与名利的诱惑时,很多人就会流连忘返、无法自拔。所以,人们在成长的过程中,就逐渐在原初的赤子之心上蒙蔽了一层乌云。于是,老子认为,若要恢复人的本性,就务必要恢复到少私寡欲的内心状态。少私寡欲的状态是人的初始状态,也是一种自足的状态。所以,老子认为:"祸莫大于不知足,咎莫大于欲得。"②只有摒弃了欲望,才能顺其本性地生活,才是符合天道的生活,最终达到"无为而无所不为"的境界。

就外在的奇技淫巧而言,老子已经明确地意识到,外物足以扰乱人们的心智,并诱发自身形形色色的欲望。人的原初欲望是简单、纯朴的,但随着文明的发展,欲望和需求则越来越多。面对各种各样的诱惑,还能保持原初单纯欲望的人,便是圣人,而只有圣人才能做到"为腹不为目,故去彼取此"③。但对于一般人而言,他们总是难以抵制外在的诱惑,因此,"五色令人目盲,五音令人耳聋,五味令人口爽,驰骋畋猎,令人心发狂,难得之货,令人行妨"④。由于难以抵制"五色""五音""五味""驰骋田猎""难得之货"的诱

---

① 《老子·第六十六章》。
② 《老子·第四十六章》。
③ 《老子·第十二章》。
④ 《老子·第十二章》。

惑,人们的欲望便会再次膨胀,沦为欲望的奴隶,即"百姓皆注其耳目"①。当人们面对外在的诱惑无法控制自己的欲望时,必然会相互竞争,甚至相互伤害,社会也将秩序混乱。

因此,人们自身应该主动地"少私寡欲",做到无欲无求,这是解决现实一切不合理现象的最根本途径。然而,"无欲"的诉求并不容易实现,只能寄希望于理想,现实中的社会已然是一个充满纷争的社会。对于这样的社会,我们应该如何治理呢? 通常情况下,人们都会强调统治者的智慧或治理技术。但是老子却认为,"智慧出,有大伪"。这是因为,在老子看来,智慧与欲望其实有着密不可分的联系。统治者如果强调以智慧治理,便是"有为",便是违背了自然无为的天道,这与欲望的产生是相同的逻辑。而如果老百姓具有了智慧,则会丢失纯朴的心性。有智慧的人和有欲望的人,都是对于赤子之心的背离。所以,老子说:"古之善为道者,非以明民,将以愚之。民之难治,以其智多。故以智治国,国之贼;不以智治国,国之福。"②这即是说,古代善于把握天道的人,并不会开启民智,而是保持他们的初心。人民难以治理,就在于丢失了初心,而具有了所谓的智慧和欲望。

因此,统治者以"智"来治国,培养人们的智慧,其实就会给国家带来灾祸。只有保持人们的本心,才是治理国家的恰当方式。正如老子所说:"是以圣人之治,虚其心,实其腹,弱其志,强其骨。常使民无知无欲。"③就此而言,有人经常将老子的治理方式视为一种蒙昧主义的愚民政策,并认为老子的思想是一种反智主义。虽然老子的思想中的确与它们有类似之处,但其实也不尽相同。首先,老子的思想并非是一种愚民政策。愚民政策往往是指:统治者对待自己和对待民众的做法不一,自己追求智慧和财富,而让民众保持愚昧,易受控制。其背后是将民众视为一种工具,满足统治者私欲与统治方便的工具。但在老子看来,统治者和民众都不应该追求所谓的"智慧",民众不仅不是统治者的工具,民众的安居乐业恰恰是老子治理的目标。其次,老子的思想也并不是一种反智主义。这是因为,老子反对的是庸人眼中的"智慧",在他眼里,真正的智慧、大智慧便是"无智",便是返璞归真的圣

---

① 《老子·第四十九章》。
② 《老子·第六十五章》。
③ 《老子·第三章》。

人状态。所以,使民无知无欲,恰恰是使民成为圣人。就此而言,老子并非愚民,而是希望全天下的人都能够成为圣人,保持至真至纯的赤子之心。

总之,在老子那里,"无知无欲"不仅是对民众的要求,也是对于统治者的要求;不仅是统治者的治理方式与策略,也是统治者的治理目标。只有做到了"无知无欲""少私寡欲",人们才能摒弃外在世界的诸多诱惑,才能消解现实生活中的混乱与斗争,最终实现返璞归真的人性论理想,达到社会的和谐与稳定。

三、"圣人不积"的不争态度

老子反对日常人眼中的"圣人"标准,因而也曾提出过"绝圣弃智"的主张;但他有时也沿用了这个称呼,以表达他眼中的理想人格。在老子看来,真正的圣人应该"不行而知,不见而明,不为而成"①,达到纯朴的状态,"是以圣人抱一为天下式"②。老子还曾描绘圣人道:"豫兮,若冬涉川;犹兮,若畏四邻;俨兮,其若客;涣兮,其若凌释;敦兮,其若朴;旷兮,其若谷;混兮,其若浊。"③

就圣人自身而言,他具有的品格便是老子多次强调的符合自然无为之天道的品格。其中,最重要的品格之一便是"为而不争"的处世态度,"圣人之道,为而不争。"④老子认为,圣人无私无欲、顺其自然本性,因而能够做到致虚极、守静笃,"是以圣人去甚、去奢、去泰"⑤。他们是不会沉溺于现实世界中的种种欲望,而是始终保持自己内心的安宁。此外,圣人还善于自我反思、诚实内省。他们在体道的过程中,能够始终地反省自己,以图自我改进。正是由于他们能够自我反省,剖析自己的错误和弊端,所以才会改正和消除自己的错误和弊端,从而达到完善的境界。故而,"圣人不病,以其病病。夫唯病病,是以不病。"⑥

①《老子·第四十七章》。
②《老子·第二十二章》。
③《老子·第十五章》。
④《老子·第八十一章》。
⑤《老子·第二十九章》。
⑥《老子·第七十一章》。

此外，圣人也不会居功自傲，"圣人为而不恃，功成而不处"①。或者说，圣人不应该积累过多的财富，并且要为他人着想，大公无私。圣人就像天道一样，化生万物而不占有，帮助他人而不索取。因此，他们只会默默地润化万物，而不争名夺利、争财夺禄。"圣人不积，既以为人，己愈有；既以与人，己愈多。天之道，利而不害。"②可以说，圣人之不争的态度，既说明了圣人的道德完善，同样反映了老子对于谦下之德的崇尚。

这种谦下之德反应在圣人与民众的关系上，便表现为"圣人后其身而身先，外其身而身存"③；"是以圣人欲上民，必以言下之；欲先民，必以身后之。是以圣人处上而民不重，处前而民不害"④。圣人之所以能够做到这一点，则是因为他们的内心始终以民为本，即恪守"以百姓心为心"⑤。而从老子对圣人的描述来看，我们也能再次看到这种理论形态并非一种愚民主义的思想。至于圣人治理民众的具体措施，则是我们在上文中所提到的那种"无为而治"。这是因为，圣人的使命，便是引导民众复归到自然的本性。圣人能够以自己的虚静无为而感化民众。当民众像圣人一样纯朴而无知无欲之时，社会不仅会变得和谐，社会治理也将变得更加容易、自然。

"无义无利"的理论形态对于圣人的刻画，在《庄子》那里也有比较突出的表现。庄子描述理想人格时，通常除了"圣人"之外，还常用"真人""德人""至人""全人"，等等。虽然这些名称各不相同，但它们都指向了相同的人格理想。在庄子看来，圣人的突出特点是超凡脱俗、无知无欲。他们能够远离所谓的现实，并且摆脱一切外在的束缚，而达到自由的境界。与老子眼中的"圣人"相比，庄子更强调圣人的心灵状态与精神自由。所以，庄子强调圣人"独与天地精神往来，而不傲倪于万物"⑥；"乘云气，骑日月，而游乎四海之外"⑦。可见，庄子强调圣人能够脱离世俗的羁绊，既不为名利所限，同时也不被物欲所累，这也是一种"无知无欲""无功无名"的不争状态。

---

① 《老子·第七十七章》。
② 《老子·第八十一章》。
③ 《老子·第七章》。
④ 《老子·第六十六章》。
⑤ 《老子·第四十九章》。
⑥ 《庄子·天下》。
⑦ 《庄子·齐物论》。

总之,无论是老子的"圣人",抑或是庄子的"真人",都共同体现了对"道"的原则的追求,即法自然。在本质上,二者是相同的,所以共同代表了道家的理想人格形象,以及"不争"的处世态度。而这种理想人格在"无知无欲"的理论形态中,也占据着非常重要的理论地位。它反映出这种理论形态对于物质利益的藐视或无视,反映出这种经济伦理思想的特有价值。

第三节 "绝仁弃义""绝巧弃利"的自然主义义利观

自然论的义利观在上文中已然有所提及,它也是这种形态的经济伦理思想的突出表现。简言之,自然主义既不重视义,也不重视利,而是将两者都视作人为的、人造的世俗产物,因此都应摈弃。这即是说,"义"和"利"都是反自然或非自然的,它们这种在社会中衍生出的概念正是由于人类违反了自然之道,才逐渐受到人们的认识与关注。

一、"大道废、有仁义"的道德生成论

老子曾经指出:

> 上德不德,是以有德;下德不失德,是以无德。上德无为而无以为;下德无为而有以为。上仁为之而无以为;上义为之而有以为。上礼为之而莫之应,则攘臂而扔之。故失道而后德,失德而后仁,失仁而后义,失义而后礼。[①]

这句话的意思是:上德的人,对人有德而不自以为德,所以才有德。下德的人,对人一有德就自居其德,所以反而无德了。可见,老子把"德"分为"上德"与"下德":上德的人便是与道同为一体的人,由于道是无所为而为的,因此上德之人也是无所为而为的;下德之人由于刻意地追求所谓的道,

①《老子·第三十八章》。

反而丧失了自然本性，从而事与愿违，离真正的道与德愈来愈远。按照道、德、仁、义、礼的次序，老子认为，最终拘泥于礼的形态其实已然远离真正的大道。由此可见，儒家所强调的伦理价值规范，在自然主义的道家思想看来，一方面是大道的丧失的表现；而另一方面，追求这些伦理价值规范，其实也偏离了真正的方向。这也正是所谓的"大道废，有仁义；智慧出，有大伪；六亲不和，有孝慈；国家昏乱，有忠臣"①。

可见，假如真的处于符合大道的理想自然社会之中，我们是不知道仁义为何物的，更不知道利益为何物。人们保持着天真淳朴的本性，因而自然无为，无欲无求。由于人们各守其职、各安其分，才能够真正实现家庭和睦、城邦安治。事实上，正是由于真正的大道遭到了废弃，仁义才会逐渐彰显，并显得重要。正是由于人们彼此争执，有了六亲不和，才有了孝慈的伦理需求。正是由于国家出现了混乱或者不忠的现象，才有所谓的忠臣的出现。由此我们可以知道，在老子看来，"仁义""大伪""孝慈""忠臣"等并非与生俱来，而是在大道废弃之后才逐渐产生的人为之物。

正是基于这种的思路，老子还曾明确指出：

绝圣弃智，民利百倍；绝仁弃义，民复孝慈；绝巧弃利，盗贼无有。此三者以为文，不足，故令有所属，见素抱朴，少私寡欲，绝学无忧。②

在老子看来，正是由于人们对奇技淫巧以及物质利益的追逐，盗贼才会产生。或者说，正是由于对物质财富的贪婪之心，人们才会选择去偷盗，因此偷盗源自巧与利，更源于贪与欲。同样，正是人们对所谓的圣智、仁义有所欲求，才会导致本性的迷失，而这也是社会道德不断下滑的一个主要原因，所以应当弃绝。人们无论是追求智、追求仁，还是追求利，都是贪婪的表现，而违反了素朴的天性。说到底，私欲才是社会动荡的根本原因，恢复本真之性，避免私欲的诱惑才是实现良序社会的正确方式。

因此，在老子看来，理想的乌托邦应该是那种自然而然的生活方式，只有这种生活方式才符合真正的大道。虽然道德与功利似乎都在一定程度上起到了治理国家的作用，但它们一方面是社会失道之后的产物；另一方面，

---

① 《老子·第十八章》。
② 《老子·第十九章》。

又是引起社会争端的缘由。因此，充斥着"圣知""仁义""巧利"的社会，只会更加引起人们的贪婪之心，加重人们对于私欲的渴求，而难以返璞归真，不利于人们回归到素朴的自然状态。所以，要回归大道，就必须舍弃"仁义"。由此可见，"绝仁弃义"是老子思想当中的应有之义。

就人生修养而言，我们通常都采用一种积极的求学观点，包括儒家思想在内。这也就意味着，我们为了学得更加高深的知识，体悟到更加深刻的道理，都需要主动地、坚持不懈地去寻求它们。但老子却认为："为学日益，为道日损。损之又损，以至于无为。"①老子把求学与得道对立起来，显然是与我们日常理解不相同的，但符合自然主义一贯的思路。一般来说，"为学"指的是知识量的增加，我们通过不断学习，我们的知识是逐渐累积增加的，以实现"学富五车"的目的。所以，学得多，知道的知识也就越多，它们之间成正比的关系。但在老子看来，这种学习方式虽然可以增加知识，但并非获得大道的正确手段。甚至可以说，求学反而不利于得道，求学与得道成反比的关系。可以说，为学既然是主动的追求，那么它也就助长了人的私欲。在求学的过程中，人们很容易受世俗社会的影响，他们不但不能抛弃个人主观的私欲与偏见，反而会更加追逐事功和名利，因此，也就对人本性的残害也越来越重，所以更加偏离了道的境界。人们对于道的追求，正是要回到素朴的本性，回到无为而为的自然状态，因此只有通过减法而非加法的方式，才能找寻到真正的大道。作为一种超验的存在，大道"视之不见""听之不闻""搏之不得"②，任何以积极方式追逐它的行为都会引发个人的私欲，从而偏离了大道的方向。所以，正确得道的过程便应该是"损之又损，以至于无为"③，减去人们内心中的私欲与名利之心，让人和社会重返并处于自然状态之中。

由此可见，无论求学、求德抑或求利都是违反求道的行为。对于可以累积的经验知识的学习，只能徒增人们的贪婪之心；同样，想要成为君子抑或圣人的求德之心，首先要做的则是"绝巧弃利"。在老子看来，事物都是相对的，正是由于巧和利，产生了令人欲求的物品，所以人们才衍生了贪婪之心。因此，如果万物都一样，如果没有值得追求的物品，人们就能够摆脱对于物

---

①《老子·第四十八章》。

②《老子·第十四章》。

③《老子·第四十八章》。

品的追求。依照相同的逻辑,老子还强调人们要"绝仁弃义"。这是因为社会中"仁义"得以彰显,正是由于不仁不义的事情存在。对于仁义之人的一种标榜,恰恰导致了不仁不义事情的产生。此外,人们还会假借仁义之名,而做出各种各样假仁假义的事情。于是,老子提倡"上仁为之而无以为"①,只有人们采用自然无为的方式,自然而然地行仁义之事,才是真正的仁义。当人们把"仁义"视为一种目标,而去刻意追求的时候,只能追求到假的"仁义"。所以老子说:"绝仁弃义,民复孝慈。"②只有人们采用自然无为的方式,自然而然地行孝慈之事,才是真正的孝慈。

在"绝巧弃利""绝仁弃义"之后,老子提出的最高要求则是"绝圣弃智"。这是因为,"圣"和"智"同样认为是制造的观念。假如有人执着于追求"圣"或"智",其实只不过是在追求另外一种名或利。真正的圣人依然是自然无为的,没有任何人为和造作,也没有任何欲求。当一个社会提倡"圣"与"智"的时候,只能证明这个社会中的人并没有得道而已。所以,"圣"和"智"同样不符合自然的要求,它们是虚假的概念。

二、"无仁无义"的自然社会理想

众所周知,老子曾经描绘了一个田园式的理想社会,即:

> 小国寡民,使有什伯之器而不用;使民重死而不远徙,虽有舟舆无所乘之,虽有甲兵无所陈之;使民复结绳而用之。甘其食,美其服,安其居,乐其俗,邻国相望,鸡犬之声相闻,民至老死不相往来。③

在这样的社会之中,国家领土较小,人口数量也不多。纵使有各种制作的工具,人们也不会去使用它们,例如车船等交通工具、甲兵等征战工具等。这是因为人们不需要这些工具去生产出引诱贪婪之心的产品。人们虽然生活在小规模的村舍之中,彼此的距离很近,却不需要相互攀谈和联系。可以说,这样的社会不注重技巧、不重视智慧,是一个没有战

---

① 《老子·第三十八章》。
② 《老子·第十九章》。
③ 《老子·第八十章》。

争并且安定和谐的社会。这种理想充分地反映了老子对于自然而然的重视,反映了他所强调的"绝巧弃利""绝仁弃义""绝圣弃智"理念。

由此可见,老子的理想社会不仅是复古的,而且是现实中不存在的。他反对一切生产技术,使得这个理想社会更接近于古代的小农社会;但他又反对贪婪之心,使得这个理想社会与人性背离。在这个理想社会里,没有纷争,人民不需要互相往来,也就更不需要统治者的治理。如上所述,老子主张:"我无为,而民自化;我好静,而民自正;我无事,而民自富;我无欲,而民自朴。"①统治者只需要无为而治就可以,人民自然而然地会安分生活,天下自然而然地会保持和谐。没有了贪欲,人们就能保持淳朴自然的天性,他们就能满足于不是特别可口的食物,满足于不是特别华丽的衣服,满足于不是特别舒适的居所。"邻国相望"则说明了国家与国家之间同样是和平共处、互不侵犯的。在这幅和谐的景象里,没有争夺、没有战争、没有贫民、没有圣人,每个人都能保持各自本真的天性和独立性。

可以说,老子所设想的理想社会是对他自然论的一个集中的反映和表述,他强调的所有内容都在这个理想社会里得以体现。在这里,人民无知无欲,社会无巧无利、无仁无义,统治者也能自然无为、不积不争。国内没有纷争,国际没有战争。所有的一切都顺应自然,返璞归真。换言之,在老子的理想国之中,经济利益和道德伦理一样,都没有存在的意义,它们都是引起人们欲望的不安因素。

总而言之,相较于"德义为上"和"义即是利"两种理论形态,"无义无利"的理论形态显得更加消极。前两者虽然对于义利的理解不同,但都强调积极地进行国家治理,追求天下的公利与和平。而"无义无利"的理论形态则否定了一切积极的人类治理措施,虽然在一定历史时期有它存在的依据,并在一定意义上促进人们对义利关系的深入思考,但其消极性决定它在思想史上只是一个插曲而已。

---

① 《老子·第五十七章》。

第七章
中国经济伦理思想的主要特征

中国经济伦理思想源远流长、博大精深，但大多都是建立在一定的人性论哲学根基之上的。宏观看来，中国经济理思想大体隐含着人性善和自然人性论两种主要的观点，并且以此为基础表现出不同的理论倾向：主张人性善者一般较多地持德性主义的经济伦理立场，而自然人性论者则较多地持功利主义的经济伦理立场。但是总体上，中国经济伦理思想是以德性主义为基调的，即使是功利主义者一般也都主张不违背"义"和道德，具有德性主义的色彩，因而也呈现出德性主义和功利主义共生的特点。

第一节　以人性论为根基

中国历史上产生过多种经济伦理思想，如德性主义经济伦理思想、功利主义经济伦理思想、自然主义经济伦理思想等，其中影响深远而广泛的是前两种经济伦理思想，它们是西周之后中国传统经济伦理发展的两条主要线索，且德性主义经济伦理思想占据着主导地位。中国传统经济伦理思想是建立在一定的哲学基础上的，其中主要的理论根基是人性论。中国古代思想家有关人性的善恶问题，有不同的观点，大体有性善、性恶或者非善非恶、兼具善恶等。德性主义、功利主义主要分别对应于"性善论"[①]和"自然人性论"，并形成不同的经济伦理思想和倾向。

一、德性主义"性善论"的基本立场

德性主义者的经济伦理思想都是建立在"性善论"基础上的，当然，不同的思想家，对"性善"的理解可能并不完全相同，并且在这个基础上形成了不

---

① 这里需要强调的是我们对性善论的划分不是就孟子的人性的起源（这里我们称之为狭义的"性善论"）意义上说的，而是依据这些人性学说的侧重点和理论旨趣的不同。"性善论"（与孟子的"性善论"相对，我们称之为广义的"性善论"）强调善，它的终极目标是追求一种理想化的善的境界，塑造理想化的人格。因此，性善论不仅仅包括性善的观点，也可能包括性恶、兼具善恶等观点。而"自然人性论"则相对比较简单，主要是承认人有好利、爱财的自然本性，这种自然之性无所谓善恶，即性非善非恶的观点。

同的经济伦理思想,但是其主要的基调是强调道德、仁义、礼制等,相对而言较为轻视甚至反对利欲和求利,即重义轻利,从而表现出德性主义的倾向。

  "性善论"者以孔子、孟子、荀子儒家学派为主要代表。儒家思想创始人孔子很少谈及人性问题,也没有明确表述过性是善还是恶,但是孔子学说的核心是"仁",在个人层面就是要"见利思义""重义轻利",在国家层面就是要实行"德政"以富国富民,这种价值取向奠定了其后儒家经济伦理思想的基本方向。孔子之后,孟子明确提出"性善论"。孟子从人与动物根本区别上提出人之性在于善,即仁义礼智,这是人类所特有的。孟子说:"人性之善也,犹水之就下也。人无有不善,水无有不下。"①虽然善是人与生俱来的,但并不是每个人都能意识到自己善之本性,所以孟子提出要"知性""养性",就是说人们要自觉意识到并保护自己善的本性,在此基础上还要不断地培育和扩充自己的善性。从这一人性论出发,孟子提出"何必曰利"的命题,把"去利怀义"作为人内在本性的要求,同时要求个人要加强道德修养以及君主要施行"仁政",以维持人的本性。荀子在以"性善论"为基调的儒家学派中可以算作一个异类,因为世人多认为他明确主张"性恶论"。事实上,荀子并未对人的本性作出价值判断。他认为"生之所以然者谓之性"②,承认人生而有"好利""疾恶""好声色"的本性,但这些本性本身无善恶之分,只是如果一味顺应本性的发展,让私欲无限膨胀,才会导致"争夺""残贼""淫乱"等现象的发生,从而表现出恶。因为本性是人生之所已然,所以荀子认为仁义礼智这些需经过后天习得的"善"不是人之本性,荀子称为"伪善"。虽然荀子是以"性恶"为立论基点,但他也承认人有善之可能,他希望人们可以通过后天的教化成为"圣人",所以荀子的人性论我们暂且把它归入广义的"性善论"立场。正是从"本性"与"伪善"之间的对立中,荀子看到了礼制的重要性,强调"以义制利",并提出著名的"下富则上富"论。西汉董仲舒持性兼具善恶的立场,他认为"人受命于天,有善善恶恶之性,可养而不可改,可豫而不可去"③。人性包括"贪"和"仁"、"性"与"情"两方面的内容,既有善的要素也有不善的要素,它们都是由天赋予的,因而是不可改变的。他进一步提出

---

① 《孟子·告子上》。
② 《荀子·正名》。
③ 《春秋繁露·玉杯》。

"性三品"说:"圣人之性"纯乎善,"斗筲之性"全是贪(恶),"中民之性"则"仁贪之气两在于身"。在董仲舒看来,圣人之性与斗筲之性都不是性,只有中民之性可以谓之性。与禽兽比,人性为善,但与圣人比人性未善,善虽是天生之性,但善却是王道教化的结果,由此董仲舒看到道德在经济生活中的重要性。基于这种具有浓厚神学色彩的人性论,董仲舒提出了天人合一的经济伦理思想,一方面肯定人们追求利的本性,主张"义利两养";另一方面还是坚持"正其谊不谋其利,明其道不计其功"①的德性主义经济伦理。儒家的性善论在程朱理学那里获得了极端的发展。宋代理学的集大成者朱熹在前人的基础上系统阐述了他的"性二元论"思想:人之性包括天地之性和气质之性,天地之性是本然之性,气质之性只是随天地之性的表现。天地之性即是理,内含仁义礼智信五常,是纯善的;气质之性即是理与气的混合,有善恶之分,当气禀为物欲所弊时则表现为恶,当气禀不为物欲所累时则表现为善。所以,在朱熹看来天理和人欲是对立的。从这一极端地追求善的人性论立场出发,朱熹提出了带有禁欲主义特征的德性主义经济伦理思想。

以"性善论"为理论基础的德性主义者还有很多,此处就不一一列举。通过上文的阐释,可以看到,无论是孟子的性本善、董仲舒的性兼具善恶,还是朱熹的性二元,甚至是荀子的性恶等论点,他们关于人性的落脚点都在于善,强调人有善性,有向善为善的倾向和可能,并以实现善、达到善作为人应当努力实现的目标,实际都是"善至上"原则。因此,可以说,儒家在人性善恶问题上的基本立场是"性善论"。虽然这些儒者也承认人有好利爱财的自然本性,也并不否认人们追求物欲的伦理正当性,但他们将这种伦理正当性限定在两个层面,一是限定于满足基本的生理需求上,即"食""色""性";二是限定于追求财富的方式的正当性上,即"君子爱财,取之有道"。在他们看来,只有"善"或者"理"才可以成为人的本性,这也是人之所以为人的根本所在。此外,儒家的人性论与它的伦理道德观是紧密联系的,他们认为"善"和"理"的核心内容就是仁、义、礼、智、信等伦理道德,强调人有善端,也就预设了人具有健全的道德人格。所以,儒家所言的人是有气、有生、有义的道德人,而不是功利主义者所看到的"趋利避害""好利爱财"的单纯的经济人。

---

① 《汉书·董仲舒传》。

由此,仁义道德成为厘定和改造人性的基本法则,也是个体从事生产劳动、进行社会交往的生活准则。在儒家的思想体系中,仁义道德占据着如此重要的地位,以至于道德的价值凌驾于经济、物质的价值之上,甚至被提升为社会发展的动因。基于这样的人性论,儒家学派普遍"重义轻利",重视道德教化的作用,强调先民富后国富,"民贵君轻",以人为本,施行"仁政"促进经济发展。而这一系列的经济主张和措施最后都是为了教化民众,培养仁义道德,使其成为"圣人""君子",实现儒家的道德理想。

二、功利主义"自然人性论"的立论基点

经济伦理思想史上,很多学派都表现出功利主义特征,如法家、儒家中的荆公学派、事功学派以及带有道家色彩的泰州学派等。功利主义者的一般特征即主张"自然人性论",他们的经济伦理思想是建立在"自然人性论"基础上的,以人的求利自然属性或者人的需要的满足等为基础,主张言利、求利。

春秋战国时期,管仲从"人本自利"的"自然人性论"出发,提出"仓廪实而知礼节"的道德生成观,标志着中国古代功利主义经济伦理思想的产生。战国时期的法家在人性问题上的基本观点是人性自利。这里的自利是对人性的一种事实描述,而没有任何伦理道德意蕴。"自利"不是"自私",而是"趋利避害"或"自为"的意思,实际上就是一种"自然人性论"。法家集大成者韩非子认为"好利恶害,夫人之所以有也"[1],在此基础上提出人性"自为"的命题,他说:"夫卖庸而且播耕者,主人费家而美食,调布而求易钱者,非爱庸客也,曰:如是,耕者且深,耨者熟耘也。庸客致力而疾耘耕者,尽巧而正畦陌畦畤者,非爱主人也,曰:如是,羹且美,钱布且易云也。此其养功力,有父子之泽矣,而心调于用者,皆挟自为心也。"[2]意思是说雇工("卖庸"者)出卖自己的劳动,地主用美食招待雇工,并不是出于儒家或墨家所说的"相爱之道",而是出于自身利益的考虑。事实上,韩非子认为不仅地主和雇工之

---

[1]《韩非子·难二》。
[2]《韩非子·外储说左上》。

间存在这种利害关系,人与人的交往之中都存在这种关系,包括父子这类血缘关系和无血缘的君臣关系。人的行为受"自为"之心驱使,这是人的本性,是不可改变的。在此基础上,韩非子提出以法治为主要特征的充分利用人的自为之本性来实现国家政治、经济等目的的功利主义经济伦理思想。

西汉司马迁批判地继承了道家的自然人性思想和董仲舒的新儒学,认为人的自然本性就是好利、爱财,且不能被教化,因而司马迁提出"善者因之"的具有自由主义特征的功利主义经济理论思想,主张充分利用人的这种自然本性,让其成为人们从事经济活动的内在动力,从而促进经济发展。宋代荆公学派代表人物之一王安石主张的"自然人性论"包括理性和感性两个层面,是感性自然和理性道德的统一。他说:"气之所禀命者,心也。视之能必见,听之能必闻,行之能必至,思之能必得,是诚之所至也。不听而聪,不视而明,不思而得,不行而至,是性之所固有,而神之所自生也"①,"喜、怒、哀、乐、爱、恶、欲未发于外而存于心,性也"②。这里,王安石把理性(思)和情欲看作人的本性,性本身无所谓善恶,只是当性在与外物接触的过程中产生的情才有善恶之分,判断的标准在于其是否"当理",即是否合乎道德的要求。基于此,王安石提出带有理性的利己主义特征的经济伦理思想,认为人们为了最大化满足自己的私欲,在从事经济活动时会选择最理性的行为方式。明代的泰州学派是作为与当时主流意识形态即理学的对立面出现的,代表新兴的市民阶层的利益诉求,他们反对宋明理学教条化的"存天理,灭人欲"的观点,主张关注和尊重作为主体存在之自我及其经验的特殊性。该学派后期代表李贽作为当时传统意识形态中的一个异端,提出了与德性主义人性论相对立的自然人性论。李贽的人性论以童心说为基础,他的童心指人最初的本心,"绝假纯真",没有受到习俗或环境的影响,是人的自然本性。那么,这种童心的本来面目是什么样的呢? 李贽认为童心即为真心,"真"就是"私",即私心私欲。李贽进一步解释道:"夫私者,人之心也,人必有私,而后其心乃见;若无私,则无心矣"③,"趋利避害,人人同心,是谓天成,

① 王安石:《礼乐论》。
② 王安石:《性情》。
③ 李贽:《藏书·德业儒臣后论》。

是谓众巧"①。在李贽看来,人的行为都受私心驱动,都是为了满足自己的物质欲望和需要,且"穿衣吃饭,即是人伦物理"②,由此将伦理与经济联系起来,赋予人欲以善的价值规定。在此基础上,李贽提出了将物质经济生活放在首位的功利主义经济伦理思想。

中国经济伦理思想史上基于"自然人性论"立场上的功利主义者还有很多,此处所列也只是一小部分。从上面的阐述可以看出,"自然人性论"认为趋利避害、好利爱财、私心私欲是人的自然本性,本身无所谓善恶。但是,随着儒家的伦理道德在社会意识形态体系中占据主导地位,过分强调物质财富的满足,势必会被认为是"恶",遭到世人诟病。所以西汉之后功利主义者(如司马迁、王安石等人)也在努力调和利己功利的自然人性与追求仁义的伦理道德之间的对立,试图赋予私欲以善的价值规定。而到了宋明清时期,由于商品经济的发展和市民阶层的兴起,传统的儒家意识形态遭到抨击,"自然人性论"者不再试图调和义利矛盾,直接宣称利是义的本质。总的来说,从"自然人性论"立场出发的经济伦理学家往往肯定人们感性欲望的获得与满足,且将自然人性作为社会经济发展的内在动因,鼓励人们追求物质财富,同时认为人类的经济活动目的就是满足自身的物质生活需要,表现出浓厚的功利主义色彩。

不同的人性论基础形成不同的经济伦理思想倾向,最主要是前述两种③。当然还有其他一些人性论思想,基于这些思想也形成了与之相对应的经济伦理思想。如早期道家的自然主义经济伦理思想也是建立在"自然人性论"基础上,但此"自然人性论"又不同于功利主义的"自然人性论"。老子也主张"人性自然",但人性的自然状态不是功利主义者所说的追求感性欲望之满足的利己本性,而是人在婴儿时期无知无欲的状态,认为这才是人的

---

① 李贽:《焚书·答邓明府》。

② 李贽:《焚书·答邓石阳》。

③ 这里需要说明的是,正如上文所提到的,很多思想家的人性论并不是单纯的"性善论"或"自然人性论",而是既承认善之性,也承认自然之性,但是人性的这两个方面不是完全对等的,这些思想家要么强调善之性,以善之性改造自然之性,要么认为自然之性就是善,因而相应地在经济伦理思想上虽兼具德性主义和功利主义的色彩,但地位不同,依据其中占主导部分的那些经济伦理思想,最后还是可以归入德性主义或功利主义。因此,我们这里并没有把兼顾德性主义和功利主义的经济伦理思想作为一种单独形态的经济伦理思想。

本然状态。因此,就人的自然本性而言,老子认为人是一种具有"无为"之德的存在,也就是说人的行为活动应当是没有自己的目的和意志的,是自然而然地发生的。但是,人步入成年期后,随着欲望的增长和周遭环境的影响,逐渐走向了"有知有欲"的状态,成为自己行为和意志的主体,老子认为这是人性的堕落。因而,在他看来,声色之好、生理欲望,甚至仁义、律法都是伤人性的。所以,老子要求人们要"复归"到婴儿时期的理想人格。基于这样的人性论立场,老子的经济伦理思想必然是反对干预,强调经济自然发展,但实质也是一种具有反经济发展性质的经济伦理思想。当然,这并不是说自然主义经济伦理思想毫无价值可言。实际上,可以看到在中国历史上,当社会经济处于动荡萧条期时,统治者往往都会采取道家的自然主义经济伦理,休养生息,无为而治,以逐步恢复和发展经济。

三、人性善恶与经济德性

不同的人性论就会形成不同的经济德性。接下来,我们将主要以德性主义和功利主义的经济伦理思想为例,来论述不同人性论到底形成了怎样不同的经济德性。当然,无论是哪种经济伦理思想,其本身都包含了多个方面的内容,我们这里仅选取其中三个主要的方面来讨论,具体而言,就是分析他们在义利问题、财富问题以及统治者如何进行经济建设问题上所采集的不同观点,从中得出人性善恶与经济德性的关系:人性善恶是经济德性的基础,不同的人性论导致不同基调的经济德性。

1. "性善论"基础上的德性主义

(1) 义利观

"义利之辩"始终是中国传统经济伦理思想史上一个绕不开的话题,"义利之辩"所涉及的问题实际上也就是人们经济行为的价值取向问题。儒家"性善论"者认为义利主体是道德人,认为人性是善,善的内容就是仁、义、礼、智、信,过分追求物欲或以不正当的手段牟取私利则是恶,即赋予义以善的价值取向,赋予利以恶的价值取向。因而在义利观上普遍重义轻利。

孟子在"性善论"的基础上将"去利怀义"作为人内在本性的客观要求,

在孔子"罕言利"的基础上提出"何必曰利"的命题。孟子说:"为人臣者怀利以事其君,为人子者怀利以事其父,为人弟者怀利以事其兄,是君臣、父子、兄弟终去仁义,怀利以相接,然而不亡者,未之有也。……为人臣者怀仁义以事其君,为人子者怀仁义以事其父,为人弟者怀仁义以事其兄,是君臣、父子、兄弟,去利怀仁义以相接,然而不王者,未之有也。何必曰利?"①所以孟子劝诫统治者不要曰利,曰仁义足矣。但孟子也并非完全排斥利,他认为如果人们太穷就会无暇顾及礼义,所以他也主张"制民之产"②,但谈利的前提是必须符合义,尤其是当利和义发生冲突时,应坚决舍弃利而维护义。他说:"鱼,我所欲也,熊掌,亦我所欲也,二者不可得兼,舍鱼而取熊掌者也。"③荀子的义利思想建立在性恶的基础上,虽承认"义利两有",但在义和利的抉择上,仍坚持孔孟的观点,强调"先义后利""以义制利"。董仲舒的义利观与荀子类似,义利兼顾,认为"天之生人也,使人生义与利。利以养其体,义以养其心。心不得义不能乐,体不得利不能安"④,但相对而言,在这"两养"之中,"养其心"更重要,因而董仲舒又提出"正其谊不谋其利,明其道不计其功",还是坚持义重于利的传统儒家观点。程朱理学使原本就重义轻利的儒家义利观走向了极端,他们将义和利对立起来,用唯心的、先验的"理"来解释"义",认为天理和人欲、道德与物质是相互对立的,因此提出"存天理、灭人欲",带有明显的禁欲色彩。

由此可见,以性善论为基调的经济伦理思想,一般在义利观上表现出重义轻利的德性主义色彩。

(2)经济建设观

经济伦理思想的理论旨归无疑是为统治者辩护并就如何进行经济建设提供理论指导,中国传统经济伦理思想同样也是与统治者如何进行物质文明建设紧密联系在一起的。而德性主义者对于经济建设的基本态度就是统治者要行"仁政"。

如前文所述,孟子在人性论上并没有否认人的感性欲望的客观存在,他

---

① 《孟子·告子下》。
② 《孟子·梁惠王上》。
③ 《孟子·告子上》。
④ 《春秋繁露·身之养重于义》。

对"民之所欲"和"所恶"给予了高度的尊重,因为在他看来行"仁政"、得民心的关键就是要关心百姓疾苦,满足他们的物质生活需要。因此,在经济建设观上孟子提出了"制民之产"的主张。这一主张有两个重要的概念:"恒产"与"恒心"。"恒产"指恒久不变的财产,具体来说,是指维持一个八口之家的生活所需的耕地、住宅以及其他农副业等生产资料。"恒产"实际上包括两个方面的要求:一是统治者必须给百姓一定数量的生产生活资料,从制度上保证农民的物质财产;二是统治者必须通过各种经济政策来保证农民的生产积极性,如"勿夺其时","省刑罚,薄税敛,深耕易耨"①。事实上,这些措施都是孟子所提倡的"仁政"的具体内涵。"恒心"指具有稳定性、恒常性的思维原则和行为标准,具体来说就是以仁义为内涵的儒家伦理道德。孟子是这样表述"恒产"和"恒心"的关系的:"无恒产而有恒心者,惟士为能。若民,则无恒产,因无恒心"②。孟子承认在物质需要得不到满足的情况下还能追求崇高的精神只有士君子才能做到,而普通大众只有先填饱肚子而后才能向善,否则人们就会放任自流,无所不为,从而影响社会稳定,甚至威胁到君王的统治。所以,孟子认为统治者要想使百姓归顺自己,人人向善,就要以"恒产"建设为基础,然后通过教化培养百姓的"恒心"。董仲舒从"天人合一"的角度来论证人性,认为人的善质、恶质皆是天赋予的,追求私利、小利是人的天性,是符合天意的,因此在经济建设问题上坚持"不与民争利"的儒家传统。他提出"盐铁皆归于民"的主张,反对国家垄断工商业经营,主张工商业的自由发展。他说:"夫天亦有所分予,予之齿者去其角,傅其翼者两其足,是所受大者不得取小也。"③在董仲舒看来,天是公平的,给予"大",就会拿走"小",如果想兼得"大小",就是有违天意。国家作为"受大者",就不应当再"取小"即与民争利,否则违背天意就会招致祸患。同时,在农业生产上,董仲舒还提出了轻徭薄赋、废除奴婢等主张,以刺激经济发展,继承了儒家仁政思想。但是,同孟子一样,董仲舒发展经济,满足百姓的"利",也是为了培养他们的"义"服务的。

---

① 《孟子·梁惠王上》。

② 《孟子·梁惠王上》。

③ 《汉书·董仲舒传》。

（3）财富观

儒家的财富观涉及的主要是财富和伦理的关系问题。虽然儒家德性主义者都强调发展经济，认为统治者应该在一定程度上满足人们的物质需要，但是他们并不认为财富多寡可以和道德水平画等号，且认为使人们富裕也不是国家经济建设的最终目的。因为，如果过分沉迷于物欲就是人性的堕落，是"恶"，而不是他们追求的善之本性。由此，德性主义者看到礼制在人们日常生活和国家经济生活中的重要作用。

孟子关于"恒产"和"恒心"的关系表述，表明对于君子来说，物质基础不是其"恒心"养成的必要条件，但对于普通民众来说，树立"恒心"的前提是要有一定的物质财富。但是有钱不代表就能自然地产生"恒心"，这中间还有重要的一环即"教"，孟子说："善政，不如善教之得民也。善政，民畏之，善教，民爱之。善政得民财，善教得民心。"①而"善教"的关键在于：一是兴办学校，使教育制度化；二是以等级礼仪秩序为教育的主要内容。董仲舒同样视"富之"为"教之"的基础，但他并不认为财富越多就越有益于道德水平的提高。恰恰相反，在他看来，"大富则骄，大贫则忧。忧则为盗，骄则为暴，此众人之情也。……大人病不足于上，而小民羸瘠于下，则富者愈贪利不肯为义，贫者日犯禁而不可得止，是世之所以难治也。"②对于"大富"和"大贫"对仁义道德的破坏，董仲舒是通过"度制"来解决的，即通过制度安排来分配社会财富，使富者不至于过富，贫者不至于过贫。理学学派虽然在一定程度上承认仁义道德与物质利益的联系，主张藏富于民，认为民富是国富民安的基础和前提，但因为在人性论问题上以天理和人欲的对立来否认人的物质需要满足的伦理正当性，所以理学学派常常将道德置于经济之上，贬低物质利益。

2."自然人性论"基础上的功利主义经济德性

（1）义利观

"自然人性论"认为求利是人的自然本性，不同于"性善论"者对人的求利本性做出"恶"的价值判断，"自然人性论"者对这种人性并未做出价值判断，且认为仁爱道德是不足以改变人的自然本性的，因而功利主义者在义利

①《孟子·尽心上》。
②《春秋繁露·度制》。

观上普遍重利轻义。

法家韩非子将人性概括为自为心，认为人们的行为选择都是出于自己利益的考虑，这是人之本性，他甚至认为儒家主张"仁爱"学说和墨家主张的"兼爱"学说都是虚假的，是蒙骗君主的，人与人之间的关系只有纯粹的利害交换关系。由此可见，在义利观上，韩非子是极端的，只看到了利而完全否弃了义。儒家荆公学派对义利观的态度相较于法家的极端要显得温和得多。他们一反儒家"罕言利"的传统，公开言利。王安石指出："利者义之和，义固所为利也"①，明确提出义的本来目的就是利，这样就将义和利调和起来，赋予利以新的价值取向和地位。但是王安石所说的这个利不是个人私利，而是公利，他说："聚天下之人，不可以无财，理天下之财，不可以无义。"②在王安石看来，为天下百姓言利是政事所重之利，是公利，而伦理则是为公利理财的手段，这种利和义是一致的，且利是最终目的，所以王安石在此基础上得出了"理财乃所谓义也"③的结论。如果说荆公学学派义利观还只是儒家学说的概念与范畴之内的变异，带有"义利"调和的色彩，那么泰州学派功利主义的义利观则完全与儒家学说相对立。如李贽认为义的本质在于利，"夫欲正义，是利之也；若不谋利，不正可矣。吾道苟明，则吾之功毕矣；若不计功，道又何时而可明也"④，与董仲舒的"正其谊不谋其利，名其道不计其功"针锋相对。

（2）经济建设观

"自然人性论"强调人需要的满足，把物质需要的满足作为经济活动的出发点和主要目的甚至是唯一目的，把人性的满足看作为经济发展的内在动因。因而，在经济建设中功利主义者更多地强调律法制度对人性的约束，相对轻视伦理对经济发展的作用，同时主张充分利用人们追名逐利的本性来发展经济，最终实现富国强兵。

韩非子认为仁义道德不可能改变人的"自为"本性，使人主动"为吾善"，但是私利与私利之间是有冲突的，如果人人都为自己，社会必会陷入混乱，

---

① 参见李焘《续资治通鉴长篇》卷二百一十九。
② 王安石：《临川先生文集》卷七十。
③ 王安石：《临川先生文集》卷七十三。
④ 李贽：《藏书·德业儒臣后论》。

所以他主张通过严刑峻法来使人们"不得为非",从而稳定社会政治经济秩序。他说:"为人臣者畏诛罚利庆赏,故人主自用其刑德,则群臣畏其威而归其利矣。"[1]这样,人们出于维护自己利益的需要也会遵纪守法,而不会为非作歹。王安石的"理财即义"的理财观并没有停留在单纯的"义以理财"的伦理学层面而是深入到"以义理财"经济学层面。这一具体的经济建设措施,是和王安石的经济伦理基础相一致的。王安石的改革从两个方面阐述了"以义理财"的方式。第一,商业方面,王安石重视商业的发展,但受传统"重本抑末"思想的影响,他认为商业的发展有不利于农业的一面,所以他主张政府制定法规引导商业的发展,防止商业过分膨胀,而导致人们去本趋末,威胁封建社会的经济基础,这就是"以义理财"的具体体现。第二,农业方面,"以义理财"不仅是通过"均输"与"市易"等方法来对社会财富进行重新分配与调节以实现政府财政收入的增长,而且更重要的是通过调动劳动者的生产积极性来创造更多的物质财富,保障封建统治所需要的财政支持,这就是所谓的"盖因天下之力,以生天下之财,取天下之财,以供天下之费。"[2]这是"以义理财"的本质所在。而王安石"以义理财"的最终目的则是实现富国的目标。李贽认为人的自然属性是人有私心私欲,因而在财产所有制上,崇尚私有制,不仅为实际存在的土地、财产等私有财产辩护,而且为当时市民阶层广泛存在的"私欲""财产私有"而辩护。同时,他还主张自由竞争,反对规范介入。

(3)财富观

在物质财富与道德的关系问题上,持"性善论"的德性主义者和持"自然人性论"的功利主义者的基本观点是一致的,即物质生活资料的丰富程度与人们的道德水平并不是成正比关系。但也正因为人性论立场不同,德性主义者更强调道德的在财富的获取、分配和消费中的作用,而功利主义者则突出法治的作用。

道家的基本命题是"仓廪实而知礼节,衣食足而知荣辱"[3],但他们也承

① 《韩非子·二柄》。
② 王安石:《上仁宗皇帝言事书》。
③ 《管子·牧民》。

认财富越多不代表道德修养越高。如韩非子提出"财货足则轻用,轻用则侈泰"①的观点。然而受功利主义的潜在影响,法家代表人物在财富的获得、分配、消费等领域基本上拒斥道德的作用,而主张法治,如韩非子的"不务德而务法"②的观点即是证明。在财富与道德的关系上,王安石也认为贫富与道德没有直接的关系,道德高尚的人不一定富贵,道德败坏的人也不一定贫贱。但是,"夫贵若贱,天所为也,贤不肖,吾所为也"③,人虽然不能决定自己贫富与否,却可以决定自己有无道德。王安石认为,只要注意加强自身道德修养,不断行善,就可以成为贤者。李贽在财富观上否认了伦理介入的必要性。传统儒家观点认为君子可以爱财,但要取之有道,也就是说获取财富的手段要符合伦理要求,并把这一考量视为财富正当性的标准。但李贽认为没有这一必要,因为不管一个人用什么样的手段谋取财富都是正当的,是天赋予人以致富之才,这种"才"无论是否合乎礼义都是正当的。

　　从上述两个层面、三个维度的论述我们可以窥见,坚持怎样的人性论立场就会建立怎样的经济伦理思想,表现出不同的经济德性。承认感性欲望是人性的一个方面,就会肯定人们对物质利益的追求,相应地,在经济伦理思想上会要求经济发展要顺应人的这一本性,满足人们的物质需要。但是,如果把感性欲望看作是人性的全部,就会认为人的经济活动纯粹是为了满足自身物质需要,而不存在生活目的之外的人为附加的道德目的,因而往往强调重利轻义或义利统一,重视法治在经济建设和财富的获取、分配、消费等领域中的作用,强调法律制度对人性的外部约束作用,而忽视伦理道德的规范作用。同时,主张充分利用人性发展经济,以实现国富强兵,表现出强烈的功利主义倾向。而如果认为感性欲望只是证明人是一种生物(这种生物与其他动物无异),而不能作为人是与其他动物相区别的存在,认为只有"善"(即仁、义、礼、智、信)才是人的真正本性,那么在经济伦理思想上就会出现重义轻利的倾向,强调仁义道德在经济发展和社会治理等领域中的作用,要求君主行"仁政",在国富与民富的关系上多强调先民富后国富,表现出以人为本的德性主义特征。同理,其他的人性论立场也会形成相应的经济伦理思想。

当然，除了不同的人性论导致不同的经济伦理主张，并影响其义利观、财富观、经济建设观等具体的经济、伦理等层面的具体观点之外，以不同人性论为基础的经济伦理思想在政治主张、教育主张、哲学倾向等方面有较为明显的差异，此处不再展开论述。

第二节　以德性主义为基调

我国的德性主义经济伦理思想开始于西周，兴起于春秋时期，兴盛于西汉时期，极于北宋。德性主义经济伦理思想的特点主要体现在对经济和伦理的关系的认识上，即：伦理重于经济，伦理是目的，而经济是手段，经济是为伦理服务的。儒家是中国德性主义经济伦理思想的主要代表，儒家的德性主义经济伦理思想主要表现在他们的义利观上，即：重义轻利。从孔子到朱熹，儒家关于义利的问题已经形成了一套完整的理论体系，因而也形成了完整的德性主义经济伦理思想。中国经济伦理思想以德性主义为基调的理论特征主要表现在以下几个方面。

一、"义胜利者为治世，利克义者为乱世"

"义胜利者为治世，利克义者为乱世"出自《荀子·大略》，其意思是：道义胜过私利就是安定的时代，私利胜过道义就是混乱的时代，其实就是主张"以义制利"，而这也是中国德性主义经济伦理思想的一个显著的理论特征，显性地彰显了中国经济伦理思想的德性主义基调。

自古以来，中国就有关于义利问题的讨论，并发生了几次大的义利之辩。在春秋战国时期，诸子百家纷纷开始从自身所处的社会地位和自身实践经验等方面出发阐述义利问题，进而推动了中国思想史上第一次"义利之辩"，其中儒家主张以义制利。孔子非常重视义的作用，他关于义的论述也非常多。在《论语·卫灵公》中，他指出："群居终日，言不及义，好行小慧，难矣哉!"他接着说:"君子义以为上。君子有勇而无义为乱,小人有勇而无义为盗。"①可见,他认为应该把义作为人们行为的标准。孔子还把义的重要性上升到国家层面。孔子说:"上好义,则民莫敢不服。"②他认为君子要做到道义,这样人民就会信服并忠诚于他。对于利,孔子谈及的很少,在《论语》中,孔子谈利只有六次,在《论语·里仁》中提出:"君子喻于义,小人喻于利",把义和利作为区分君子和小人的标准。在《论语·宪问》中提出"见利思义",主张在利益面前应该以义为先。可见,在义利观上,孔子也是主张以义制利的。孔子把他这种德性主义经济伦理思想运用到生产活动过程中。孔子经济伦理思想的德性主义倾向较集中体现在他的义利观念中。一是他强调"义以生利",认为只有弘道义,才能获得正当之利,否则就是小人之利,并且认为道义能招来四方之人搞生产,从而增加人口,开阔领土,给国家带来巨大利益。二是孔子认为要以道义获取利益或财富。他说:"富与贵,是人之所欲也,不以其道得之,不处也。贫与贱,是人之所恶也,不以其道得之,不去也。"③他还强调即使"见利"也应"思义"。孔子的这种以义制利为核心的经济伦理思想,其理论思考的基本出发点是人,在其经济管理思考中这一基本观点得到充分的体现。他推崇"安人之道"的管理思想,认为"安人之道"是合乎人性的管理之道,即"仁"治之道。首先,"安人"是用"爱人"之伦理,使管理者工作顺心,从而被管理者不但能敬业,而且乐业。其次,"安人"是指以诚相待,实现同心协力。

孟子的义利观包括三个方面的内容:其一,孟子认为人应该追求道义,而不能仅追求利。孟子曰:"人之有道也,饱食暖衣,逸居而无教,则近于禽兽。"④同时,孟子还把义上升到国家层面。在《孟子·梁惠王上》中,孟子见梁惠王,王曰:"叟!不远千里而来,亦将有利吾国乎?"孟子对曰:"王何必曰'利'?亦有'仁义'而已矣。"也就是说君主要讲仁义,而不能只谈利益,在实行仁义的过程中,利益自然也会来。反之,如果君主只讲利而不看重义,那么这个国家是非常危险的。因此,孟子说:"上下交征利而国危矣"。其二,

① 《论语·阳货》。
② 《论语·子路》。
③ 《论语·里仁》。
④ 《孟子·滕文公上》。

孟子认为道义比生命更重要。孟子说:"生,亦我所欲也;义,亦我所欲也。二者不可得兼,舍生而取义者也。"体现了孟子对道义的高度重视。其三,孟子认为人要讲气节。不能为了苟活或者私利而丢失了气节。因此,他说:"一箪食,一豆羹,得之则生,弗得则死。呼尔而与之,行道之人弗受;蹴尔而与之,乞人不屑也。"①在这种义利观下,孟子提出君主要实行仁政,君主要有道义,要爱民,同时为了社会稳定,百姓更好地生活,国家要减少赋税,减轻刑罚。

"义胜利者为治世,利克义者为乱世"这句话体现了荀子对于义利关系的看法,即以义制利。他指出:"虽尧、舜不能去民之欲利,然而能使其欲利不克其好义也。虽桀纣亦不能去民之好义,然而能使其好义不胜其欲利也。"②但是,荀子提出"以义制利"并不是否认利的存在,他说:"义与利者,人之所两有也。"③恰恰相反,他正是从人的物质利益出发来阐明道德在调节利益分配中的作用。他的这种思想主要体现在朴素唯物主义道德起源论上,包括"群居合一"说、"礼以养情"说、"礼以成文"说等。关于"群居合一"说,荀子认为,人通过分工过着群居的生活,存在着利益的调节和分配问题,需要用礼义来调节人们之间的利益关系,才能约束并规范人们的行为,从而做到群居合一。关于"礼以养情"说,荀子认为"人生而有欲",因此,应该用礼义来规范人们,以达到养情的目的,这是荀子从人的情欲的角度来说明义利关系。关于"礼以成文"说,这里的"文"是指修饰人的情感,体现了荀子从文化生活的角度来说明义利关系。

自孔子、孟子、荀子以后,在义利观上以"以义制利"为主导的典型代表是汉代的董仲舒。董仲舒在继承了儒家"以义制利"思想的基础上,认为义和利是上天赋予人们的两种属性,提出了"天人合一"的经济伦理思想。一方面,董仲舒把先秦儒家的"重义轻利"的义利观提高到新的高度,他提出"正其谊不谋其利,明其道不计其功"的著名论断,认为只要有道义,即使没有功劳,也是有价值的。董仲舒还认为"义"可以影响到整个社会的稳定,由

---

① 《孟子·告子上》。
② 《荀子·大略》。
③ 《荀子·大略》。

此他说:"义则世治,不义则世乱"①。另一方面,董仲舒也并不完全地否定利,指出:"天之生人也,使人生义与利。利以养其体,义以养其心。心不得义不能乐,体不得利不能安"②。他认为义以养心,利以养体,都是人所需要的。但是,他又接着说:"体莫贵于心,故养莫重于义,义之养生人大于利。"③可见,在董仲舒看来,虽然义和利都是人所需要的,但是义是重于利的,应该以义制利。需要说明的是,董仲舒轻利,这个利是指私利,而不是公利。其实董仲舒是很重视公利的,他强调应该"为天下兴利"。他认为为了维护封建统治,统治者要注重公利,而不能自私。

　　宋明时期发生了中国历史上第二次"义利之辩"。这一次的义利之辩,从北宋开始,一直到明末时期才结束,前后经历了五六百年的时间。其中主张"以义制利"思想的主要代表人物有周敦颐、程颢、程颐、朱熹。他们作为儒家的继承者,自然非常强调"义"的重要性。同时,他们信奉天理,贬低人欲,把德性主义推到了鼎盛。作为宋明理学的创始人,周敦颐在经济与伦理的关系问题上,重伦理,轻经济,进一步巩固了儒家的"重义轻利"的思想地位。程颐指出:"义吾所当取,不义吾所当舍。"④因此,人们应该以义作为利益取舍的标准。朱熹指出:"好义,则事合宜"⑤,要以义作为判断的标准。同时,理学家们还把义上升到了世界观的高度,从理本论的角度来说明义。程颐说:"在物为理,处物为义。"⑥朱熹指出:"义者,天理之所宜""仁义礼智皆理也。"⑦但是,这些理学家们在强调"义"的过程中,完全否定人的正常的欲望与合理之利,如二程提出"存天理、灭人欲""大凡出义则入利,出利则入义",这说明宋明理学家们所提出的德性主义经济伦理思想是带有明显的禁欲主义特征的。

---

① 《春秋繁露·王道通三》。
② 《春秋繁露·身之养重于义》。
③ 《春秋繁露·身之养重于义》。
④ 《二程遗书》卷十九。
⑤ 《论语集注·子路》。
⑥ 《周易程氏传》卷四。
⑦ 《论语集注·里仁》。

二、以义生利

重义轻利固然是儒家经济伦理思想的轴心,但这并不意味着儒家每时每刻都反对"利"。轻利是相对于重义而言的,轻视"利"是为了扬"义"。儒家强调"利"与"义"的统一性而排斥任何与"义"冲突的非分之"利",他们主张"义以生利"的原则,即主张在社会等级名分制度及其道德规范的限定之内去生财求利,这就是《大学》中所说的"此谓国不以利为利,以义为利也"①。相反,逾越礼义之限去自发地、无限地追求财利便是"不义"的经济行为,所发的财也便是不义之财了。在儒家看来,只有把"义"放在首位,在"义"的指导下严格遵守其道德规范去生财求利,不仅于个人有利,并且对社会也会非常有益,即能实现社会稳定。"以义生利"是中国经济伦理思想的一个显著的理论特征,彰显了中国经济伦理思想的德性主义基调。

"以义生利"之说首见于《国语·晋语》中,即"义以生利,利以丰民"。孔子在《左传·成公二年》中也讲到"义以生利"。在孔子看来,礼义本身就包含了利,要以义生利。在《论语·宪问》中,孔子又说:"义然后取,人不厌其取"。可见孔子是不反对在道义的范围内获取利的,反之,则"不义而富且贵,于我如浮云"②。孔子非常看重"义"所带来的经济效益,认为有了道义,则四面八方的百姓都愿意归顺而来,人多了就可以扩充领土,进而给国家带来财富。孔子强调经济效益的道德价值,这实际上就是强调人的价值。在这个思想的基础上,孔子非常重视社会财富的普遍增值,他说农为民之本,因而认为应该实行重本抑末的经济主张,农业会给农民带来安定的生活,由此提出了"惠而不费"和"使民以时"的经济管理主张。孔子认为"小人怀惠",因此主张施"惠"于民,百姓得到了君主的施惠后,不但劳动积极性能够提高,促进生产力的发展,而且还会感恩并忠于君主,给国家带来稳定和繁荣。可见,在施惠的过程中,君主也能够获得利益。此外,孔子认为要在不妨碍农业生产的前提下征派劳役,因此,他提出"使民以时"的思想主张。这

---

① 《礼记·大学》。
② 《论语·述而》。

个主张考虑到了劳动者利益,容易使百姓信服,进而也会给君主和国家带来巨大的利益。

孟子、荀子也都提出有关的以义生利的思想。孟子提出:"未有仁而遗其亲者也,未有义而后其君者也"①。"不遗其亲"和"不后其君"是周礼的要求,本身就包含着利,而且这个利是由义生成的。因此,孟子主张君主要有道义,要实行仁政,爱戴百姓。他针对农民问题提出了"制民之产"的经济主张,认为"民事不可缓也"。君子爱戴百姓、重视农业的过程中也会给自己乃至整个国家带来巨大的利益。荀子也认为义是可以生利的。他指出:"桓公之于管仲也,国事无所往而不用,知所利也"②。齐桓公虽然知道管仲以往的过失,却仍然把国家交给管仲来治理,这是齐桓公的义,但是却能够给他以及整个国家都带来大利。荀子在继承和发展孔孟德性主义经济伦理思想的基础上,认为统治者对于被统治者应该"爱而用之"。他说:"不爱而用之,不如爱而后用之之功也。……爱而后用之,不如爱而不用者之功也"③。荀子的这个思想和孔子的"惠而不费""使民以时"的思想是一致的。朱熹说:"正其义则利自在,明其道则功自明;专去计较利害,定未必有利,未必有功"④。他还说:"利是那义里面生出来底。凡事处制得合宜,利便随之"⑤。宋明理学家们的德性主义经济伦理思想虽然带有禁欲主义特征,认为天理和人欲是相互对立的,但是还是肯定以义的方式生利的。

儒家认为以义生利的终极目的不仅在于发展社会生产,而且可以在增加社会财富的同时强化人们的道德意识,使价值理性与物质生产得到均衡发展,整个社会欣欣向荣,显示出儒家经济伦理对生产合理性的终极追求。

在这里,值得一提的是,墨家也强调以义生利,"义,利也"。墨家义利观的灵魂是兼相爱、交相利,它推崇义利合一,代表着位居社会下层的小生产劳动者的利益,因而非常重视发展社会生产,"凡五谷者,民之所仰也,君之所以为养也"⑥;其道德动因是"兼相爱,交相利"。故它讲"求兴天下之利",

① 《孟子·梁惠王上》。
② 《荀子·君子第二十四》。
③ 《荀子·富国》。
④ 《朱子语类》卷三十七。
⑤ 《朱子语类》卷一。
⑥ 《墨子·七患》。

而不是为了一己之私利去从事生产劳动,只有怀抱以义生利、造福社会的动机,才能够创造出丰裕的物质财富,推动社会向前发展。

经过上述分析可以看出,不管是哪个学派,如果把义放在首位,强调义对利的优先性和制约性、规范性,那么,在具体的经济伦理主张和经济实践中,都会表现出显性的德性主义的色彩。

三、用不伤义

"用不伤义"是中国德性主义经济伦理思想的一个重要的理论特征。所谓"用不伤义"是指在获取"利"的过程中不违背"义",如果"利"的获取是通过背离"义"来获得的,那么这个"利"宁可不要。儒家坚决反对"非其有而取之"和"非所取而取之"的苟取行为,认为"求义"之中不需要再另外立个"求利"的目标作为行为方针,只能"为义",而不能"为利"或为利而行义。儒家在肯定合理利欲的基础上,认为求利时不可害义,若利违背义,应舍利取义,而不可舍义求利。就是说,人们应该做到"用不伤义"。

孔子明确提出"用不伤义"的思想,强调不义之财和不义之利不能取。他说:"富与贵,是人之所欲也,不以其道得之,不处也;贫与贱,是人之所恶也,不以其道得之,不去也"①。也就是说:富裕和显贵是人人都想要得到的,但不用正当的方法得到它,就不会去享受它;贫穷与低贱是人人都厌恶的,但不用正当的方法摆脱它,就不能脱离它。在这里,孔子虽然承认人们对于利益的欲求,但是,他的侧重点是在"不以其道得之,不处也"和"不以其道得之,不去也",也就是要求人们以义为质,见利思义。在用不伤义的思想下,孔子认为人们不仅不能损害他人的利益,即"己所不欲,勿施于人"。而且还要能够做到为他人着想,即"己欲立而立人,己欲达而达人"②。孔子从利人的角度出发,认为政者应该爱民,要爱民就要利民、惠民,只有这样才能得民心。

孟子也表达过"用不伤义"的观点。他说:"非其义也,非其道也,禄之以

---

① 《论语·里仁》。
② 《论语·雍也》。

天下,弗顾也;系马千驷,弗视也。非其义也,非其道也,一介不以与人,一介不以取诸人。"①也就是说,如果不符合道义,即使是有巨大的财富也不能使他动容。同时,孟子也把用不伤义运用到了人际关系方面,他说:"仁者爱人,有礼者敬人。爱人者,人恒爱之;敬人者,人恒敬之。"②因此,他认为应该爱他人、利人,而不能对别人怀有不利之心。孟子也反对财富的私人垄断,他说:"人亦孰不欲富贵,而独于富贵之中,有私垄断焉!"他痛骂那些垄断市场的富商大贾是"贱丈夫"。因而提倡分人以财,富则广施。荀子对于这一点也作了很多的论述。荀子说:"古之贤人,贱为布衣,贫为匹夫,食则饘粥不足,衣则竖褐不完;然而非礼不进,非义不受,安取此?"③也就是说,荀子认为道义大于利,因此,在获取利益的过程中,不能伤害义。

董仲舒关于义利的认识中也有"用不伤义"思想的成分。董仲舒说:"今人大有义而甚无利,虽贫与贱,尚荣其行,以自好而乐生,原宪、曾、闵之属是也。人甚有利而大无义,虽甚富,则羞辱大恶。恶深,祸患重,非立死其罪者,即旋伤殃忧尔,莫能以乐生而终其身,刑戮夭之民是也。夫人有义者,虽贫能自乐也。而大无义者,虽富莫能自存。吾以此实义之养生人,大于利而厚于财也。民不能知而常反之,皆忘义而殉利,去理而走邪,以贼其身而祸其家。此非其自为计不忠也,则其知之所不能明也"④。可见,董仲舒也认为取利要在不违背道义的范围内来获取。关于义利,明代的王夫之也说:"出义入利,人道不立",认为离开道义取得利益是不正当的。

儒家把"用不伤义"思想运用到了分配领域和生产领域。在分配领域,儒家提出了"取予有度"的原则。所谓的"取予有度"就是指在社会产品的占有和分配过程中,无论是获取还是给人财物,都必须有度。孟子就明确说过:"可以取,可以无取,取伤廉;可以与,可以无与,与伤惠。"他认为要做到取予有道,必须"取不伤廉,予不伤惠"⑤。这其实是孟子对于产品的占有和分配所作的一个原则性的规定。儒家告诫人们在取利的过程中一定要遵守

①《孟子·万章上》。
②《孟子·离娄下》。
③《荀子·大略》。
④《春秋繁露·身之养重于义》。
⑤《孟子·离娄下》。

道德规范,也就是取予不贪,度之以礼。一旦违背取之有度的原则,那么就会导致原先基本确定的占有和分配关系发生混乱,进而给社会生活造成不必要的麻烦。

同时,在生产领域,儒家提出了"生财有道"的经济主张。《礼记·大学》曰:"生财有大道:生之者众,食之者寡,为之者疾,用之者舒,则财恒足矣"。所谓的生财有道,顾名思义就是指在增加财富的过程中要讲究道义。它是儒家用来规范人们生产行为的基本道德规范。儒家认为生财有道具体应该包括三个方面的内容:第一,每个人应该严格按照社会等级名分来生财,而不能僭越等级。儒家认为君主不能和百姓争利,士者不可兼农工商业,庶民百姓应该自给自足而不能够弃业游食。从这种思想出发,儒家不赞成由国家的中央政府直接经营盐铁等工商业,也不赞成士大夫务农经商,认为只有在社会名分等级范围内才能生正当之财。

第二,对于庶民百姓应该严格按照社会分工,不同职业之间不能相互竞争。管仲最早提出士农工商四民分业定居的思想,这一思想被儒家继承和发展。儒家认为应该对庶民百姓进行社会分工,以免他们之间相互逐利。在《周礼·天官·大宰》中,提出以九职任万民:"一曰三农,生九谷;二曰园圃,毓草木;三曰虞衡,作山泽之材;四曰薮牧,养蕃鸟兽;五曰百工,饬化八材;六曰商贾,阜通货贿;七曰嫔妇,化治丝枲;八曰臣妾,聚敛疏材;九曰闲民,无常职,转移执事。"可见,儒家是非常赞同社会分工的,并认为只有按照社会社会分工来进行生产活动才能够正当地生财。同时,儒家反对职业之间相互竞争,尤其反对人们弃农经商。儒家把农业视为民之本业,而把工商视为末业,并且积极主张实行重本抑末政策。儒家认为,以末生财不仅会导致佃农道德堕落,而且还会致使国贫。

第三,每一个职业要严格履行其职业道德,要正当谋利。儒家认为只要供衣食、通有用之物、生产有用之器,那么这些生财活动就具有道德合理性;反之,便不是正当的生财之道。《礼记·王制》便记载有规定以下一些东西不能上市出售。"圭璧金璋,不粥于市。命服命车,不粥于市。宗庙之器,不粥于市。牺牲不粥于市。戎器不粥于市。用器不中度,不粥于市。兵车不中度,不粥于市。布帛精粗不中数,幅广狭不中量,不粥于市。奸色乱正色,不粥于市。锦文珠玉成器,不粥于市。衣服饮食,不粥于市。五谷不时,果实未熟,不粥于市。木不中伐,不粥于市。禽兽鱼鳖不中杀,不粥于市。关执禁以讥,禁异服,识异言。"①

"诚"是儒家道德观中的核心概念之一。孟子把"诚"视为一种崇高的道德境界,并且劝导人们身体力行之。宋儒周敦颐则直截了当地把"诚"的实践意义一语点破:"诚者,圣人之本,百行之源也"②。在生财过程中,要讲诚信,这样,所得的利益才是正当的、可取的。

四、"以仁育万物,以义正万民"

儒家的"仁义"理论是中国德性主义经济伦理思想的理论特征之一。儒家非常重视仁义的作用,儒家关于仁义作用的观点对中国古代产生了非常重大的影响。"以仁育万物,义以正万民"是周敦颐首先提出来的。他在《通书·顺化第十一》中指出:"天以阳生万物,以阴成万物。生,仁也;成,义也。故圣人在上,以仁育万物,以义正万民。天道行而万物顺,圣德修而万民化。"也就是说上天以阴阳二气生成万物、创造万物,就是仁和义,因此君主必须要以仁和义来育物正民。

孔子伦理思想的核心是"仁",因此,他对于仁的表述非常多。"樊迟问仁。子曰:'爱人'"③,这里讲的"仁"就是指同情心、爱人。这是仁最主要的思想内涵。在孔子那里,"'仁'成为包含孝、悌、忠、恕、智、勇、恭、宽、信、敏、惠等道德规范的总的道德要求"④。关于义,孔子也谈到了很多,他相当重视义的作用,因此,提出了"义以为质"的原则。孔子把他的伦理思想与现实紧密联系起来,提出了为政以德的政治主张,试图通过讲仁义来实现个人和社会完善的发展。孔子推崇"安人之道"的管理方法。他认为安人之道就是"仁"治之道。一方面,他认为安人就是要用爱人之伦理,统治者要关心、爱护被统治者,这样不仅能使被统治者敬业,而且还能使他们乐业。另一方面,安人也是指信人,在统治过程中要相互信任。在"安人之道"思想的指导

---

① 《礼记·王制》。
② 《通书·诚下第二》。
③ 《论语·颜渊》。
④ 温克勤:《中国伦理思想简史》,北京:社会科学出版社 2013 年版,第 11 页。

下,孔子认为统治者要以德治人。他说:"道之以政,齐之以刑,民免而无耻。导之以德,齐之以礼,有耻且格"。① 同时,孔子还提出了"惠民"政策,对百姓实行"惠而不费"和"使民以时"的经济主张。

在孟子生活的年代,社会动荡,国家、官员、百姓为了各自的一己之利,互相之间进行争斗。为了解决这种"上下交征利"的现象,孟子继承并发展了孔子关于仁义的思想,提出了"仁义之道",即主张以仁义作为处理一切社会关系的基本原则。孟子明确指出:"三代之得天下也以仁,其失天下也以不仁。国之所以废兴存亡者亦然。"② 也就是说,仁与不仁是君王能否保天下的关键。反之,"不以仁政,不能平治天下。"③因此,统治者必须行仁政。即"以不忍人之心,行不忍人之政"。同时,孟子认为,要想实行仁政,必须得民心。对于这一点,他作了很多论述。《孟子·离娄上》说:"桀纣之失天下也,失其民也;失其民者,失其心也。得天下有道:斯得天下矣;得其民有道:得其心,斯得民矣。"《孟子·尽心下》中也指出:"民为贵,社稷次之,君为轻。是故得乎丘民而为天子,得乎天子为诸侯,得乎诸侯为大夫。诸侯危社稷,则变置。牺牲既成,粢盛既洁,祭祖以时,然而旱干水溢,则变置社稷。"可见,孟子对民心是高度重视的,他充分认识到了民心向背的重要作用。孟子主张实行"制民之产",使人民拥有一定量的土地,这样不仅可以养活自己,同时还可以养活老人和妻儿。制民之产的具体方式就是实行井田制,就是以八家作为一个生产单位,用地租来供养统治者的农业经济。同时,孟子还认为统治者要省刑罚、减赋税,从而使百姓安心劳作,生活安定。荀子提出"裕民"的经济主张,也就是不仅要保证农民的基本需求,而且还能够有所余,这样,百姓就能生活安定,进而有利于加强对百姓的管理,促进生产。他说:"轻田野之税,平关市之征,省商贾之数,罕兴力役,无夺农时,如是则国富矣,夫是之谓以政裕民。"④汉代的董仲舒非常重视和关注民众利益,他提出了"不与民争利业"的思想,同时,他还从伦理公正的角度第一次提出"限田以保民田"的主张。

---

① 《论语·为政》。
② 《孟子·离娄上》。
③ 《孟子·离娄上》。
④ 《荀子·富国》。

二程认为："仁是与万物俱生的"。朱熹也主张实行仁政,他赞扬夏商周三代以仁义道德来统治天下,认为君主在用仁义道德统治时,应该做到爱民,为人民着想。朱熹的仁政爱民思想,应该说是继承了中国传统文化思想中优秀的方面。然而他所主张的"仁政"又是同封建三纲五常的教化紧密结合在一起的,朱熹认为应该把人间的伦理道德和理气论结合起来,认为仁、义、礼、智等道德标准也是天理的反映。朱熹深感当时的土地兼并、田赋不均给百姓带来的危害,因此,他提出复井田、行经界的主张,以作为仁政的开始。他主张实行的井田制主要有两点:其一,以口数占田,即根据人口来分配土地;其二,不得买卖,以此来防止兼并。这种经济主张在一定程度上对当时封建社会存在的危机起到一定的缓解和挽救的作用。

总之,在中国经济伦理思想史上,绝大部分经济伦理学都是倾向于德性主义的,具有显性的德性主义基调,即使功利主义者在外在表象形式上呈现为重利轻义的特征,但是并不否认义的存在、作用和价值,并且都是以"义"为前提和基础来论述"利"的,从而在理论前提和理论基调上同样具有明显的德性主义底色。

第三节 德性主义与功利主义共生

中国经济伦理思想史上并不存在极端的功利主义思想和思想家,功利主义者都是在一定程度上承认和认同并主张德性、仁义、道德的。并且,从整个中国传统经济伦理思想史的发展长河以及大多数朝代的经济伦理学流派的持存情况来看,德性主义和功利主义共生是一个明显的特点。当然,在有些时代是百家争鸣;有些时代是德性主义为主导,功利主义占据次要地位;另一些时代则是功利主义为主流,德性主义为次;还有一些时代则是以两者的融合和统一为特征。这样一种德性主义和功利主义的共生状态,主要体现在以下一些理论基调和理论主张中:

一、均富为义

儒家思想中包含着富民观点，其中均富的理念不失为一种安邦治国的经济理论。孔子提出"足食""富而后教"的论点，把人民物质财富的满足作为精神教化的基础。孟子说："无恒产而有恒心者，惟士为能。若民，则无恒产，因无恒心。"①可见，儒家充满着对人民的关怀，这充分体现了"义"。但是应明确民富仅提供"义"的基础，在封建社会以至于任何社会，分配显得更为重要。孔子说："丘也闻，有国家者，不患贫而患不均，不患寡而患不安。盖均无贫，和无寡，安无倾。"②春秋末期，社会动荡、贫富分化，孔子主张处于这样的乱世首先应当保持内部的稳定。这里说的"寡"是指短缺、稀少，"贫"即贫穷，"均"是指均平、均衡，"安"是指安定、稳定，贫穷和短缺不外乎物质上的匮乏，更为重要的是做到"均无贫"，使社会成员依靠等级享有合理的经济分配，体现其对"义"的崇尚与追求。子曰："礼之用，和为贵，先王之道，斯为美，小大由之。有所不行，知和而和，不以礼节之，亦不可行也。"③孔子用"礼"来确定的利益均衡不致为贫富的自发分化打破，由此观之，孔子的"均富"既要追求平等即符合"义"，又要合乎礼，是建立在二者统一基础之上的。孔孟对于"均富"的考量，不仅从经济伦理学方面，而且从主体道德与分配正义方面综合考虑。

管子有述："牧民者，厚收善岁以充仓廪"，"其收之也，不夺民财。其施之也，不失有德。富上而足下，此圣王之至事也。"④"取民有度"不仅要不夺民财，还要兼顾"富上"和"足下"，因此，财富是统治者得以治国的基础。其中，"富上"为主，"足下"为辅。"富上"即富国，就是封建统治阶级统治下的国家的富庶。管子言："一曰山泽不救于火，草木不殖于成，国之贫也。……工事无刻镂，女事无文章，国之富也。"⑤国家富裕，才能强兵，才有能力维持

---

① 《孟子·梁惠王上》。
② 《论语·季氏》。
③ 《论语·学而》。
④ 《管子·小问》。
⑤ 《管子·立政》。

社会稳定,其富庶之源主要来自百姓赋税,因此百姓有义务为国家缴纳赋税,从而富国,更好地治理国家。但国家征收赋税应"取民有度",这里的"度"指所取之财须能维护国家政治稳定和社会和谐运行。"足下"即保民、富民,富国必先富民,民富则百姓倾向于遵守法令,社会易治理。然而,由于时代局限,管子主张"足下"只是保障人民的基本生活需要,而非富足有余,只是为统治阶级服务,让人民服务于统治阶级利益。其"度"就在于反对人民过贫或过富,一定程度上体现了对人民的体恤、体现了"义","均富"就在于让人民生活有所改善,包含着"义"的价值追求。管子又言"仓廪实而知礼节,衣食足而知荣辱"①,粮仓充足,百姓丰衣足食后,才能懂得礼节和荣辱,这说明物质生产资料(利)决定着人们道德境界(义),百姓在均富的条件下才能实现义。

在汉代,由于封建土地私有制和土地买卖制度,土地兼并以及由此引起的贫富分化日趋严重,已经成为严重的社会经济问题。西汉大儒董仲舒认为贫富两极分化是百乱之源,因此继承孔子的"均富"思想提出"调均"政策,他说:"使富者足以示贵而不至于骄,贫者足以养生而不至于忧,以此为度而调均之,是以财不匮而上下相安,故易治也。"②董仲舒主张"限民名田,以澹(赡)不足""塞兼并之路",这表明其继承并发展了儒家的仁政思想,强调要抑制土地兼并,主张限田、薄敛、省役。但由于不能动摇封建土地私有制,最终仍是"富者田连阡陌,贫者无立锥之地"的境况。这将直接加剧社会的贫富悬殊,使阶级矛盾尖锐,农民更加普遍贫困,满足不了生存需要,更没有能力消费;对地主来讲,封建地租重,使其更乐于买田置地,影响手工业的扩大再生产,阻碍资本主义萌芽。董仲舒的主张对于国家和百姓都表现出一种为国为民、符合道义的价值取向,均富思想不失为一种取"义"的手段。

儒家思想中不乏存在"均富"以实现社会和谐的思想,但同时应该注意到,其主张是在封建社会背景下提出的,其理论观点都是维护封建地主阶级利益的,是在维护地主土地所有制的前提下实现各阶级、各分层间的利益均衡。作为封建社会统治下的农民也提出了自己关于土地均分、实现自身利

---

① 《管子·牧民》。
② 《春秋繁露·度制》。

益的思想。

明朝末期,农民大起义尤为壮大,甚至震撼了封建统治。在起义过程中,农民提出"贵贱均田之制""均田与粮""等贵贱、均贫富"等口号,体现了反对封建剥削的诉求,他们主张不向地主阶级缴纳地租,也不向国家缴纳沉重的赋税,具有极大的进步意义;要求公平交易,政府与工商业者间的交易按照公平的价格进行,即"平买平卖"。清朝时的太平天国运动,更是农民运动的最高峰,以洪秀全为首的太平军颁布了《天朝田亩制度》和《资政新篇》,其中《天朝田亩制度》是一个以土地分配和管理为中心的纲领,提出了土地共有和平均分配土地的方案,规定"凡天下田,天下人同耕,此处不足,则迁彼处,彼处不足,则迁此处",体现了否定封建土地私有,主张公有制的思想。他们主张将一切社会产品按绝对平均主义的原则,建立"有田同耕,有饭同食,有衣同穿,有钱同使,无处不均匀,无处不饱暖"的社会,把"绝对平均"当成追求的经济伦理价值取向。

此外,康有为认为,"大同之道,至平也,至公也,至仁也,治之至也,虽有善道,无以加此矣"[1]。"至公",即财产公有,康有为表达的大同社会中,是要彻底消除财产私有制和阶级压迫,实现"均富",实现"天下为公"。在他看来,私有财产是纷乱之源,也是导致人性歪曲的原因,私有制存在种种弊端,应在各方面实行"大同"。他在《大同书》中写道:"农不行大同则不能均产而有饥民","工不行大同则工党业主相争,将成国乱","商不行大同则人种生诈性而多余货以殄物",使农工商各业的生产资料和财产、生产过程等实现公有。

贫富的分化在一定程度上也有利于推进社会生产力的更高效率的发展。但是,在中国传统社会,由于封建剥削和私有制的存在,生产力长期处于停滞状态,贫富分化不仅不会促进生产力发展,反而会让封建统治阶级更满足于剥削和压迫,把农民限制在土地上,而农民只能沦为佃农或者乞丐,再无他选,贫富差距进一步拉大。均富的主张由于所处历史阶段的限制并未产生实际效果,但追求"义"的理念确实是值得赞扬与推崇的。

---

[1] 康有为:《大同书》。

二、利以义取

利以义取是中国经济伦理思想家特别强调的一个观点,不管是哪个流派,都主张取利不能背义。

孔子思想包含丰富的"义"与"利"的思想,论语有云"子罕言利"①,也就是说孔子很少谈论"利",少谈不代表不谈,在孔子以"仁"和"礼"为核心的思想体系中,由仁爱出发,把义看成是仁的道德行为表现。孔子说:"富与贵,是人之所欲也","贫与贱,是人之所恶也"②。欲富贵,恶贫贱,是人之常情,肯定了追求物质财富,即求"利"的合理性;然而在另一方面,孔子又强调了追求"利"的正当性,即要符合"义"的标准,如"君子爱财,取之有道","不义而富且贵,于我如浮云"③。孔子并不完全否定追求物质利益,而是要以符合道义为先,富贵是人欲追求的,但不能以不当的方式获取。孔子还极力宣扬"贫而乐"的思想,主张安贫乐道,把"求富"转为"安贫",他说"不患寡而患不均,不患贫而患不安"④,由此可见,不管是求富还是修身,孔子仍是以道德精神即"义"为主,君子能在困境中安守穷困,小人在困境中就会胡作非为,这就是强调精神道德情操作为意识对物质需要的主观能动作用。

孟子说:"夫义,路也;礼,门也。惟君子能由是路,出入是门也。"⑤可见孟子把义看作是人生要遵守的道德规范,也指社会上不同等级的人们之间的行为规则和方法。孟子把义看成君子应遵守的道德规范,"生,亦我所欲也,义,亦我所欲也,二者不可得兼,舍生而取义者也"⑥,当生与义不可兼得时,主张舍生取义,把"义"提高到至高无上的地位。孟子认为"上下交征利则国危矣"⑦,君王要实行仁政,仁义,如果举国上下都追逐利益,那么国家危矣。"利"即指个人私利,在孟子看来,当义与利发生冲突时,应把义放在第

---

① 《论语·子罕》。
② 《论语·里仁》。
③ 《论语·述而》。
④ 《论语·季氏》。
⑤ 《孟子·万章下》。
⑥ 《孟子·告子上》。
⑦ 《孟子·梁惠王上》。

一位,取利舍义会使君臣反目,兄弟不友,子对父不悌,礼崩乐坏,甚至亡国。因此,孟子主张包含着利在义中、利以义取的思想,当义利冲突时,舍利取义是正确选择,符合道义就是最大的利,就会实现国家安定,父慈子孝,他指出,"三代之得天下也以仁,其失天下也以不仁","谨庠序之教,申之以孝悌之义,颁白者不负戴于道路矣"①。孟子并不完全排斥利,而是主张先义后利,见利思义,利以义取,他认为只要创造条件让百姓种好田地,减轻他们的赋税,就可以使百姓富足,这就要求统治者行仁义,强调无论百姓还是君子都要遵守"义",在"义"的前提下追求"利"。

荀子在"义"和"利"的关系上,在批判继承孔孟基础上,提出"义与利者,人之所两有也"②,认为利与义都是人所具有的,人既有好利的本性,又有好义的本性。荀子的义利之说既不是极端功利主义,又不是禁欲主义,而是主张"以义制利"。义应成为谋利的前提,利以义取,实现义利双赢;利不以义取,则义利两失,"以义制事,则知所利矣"③,用义来判断政事,就可明了什么是有利的事,处理好利义关系关涉到国运,"义胜利者为治世,利克义者为乱世",他主张为人君者应该重义重利,荀子思想是为其"礼治"思想服务的。

儒家"义利观"都重视以"义"为先,由此形成杀身成仁、舍生取义、威武不屈的民族气节,成为历代志士追求的人生价值观。但是从本质上说,儒家的主张是为统治阶级服务的,代表地主阶级利益,是统治者"欲取先予"的策略,目的是收买人心为统治阶级服务,导致人民过度重视"义"和完全忽视"利",使商为末流之业,甚至被理学家发展为"存天理、灭人欲"的观点,更加束缚人民的思想。

二程十分重视义利之辩,并作了具体阐述。他们对儒家的义利作了进一步的发展,他们认为正确处理好义利关系,关系到人们为人处事,关系到伦理纲常。关于义利,程颢认为:"大凡出义则人利。出利则入义,天下之事,惟义利而已。"④二程继承了儒家道义的思想,反对的是"以利为心",这里的利主要是指行为方针和价值取向的利,而非不能讲利。二程提倡符合

---

① 《孟子·梁惠王上》。
② 《荀子·大略》。
③ 《荀子·君子》。
④ 《二程遗书》卷十一。

"利"的"义","圣人以义为利,义安处便为利"①,这里即是说圣人在义的前提下取利就是"利",而且提醒统治阶级内部成员不要因"自家稳便"而不顾阶级的整体利益,如果每个人都追求自己的私欲而不考虑社会整体利益,社会就会动荡不安。他们把"存天理、灭人欲"作为道德修养目标,在一定层面上要求人们要牺牲个人利益,这直接关系到人们的道德水平高低,从一定角度上提出人们在社会中的价值取向应以"义"为前提。"人皆知趋利而避害,圣人则更不论利害,惟看义当为不当为,便是命在其中也"②。"利"由于为不同等级的人所用而不同,故有义利、公私之别。如果为了自己的私欲而损坏社会整体利益,便是"利";如果满足自己的正常需求,则是"义"。也就是说,在"义"的前提下取利仍为"义",因此要合理取利,合理的标准在于公理,在公理之下取利,达到利己的目的,不夺他人之利,更能共同取利,便是合理的义取之利;反之,为了自家之利而损害他人之利,则会都不能得利,甚至两败俱伤。"阴为小人,利为不善,不可一概论。夫阴助阳以成物者君子也,其害阳者小人也。夫利和义者善也,其害义者不善也"③,由此得出,取义之利则为善,弃义之利则为害,因此利以义取,符合社会公理的行为则为君子;否则,则为小人。君子可言利,但必须符合社会公理道义。二程的义利观提倡公理大于私利,私利的谋取要以符合公理才是正当的,强调个人要牺牲自身利益保全整体利益,体现了较高层次的道德要求,对今天仍有借鉴意义。此外,二程的义利观对统治阶级具有一定的约束作用,使统治阶级不能只顾"自家稳便"而损害社会利益,对于封建社会的稳定起了重要作用。但同时,其主张"存天理、灭人欲"成为压制人民的工具,统治阶级仍然只顾自身利益,人民仍处在封建统治的高压之下。

三、义利同一

在中国经济伦理思想史上,也有很多思想家主张义利同一的。

墨子的义利观与儒家不同,其对待义利有着独特的理解和看法。儒家

①《二程遗书》卷十六。
②《二程遗书》卷十七。
③《二程集》卷十九。

对待义利时,把"义"放在第一位,而墨家主张"兼相爱,交相利"的义利同一论,将义与利在一定程度上同一起来,也即"利"就是"义",这主要表现在墨子对义利关系的独特理解上。墨子"尚利",反对儒家罕言利的态度,认为"民生为甚欲,死为甚恶","今天下之士君子,皆欲富贵而恶贫贱"①,即不论君子还是民众都有追求生存和富贵、恐惧死亡和贫贱的本能,体现了重视人生存权利的重生之念。墨子又说:"凡五谷者,民之所仰也,君之所以为养也。故民无仰则君无养,民无食则不可事"②,把物质生产放在经济社会和人民生活的首要位置。但墨子的利是指公利而非私利,《墨子·天志》中的"亏人自利"之"利"则是"不义"。那种"贪伐胜之名及所得之利"的"大国之攻小国",也是"亏人自利"的不义行为,既不利于天下稳定,也不符合圣人为君之道,更不利于百姓的生存。在墨子"利"的概念中,公利与私利的义与不义界限是分明的,故在墨子那里,义利问题实际上仍然是公私问题的表现。墨子"尚利",也"贵义"。墨子认为:"义者,正也。何以知义之为正也? 天下有义则治,无义则乱。我以此知义之为正也。"③故"义"是"正",即正义。墨子一方面从兼爱的角度论述"正",有气力的助人,有钱财的自愿分人,懂道理的教化人,这样饥饿的可以食饱,少衣者可以穿暖,混乱的社会就可得到治理;另一方面从非攻、不以强凌弱、国家和人们之间互不侵犯、和谐相处的角度论述义即正义。

墨子思想体现了义利统一,后期更是明确指出"义,利也",认为"万事莫贵于义",义之所以可贵,就在于"义可以利人"。他说:"所谓贵良宝者,为其可以利人也。……今用义为政于国家,人民必众,刑政必治,社稷必安,所为贵良宝者,可以利民也。而义可以利人,故曰,义,天下之良宝也。"④也就是说,真正的良宝不是和氏璧、隋侯之珠和九鼎,而是"义"。墨子以利人、利民为义,认为义与利是合一的,"义"是"天下之良宝"。既把"利人"当成至善的手段,维护了道德原则的尊严,又把"义"看成是达到"利人""利天下"的手段。墨子"兼相爱""交相利"的思想也体现了义利

---

① 《墨子·尚贤下》。
② 《墨子·七患》。
③ 《墨子·天志下》。
④ 《墨子·耕柱》。

合。墨子提倡"兼爱",有了"兼爱"之心,无私地关爱他人,才能做出有利于他人的行为;反对只知爱己而自私自利的做法,主张爱无差等,不分人我、亲疏、贵贱、强弱、智愚、众寡地彼此互爱互利。"夫爱人者人必从而爱之;利人者人必从而利之;恶人者人必从而恶之;害人者人必从而害之"[①]。人们只有利他人,才能真正利自己,如果只追求个人之利,那么最终也不利自己,人们实现自我利益要以利人为前提,爱人利人与个人利益的获取是统一的。同时"交相利",承认人人追求物质利益的诉求,但墨子主张义利统一,如果获得的财富是通过不义手段获得的,那么宁可舍弃,即当个人与天下的利益发生冲突时,应舍弃个人利益。墨子的义利思想,既与儒家重义轻利的道义论划清界限,又避免了后来商、韩否定道德作用的极端功利主义,具有较大的合理性。其"利""义"并举的主张,体现了道德观念的根本变革,具有反传统的革命意义。

　　李觏反对儒家"贵义贱利"的观点,他说:"孟子谓:'何必曰利',激也。焉有仁义而不利者乎"[②],反对儒家不顾人民的疾苦来盲目要求人们谈论仁义道德,认为"治国之实,必本于财用"[③],肯定物质利益的重要性,认为治理国家的基础是财富,把物质利益和道德原则对立起来是不对的,只有国家富足,才能使百姓富足,进而学习仁义道德。百姓的道德高低取决于衣食住行等物质基础,国家能否合理推行政治、法律、军事、外交等政令也取决于国家物质资料是否充足。关于"义"和"利"的关系,对于百姓来说,"食不足,心不常,虽有礼义,民不可得而教也"[④]。百姓如果不能解决温饱,即使存在礼义,百姓也不愿接受;反之,人们食饱衣暖,就会高兴地接受仁义教化。对于国家,"是故圣贤之君,经济之士,必先富其国焉"[⑤],富国是强兵安民的关键,也是推行教化的基础,一定程度上体现"利"即"义"。李觏反对任意的私利,"食虽丰,不过数人之谷也;衣虽厚,不过数人之帛也。一夫之田,五亩之桑,也足以自为矣"[⑥]。如果超出此界限而从事工商业,就是谋私利,这种过度追

---

① 《墨子·兼爱中》。

② 李觏:《原文》。

③ 李觏:《富国策·一》。

④ 李觏:《平土书·序》。

⑤ 李觏:《富国策·一》。

⑥ 李觏:《安民策·四》。

求称为"贪",需要用"礼"来规范和限制,礼是在物质发展过程中用来调整人们相互关系的,物质利益本身就是礼义的组成部分,体现"利"就是"义",道德不能离开物质利益,道德所带来物质利益的大小是衡量礼义的标准,拥有良好品行的人会给人带来利益。

王安石也主张利即义,他指出"利者义之和,义固所为利也"①。这就是说财富与伦理是统一的,义本来也就是利。他又说:"聚天下之人,不可以无财,理天下之财,不可以无义"②,体现了财富对于实现道义的重要作用,又将伦理道义作为理财的手段,只有是为国,为百姓而理财才是合乎义,体现利与义的辩证同一。理财是为天下百姓理财,是公利而非私欲,因此就是"义",是应提倡而非反对的。如果统治者不能让百姓富裕,那么贪欲之风就会出现,社会的道德就会败坏,这体现了谋利与求义的一致。统治者要"因天下之力,以生天下之财;取天下之财,以供天下之费"③,他把利看成实现义的手段,主张以义理财,以义求利。王安石既反对杨朱"利天下拔一毛而不为也",又反对墨子"摩顶放踵以利天下",认为这是两种极端,"是以学者之事必先为己,其为己有余而天下之势可以为人矣,则不可以不为人"④,学者先为己,凡是先为己是学者的本性,自己有余时又必须为人,为人是学者之"末",为人是为己的必然要求,为人即"义",为己即"利",体现了义利统一,义即是利。王安石既看到了物质利益的重要性,又强调了道德的必要性,主张物质利益与道德的统一,这种义利观有一定合理性,至今仍有现实意义。

李觏、王安石二人反对儒学以及理学家"罕言利""讳言利"的做法,认为儒家不言"利国利民"的"利",甚至不约而同地把"利"与不道德等同。而李觏、王安石都认为先有"利"才能言"义",认为义利统一,认为求利本身就是合乎"义"的。二人的观点既反映了中小地主阶级利益,也反映了农民的要求,有利于社会进步和生产力的发展,但他们这么做仍是为了缓和社会矛盾,维护封建统治,在提倡农民谋利的同时又害怕农民为实现自身

---

① 《续资治通鉴》卷二百一十九。
② 《临川先生文集》卷七十。
③ 王安石:《上皇帝万言书》。
④ 王安石:《杨墨》。

利益而作出斗争,故用"礼"来限制人们,没有超出封建体系的藩篱。

陈亮也有独特的义利观点,他继承了王安石的思想,并和朱熹的思想在义利方面存在差异,进而形成历史上的"义利王霸之辩"。陈亮好友概括其观点"功到成处,便是有德;事到济处,便是有理"[1],他们都认为道德必须以实现一定的物质利益为目的,达到一定功效,不能离开功利;反之,则道德也沦为无用的教条,失去了价值。这里的功利即"利",道德即"义",体现利义相依、利就是义的取向。陈亮提倡"义利双行,王霸并用",认为以朱熹为首的理学家空谈理性,不利于国家安定,在王霸问题上,"亮以为古今异宜,圣贤之事,不可尽以为法;但有救时之志,除乱之功,则其所为虽不尽合义理,亦不自妨为一世英雄"[2],王道与霸道相互渗透,如果称王是为了天下人谋利,为拯救民族危亡,实现民族大义,那么即使有些不合通行的道义,那也可称为"一世英雄",他们谋取王位、视天下为己物这一动机也是可以理解的。他们之所以能成功谋得天下,就在于有独特的本领和宏伟的见解,可以施仁政而统一人心,三代之王就是这样做的。王道也只有通过霸道才能够实现,他列举了"禹、启始以天下为一家而自为之。有扈氏不以为是也,启大战而后胜之。汤放桀于南巢而为商,武王伐纣,取之而为周等春秋王霸征战"之事例,在他看来,春秋五霸纷争不断是行霸道,那么,三王征战天下也是承袭了其做法,他说"谓之杂霸者,其道固本于王也"[3],他认为王道与霸道是统一的。"王道"体现"义","霸道"体现"利",在义利问题上,陈亮认为既然王霸可以杂用,义利就可以并行。

此外,在抗金问题上,陈亮认为富国强兵是最大的"实事实功",而朱熹等理学家却谈"性命之学",对此,他说:"为士者耻言文章行义,而曰'尽心知性',居官者耻言政事书判,而曰'学道爱人'。相蒙相欺,以尽废天下之'实',而亦终于百事不理而已"[4]。他认为以朱熹为代表的理学家不仅反对个人之利,而且反对抗金复土的民族之利,而陈亮指出"功到成处,便是有德",这不仅是对朱熹进行理论斗争的需要,更是解决民族矛盾的要求。陈

---

① 陈傅良:《致陈同甫书》。

② 朱熹:《答陈同甫书》。

③ 陈亮:《又甲辰秋书》。

④ 陈亮:《送吴允成运干序》。

亮所说"功利"虽是肯定从个人利益出发,但其着眼点仍是民族大义,"义"与"利"得到了统一。

四、义利合

义利合也是中国经济伦理思想史上较为显性的一个特点,也被一些思想家所主张和推崇。

一定意义上,荀子就主张义利合。荀子对义利的看法主要体现在其"人性论"的基础上,荀子的人性理论是以"性伪之分"为其逻辑起点的,即"凡性者,天之就也,不可学,不可事。……是性伪之分也"[1]。荀子主张从人的自然属性来考察人性,人之所以与动物不同,且得以优异于动物的地方,就是人能群,即人能组织社会。荀子认为本性是天生而来的,不能通过后天习得,而礼是圣人指定的,可以通过学习而获得。进一步,荀子认为人性自生就有好利的倾向,如果任由此发展,那么会人人争夺而无人讲求谦让了,由此就需要师学礼义之道,用以规制好利的本性,从而人人谦让、合乎礼义,社会得以安定,由此观之,善是"伪"。他说:"凡人之欲为善者,为性恶也"[2],由此,基于人的自然属性,提出了人生存于世界的道德价值的考量,即人性本恶,有趋利的天性,本性中没有礼义道德,人们之所以求善,就在于本性中没有善。荀子既主张用礼义规范而实现"义",也肯定"利"的合理性,强调"制礼义以分之"的目的不是"去欲""寡欲",而是"养欲""以养人之欲,给人以求"[3],即满足欲,认为"欲不可去,性之具也"。但荀子关于人性的看法不同于法家,法家认为人性的本质是自私自利、追求功利的。荀子虽然承认人生来就有趋利的本性,但人们可以通过礼义教化的外在约束形成自觉道德习惯而实现"义",因此义与利是相互依存的,利通过义来得以实现,义的存在可以调剂和规定利。荀子说:"义与利者,人之所两有也。……故义胜利者为治世,利克义者为乱世。"[4]他认为尧舜等显明君主虽不能使百姓抛弃趋利

---

① 《荀子·性恶》。
② 《荀子·性恶》。
③ 《荀子·礼论》。
④ 《荀子·大略》。

的本性,但可以让人们趋利时兼好义;反之,桀纣也不能使人们放弃"义",但是却让好利胜于好义。这体现出"义""利"是人们都想得到的,二者是相克相生的,义利相较可以区分治世和乱世。荀子肯定求"利",但反对一味追求私利不顾公利,"利"必须在"义"的前提下才能实现,"义"能带来"利",体现义利统一。

王夫之在把握传统义利观的基础上,创新发展了义利观,主张"贵义重利""义利统一""义利相互依存"。他认为"利中有义","其(按,指五行)为人治之大者何? 以厚生也,以利用也,以正德也。……此较然为人之所必用,而抑为人之所独用矣"①。物质作为道德的前提和基础,具有正当性,不能一味地否定,否定利益就是对人生命的否定,物质利益具有不可否定的道德价值,肯定了"利"是"义"的基础和前提。而"义"体现了"利",天理和人欲乃是公与私的关系,反对将二者对立。人性是天生的,人欲是人性的组成部分,也是与生俱来的,其存在具有合理性,但人欲分为公欲和私欲,公欲也就是实现天理的过程,私欲是人超出自然需求的欲望,应通过"养性"予以疏导,引导其成为"公欲",让人们把个体之欲与天下公义相结合。在一定程度上,"义"能"利"天下,"利"则是人生存所必需的,满足正当需求的"义"并非不"利"。欲望与利益的合理性判定标准为"义",因此,对待义利关系应以义为本,以义致利,实现义利统一。在"义""利"对人的不同作用上,"立人之道曰义,生人之用曰利。出义入利,人道不立;出利入害,人用不生。智者知此者也,智如禹而亦知此也"②,"义"是人的立身之道,"利"是满足人的利益,离开"义"而谈"利",人就丧失了立身之道;反之,离开利益,不能满足人的需要。义利都不可或缺,体现义利统一。

他虽认为义利两重,但还认为"夫孰知义之必利,而利之非可以利者乎"③,即"义"中必包含着"利",而追求"利"并不一定能得到"利",由此看来,王夫之在一定程度上并未超出儒家"重义轻利"范畴。他论述了"礼乐"与"衣食"的关系,强调了道德作为社会意识对物质利益的反作用,在强调道德对物质利益的积极作用时,并未跳出儒家"道德决定论"的窠臼。

---

① 王夫之:《尚书引义》卷四·洪范二。
② 王夫之:《尚书引义》卷二·禹贡。
③ 王夫之:《尚书引义》卷二·禹贡。

戴震反对程朱理学"存天理、灭人欲"的理欲对立观,提出理欲统一观。关于"理",他说:"理者,察之而几微必区以别之名也,是故谓之分理;在物之质曰肌理,曰腠理,曰文理;得其分,则有条而不紊,谓之条理。"①这里的理,指规律,存在于自在之物本身,天地、人物、事为各有其所遵循的规律,这种规律是必然的,贯穿事物的运动发展中。理是人们在对事物进行细致观察后得出的关于事物本质的认识,即分理;理在形式上叫肌理、腠理、文理;事物之间既相互区别又有序相存,即是条理。人们只有深入理解事物,才能得其规律本质即"理"。关于"欲","人生而后有欲、有情、有知,三者血气心知之自然也"②,他认为主张人生而有各种自然的欲望,应尊重欲望。欲包括情欲,是人最基本的生理需求,是人的自然属性。戴震用自然和必然来说明理欲关系,"欲者,血气之自然,其好是懿德也,心知之自然,……就其自然,明之尽而无几微之失焉,是其必然也,如是而后无憾,如是而后安,是乃自然之极则"③,情欲乃是人的自然属性,情欲通过理性的考察研究得知它的必然,在"无几微之失"的前提下满足欲,也就归于必然,如果脱离了人的情欲,自然就会脱离必然。他肯定由欲望支配下的行为,行为合乎必然之规则即是理。人们的"人伦日用"和社会生活也有一定规律,遵循理。戴震认为,"理者存乎欲者也""理也者,情之不爽失也。未有情不得而理得也"④,理欲是统一的,人的欲望产生行为,行为需要一定的准则,即"理"。"欲"是"理"的前提,"理"是"情之不爽失也",道德的价值在于满足人的情欲,离开了情欲,道德也无从实现。

戴震以理欲统一观实现"体民之情,遂民之欲"⑤的政治主张,不乏合理性,体现义利统一,但他思想中也含有道德功利主义的倾向,而且在封建社会,人们由于阶级、等级、财产地位不同,对"欲"之所求也不同,其追求的"必然"和公理只能是幻想。

严复受到西方资产阶级道德伦理和自然主义人性论的影响,对义利关

① 戴震:《孟子字义疏证·卷上》。
② 戴震:《孟子字义疏证·卷下》。
③ 戴震:《孟子字义疏证·卷上》。
④ 戴震:《孟子字义疏证·卷上》。
⑤ 戴震:《孟子字义疏证·卷下》。

系提出新的见解。严复反对宋明理学的"存天理、灭人欲"的观点,认为放弃了自身利益,义也不可能实现,强调利是社会发展进步的必要条件,合理追求"利"在另一角度也就是行"义","以苦乐为究竟,而善恶则以苦乐之广狭为分,乐者为善,苦者为恶,苦乐者所视以定善恶者也……然则人道所为,皆背苦而趋乐,必有所乐,始名为善,彰彰明矣"[①]。他认为"欲"符合人道,追求"乐"就是善的表现,苦乐可以区分善恶,"背苦趋乐"是人之本性。他反对只顾追求自己利益的做法,认为追求功利要以符合道义为前提,这样会给人带来利益和欢乐,反之则不能得利,还会招致祸害。严复从社会意义上说:"前吾谓西国计学(经济学)为亘古精义、人理极则者,亦以其明两利为真利耳"[②],意即符合道义,同时利于他人和自己的"利"才是真正的"利",这也是严复基于近代中国遭外族入侵的现实而提出的,以实现中国的"自强保种",只有"义利合"才能实现国家安定和富强。在翻译《天演论》过程中,严复提出了"开明自营"的思想,提倡合理、公开地谋取自己应得的利益,这里的"自营"是在符合社会公德前提下的自营,追求"利"以公德为前提,对合理追求"利"予以肯定,自营与道义不是对立关系。结合中国传统义利观,他指出,"义利合,民乐从善,而治化之进不远欤",国家经济活动遵循义利统一,那么人民就会幸福快乐,社会也会进步发展。

中国传统的德性经济伦理思想在封建社会一直占据很重要的地位,在经济与伦理的关系上,视伦理重于经济。严复认为儒家以及宋明理学等主张重义轻利,一味地排斥利,会使人民失去求义的动力,义利对立会使社会难以进步。严复强调获利必须以符合道义为前提,是基于近代中国遭外国列强入侵的现实,其立论出发点和归宿在于使国家富强。对于"开明自营",他认为不应把道德建立在否定人的创造力之上,治化难以进步的原因是把义利对立。严复的"义利合"冲击了中国传统的德性经济伦理思想对国人的束缚,提倡在中国发展资本主义经济,振兴工商业,实现国家富强,这些观点适应了近代化发展的要求,具有启蒙作用。

综上可见,在中国经济伦理思想史上,德性主义和功利主义共生是一个

---

① 严复:《天演论》。
② 严复:《天演论》。

基本事实,只是在不同的时代,两者所处的地位有所不同,或德性主义占主导,或功利主义占主导,抑或两者平分秋色、不分伯仲。同时,在部分思想家的具体经济伦理思想中,德性主义和功利主义思想共生的现象也是一个基本的事实。这也造就了中国经济伦理思想德性主义和功利主义共生的基本特点。

第八章

中国经济伦理思想演变的基本规律

正如马克思主义所指出的,"意识一开始就是社会的产物"①,它"从一开始就很倒霉,受到物质的'纠缠'"②,中国经济伦理思想的发展与中国社会经济、中国的特殊历史境遇紧密相关,并且作为社会的意识形态在很大程度上最终是由社会存在所影响和决定的。这样一种关系从根本上来说,总体上表现为社会经济发展和经济伦理思想之间的决定和被决定关系。当然作为社会上层建筑的经济伦理思想在一定程度上也表现出相对的独立性和超越性,并反作用于社会经济生产。虽然作为社会存在的反映,意识没有自己的历史,但是却存在着思想史,而思想史自身的发展也有一定的规律可循,并体现出一定的特点和特征。就整个中国经济伦理思想发展史来说,总体上体现了经济实践和伦理精神的历史耦合、文化精神与伦理精神的耦合、历史境遇与伦理精神的耦合。

第一节 经济伦理思想与社会经济发展进程的辩证规律

中国传统经济伦理思想的发展和中国经济社会发展进程之间总体上存在一种辩证唯物主义历史决定论的决定和反作用式关系图景,当然,经济伦理思想也表现出了较明显的相对独立性和超越性,并且具有明显的代际继承性,在继承、批判、超越的过程中,这一进程不是断裂和颠覆性的,而表现出很强的相继性,呈现出传承中创新、在创新中传承的特点。

一、社会经济关系发展决定经济伦理思想演变的总体图景

一定的社会存在决定一定的社会意识,社会意识是社会存在的反映,社会存在的性质和变化决定社会意识的性质和变化,社会意识对社会存在具有能动作用。这是经济社会发展的基本规律。其中,社会存在对社会意识的决定作用是第一位的,社会意识的发展变化归根到底都是同社会存在的

---

① 《马克思恩格斯选集》第 1 卷,北京:人民出版社 1995 年版,第 81 页。
② 《马克思恩格斯选集》第 1 卷,北京:人民出版社 1995 年版,第 81 页。

发展变化相适应的,社会存在发生了变化,社会意识也会相应地发生变化。社会意识是社会存在的反映,具有相对独立性,对社会存在具有能动作用,这种反作用是第二位的。虽然社会存在的变化最终会引起社会意识的相应变化,但是社会意识的变化与社会存在的变化并非一定同步进行,意识在思维层面也有自己的发展规律,思维在深度和广度上可以与现实的社会存在相对分离,因此,社会意识有时候会滞后于社会存在的变化,有时候也会以超前的方式对未来的社会形式进行思考和规划。中国经济伦理思想和社会经济发展之间就是这样一种关系。从经济伦理的产生开始,其演变过程都体现着这种决定被决定、决定反作用的关系。经济伦理是直接产生于人们的经济活动和经济行为过程中的伦理道德观念,这一思想的产生和发展有着相对独立的历史,由于不同的时代条件,由于道德理论和伦理思想基础的不同,会形成不同经济伦理思想,但是总体上来说,经济伦理思想的发生、发展、演变都是受到社会经济发展因素的制约的。

在原始社会中,由于社会生产力水平比较低下,人类个体之间基本没有社会分工,而劳动产品也是属于集体所有,按照平均主义的原则进行分配,基本上没有剩余物品,也不存在交换行为,因而也不存在经济伦理思想。在原始社会的后期,由于生产力在一定程度上得到了发展,出现了原始的农业和原始的畜牧业之间的分工,这样就产生了除生产、分配之外的交换行为,并形成了淳朴的道德观念,由此简单的经济伦理思想开始出现。原始社会末期生产力进一步的发展,商业出现并从生产领域中分离出来,随着向奴隶社会的迈进,人们的经济和社会生活的各种关系都发生了巨大的变化,社会矛盾和各种利益关系不断交织,作为处理人们之间经济社会活动准则的经济伦理思想开始产生和形成。到了周朝,社会经济的大发展为经济伦理思想的发展奠定了物质基础。奴隶主的一些主张在经济伦理思想中得到了体现,如重视农业生产,把农业视为国之本,同时注重手工业和商业,在分配上则主张按等级名分进行分配,同时也主张"保民""惠民""利民"的政策,在消费层面则是要求限制统治阶级的无度消费。

由于生产力的进一步发展,奴隶社会进入末期,奴隶主阶级的统治越来越弱,新兴地主阶级和平民人口的力量不断增强,以周公为代表的伦理学说和道德规范体系自然也发生了动摇甚至瓦解,各种伦理学说和道德体系如雨后春笋般应运而生,由于这些学派发起者不同的身份地位以及他们的职业特点,因而他们的经济伦理主张也不一致,出现了百家争鸣的局面。儒家的伦理道德主张,是以周公为代表的伦理道德的嫡派正传,但是出于时代的变化,孔子和他所代表的儒家,不可能再完全囿于周公的观点,从孔子本人,直到子思、孟子、荀子等,都能积极地顺应时代的潮流,进一步发展了西周的伦理道德学说。墨家则基于当时的社会的不平等,认为"强必执弱,富必侮贫,贵必敖贱,诈必欺愚"①,而主张一切人都要"兼相爱,交相利",即打破传统的氏族等级制度,用"兼以易别",实现"爱无差等"。使"官无常贵,民无终贱""虽在农与工肆之人""有能则举之,无能则下之"②,使"饥者得食,寒者得衣,劳者得息"③。老庄则是没落贵族的代表,主张义利双弃。法家则看到了当时社会道德与现实生活间的一些矛盾,主张用法律来解决的矛盾,对于社会问题的解决采取急功近利的态度。总的来说,孔子、孟子等人的观点是代表了当时的奴隶主阶级的利益,同时也结合社会实际而主张对民施仁政,并维护社会的等级关系。韩非子和老庄、道家的观点也自然与当时的社会经济结构和奴隶社会的经济社会发展直接相关,是多种经济利益关系的反映。

作为中国传统经济伦理主流的儒家经济伦理思想的发展也与社会的经济发展紧密相关,受到社会经济状况的制约,并在一定程度上反作用于社会经济的发展。儒家经济伦理思想在西汉后期得到制度化、系统化和正统化,其中伦理思想家们的推动是一个重要原因,但是他们的推动和伦理主张都是基于当时特定的经济社会现实而提出来的,在很大程度上是受社会经济发展决定的。陆贾认为"马上"得天下但不能"马上"治天下,要求重视国家治理,他根据西汉初期国家政权、发展经济的客观需要,以儒家思想为主体,为西汉王朝平治天下确立了与民休养生息、经济恢复发展、重本抑末、对上崇俭节用、对下轻徭薄赋基本国策,有力地促进了西汉初期社会经济的迅速恢复和发展。董仲舒则提出把儒学确立为国家的统治思想,维护统治阶级的经济和政治利益,为统治阶级服务。《盐铁论》中,御史大夫和贤良文学的

①《墨子·兼爱》。
②《墨子·非命下》。
③《墨子·尚贤上》。

一系列围绕义利问题的争论也是基于当时社会经济发展的现实而形成的。

从秦汉到魏晋南北朝至隋唐这一阶段的经济伦理思想的发展来看,也很好地说明经济伦理思想在很大程度上是受到社会经济发展状况的制约和决定的。秦朝实现了大一统,封建经济制度得到了巩固和发展,封建社会最基本的市场供需土地私有制在这一阶段主要表现为"封建土地国有制、豪族大地主的大土地所有制和一般地主以及自耕农的土地私有制三种所有制同时并存。在发展中,三者互为消长,但基本上以前二者为支配形态"①。西汉时期,国家仍然拥有全国相当部分的土地支配权;东汉以后,豪强地主大土地占有制扩张,封建国家仍能够支配部分土地;到了唐代,豪族衰落,均田制瓦解,地主及自耕农的土地私有制得到发展,使封建社会逐渐向后期过渡。前期封建制的剥削方式是劳动地租与产品地租相并行,而以劳动地租及其变相的隶属性分成地租为主要形态。除自耕农以外的就是农奴,无论是国有土地的"佃农""屯田客",还是豪族庄园里的"徒附""部曲""奴客",都被强制地束缚于土地上,没有政治权利,对国家和豪族地主具有严重的人身依附关系。历代封建王朝也采取了一系列发展生产的措施。在各族人民的艰苦拓垦下,经济上实现了由黄河流域、长江流域与珠江流域广大区域的共同开发。这些因素的综合作用,使得前期封建社会生产力水平不断提高。汉、唐两代,都曾出现过封建经济高度繁荣的盛况。汉代的冶铁业基地已达四十多处,铁制工具普遍得到改良。先进的炼钢术以及精制铁器,汉代就已经传入印度、罗马等地,中亚、印度的一些科学技术、农牧经验也陆续传入我国。地学、农学、物候学、医药学等方面的研究以及文学艺术,也有伟大的成就。这一切都为经济伦理学的发展提供了丰厚的基础。与之相对应的是,两汉时期经济伦理思想的主导是维护封建经济统治的绝对地位的"重义轻利",魏晋则是"玄学"空谈,隋唐时期则更较多地体现经济利益的多元化,呈现义利融合的倾向。

北宋至明清后期的经济伦理思想明显是社会经济发展状况的相应产物。北宋至明清的后期封建社会,在经济关系方面,封建经济高度成熟,地主土地私有制和封建工商业都比较发达,商品货币的发展在一定程度上削

---

① 陈瑛:《中国伦理思想史》,长沙:湖南教育出版社2002年版,第188页。

弱了农民对地主的依附关系,土地兼并又促进了阶级矛盾的激化。同时,皇权专制进一步强化,封建的政治统治与思想统治日趋完备,使整个社会呈现出相对的停滞性。农业生产新工具的采用、技术的改进,为个体经济的进一步发展创造了物质条件。北宋实行的"许民请佃为永业"的政策,更有利于个体农民经济和一般地主土地私有制的发展。而这种土地占有制形式,成为后期封建社会土地所有制的支配形态。宋代主要以产品地租为基本剥削方式。随着封建商品制的发展,明代采用了货币地租的剥削方式。由于这一变化,这一时期的佃农身份发生了改变,成为编入封建国家户籍的"客户"。佃耕制取代荫户制,自耕农与半自耕农的相对增多,适应了个体经济发展的需要。封建生产方式的相对调整带来了社会经济的繁荣,促进了古代科学文化的发展,并形成了与之相对应的宋明经济伦理思想。这一阶段的前期主要是儒家重义轻利经济伦理思想占据主导,而后期则与经济关系的变化相适应,更多地强调义利可言,以义和利,如王安石、陈亮、叶适等人的观点就明显具有这一特征。

明清之际至鸦片战争之前,漫长的封建社会发展到明中叶已经完全成熟而进入其末期,新的资本主义经济关系开始萌芽,但腐朽的封建生产关系及其上层建筑却多方阻挠其生长,从而各种社会矛盾空前激化,程朱理学的弊端逐步得到呈现。统治阶级迫切需要一种新的经济伦理为自己的统治服务,于是出现了以邱浚、王守仁、海瑞、吕坤等人为代表的代表正统意识形态的经济伦理思想,他们的思想也随着经济社会的发展出现了一些新的观点,如在商业、货币、财政、赋税、财富观、义利观上都出现了一些带有调和和折中色彩的论点。这一时期启蒙思想家受到了当时市民阶层反封建要求的启示,提出了平均地权的种种设想,以限制土地兼并,缓和阶级矛盾。与之相适应,这一阶段的儒家经济伦理思想真实地反映了当时封建国家的经济关系及其要求,如王夫子强调"言利",认为追求物质生活本是无可非议的,但是利必须要受义的制约,人们在经营活动中要遵循道德的规范,"君子爱财,取之有道"。到了明中叶以后,随着资本主义萌芽的出现,市民阶层进一步形成,以丘濬、张居正、何心隐、李贽为代表的思想家提出了肯定理欲、提倡公利和经世致用的经济伦理思想。泰州学派也是主张言利,要求"君民同欲"、君民平等,有人才有财,有人自有财。明末清初的黄宗羲提出了"各得自利"的主张,并以"工商皆本"和"复井田"等命题,具体论述了工商业、农业等经济发展所应遵循的路向,体现了近代功利主义经济伦理思理的色彩。王夫子则主张谋利,大力发展商业,认为商业对社会经济具有重要价值,但是同时要求不违义。戴震、唐甄也提出了具有功利主义倾向的经济伦理观,主张功利主义的求富经济观点。鸦片战争前维新派则基于当时中西方经济社会特别是经济发展水平、科学技术和政治体制的差异,而提出要发展经济、军事,"师夷长技以制夷"。洋务派则提出了"先富而后能强"的求富观念,以兴办洋务的办法以图自强,同时又考虑到统治阶级的利益,运用传统封建伦理来规范人们的商品观念和经济行为。严复则提出了"两利相利"的义利合的经济伦理观,并表现出功利主义的色彩,他主张"开明自营",认为奉行西方资产阶级的功利主义,会给人民带来富裕。而这样一些观点都是当时经济社会现实的理论和政治反映,是基于特定的社会经济历史条件而生发的伦理诉求。

民国期间,近代民族资产阶级面对内忧外患的形势,选择兴办实业,以实业救国来抗击外患,并将富国利民纳入自己的经济伦理思想体系之中。张謇认为"富国强国之本实在于工",认为只有这样才能抵御外敌,获得国家的独立。孙中山则提出了"三民主义",强调要解决中国的民生问题一定要重视工业经济,发展机器生产。这也是基于当时中国经济社会发展的实际状况而得出的结论。新中国前 30 年的以集体主义为主导的经济伦理思想则是与当时的计划经济体制和当时的经济发展现实相关的,而实行社会主义市场经济以来则主张义利的辩证统一,这也是当前经济社会发展现实的必然要求。

二、传统经济伦理思想的相对独立性和超越性

在经济发展情况对经济伦理思想产生决定作用的同时,经济伦理思想也对社会经济发展产生反作用,主要表现为维护或者攻击统治、促进或者阻碍经济发展。从孔子开始,儒家的经济伦理思想都是为统治阶级的经济政治利益辩护和服务的,在社会历史的上升时期,他们的经济伦理观点既是基于经济发展的现实而得出的,同时也在此基础上能够进一步促进经济发展,

并维护既定的经济利益关系。而在社会的衰弱时期，为统治阶级服务的经济伦理思想则主要表现为维护统治，从而在一定程度上阻碍经济的发展，其中的改革派和进步力量的代表人物的经济伦理思想则具有促进社会经济发展的作用。就功利主义而言，从春秋战国一直到清末，都具有促进社会经济发展的作用，他们主张求利，倡导发展生产，并在一定程度上主张遵循"义"的规则，主张发展工业、商业，求富强国。这实际上表明了经济伦理思想一旦形成就具有某种相对的独立性，并以自身的方式来影响社会经济发展。这种相对独立性是意识形态相对独立性的体现，并且在为经济社会服务和辩护的同时经济伦理思想还具有一定的超越性。总的来说，这种独立性主要体现在经济伦理思想作为意识形态上层建筑对经济基础和社会结构的聚合、调整、修复或者是批判、攻击功能，而超越性则主要是对阶级性的超越，以及在终极追求上的超脱性。

儒家经济伦理思想虽是以维护封建统治为目的的，但其中亦包含有批评统治阶级的剥削政策，使之得以保障人民的一些利益，体现人道主义化的倾向。在封建社会中，既存在宣传统治阶级道德，也存在倡导人民的道德，我们不能认为宣传统治阶级道德的一定是反动的，不能单纯以阶级来划分道德的作用，须根据当时的生产力和生产关系状况进行具体分析。

儒家经济伦理思想具有聚合功能，这对政治、经济、社会都有着相当的反作用。中国古代经济结构，从生产形式上看，主要是家庭手工业和小农业，决定了以自给自足为特征的自然经济的主导地位，而小商品经济作为补充形式与自然经济结合在一起。从分配形式上看，主要包括国家赋税、官吏俸禄、地主地租、工商业利润和农民劳动收入等。儒家经济伦理思想作为上层建筑，对古代经济制度、经济结构具有反作用，其表现就在于它通过确立一整套等级制经济伦理思想为经济结构提供了聚合力。儒家维护"礼治"，主张"克己复礼"，认为贵贱、尊卑、长幼、亲疏都必须遵循"礼"的规范。由此，人们占有的社会财富、从事的经济职业也应与尊卑贵贱的等级名分相适应。孔子认为不同等级的人占有和消费社会财富有不同标准，"季氏富于周公，而求也为之聚敛而附益之。子曰，'非吾徒也。小子鸣鼓而攻之可也'"①。鲁国季氏,虽是大夫却富于周公,孔子极力谴责其大逆不道,由于身份限制,只好责备季氏的家臣冉求,也是他的学生,让其他弟子对冉求"鸣鼓而攻之"。孟子说:"大国地方百里,君十卿禄,卿禄四大夫,……庶人在官者,其禄以是为差"②,即主张贵族爵位的高低、领土的大小、俸禄的高低都要遵循一定的方案,虽有局限,但这不失为一种规范经济秩序的手段,有利于当时经济制度的规范和发展。荀子以"惟齐非齐"的学说作为他建立的封建秩序的理论基础,社会要有秩序,必须要有等级差别,按社会地位分配物质财富,"使有贵贱之等,长幼之差"③。在"非齐"的制度下,上至君王下到百姓,各阶级的物质要求均可满足,大家各司其职,各行其是,社会得以安定。儒家把政治上的等级制度与经济上的财富分配相结合,把不同等级阶层的人们用统一的道德密切联系起来,将社会经济结构纳入人伦道德之中,对社会经济结构的稳定化,集权化起了极大的聚合作用。

儒家经济伦理思想还具有明显的调节作用,这也是其独立性和反作用的重要表现。首先,儒家认为人要通过学习礼义道德以谋求社会地位,由此,可以正当地获取财富,抑制了社会上的不良之风,主张财富要"取之有道"。孔子说"学也,禄在其中矣"④,君子只须用心求道而不用费尽心思去求衣食,因为耕种仍会忍受饥饿,而求道却可以享有俸禄。这说明人不断学习以获得社会地位的升迁,财产自然会随着自己身份地位的提升而增加,认为越"礼"去追求权势以及谋财谋利是不正当的行为。这一主张使当时人们积极进取,认同现存的经济、政治制度,通过知识获得财富和地位,同时也避免了一味地追求财富、争名逐利、脱离社会经济制度的自发竞争等不良倾向,有利于维护社会稳定。其次,儒家主张"父子有亲、君臣有义、夫妇有别、长幼有序、朋友有信"⑤,通过五伦等道德调节社会关系,有利于调节社会各阶级经济利益冲突。君主和官吏、贵族地主等应该爱民如子,实行仁政;百姓应事君如父,把自己称为君主的"子民",把官吏当成能为自己当家做主是

---

① 《论语·先进》。
② 《孟子·万章下》。
③ 《荀子·荣辱》。
④ 《论语·卫灵公》。
⑤ 《孟子·滕文公上》。

"父母"官,称地主为"老爷",儒家通过道德宗法观念掩盖了显而易见的统治与被统治关系,使百姓忠于自己的统治者;儒家这种观点协调了阶级矛盾和冲突,维护并延续了封建统治。再有,儒家经济伦理思想协调了社会经济结构内部个人利益、群体利益、国家利益以及不同等级之间的利益关系。儒家反对为满足自身需要而损害他人利益的行为,并谓之私利;而以天下人利益为出发点的谋利行为称为公利。做任何事,以公利为目的才是可取的。孔子说:"君子喻于义,小人喻于利"①,这里的"利"指私利,即为满足自身利益而损害他人利益的行为,并把追求的是"义"还是"利"作为区分君子和小人的标准。孟子曾对梁惠王说:"王何必曰利,亦有仁义而已矣"②,孟子主张统治者应实行仁政,应利于黎民百姓。儒家主张"舍生取义""修身、齐家、治国平天下",始终强调个体利益应服从群体利益、国家利益,人们应自觉承担起自己的道德义务,在等级范围秩序内来规范自己的经济行为,这种经济伦理思想有利于人伦关系的和谐,有利于经济秩序的稳定。

儒家经济伦理思想还具有修复功能,这也是其反作用的重要作用方式。首先,中国古代历经王朝更替,但传统的经济制度和政治制度却一次次被重建,这与儒家思想长期居于封建王朝的主流地位是分不开的。发生王朝更替时,传统的政治经济制度却随着新王朝的建立又被重建起来,其根本原因在于基本的社会结构没有改变,即以小农经济为基础的自然经济没有变,社会各阶级分层亦没有变。经济制度和政治制度都是有"人"所建立的,与人头脑中的观念密切相关,儒家的经济伦理思想对人们影响极深,所以,无论是贵族世家抑或是平民百姓,当他们推翻旧王朝,建构新的政治制度、经济制度时,无不以儒家的思想为依据,建立一个"家国同构"的社会,以宗法观念进行国家建构,对封建统治起着修复作用,其君臣观念成为统治者的合法性支撑。如汉代"罢黜百家,独尊儒术",明太祖朱元璋成帝业之后,"惩元政废弛,治尚严峻。而能礼致耆儒,考礼定乐,昭揭经义,尊崇正学,加恩胜国,澄清吏治……武定祸乱,文致太平,太祖实身兼之"③。朱元璋和历代王朝君主一样,仍以儒家思想作为自己的统治思想,他以武力取得政权,但认为国

①《论语·里仁》。
②《孟子·梁惠王上》。
③《明史》卷三。

家只有实现文治才能实现兴盛。其次,儒家经济伦理思想对经济制度的修复功能还表现在各个王朝维持统治的整个过程中,大多数王朝都以儒家思想为正统,来进行统治并规范政治制度和经济生活。历代王朝大都把儒学作为选贤任能的依据,并通过道德教化的手段对人们进行灌输和引导,以使人们安分守己。如汉代儒家"兴办太学",设立五经博士等举措,四书五经也一直成为科举考试的主要内容。此外,统治者以儒家经济伦理为依据制定经济法规,通过赋税等手段对人们的经济活动予以调节,以巩固统治。如明代张居正改革,政治上通过"考成法"以整顿吏治,裁撤政府机构中的冗官冗员;经济上推行"一条鞭法",整顿赋役制度,严令申明"所在强宗豪民,敢有挠法者严治不贷"①,这次改革,加强了中央集权的国家机器,国家收入提高,使腐败的明王朝有了转机。

儒家经济伦理思想作为社会意识,具有聚合、调节和修复功能,对封建社会经济结构和政治统治的延续起了重要作用。儒家思想经过不断完善、丰富、创新自己的理论,从孔子的"仁"到孟子"仁政"、荀子的"崇礼重法",再到董仲舒"三纲五常"、朱熹"存天理、灭人欲",丰富了其思想内涵,适应了统治阶级需要,但随着中国近代社会的到来,儒家经济伦理思想已不能适应社会发展的需要,其衰落的命运就不可避免了。现如今,我们对待儒家传统文化,应采取"取其精华,去其糟粕"的态度,使之在当代社会仍发挥积极作用。

儒家经济伦理思想还具有超越性,它虽是产生于封建社会,其目的也是为封建统治阶级服务的,但在它宏大的思想体系中,仍包含有"超越性"的因素。政治上,儒家虽强调君臣父子、尊卑贵贱、伦理纲常,这固然利于君主专制统治,但应看到儒家知识分子既与百姓庶民又与贵族阶层保持距离,其出发点始终是"仁",渴望建立一个"天下有道"的和谐社会。它不是维护君主个人的统治,而是为了天下万民,君主贤明,才值得效忠。孔子说"邦有道则仕,邦无道则可卷而怀之"②,孟子也认为"民为贵,社稷次之,君为轻"③。这些都体现了一种追求有"道"社会的理想信念,君王也只是实现

---

① 张居正:《张太岳文集》卷四十七。
②《论语·卫灵公》。
③《孟子·尽心下》。

"天下有道"的中介而已。儒者总是批判现实,揭露君王的昏庸无能,渴望尧舜那样的贤明君主,赞同周王之礼治。历代儒生不畏权贵,"以天下为己任",不与小人同流合污,不遗余力地向君主进谏,体现了卫"道"精神,始终为他们心中的治国理想而奔走呼号。这对君主的行为有了一定制约作用,使他们虽掌握大权仍要关注民生,不能胡作非为。经济上,儒家虽然代表地主阶级的利益,并享有俸禄和田产,但他们与贵族地主不同,他们大都来自民间,体察民间疾苦,尤其理解官府横征暴敛、富人强取豪夺对人民的危害。儒家以"礼"划分不同等级,目的在于保障各阶级、各等级的合法利益,实现利益的相对均衡,将人们的经济行为予以道德的约束和制约,防止社会出现纷争。这对当时社会经济机制的平稳运行有着促进作用。儒家"罕言利"并不是不言利,"君子爱财,取之有道""不义而富且贵,于我如浮云"①,他们认为谋利需要在"义"的前提下,更追求一种"安贫乐道"的心境,一种"富贵不能淫,贫贱不能移,威武不能屈"②的气节。文化上,儒家超出了世俗社会的狭隘观念,更全面地看到了人与人之间的关系,并通过贫富贵贱、长幼尊卑的划分,让每个等级的人们都能在社会中找到属于自己的位置,促进了日常生活中人伦关系的和谐。他们对人生追求和人的价值的理解比同时代的民众和统治阶级有着更深的认识,确立了社会判定是非善恶的标准,其中一些道德规范如尊老爱幼、礼义廉耻等在如今仍有现实意义,体现其超越性。

儒家无疑是为统治阶级服务的,但我们提出"超越性"这一特性,是基于古代知识分子的特点而得出的。古代知识分子本身就是由来自不同等级阶层的人组成的,有的出身于布衣百姓,有的出身于地主阶级,也有的出身于贵族阶层,因此,在政治倾向和社会主张上,其学术的观点是不同的,其中不乏为国为民的主张,也有单纯维护统治的主张。但总的来说,他们相对其他阶级具有某种超前性和超越性的认识,我们需要对其思想理论进行具体分析,全面看待其进步性与落后性。

道家思想也表现出一定的超脱性。道家思想虽未被官方确立为指导思想,但仍在古代思想的发展中扮演着重要的角色,魏晋玄学、宋明理学都糅

---

① 《论语·述而》。
② 《孟子·滕文公下》。

合了道家的思想。在个人养生方面,道家主张"少私寡欲""清净无为","清净"就是保持心神宁静,"无为"就是不轻举妄动,遵循此原则以养性情,调情志。主张"复归于朴",也就是"复归于婴儿"①,认为要恬静无为,回到人生最初的单纯状态,无知无欲,也就从"有为"回到了"无为"。主张"天人合一",即人与人、人与社会的和谐,这种超脱自然的心境有利于人的身心和谐,利于养生。在哲学上,道家在宇宙观、本体论意义上提出"道"这一概念,"道生一,一生二,二生三,三生万物"②,道是无形、无象的,我们所能体验的只是有限存在,而"道"作为存在的非存在是只能被体悟而无法感知到的。老庄都主张以辩证的思想来考察世界,"有无相生,难易相成,长短相形,高下相倾,音声相和,前后相随"③,认为事物是相克相生的,而且还可向对立面转化,"曲则全,枉则直"④,祸福相依等说明了这一点,但老子认为这种转化不需要任何条件,还把这种转化看成循环往复的过程,以致陷入形而上学的泥潭。政治上主张"无为而治",他说"道常无为无不为"⑤,"无为"不是"不为",而是"不妄为",在于"善为",即善于以"无为"的方法去作为,统治者要"无为",少一点欲望和作为,人民也无知无欲,不与人争,这样才能使天下安定。他渴望小国寡民的理想社会,政治策略上认为"治大国若烹小鲜"⑥,就是指治理国家要像烹小鲜一样,根据人们的本性,按照社会发展规律做好"无为",杜绝背"道"而驰的政治理念,放弃以"智"治国的策略,放弃儒家所谓的礼义道德等说教,放弃对珍惜财物的追求,倡导回到事物原始状态,减少对巧利追求的欲望,以达到社会和谐。

　　道家思想中所蕴含的思想,对养生、哲学、政治,对当今人与自然和谐的生态环境问题,仍有重要的现实性意义,体现了其阶级超越性。但作为一种消极遁世的唯心主义哲学,我们对其观点还需要辩证地看待。

---

① 《老子·第二十八章》。
② 《老子·第四十二章》。
③ 《老子·第二章》。
④ 《老子·第二十二章》。
⑤ 《老子·第三十七章》。
⑥ 《老子·第六十章》。

第二节　中国经济伦理思想的辩证演进

正所谓意识没有自己的历史,但是可以有思想史一样,中国经济伦理思想的发展演变除了受到社会历史境遇的制约之外,自身的发展也表现出明显的特点。从中国经济伦理思想发展的理论内容及其观点主张上来看,明显呈现出辩证发展的特点和规律,同时中国经济伦理思想发展过程中呈现出明显的历史相继性,并且在相继的同时,多种经济伦理思想共生,在发展的过程中,虽然多有否定,但一般都不是颠覆性的否定,总体来讲,中国经济伦理思想的演变发展符合历史现象学的规律。

一、中国经济伦理思想的辩证演进规律

中国经济伦理思想的发展演变明显地表现出辩证发展的特点和规律,这一规律及表现在经济伦理思想发展的宏观维度,即从先秦到当代的发展过程中,总体上呈现为肯定、否定、否定之否定(辩证统一)这一辩证发展的图景;同时,这一辩证发展的规律还在经济伦理的具体维度的历史演变中得到体现,如义利观、本末论、奢俭观等的历史演变中都具有辩证发展的特点;另外,在中国经济伦理思想发展的某一个具体的阶段,如宋代、新中国,经济伦理思想发展也存在明显的辩证发展的特点。

从中国经济伦理思想发展的宏观的线索来看,在整个中国经济伦理思想发展的历史长河中,从前秦、汉唐到宋元明清,再到民国、新中国,经济伦理思想表现出一种"辩证否定"不断向前推进的历史图景。在先秦时期,后来长期占据中国经济伦理思想主导地位的以孔子、孟子、荀子为发端的儒家思想,主要强调重义轻利,主张用仁、义、礼来克利。孔子"罕言利",主张重"义"贵"利"、见利思义,当然,孔子并不绝对地简单地反对"利",只是在两者关系上,孔子更看重"义",主张贵"义"贱"利",他说"君子喻于义,小人喻于利"。在孔子那里,不论是求富、分配还是消费,都要以周礼之"义"为第一要

义和标准。孟子主张"以仁克利"。孟子认为,利在义中,当义利冲突时,舍利取义是最佳选择,合义本身就是最大的利。若二者不可得兼,"舍生而取义者也"。荀子主张以礼克利。在荀子看来,义应该成为利的标准,合义则义利两得,不合义则义利两失。荀子主张在义利方式矛盾时要遵循礼,取义弃利。总体来说,在先前儒家思想家那里,重义轻利的特点已经十分明显,但是这仍然只是一种较为粗糙的经济伦理思想,具有很多片面化、简单化的倾向。这样一种经济伦理思想在两汉时期,特别是在董仲舒那里得到了长足的演进,并被推至发展过程中的一个小高峰,典型形态为董仲舒的经济伦理思想。董仲舒和孔子、孟子、荀子一样,主张义利的对立,并且把重义轻利发展到了一个更加阶段的地步,即"正其谊不谋其利,明其道不计其功",明确将两者对立起来,原来孔子、孟子、荀子那里尚且可言、可求的"利",至此就不能言说了。但是董仲舒还是在事实层面上承认义和利的价值和功能的,只是在伦理道德实践维度上,反对言利和求利。这较之于孔子、孟子、荀子的观点要进一步绝对化、片面化。而儒家经济伦理思想的一个更高峰则是以二程和朱熹为代表的经济伦理思想。程朱理学继承和发展了儒家重义的基本理论观点。二程把天理和人欲根本对立起来,认为"不是天理,便是人欲""无人欲即天理"①,而"存天理"唯一的办法在他们看来就是"灭人欲"。二程绝对地主张义而否定利,是典型的禁欲主义观点。朱熹则主张存天理、灭人欲,认为"天理人欲不两立"。他反对有任何功利心,说"不可先计其利"。这是对孔子、孟子、荀子开创的儒家经济伦理思想的绝对化。

正是在这一绝对化发展阶段,中国经济伦理思想中重"利"的观点作为对儒家极端把义利关系极端化的否定和反拨而得到了突显,儒家经济伦理的对立面功利主义思潮得到长足发展。而这一否定和反拨阶段跨域了从宋元一直到清末的这一历史时期。在宋代,针对程朱理学的缺陷,李觏、王安石、陈亮、叶适等人则主张利欲可言,以利和义。李觏论证了言利的合理性,并消解了义利两者的截然对立,他认为物质义利能够满足人类的需要,因而就具有道德意义。李觏认为,言"利""欲"并不一定会害仁义,"利""欲"反倒有助于人们讲仁义。王安石也认为利是可言的,主张"以义理财",并表现出

---

① 《二程遗书》卷十五。

一定的功利主义的倾向。王安石提出了"理财乃所谓义"的观点,这就赋予"理财"这一求利行为以"义"的道德价值。陈亮、叶适对程朱理学的否定和反拨表现得更为明显、彻底。陈亮力主"功利"之学,他主张一种既主张利欲但又同时要求节制利欲的义利观。陈亮认为人们之所以遵守"义""礼""道德"等,那是因为遵守道德义礼能够带来实际的"利",人们的一切经济活动都是围绕着"利"这一中心问题而展开的。叶适主张"就利远害""以义和利",主张"以天下之财与天下共理之"的"理财"观,并对董仲舒的观点进行了批判,认为董仲舒、朱熹等是脱离利来谈义,是一种虚妄的空谈。甚至与孔子相对,叶适认为君子应当求利,强调要把"利"的基础上把义和利二者统一起来。明清时期的义利观更加明显地凸显出追求利益的倾向,这更是在宋元的基础上对功利主义的发展,也是对儒家经济伦理思想的进一步反拨和否定。明朝儒臣丘濬主张"经世致用",主张把解决人民的生计问题放在首位。张居正也是主张大力发展经济的,主张求利,并表现出功利主义的特征。泰州学派同样主张言利,并把言利纳入儒学之中。李贽则认为"天下曷尝有不计功谋利之人哉"①。黄宗羲提出了"各得自利"的主张,并认为"工商皆本"。顾炎武主张发挥官员和百姓的积极性,大力发展经济。王夫子认为"天理必寓于人欲以见",主张利和义都是不可或缺的,认为利是社会存在的基础。颜元、戴震等经济伦理思想家都主张功利主义。清朝的洋务运动则更加体现功利主义的特征,进一步对儒家重义轻利、绝对否定言利的观点进行了否定。

历史进入民国时期,经过正反两个方面的发展和演进,经济伦理思想开始走向相对成熟,并趋于理性化,呈现出对前两个阶段的综合、继承和辩证超越的特点,呈现出经济伦理思想发展的否定之否定的初步端倪。在章太炎那里,功利主义的倾向也得到了一定的抑制,他总体上运用整体主义和德性主义为思想武器来对功利主义进行批判,并力主一种义利辩证统一的观点,把"自利"和"利社会"统一和谐起来。近代民族资产阶级也将富国利民纳入自己的经济伦理思想体系之中,并体现了两者之间的辩证统一。孙中山的义利观也是两者的辩证统一,这集中体现在他的"三民主义"主张之中。

---

① 《焚书·贾谊》。

而当代中国的经济伦理思想则更是对中国传统经济伦理思想的批判、继承、综合和否定之否定基础上的新的发展阶段。社会主义义利观是一种新型的利益观,是辩证唯物主义和历史唯物主义的义利统一论,它重视公义,但并不排斥和压制个人利益。它注重个人的合法利益,并且充分尊重设法为其实现创造条件,提供保障。社会主义的经济伦理,既反对封建主义的重义轻利,又反对资本主义的重利轻义,主张义利并重、义利统一。它是伦理思维两点论和伦理选择重点论的统一,是伦理价值目的论和伦理价值工具论的统一。

由此可见,纵观中国经济伦理思想的历史演变过程,总体上呈现出明显的"肯定—否定—否定之否定"的规律和特点,当然其中的否定并不是绝对的否定。

在宏观上呈现"肯定—否定—否定之否定"的特点和辩证发展规律的同时,在中观层面上,中国经济伦理思想发展过程也遵循明显的辩证发展规律。这主要体现在义利观、公私观、本末观、贫富观、奢俭观等多个方面。

中国经济伦理思想发展过程中义利观维度呈现出明显的辩证发展规律。义利之辩主要经历了春秋战国、秦汉、魏晋、宋明、清、民国和当代几个主要阶段,其中春秋战国、宋明两次是义利之辩的高潮。从春秋时期开始,就有"言义必及利"的说法,"事利而已",而与此相对应的则是"思义为愈""居利思义"的说法。孔子重义轻利,孟子以仁克利,虽然孟子不反对利,但是把利的合理性置于"义"之下。墨子持义利统一的观点,道家主张绝仁弃义,发家则主张"法立,则莫得为私也"①,荀子主张先义而后利。到了西汉,董仲舒则强调求义不求利。同时,司马迁和王充的观点则与董仲舒相左。宋明理学把义利对立起来,朱熹主张存天理、灭人欲。而宋明清的功利主义则对此进行了批判,并以利来作为道德判断的标准,这表现为功利主义的特征。而到了民国特别是新中国,义利关系则实现了辩证的、历史的统一。从这个发展过程来看,似乎是整个中国经济伦理思想发展的一个缩影,并且与宏观维度所体现出来的特征一致,在中观的义利关系维度,也明显地表现出来"正—反—合"式的发展规律。

---

① 《韩非子·诡使》。

同时,在儒家经济伦理思想内部,也遵循辩证发展、螺旋上升的规律。先秦时期,儒家是承认利的合理性的,并不完全否定利,并且在一定程度上甚至还肯定利。孔子、孟子都谈到过可以谋利,但是要以"义"为前提条件,如果两者存在矛盾,则以义为重。汉初,重义轻利是无条件的,形成了重义非利的义利观。而董仲舒则持"义重于利"的经济伦理价值取向,认为言不及利者为君子,儒家的义利观在董仲舒这里走到了一个极端,表现出明显的非功利的道义论色彩。宋明理学则把儒家义利观进一步精致化,并把义利、公私、理欲对立起来,主张崇天理、灭人欲。而清代的儒家经济伦理思想则明显地表现出功利主义色彩。到了民国时期,经济伦理思想的中义利关系则呈现出融合的趋势。这也正好体现了"正—反—合"的螺旋上升的过程。

中国经济伦理思想发展过程中,公私观的内容越来越丰富,对公和私的理解也越来越清晰、准确,整个历史发展过程中,公私观维度也具有辩证发展的特色和规律。在孔子、孟子、荀子那里,义对应于公,而利则一般对应于私利,所以他们主战重义轻利;到了董仲舒和二程、朱熹那里,公和天理对应,私和人与对应,并主张摒弃杜绝私利。当然,他们所言的"公"都指统治王朝的利益,很少指代人民和社会的利益。到了宋代的功利主义者那里,他们明确指出,"公"应该是社会的利益或者民众的利益,而不是王朝和统治阶级的利益,"私"则是不符合"义"的欲求。而到了近当代,我们则主张公共利益和个人义利的一致。

中国经济伦理思想发展过程中,在本末观维度也明显地表现出辩证发展、螺旋上升的规律。经济伦理的本末观就是关于农业、工商业的社会作用和地位以及两者关系所形成的道德价值判断和价值取舍的思想观念。经济伦理的本末观与中国哲学思想中的本末观概念相同,但是内容和实质却不一样,"后者对应于母子、理气、形而上形而下、道器等,有'崇本息末'、'崇本举末'之说;前者对应于经济思想史的'食'、'货'概念,与表示价值取舍或道德与否的范畴如'轻重'、'贵贱'、'善恶'、诚实质朴与浇漓奢华相联系"。"从传统的'重本抑末'到'商战论'再到'实业论'"①,很明显遵循着"正—反—合"的衍变规律。

尚农虽然是中国古代社会的经济伦理特征,轻商却非历来如此。"'重农抑商'、'重本轻末'的本末有一个演变发展的过程"②。西周尚农但并不轻商,在某种程度上看还是重商的,两周的"以九职任万民"中就有"六曰商贾,阜通财贿"之划分,肯定了商业的专业分工。周文王也十分重视商业的作用,他说"商不厚,工不巧,农不力,不可成治","工攻其材,商通其财",③"业而分专,然后可以成治"。战国时期,随着封建领主经济向地主经济的转变和"工商食官"制度的瓦解,商品经济有了长足的发展。官方的工商业趋于衰落,私商或民间工商业兴盛,并占据了优势地位。这就使得自然经济与商品经济、君士农与商的矛盾尖锐起来。另外,由于少数大商贾败坏风俗,破坏礼制,冲击已有的道德规范和价值观念,这就导致社会上层建筑改变了对待工商业和商人的态度,所以战国时期成为本末观发生重大改变的转折时期。孟子把垄断市利的商人称为"贱丈夫",主张加以限制和打击;庄子特别憎恶工艺技巧;李悝推行"禁地力之教",提出"上不禁技巧则国贫民移"的观点。商鞅把限制工商、"今民归心于农"④定为基本经济政策;荀子认为工商业不生严财富,"工商众则国贫"⑤;韩非则第一次用"本末"这对范畴从"耕战"的角度来分析农商关系,他称农为"本",称工商为"末",认为农是财富的唯一来源,而工商之民则"不垦而食"⑥,确立"农本商末"的口号和贬商抑商的政策。这样远古农商并重的状况就发生了根本性的转变,扭转为重农抑商,实现了演变史上的一次否定。

随之而兴起的就是占据很长历史时期的"重农抑商"的本末观。西汉盐铁会议中贤良文学主张"贵义贱利"、重本轻末。宋明理学则进一步主张轻商贱商的本末观。重农抑商成为延续到明清所谓的一贯的治国

① 王玉生:《言强必先富:中国传统经济伦理思想的近代演变》,北京:中国社会科学出版社 2007 年版,第 81 页。
② 王玉生:《言强必先富:中国传统经济伦理思想的近代演变》,北京:中国社会科学出版社 2007 年版,第 184—185 页。
③《逸周书·程典》。
④《商君书·农战》。
⑤《荀子·富国》。
⑥《韩非子·显学》。

主张。唐代中叶以后,商品经济发展,到了明末资本主义萌芽,商业开始兴盛,商人的社会地位得到提高,重农抑商的本末观受到有功利主义倾向的思想家的质疑、批判和否定。从宋代的功利主义者"利可言"到明清时期的以功利主义为特征的思想倾向所主张的发展工商业,传统本末观又开启了一次辩证否定的历程。以清代为例,包世臣主张"本末皆富"和"缓本急标"论,对传统本末观轻商贱商论进行了否定。魏源把"本富为上,末富次之"的观点颠倒了过来,他重本,但更重末。林则徐继承和发展了传统的重农思想,但是他不仅放弃了抑商的观点,更是主张"利商"和"用商"。第二次鸦片战争后,中国的民族资产阶级思想家则提出了"商战论",要求大力发展工商业,富国强民,拯救民族危亡。近代民族资产阶级则持"实业论",主张工业化,以此来对抗外来侵略,求得民族独立、富强。到了当代,重农抑商是政策自然不复存在,而是主张各行各业都要均衡发展。

总的来说,在中国经济伦理思想史上,本末观的演变典型地体现和遵循了辩证发展的规律。

在传统经济伦理思想史上,贫富观的演变也体现和遵循辩证发展的规律。从贫富观的宏观层面上来说,主要体现为作为统治阶级的意识形态的儒家等级贫富观被小生产者的绝对贫富观的取代,再到在一个更高的层面上对贫富问题的辩证理解。从周朝开始一直到太平天国前,占据主导地位的都是儒家的等级贫富观,虽然每个朝代也都在一定程度上存在着一些小生产者的均贫富的思想,但是都不占主导地位,直到太平天国《天朝田亩制度》提出来"耕者有其田"的农民阶级的均贫富的思想,再到现当代按劳分配,合法取得收入,保护劳动者的合法所得,先富带后富,最终实现共同富裕的贫富观,总体上呈现出辩证的"正—反—合"发展规律。而在儒家贫富观内部也在一定的程度上呈现出"正—反—合"的发展演变规律。

而儒家的"均平"思想是一种等级制的利益均衡思想,是在确保地主阶级的剥削和所有制的前提下实现各阶级,各等级分层的利益均衡。所以,儒家反对绝对平均主义而主张实行等级制的财富占有和分配制度。儒家贫富观主要体现在均、礼、齐三个方面[1]，均是通等级内部相对均衡，但是不同等级之间要维持各安其分、相安无事，孔子、孟子、盐铁会议中的贤良文学、董仲舒的贫富观都体现了这个"均"。贫富观中的"礼"则体现在体现在孔子的"仁"中，孔子认为"克己复礼为仁"，"礼"被视为是治理国家圭臬，是处理一切社会政治经济关系的根本准则。荀子"隆礼"，认为"国无礼则不正"[2]，他突出了作为社会财富分配法则的"礼"的必然性和极端重要性。"制礼明分"既能养君子，满足封建统治者占有大部分社会产品的欲望，又能区别小人，达到"贵贱有等，贫富轻重有称"的财富分配协同状态。到了汉代，礼得到了进一步巩固、加强、细化和制度化，董仲舒从贫富分化悬殊与历史治乱兴替的角度来认识"礼"的重要性。唐代的白居易则以"制度"作为分配或财富占有的标准，他说"地之生财有常力，人之用财有常数"，他所讲的"制度"在内容上相当于荀子的"制礼"，实际上的"贵贱区别，贫富适宜"[3]。达成护着维系"均"的方法和途径就是"齐"，就是荀子所引用和主张的"维齐非齐"："分均则不偏，执齐则不壹，众齐则不使"。后世对"维齐非齐"的发展主要是在饮食服装上进行严格的限定，对商人进行限制，并在经济上抑制兼并，主张井田制、均田制、限田论等。直到清朝末年，这一贫富主张都一直被维系。近代以来，这一思潮遭到了一定程度上的否定，并表现出否定之否定的趋势，只是这种趋势由于特殊的历史原因发生了一定的变形。主要是近代资本主义分配方式向资本倾斜与它的否定对立面即向劳动者倾斜在不同的社会经济制度主张即资本主义和社会主义中得到了同时的呈现，"使得传统贫富现的'否定—否定之否定'过程压缩在一起，从'否定'到'否定之否定'之间没有一段演变的缓冲期"[4]，但是这在一定程度上仍然是对传统贫富观的"否定"和"否定之否定"，从这个意义上来说，中国经济伦理思想发展在贫富观上仍然遵循较为明显的"正—反—合"规律。

---

[1] 参见王玉生《言强必先富：中国传统经济伦理思想的近代演变》，北京：中国社会科学出版社2007年版，第230页。

[2] 《荀子·王霸》。

[3] 参见《策林二·立制度·节财用均贫富禁兼并止盗贼起廉让》，载《白居易集》，长沙：岳麓书社1992年版。

[4] 王玉生：《言强必先富：中国传统经济伦理思想的近代演变》，北京：中国社会科学出版社2007年版，第81页。

在奢俭观维度,中国经济伦理思想发展也体现出明显的双重否定、辩证演进规律。主要体现为从传统的"黜奢崇俭"到"黜俭崇奢"再到"合理消费"的演变过程。"俭"自古就被视为是君子的一种重要的德目,称为"俭德","君子以俭德辟难,不可荣以禄"①,老子把"去奢"作为"圣人"所具备的要素之一。春秋战国时期这一观点已经成为一种被广泛认同的趋势。先秦的儒家、墨家等都主张俭,儒家尚俭(舍奢)的,其立足点都是"礼",是合乎"礼"的前提下的"舍奢尚俭",换言之,如果俭不合"礼",则就是向奢靠拢。墨家尚俭非乐,立足于"爱民",主张"节用""节葬""非乐"。就崇俭的道德价值取向而言,经历了从"舍奢尚俭"到"禁奢崇俭"的发展过程。韩非子第一个提出"禁奢"。东汉王充提出"宜禁奢侈,以备困乏"。到了宋代俭奢就与大善大恶画上了等号。一直到近代中国,这种观点才有了一定改观:新兴富裕阶层不只是在消费行为上"僭越"封建等级消费制度,在经济伦理思想上也会通过他们的代言人发出自己的声音,主张"奢可济贫",这是对传统观点的初步否定的开端。魏源就主张"禁奢崇俭"是对上层统治阶级和下层老百姓的要求,而对于中层的商人则应该鼓励允许他们"奢"。在魏源看来,商人的"奢"不是为了自己,而是为了周围的人,即可以使周围的穷人得到工作和体恤。这个口子一开,就逐步走向了对奢侈的进一步默许和追求。"勤俭"这种词序和要求体现了近代求富、发展工商业的呼声。对传统奢俭观点的全面的否定是"黜俭崇奢"观点的提出。近代资产阶级思想家利用西方资产阶级伦理思想的新武器,向传统奢俭观展开了最为彻底而猛烈的攻击,其代表人物是谭嗣同和梁启超等。谭嗣同认为理财就是开源,黜奢崇俭是"窒天生之财有",这就把传统奢俭观的"不足—奢—贫—乱"和"不足—俭—足—治"②的逻辑打破了。而梁启超则说"今以富者之财,贫者之力,合而用之,以取无量之财于地,故两有所益,而财亦不见其损也"。当然这是对传统奢俭观的辩证否定。而当代经济社会的发展以及经济伦理思想所主张的奢俭观则是"合理消费"。这是在新的高度上对奢俭问题的辩证统一。由此可见,在奢俭观上,中国经济伦理思想也明显地遵循着"正—反—合"的发展规律。

---

① 《易经·第十二卦否·乾上坤下》。
② 王玉生:《言强必先富:中国传统经济伦理思想的近代演变》,北京:中国社会科学出版社 2007 年版,第 314 页。

除了在整个中国经济伦理思想史的层面以及中国经济伦理核心问题、核心范畴、核心争论的层面上都体现出辩证发展规律之外,在各个历史阶段上,经济伦理思想的发展也遵循着辩证发展规律。只是这些历史阶段的跨度不相一致,有的是在一个朝代内部,有的是跨越几个朝代,而有的则是一个朝代的一个阶段。如新中国经济伦理思想发展过程中,在一些核心问题上的观点就呈现出"正一反一合"的规律,即计划经济时代主要是集体主义、大公无私,而改革开放初期,则出现了极端个人主义的倾向,而现当代则主张国家利益、集体利益和个人义利的兼顾和辩证统一。

二、中国经济伦理思想演变的历时性、共时性和非颠覆性

中国经济伦理思想的演变和发展呈现出明显的历史继承性,特别在是占据主导地位的儒家经济伦理思想的发展中,这种历史性的继承和发展关系体现得特别明显。在作为主流的儒家经济伦理思想发展表现出历史性的特点的同时,其他流派和其他倾向的经济伦理思想与儒家经济伦理思想具有明显的共时性,这种共时性也可以体现在各种经济伦理思想发展的不同阶段的共时性存在这一事实之中。另外,虽然中国经济伦理思想发展具有明显的否定之否定的特点,但是这种否定从根本意义上来说都只是经济伦理思想发展过程中的一个环节,是一种辩证的否定,而不是绝对的颠覆性的割裂式的断裂式的否定,其间在某些维度上具有明显的内在继承性。

儒家经济伦理思想是中国传统经济伦理思想史上大部分时间占据主导地位的经济伦理思想,它的持存和发展具有明显的历史继承性,这一继承性既体现在宏观的维度,也体现在义利、本末、公私、奢俭等核心问题的维度,同时也体现在对一些概念和基本观点的继承和发展中。

从宏观的角度来讲,中国经济伦理思想在发展的过程中,具有明显的继承性,这显性地表现在中国经济伦理思想所关注和研究的核心问题上,从孔子、孟子开始一直到汉唐、宋元、明清的整个历史长河中,中国经济伦理所关注的核心问题多集中在义利问题、理欲问题、公私问题、本末问题、奢俭问题、分换问题等基本领域,虽然在不同思想家和不同时代,由于历史原因和思想基础、政治立场和理论立场的差异,可能注重的核心问题并不完全一

致,但是总体上都没有越出这些基本的问题域。如义利问题就是一个一直贯穿整个中国经济伦理思想史的核心问题,在任何时代,都是讨论的核心。而其他几个基本问题则不同经济伦理思想家那里,也是其重要的研究和论述、阐释对象。从这个维度上来说,中国经济伦理思想是具有较为固定的研究对象和研究问题域,表现出极强的稳定性和历史继承性,因而在问题域、理论主题、哲学基础、核心问题、核心概念、理论范式等层面呈现出明显的历史性的继承关系,因而具有明显的历时性的特征。

这一历时性的特点可以在中国经济伦理思想发展的历史过程的宏观图景中得到体现。如人性论这样一个哲学问题,在中国经济伦理思想史上具有重要地位,一般经济伦理思想家都是把自身的经济伦理思想建立在一定的人性论基础上的,从孔子开始一直到清代,不管是德性主义经济伦理思想还是功利主义经济伦理思想都是建立在人性的基础上的,不同的是,德性主义的经济伦理思想一般都只是建立在性善论的基础上的,而功利主义的经济伦理思想则大多在建立在自然人性论基础上的。这一点在孔子、孟子、荀子那里就有明显的体现,孔子、孟子和荀子都是从人性论角度来建构自己是伦理学地坪的。孔子的伦理学建立了人道理论,而孟子则继承了孔子的思想,并把道德作为人的本质,并提出了人与动物的区别就在于明伦,并以此建立了自己的包括经济伦理维度在内的伦理学体系。典型的体现是孟子对孔子仁的思想作出了继承和发展,他说"仁者,人也",这既继承了孔子重视仁的思想观点,又把它与重视人结合了起来。孟子讲仁,又讲义,把仁义并列,这也是对孔子思想的继承和发展。在这一基础上,他们提出了类似的经济伦理思想观点"重义轻利",对待义利的基本态度具有明显的继承性和一致性,不同的是以义克利的方式,孔子主张以义克利,孟子主张以仁克利。而墨子主张人性有善和恶的自然维度,并主张兼爱、交相利,这样一种人性论的观点在中国经济伦理思想史上也一直存在并持存着,因此,在大多数历史阶段都有主张言利的观点存在,唐朝时期则表现出义利融合的倾向,到了宋朝一些思想家基于自然人性论则更加明显地呈现出义利可言的倾向。

就德性主义的经济伦理学而言,内在的继承性十分明显。孔子主张"义以生利",他一方面指出只有讲道义,才有正当之利可言,否则就是所谓的小人之利;另一方面,他还主张要以道义获取利益或财富,即"见利"也应"思义"。孔子的继承人之一孟子,在经济伦理思想的阐释上更加偏激于德性主义倾向。孔子"罕言利",但不是不言利。从他的"义以生利""见利思义""因民之所利而利之"的思想中可见他并不忌讳言"利"。而孟子则对施政者提出了一个绝对反对言利的"何必曰利",当然,对于普通百姓而言,孟子还是认同他们合理地言利的。这既是对孔子的继承也是一种推进,同时也存在片面理解和发展孔子的嫌疑。荀子面对社会经济与伦理的现实,不仅对利采取了认可的态度,而且将利与义相提并论,提出了独到的并以儒家学说为主要面貌出现的义利观。荀子明显地发展了孔孟重义轻利的思想,将经济(利)与伦理(义)的关系作了较有成效的探讨,同时,在义利问题上总是把义放到首要位置来考虑。荀子的义利观比孔孟更系统、更辩证,这自然是对孔子的继承和发展。先秦的德性主义在西汉得到了进一步发展。西汉的贾谊在主张以礼仪治国的同时,认为仅靠礼义来治理经济困难的国家是无济于事的,只有大力发展经济,实现"天下富足,资财有余",才能有"安天下"的基础和前提。"这为儒家德性主义经济伦理学说的完善和发展起到了独特的作用"①。而董仲舒在继承儒家义利观的同时把儒家义主利从的思想发展为贵义贱利论,不能够主张以天之伦理化民。从西汉到北宋时期,儒家的继承者笃承儒学、兼收佛道、信奉天理、贬低人欲,宋明理学的形成更是将其德性主义特色推向了极端。周敦颐在阐释经济与伦理、利益与道德等重要问题上,重伦理与道德,轻经济与利益,再一次巩固了先秦儒家重义轻利思想的地位。朱熹把"仁义"说成是"天理之公",把"利心"说成是"人欲之私",以义为善,以利为不善,必以仁义为先,而不以功利为急,把经济和利益问题作为伦理要素去思考。可以这样说,"在朱熹那里,经济伦理思想改说成伦理经济思想更为合宜"②。这在发展儒家思想并把它推向极端的同时却也坚持了儒家的伦理道德的基本维度。而后来的儒家思想家虽然有一部分人主张言利、求利,但是都在基础层面上承认"义""礼""道德"的意义和作用,并主张利以义取,用不伤义等。

在义利问题、理欲问题、公私问题、本末问题、奢俭问题的历史沿革中,

---

① 王小锡、汪洁:《中国传统德性主义经济伦理思想探微》,载《伦理学研究》2002 年第 4 期。
② 王小锡、汪洁:《中国传统德性主义经济伦理思想探微》,载《伦理学研究》2002 年第 4 期。

我们也能看到其中明显的继承性。

在义利关系问题上孔、孟、荀总体上主张重义轻利,都认为合义是得利的前提条件,因而,当义、利发生冲突时,要绝对地、无条件地弃利取义。孔子主张重"义"贵"利"、见利思义。孔子注重"义",但是并不否定对"利"的追求,他认为取利的前提是"合义"即"利以义取",只要"富而可求"即可为之。孟子的义利观从根本上来说是"以仁克利"。孟子认为,作为君王主要是要仁义,而百姓则要有"利"。荀子承认"利"和"义"一样是人们所必不可少的,他主张以礼克利。荀子主张在义利方式矛盾时要遵循礼,取义弃利。虽然董仲舒把孔子、孟子、荀子的义利观推到了两者对立的地步,但是其中的继承性还是十分明显的。对于统治者,他反对与民争"利",这和孟子很相似,在社会中要重义轻利,并主张以利养义,这是对儒家传统的坚持。理学思想家主要是继承和发展了儒家重义的基本理论观点。二程是绝对地主张义而否定利,朱熹主张存天理、灭人欲。这虽然极端,但是却是对儒家重义轻利的继承基础上的片面的推进,具有儒家义利观的浓郁基调。这种历史继承性和基本思想观点的历时性持存的特点是十分明显的。

理欲问题上的历史继承性也较为清晰。对于经济伦理而言,"理""欲"早在商朝就已存在,当时的思想家认为"欲"对王朝管理者是十分危险的。道家提倡人"无欲",庄子和老子从不同的角度论述了"欲"之于理的危害。宋明时期灭欲求理逐渐成为一种显性的要求:张载强调人欲与天理的对立;二程主张"限制人欲,即制其本"才能通达天理;朱熹则是"存天理、灭人欲"。而主张人欲的合理性的观点也是具有历史继承性。孔子通过"仁""义""礼"等将"理"的内涵具体化,认为"富与贵,是人之所欲也"[1]。孟子也认为欲是人的本性。荀子认为任何人都有不可违逆的自然欲求。孔孟都主张欲求是不可被消灭的。宋明清时期的功利主义经济伦理思想都承认人欲的合理性,即使是作为儒家思想家的王夫子也认为"私欲之中,天理所寓"。到了近代,严复等人认为个人的欲望和自由具有正当性。

公私问题上也明显存在历史继承性。春秋时期孔子为代表的儒家就主张重公而抑私。但有两种"公",一种是家庭内部之"公",即以家庭、父母为

---

[1]《论语·里仁》。

公;另一是家庭之外还有更大的公,即以国家为公。儒家并不否认家庭利益之外还有国家利益,在他们看来国家利益是更高层次的公。韩非子首次将公与私作为一个对立的概念而提出,法家也对统治者提出了"崇公去私"的要求。二程从"理"与"欲"的对立中也推导出"公"与"私"的对立,但此时二程已经超越了前人论述的"公""私"内涵。在二程看来所谓的公就是礼和仁。只有遵守"礼"和"仁"之后才能达及真正的"公"。追求个人私利会使人见利忘义,损坏道德。叶适、陈亮等人也坚持对"公"维护,但是对"公"的界定已经从原来的王朝之"公"、统治集团利益之"公"转变为百姓之公、社会之公。而到了清以后,对公的理解在内涵上就越来越丰富和明晰了。对待公私之间的关系看法和主张也发生了变化,如公私兼顾、辩证统一。但是不管如何,这对范畴及其内涵的基本维度都是在原有基础上不断继承和拓展、细化、丰富而来的,具有明显的历史继承性,表现出显性的历时态特征。

本末问题、奢俭问题上也明显存在历史继承性。本末之争贯穿整个中国古代封建社会经济伦理思想史。墨家首先在经济意义上界定了"本"的内涵,即"先民以时生财,固本而用财,则财用足"①,韩非子进一步将"末"指认为工商业。在中国思想史上,重本抑末、本末并重以及工商皆本的观点都体现了本末观是的历史性特点。重农抑商是儒家的主导思想,这在经济伦理思想史上自然是具有历时性的特点。而本末并重的观点也能在思想史上找到源头。如商鞅就认识到商业的作用,认为"农辟地,商致物,官法民"②,而宋明的部分思想家则主张发展商业,促进贸易,并肯定了工商业的作用。到了清朝则更加注重商业的作用。近代以来自然是对工商业的作用了有了更加科学、全面的认识。这样一些观点在中国经济伦理思想史上都能找到源头,并被历史地继承下来。在中国经济伦理思想史上,奢俭问题的基本基调是崇俭黜奢。历史发展期间偶有主张崇奢的,但都是建立在一定的合理性的基础上的,也就是说,崇俭还是崇奢,其背后目的具有类似的更深的依据。这一依据以及主张"俭"的基本思想是被一直继承发展的。

墨子带有一定功利主义色彩的"交相利"的观点也在中国经济伦理思想

---

① 《墨子·七患》。
② 《商君书·弱民》。

史上得到了很好的继承和发展,这主要体现在三个方面:一是后期墨家对孟子思想的发展,二是后来的带有功利主义倾向的经济伦理思想家对墨子理论的继承和发展,三是当代对义利关系的辩证理解在一定程度上是对墨子义利并重思想的继承和发展。因此,墨子的经济伦理主张也是达到了历史性地续存,表现为历时态的存在。

中国经济伦理思想发展除了具有明显的历时态的时代和思想继承性之外,共时态的共生关系也是其特点之一,这一特点几乎在每一个历史阶段的经济伦理思想中都有体现。在先秦阶段主要表现为,多种经济伦理思想共生,呈现百家争鸣的局面。而汉唐时期虽然儒家思想占据主导地位,但是佛教、道教的经济伦理思想同样具有一定的影响力,并与儒家经济伦理思想之间发生相互作用,在某种程度上逐渐走向三教在某些经济伦理观点上的相互吸收、借鉴和融合。而到了宋明时代,理学占据主导地位,但是功利主义思潮已开始抬头,并历史性地形成了义利之辩。到了清末,则是功利主义和德性主义共生,而现代经济伦理思想则是以马克思主义为基础的传统经济伦理思想的多维融合。也就是说,在中国经济伦理思想史中,在一个特定的历史时期,虽然存在某种占主导地位的经济伦理思想,但是往往是呈现为多种经济伦理思想并存的局面,或者是某种经济伦理思想表现为对多种理论的综合和融合,从而使得多种思想处于共生状态,由此,中国经济伦理思想发展呈现出共时态的特点。

另外,中国经济伦理思想发展在具有历史继承性、共生性,呈现"否定之否定"的"正—反—合"发展规律的同时,它的否定虽然具有微观甚至中观层面的断裂和否定,但是,扬弃和延续是其主要的方面,因而中国经济伦理思想发展呈现出非颠覆性的特点。如,在中国经济伦理思想史上,儒家的德性主义经济伦理思想一直占据主导地位、是主流,而功利主义经济伦理思想的兴起则是对它的一种否定,但是虽然功利主义在很多观点上与德性主义不一致,但是它也没有直接对德性主义进行全盘否定,而是承认和同样坚持部分与德性主义共享的基本理念,如对"义""礼""公"的认同,只是功利主义对义、礼、公等范畴的理解与德性主义的理解不完全相同而已。这样一个过程使得相关概念在经济伦理思想史上被不断进行诠释、被不断丰富、细化,从而更加科学、合理。因而,中国经济伦理思想发展虽然具有否定之否定的特点和规律,但是这种否定不是绝对的断裂和颠覆,而是批判、继承和发展。

三、中国经济伦理思想发展的历史现象学规律

中国经济伦理思想的发展总的来说呈现出一种历史现象学的规律。这一发展,在思想史的概念、范畴与历史之间,在理论与现实之间,存在着一种对应和相互作用,并基于社会历史的发展和思想理论本身的演进,对问题不但进行层层剥离,逐步推进,最终为问题的理解和解决提供现实可能性,并在这个过程中,历史地呈现其意义和价值,为我们认识世界提供素材和方法论借鉴,指导我们的理论和实践。

黑格尔认为,现象学"就是由现象去寻求本质"①,他把人们研究、描述、分析意识由现象达到与本质同一过程的学问叫做精神现象学。就目前而言,存在两种现象学的范式:一是"经费希特和谢林中转后,经由黑格尔的'精神现象学'最后到马克思的'历史现象学';二是大家熟悉的胡塞尔的意识现象学及其变体"。现象学认为,历史与人类的关系是一种事实关系,我们的一切都是历史学给个人造成的历史境遇。历史现象学希望通过价值来沟通和连接主体与历史之间的裂痕,使主体真正获得一种历史的价值性认可和意义性肯定。"黑格尔对精神异化的描述恰恰映射了资产阶级社会中的异化现象,他以漫画的方式透视出资产阶级社会生活中特有的经济关系颠倒性物化本质","费尔巴哈人学现象学仅仅停留在感性现实层面,无法摆脱资产阶级的拜物教意识形态"②。马克思历史现象学的全部秘密不在于现象学本身,而在于它是一种"历史"现象学,历史和现象都不是可以简单直观其本质的,只有对社会生活进行科学的抽象才能解释其本质,重要的是必须要揭示出现象产生的历史原因,进而说明这种历史现象赖以存在的前提和基础,最后指出其消亡的历史必然性,历史性方法成为马克思历史现象学的显性标志。另外,"马克思历史现象学精神的独特之处就在,其目的是要改造世界"③。

---

① [德]黑格尔:《精神现象学》,北京:商务印书馆1979年版,第9页。
② 颜岩:《历史现象学:马克思理论逻辑的必然》,载《内蒙古社会科学》2007年第1期。
③ 颜岩:《现象学精神与"历史现象学"概念》,载《南京社会科学》2005年第2期。

中国经济伦理思想的发展具有明显的现象学的意蕴,并通过概念和核心问题的诠释现实地干预经济社会生活,实现理论和实践的互动,既具有明显的现象学的意蕴,又与马克思的历史现象学一样具有改造世界的特征。在马克思主义历史现象学看来,事物的本质和社会历史的发展规律是通过现象与本质的历史演进关系而不断得到推进和深化并最终得以呈现的。在中国经济伦理思想发展演进过程中,经济伦理的本质和核心问题"人性与经济的关系问题""道德与经济的关系问题",通过各种经济伦理思想体系和理论贡献而被不断被阐释、认知和推进。如性善论的观点一般导致德性主义的经济伦理,而这一人性论与经济之间的基本关系,被历代中国经济伦理思想家所继承和发展、诠释,并作为理论依据而建构自身的经济伦理思想,推进理论和社会化经济实践的变革。再如持自然人性论的思想家一般都主张功利主义的经济思想,而这一人性论与经济伦理思想之间的内在关联关系也被历代思想家所继承和发展,并以此来建构自身的思想理论体系,干预和指导社会化经济实践。

中国经济伦理思想发展过程中所依托的一系列概念和范畴,以及所有的经济伦理思想观点本身,都体现着经济与人性的关系,都是道德与经济的本质关系在特定的社会历史条件下的外显表现。如孔子主张"礼",孟子主张"义",荀子主张"仁",并把这样的伦理主张推演到经济和社会生活领域,这都是特定社会历史条件下的特殊产物,并且这些概念范畴都对应于一定的时代,体现着一定经济伦理主张。墨家的观点、道家的观点、法家的观点以及儒家经济伦理思想在不同时代的表现和持存形态如两汉经学、宋明理学,都与特定的社会历史相关,他们所运用的概念、范畴、思维范式等既有历史继承性,是理论思想史不断演进的结果,更根本的是,这些概念、范畴都具有特定的时代内涵,是时代的产物,并且反映时代精神,反作用于时代经济、实践本身。

在每一个特定阶段的经济伦理思想发展阶段上,特定的概念与经济社会现实之间都存在一种历史的对应关系,并且这种对应关系,一方面体现为理论、学说、概念、范畴等对现实的描述,另一方面也内在地揭示和呈现了理论和现实之间的本质关系。如在黑格尔和马克思那里,概念和历史这样的对应关系都是现实存在的,概念与现实之间的描述关系也是存在的,同时也存在着概念与现实之间的决定和被决定、决定和反作用关系。不同的是在黑格尔那里,这种关系主要表现为唯心主义的意识决定存在,而在马克思那里,则是相反,认为意识决定于社会存在,因而,结果是黑格尔那里是"历史与逻辑相一致""客观符合于主观",对客观世界的一切阐释以及客观世界本身都是为主观概念及其发展逻辑服务的,而在马克思那里,则是相反,是"主观与客观的一致",是"主观符合于客观",思想、理论、观点都是特定社会历史的产物。在中国经济伦理思想史上,不同时代不同思想家的理论观点,都是经济伦理思想史本身的构件,都承担着理论和历史的双重任务,既要解释世界,又要改变世界,但是不同经济伦理思想家对理论和实践之间的关系的认识还是存在明显的区别的,典型的表现为类似于黑格尔和马克思在历史现象学上的差异,即唯物主义和唯心主义的差异。但是不管如何,唯物主义的历史现象学和唯心主义的历史现象学都体现着历史现象学的本质特征,即理论、学说和历史现实之间的决定被决定关系也体现着理论思想的相对独立性和超越性特点。这在中国经济伦理思想发展的总体图景以及中国经济伦理思想发展的相对独立性和超越性部中已有明确的显现。

中国经济伦理思想发展呈现了历史现象学所揭示的社会历史和理论思维的辩证发展、螺旋上升的规律。这主要体现在三个维度:一是体现在社会历史本身的发展规律中,二是体现在经济伦理思想发展的规律之中,三是体现在经济伦理思想发展和社会历史发展之间的认识的不断推进中。中国经济伦理思想的发展内在地包含并体现着上述三个维度的内容。在社会历史发展维度上,经济伦理思想的发展自然是与一定的社会历史不可分割的,社会历史的持存和发展是经济伦理思想持存和变革的根本原因。经济伦理思想的演变从另一个维度印证和说明了社会经济实践和历史本身的发展,从西周的经济伦理思想到孔子、孟子、荀子等的经济伦理思想的演变,正说明了奴隶制在春秋战国时期的转变,而到了董仲舒那里,他的经济伦理思想则明显体现了封建社会的特征。在封建社会内部不同发展阶段上的经济伦理思想也体现了封建社会不同朝代所具有的不同历史和经济境遇。近现代的经济思想的演变及其主张也体现了近现代中国经济社会的现实。总的来说,在经济伦理思想史中所体现出来的经济社会历史的发展,正是社会历史发展本身的写照。而在经济伦理思想发展史中能够清晰地呈现出中国社会历史发展的过程、特点和规律。就经济伦理思想史发展的层面来看,也体现出来历史现象学所揭示的基本规律。思维的发展在受制于和宏观地决定于经济社会发展的同时也呈现出明显的演进规律。而在中国经济伦理思想史的发展过程中,这种规律表现为理论思想内部的历史继承性和辩证否定、非颠覆性,并且在多个具体的维度,都呈现出"正—反—合"的演进规律,在多个历史时期也体现出"正—反—合"的规律。而在理论与实践的关系维度,中国经济伦理思想历史地体现了经济伦理思想和社会经济历史之间的关系,并通过经济伦理思想本身的不断演进,呈现了理论认识自身发展的规律,即理论来源于实践,并反作用于实践,在实践中不断得到检验和发展,并循环往复,不断科学化、合理化。

而在这个过程中理论在与现实的不断交融中逐步走向成熟,对问题的认识也不断科学化,并且为我们的理论实践提供思想史资源、经验教训、方法论支撑,为社会历史呈现未来图景。这样的一种历史现象学的意义可以在经济伦理思想发展的各个方面如"理欲关系""义利关系""志功关系""本末关系""公私关系""精神与物质的关系""俭奢关系"的历史演进中得以体现。此处仅以理欲关系为例对此做一说明。先秦时期主张寡欲或者节欲、制欲,天理就是"天之性",而人欲则是"人之好恶无节"。这只是对两者进行了区分,尚不构成经济伦理思想史上的"理欲"问题。到北宋张载区分了天理人欲,认为一个向上、一个向下。二程认为天理是先验的道德意识,蔽于人欲就丧失了先验道德意识了。朱熹特别强调天理人欲之辩,认为满足基本需要是天理,而超过一定的度就是人欲。可见,从先秦到宋明,关于天理何人欲的概念的内涵不断在变迁,并且,经济伦理思想家不断用这一既有历史继承性又具有明显的差异性的范畴来阐释相近或者相似的经济伦理问题。这一方面在理论和实践上导致了概念的混乱,但是在另一方面却又拓展和丰富了相关论域的内涵和外延。而戴震、王夫之等人则从另一个维度对天理人欲问题提出了批评和否定意见。戴震提出了"理者存乎欲者也"的著名命题,强调理与欲的联系和统一,并痛斥了理欲之辩的危害。当然,戴震对程朱理欲问题的认识也有错误之处,这也导致了思想史的进一步混乱的同时也进一步丰富化,需要我们更多地加以辨识,从更多维度进行批判继承、扬弃超越,从而不断推进对问题的辩证认识、科学认识,为更为全面、系统地认识问题、科学地解释和有效地处理和解决问题提供启示和裨益。

第三节　经济实践、文化精神、历史境遇与经济伦理思想的历史耦合

中国经济伦理思想的发展和中国经济社会实践、中国哲学和文化精神以及中国社会发展的历史境遇紧密相关,并且两者的理论观点和主张在特定的历史阶段,在经济、主张、文化、哲学和经济伦理两个维度实现了历史的耦合。

一、经济实践与经济伦理诉求的历史耦合

纵观中国历史,各个时代的经济实践在促进经济发展的同时与这个时代的相关思想家和经济伦理诉求并不是孤立的,而是具体地、历史地结合在一起的,并相互作用,它们之间具有一定的历史耦合性。

与春秋时期相比,战国时期的社会生产力有了很大的发展。生产技术水平如冶铁技术、水利灌溉技术已经达到了很高的水平。同时,社会中的商品经济因素也有了长足发展,独立手工业涌现,出现了一批商业繁盛的大都会。这一时期以"战国"相称,充分体现了它的时代特征,即"争",具体表现为"争霸""争利""争鸣"三个方面。先说"争霸",经过春秋200余年的变革,到战国时期,已经仅剩七个比较大的诸侯国,即秦、齐、楚、赵、魏、燕、韩。这几个诸侯国为了得到霸主地位,纷纷进行改革,因而这个时期呈现出比春秋时期更加剧烈的变革特征。再说"争利",这个时期商品经济得到迅速发展,这在一定程度上影响了社会心理和社会生活的各个方面,社会上各阶层对金钱、财富的追求形成一股潮流,泛起了拜金求利的社会思潮。最后说"争鸣",面对战国时期激烈动荡的社会变革,儒家、道家、法家、名家、墨家等分别代表不同的阶级提出不同的政治主张,在思想意识领域出现了"百家异说"的争鸣状态。其实,无论是争霸、争利还是争鸣,归根到底,都是对"利"

的追逐。

这个时期的很多思想家纷纷针对当时社会问题提出了各自的主张。儒家的代表人物孟子针对战国时期存在的"上下交征利"的现象提出了"仁义之道",主张以"仁义"作为处理一切社会关系的基本原则,即凡事"依仁义而行"。可以说,"仁义之道"是孟子所有经济伦理主张的总依据。战国时期另一位杰出的思想家墨子针对当时存在的经济状况,从生产劳动、利益分配、消费模式三个方面来提出他的经济伦理主张。在生产劳动方面,墨子非常重视农业劳动生产活动,强烈反对不劳而获的行为,并把这种行为看成是盗窃,认为人类只有依赖劳动才能生存下来。墨子主张进行社会分工,即农民种好田,妇女织好布,王公大人管理好国家,士君子贡献才智。这样分工合作,社会才能协调稳定的发展。在分工思想下,墨子反对竞争,认为竞争会导致社会混乱,因此,人们各司其职,才是正确的。值得一提的是,墨子并不轻视商人这一职业,并对商人求利之心和商业活动做了肯定的评价。在利益分配方面,墨子反对富贵命定论,主张实行"余财相分"的经济分配原则,即统治者和富人要把自己多余的财产分给穷人,这样就会使百姓亲之、贤士归之,从而达到王天下、正诸侯的目的。在消费模式上,墨子提倡"节用尚俭",主张把人们的基本生活消费维持在一个低水平上,并制定了人们衣食住行的标准,认为超过这个标准就是奢侈浪费。

孟子和墨子的经济伦理主张都是针对战国时期存在的社会状况而提出来的,但同时,也对当时社会生活的各方面产生了一定的影响。孟子的"仁义之道"主要是针对当时存在的"上下交征利"的现象而提出来的,同时,他的这个主张不仅对当时而且对中国古代的很多朝代都有一定的影响。而墨子针对战国时期存在的混乱的经济生活状况提出了他关于生产劳动、利益分配、消费等主张,也对当时产生了一定的影响。

汉武帝统治时期,改变了以往统治者所采取的休养生息的政策,转而实行"有为"的政策。在这一时期,"轻重论"开始盛行。"轻重论"是一种极端强调国家干预经济的理论,在这种理论指导下,汉武帝实行了一些具体的经济主张,如:盐铁专卖、平准、告缗令等。司马迁反对汉武帝所采取的"有为"的政策主张,他认为"有为"的经济政策对社会经济的干预过多,破坏了经济生活的正常发展,因而他提出"善者因之"的经济主张。他说:"善者因之,其次利道之,其次教诲之,其次整齐之,最下者与之争。"这句话是司马迁自由经济主张的集中体现。"善者因之",就是说,国家最好的经济政策是顺应经济发展的自然规律,不可干预人们的生产、贸易活动,也就是"无为而治"。"利道之",就是说,在顺应私人进行经济活动的前提下,国家引导人们从事某方面经济活动。"教诲之",就是说,国家教化人们,诱导他们从事某些方面的经济活动。"整齐之",是指,由国家采取行政和法治的手段来干预人们的经济活动。"与之争",是指,由封建国家直接经营工商业,并借以获利,这是最坏的打算。司马迁对汉武帝所采取的"有为"政策持批判态度,因而他提出自由经济主张,是和西汉经济政策的前后变化有关系的,同时,司马迁的自由经济主张也对当时产生了一定的影响。

南宋时期,农器种类增多,人们注重深耕细作,农业得到很大的发展。同时,在手工业方面,纺织、瓷器、造船、造纸等手工业有了长足的发展。在农业和手工业发展的基础上,商品经济也得到了很大的发展,不仅城市繁华、商业兴盛,海外贸易也空前活跃。在这种经济和时代背景下,人们的思想观念也发生了很大的变化,传统的"重本抑末"思想观念被打破,商业的发展也引起了一些思想家的重视。陈亮和叶适就是其中的代表。陈亮认为,发展生产、通商惠工是合乎道德和人的本性的。他代表工商者的利益,反对重农抑商的政策,认为商和农是相互支持的,不分本末轻重的。因此,他主张减轻对商人的重税征敛,支持商业的发展。叶适也批判了"抑末"的政策。他认为国家不应该对商业活动进行过多的干涉,而应该支持商业的发展。他还主张工商业者应该能够得到参政的机会,这就从根本上否定了商人及其子孙不得入仕为官的传统商业伦理观。陈亮和叶适的这种"重商"的经济伦理思想反映了南宋时期商品经济的发展水平。同时,他们的这种具有新的时代特征的经济伦理思想也有助于解放人们的思想,进一步促进当时商品经济的发展。

元朝是蒙古族统治的朝代,是中国第一个少数民族统治的统一的封建专制王朝。在政权内部,蒙古贵族打压汉人及儒者,残酷压榨广大劳动人民,使得当时的民族矛盾异常激烈。当时的社会经济伦理思想也比较复杂,既有理学儒家的经济伦理思想,也有佛、道等宗教思想体系内的经济伦理体系,还有代表元朝蒙古贵族统治者的经济伦理思想。其中,在这一时期,代表元朝蒙古贵族统治者的经济伦理思想占据着主导地位。元朝统治者非常重视商业和贸易的发展。元世祖忽必烈积极恢复海外贸易,他继续使用南宋旧制,建立市舶司,并且重用南宋时期的外贸官吏,使得对外贸易成为元朝政府财政收入的主要来源。同时,元世祖忽必烈还重用理财家卢世荣的经济管理主张。卢世荣的经济主张主要包括以下几个方面:其一,进行财政经济改革。注意发展生产,重视工商业。其二,对对外贸易的方针进行一系列的改革。对于陆上丝绸之路,仍然实行自由贸易方针;而对于海上丝绸之路,认为应该完全由国家垄断。其三,主张大量起用商人作为管理钱粮机构的官吏。所有这些经济主张既顺应了时代发展的要求,又在很大程度上促进了元朝经济的发展。

明中后期,随着商品经济发展迅速和新的价值观传播,务农观念发生动摇,从商者越来越多。到了明末清初时期,伴随着资本主义萌芽的出现、工场手工业的发展以及经济贸易的频繁,各地商帮兴起,形成了徽商、晋商、粤商等商帮群体。商帮的出现,加速了中国传统经济伦理的转型。到了清代,士商观念发生了很大的转变,这个时期的人们垂利之念重于名,出现了与传统的"学而优则仕"大不相同的现象,即聪明才俊从事治生之道,中才以下者才去读书应试。明清时期发生的这种变化也体现在这个时期的思想家的思想主张中。王阳明认为,"四民异业而同道"①,肯定了士、农、工、商的平等地位,认为只要商人尽心其业,同样也是圣人之学。黄宗羲提出了工商皆本的思想,彻底否定了以工商为末的传统观念。同时,他还积极地为私有财产辩护,反对任何对土地私有财产的课税。黄宗羲所提出的这些主张,特别是工商皆本的思想,顺应了资本主义萌芽和商品经济发展的要求,为工商业的发展提供了有力的社会心理支撑。王夫之也充分肯定通商特别是对外通商的好处,认为商贾对人民是有好处的,他特别赞扬大贾富民,因此,他并不反对商人的正当求利,而只是反对商人对财源的垄断。这个时期商品经济的发展促进了人们思想的解放,打破了传统的"重农抑商"的思想观念,形成了一种以"重商"为主流思想的新兴伦理观念。同时,这种新兴的伦理观念也进一步促进了商品经济的发展。

---

① 王阳明:《节庵方公墓表》。

第一次鸦片战争以后,中国逐渐沦为半殖民地半封建社会,中国面临着严重的民族危机。同时,伴随着西方帝国主义对我国的侵略,西方的科学技术和思想文化也传入了我国,迫使我国自然经济的解体,为民族资本主义的发展创造了一定的条件。在中国面临严重民族危机的时候,很多仁人志士纷纷提出治国救民的主张,受西方先进科学技术和生产力的冲击,在救国的过程中主张向西方学习,逐渐形成了"中学为体,西学为用"的经济伦理思想。冯桂芬在《校邠庐抗议》中提出了"以中国之伦常名教为原本,辅之以诸国富强之术"的著名论断,后人概括为"中体西用"。李鸿章反对地主阶级顽固派的重本抑末的经济伦理原则,认为应该向西方学习机器和枪炮轮船的制造,发展实业。张之洞明确提出"旧学为体,新学为用",从而形成系统的"中体西用"的经济伦理思想。在"中体西用"经济伦理思想的影响下,出现了一批以实业救国为目的的洋务派。洋务派不仅发展军事企业,而且还创办民用企业,其中,民用企业的经营方式分为官办、官督商办、官商合办三种。洋务派的这种实业救国的行为虽然促进了民族资本主义的发展,但是,因为他们的最终目的是维持封建专制,因而并没有起到救国图存的作用。

二、文化精神与经济伦理思想的历史耦合

一般来说,有什么样的哲学基础和文化精神就有什么样的价值观和经济伦理原则,哲学基础和文化精神常常支配着经济伦理原则的确立,哲学基础和文化精神观点只有落实在经济伦理原则中才具有现实意义。在中国经济伦理思想史上,不管是儒家还是墨家、法家、道家、佛教,都体现了哲学基础、文化精神和经济伦理思想的历史耦合。这种历史性的耦合主要体现在他们的哲学基础、人生观、价值观、自然观、政治、伦理道德等方面的观点与其经济伦理思想的历史性统一中。对此,我们主要以儒家为例来加以说明。

儒家的哲学基础主要建立在其人性论立场上,他们的人性论主要有两种:孟子的"性善论"和荀子的"性恶论",后来儒者的人性论都是在这两种人性论的基础上发展而来。但无论是哪种人性论,都强调"善"之性,而"善"的核心内容就是仁、义、礼、智、信。虽然儒家并不排斥人性对物欲的追求,但认为如果一味地追求私心私欲或获取私利的手段不符合伦理正当性就是

"恶"。整体主义、以义为上、仁者爱人是儒家伦理思想的三个重要概念。整体主义就是强调个人要服从并服务于整体,这个整体包括家族、民族和国家三个层面。以义为上包含三个方面的要求:其一,利必须受义的制约;其二,求利要符合义的规范;其三,提倡谋民利、国利、天下利。仁者爱人可以说是儒家伦理思想的核心理念,它有着丰富的内涵:其一,它强调仁爱应当从爱最亲近的人即父母兄弟开始,再逐步扩大到其他人;其二,仁爱除了爱人还要爱自然万物;其三,仁者爱人的理念和儒家的政治思想是结合在一起的,它强调应当将仁爱贯穿到施政原则和社会理想中去,通过仁政教化实现大同世界的理想。儒家对以"仁"为核心的伦理道德极为重视,以至于儒家的终极理论追求就是形成理想的道德人格。

孔子很少论及人性问题,唯一一句是"性相近也,习相远也"[①],认为人的天性都是相似的,只是后天的"习"使人与人产生差距。"仁"是孔子伦理学说的核心,它不仅是人们日常生活的最高行为标准,更是君主治理国家的出发点和归宿。而"立人""达人""兼善天下"则是孔子想要努力实现的理想目标。对此,他提出了具体措施。孔子主张实行以"为政以德"为主要特征的"王道"政治,在经济上解决百姓的实际生活问题,在富民的基础上教之,即著名的"庶、富、教"论,这正是孔子人性论在经济伦理思想中的体现。孔子还从仁爱的角度出发,把"义"看作是仁心外化的道德行为,是人们活动的基本准则和要求;"利"是个人对物质利益的追求,是人们从事社会活动的重要目的。在财富问题上,孔子并不反对追求财富,但强调获取财富的方式要符合道义。而在义利关系上,孔子更看重"义",要求人们"见利思义""义以为上"。

孟子是第一个比较系统地论述性善的思想家,他认为食、色、性是人的自然本能,不是人之所以为人的本质规定,只有善才能称为人性,善的具体内涵是仁义礼智,善不仅是对人们行为活动的要求,也是对君主施政的要求。但是人性为善,人有善端,不代表人人都行善,所以孟子在经济伦理思想中提出制民之产的主张,认为统治者应当使百姓的物质需要在一定程度上得到满足,这也是君主行仁政、得民心的具体要求。在保证百姓必要的物

质生活条件的基础上,孟子提出了对百姓"谨庠序之教,申之义孝悌之义"①,来培养百姓以仁义道德为核心的"恒心"。孟子虽然在事实层面上承认人们的物质需要应该得到一定程度的满足,但在价值层面还是重义轻利,主张"以仁克利",因为在孟子看来,取利舍义是君臣反目、父子离散、兄弟成仇以致亡国的根本原因,而舍利取义则可成王道。孟子不仅在治国中反对讲利,而且还把"为善"还是"为利"作为圣贤和强盗的区分标准。

荀子的哲学基础以"性恶论"的人性论为主,他基于当时悲惨的社会现实提出"性恶论",认为人性有"好利""疾恶"的自然倾向。但荀子的人性论并未摆脱孔孟开创的传统,即追求向善性的理想人格,而善又是后天习得,因而在政治观点上主张礼法并用。荀子的经济伦理思想承认了人的自然本性,主张尽可能地满足人性的欲望,但是如果任其膨胀必会导致社会混乱,因而又主张用礼法等规范加以限制,且礼义是处理各种财富和物质利益关系的准则。荀子虽主张义利两有,但当义利发生冲突时要取义弃利。荀子的经济伦理思想正是他的文化精神的相应体现。

孔子、孟子、荀子的文化精神与其经济伦理思想的耦合绝不是偶然。孔子、孟子、荀子生活在春秋战国时期,这一时期西周衰微,诸侯争霸,社会动荡。传统的礼乐制度崩溃,政治体制裂变,世风败坏,物欲横流,在这样的情况下,孔子、孟子、荀子在经济伦理思想上都格外强调道德、仁义、礼制的重要性,以此重建社会秩序,使人人向善,实现"大同世界"的理想。这恰好与他们的文化精神是一致的,是在特定历史条件下对其文化精神和哲学观点的具体展开。

董仲舒的人性论是对孟子和荀子观点的结合,认为人性既有善也有恶,且人性是天道在人身上的体现。董仲舒的伦理道德是以天命为本体进行论证的,提出"人副天本"的观点,突出封建伦理道德的绝对地位。董仲舒的经济伦理思想同样具有浓厚的宗教神秘主义色彩,强调"天人合一"。他主张义利两有、义利两养,但在价值层面上还是要先义后利,要求人们在社会中要确立"正其谊不谋其利,明其道不计其功"的价值观。同时,董仲舒反对统治者与民争"利",这个"利"指的是私利小利,认为这样做才是符合天意的。

---

① 《孟子·梁惠王上》。

同时,董仲舒还强调在满足人们的物质利益需求的前提下,要培养人们的道德情操,以仁义之道充实人们的精神世界。董仲舒的文化精神与经济伦理思想的耦合又是在特定历史条件下发生的。董仲舒生活在汉武帝时期,此时经济富足、国家昌盛,但是国家政权面临着外部匈奴入侵和内部诸侯势力膨胀的双重威胁。如何加强中央集权是摆在统治者和他的御用学者面前的一个突出问题。因而董仲舒在哲学观上强调天道的本体论地位,为封建专制主义政治提供依据,同时在经济伦理思想中强调"义",也就是突出封建伦理道德的绝对地位,以统一人们的思想,为政治大一统奠定思想基础。

在人性论上,二程主张天理和人欲根本对立,在他们看来,"人心私欲,故危殆;道心天理,故精微。灭私欲则天理明矣"①。而二程要灭的"欲"不仅包括"私欲",还包含人的基本生理需要。因此,在义利问题上,二程是绝对地主张义而否定利,是典型的禁欲主义观点。其所倡之"义"是以三纲五常为核心的封建伦理道德,因而也就是要人们绝对服从于封建礼制。朱熹同样用天理、人欲的关系来阐释义利问题,主张存天理、灭人欲。在他看来,"义"是"天理"的一种"恰当"表现,为"义"就是按"天理"的要求去行事;"利"是"人欲"的外在物质承当,为"利"就是从人情之所欲。朱熹认为,只要人们能消尽"人欲"而纯乎"天理",就自然不存在"为利"之心,行为就自然会合乎礼义。应该说二程和朱熹的文化精神与他们的经济伦理思想是融为一体的,而这种交融是在宋朝封建专制主义中央集权进一步加强的情况下发生的,政治上的专制与集权导致阶级矛盾尖锐,因而保守派的二程与朱熹以存天理、灭人欲的极端方式麻痹人们的思想,使之绝对服从于封建统治。

墨家的文化精神可以概括为"兼爱非攻",即人与人之间兼爱,国与国之间非攻,它提倡的是一种不分自然差异和社会差异的平等之爱。墨子的经济伦理思想即是以"兼相爱""交相利"为核心,"兼相爱"是"交相利"的前提,交相利的原则即投桃报李,交相利的标准是"利天""利国""利人"。交相利不是从利己的角度出发,而是从利他人、利天下的角度出发,只有利天下才能利自己。墨子与孔子、孟子、荀子一样也是生活在春秋战国时期的思想家,其强调平等之爱的文化精神与强调为他人、为天下谋利的经济伦理思想

---

① 《二程遗书》卷二十四。

的耦合同样也是动乱社会状态下的产物。

法家的人性论是一种自然人性论,认为自私自利是人的本性,而且这种本性是不可改变的。强调严刑峻法是法家的又一大特征。法家的经济伦理思想与儒家有很大区别,在义利观上,法家主张重利轻义。正因为法家看到了求利是人的自然本性,且不可改变,因此法家把利益放在第一位,道德放在第二位。这种义利观主张在利益与道德发生矛盾时,应该舍义取利。因此要重法律而轻道德。无论是其文化精神还是经济伦理思想,法家重轻道德绝非偶然。法家创立于先秦时期,法家集大成者韩非子亦生活在烽火连天的春秋战国时期。周王室的逐渐没落,传统的礼乐制度被破坏,社会道德日益沦丧,建立起统一的国法显得越发必要。而法家对法律的重视、对法治的强调恰好迎合了当时社会的需要。

先秦道家也提倡道德,但它的道德是一种"无名"之德或"不德"之德,实际上就是"婴儿"之德,是一种无知无求的状态。这表明道家在文化观上是历史虚无主义的。道家主张的以无为为特征的自然主义经济伦理思想正是这种道德观和历史文化观的体现。道家崇尚自然无为,视无知无求的状态为人生的理想境界,反对讲仁义求功利的有为之举,主张义利俱轻。道家还反对当时儒家和墨家对仁义的重视,他们认为仁义道德是对自然无为的否弃,是社会风气衰败的表现,并且仁义道德产生后并未把社会伦理道德关系调整到自然和谐的境界,相反还使之恶化了。道家文化精神与经济伦理的这种耦合与他们对当时的社会问题所采取的消极遁世的态度是相联系的。

佛教认为,人之所以有烦恼和痛苦,是因为人有贪嗔痴"三毒",而要想消灭苦就要做到没有任何欲望。因此,原始佛家反对信徒从事任何经济活动,主张通过简化的生活方式来提高主体的精神境界。但是,随着佛教逐步形成具有我国文化特色的中国佛教,特别是在魏晋南北朝和隋唐时期,寺院从事经济活动的现象极为普遍,中国的宗派佛教的经济伦理思想也相应发生了变化。在义利观上,较为明显地呈现为义利融合的倾向,并以因果报应的形式来讨论作为因的"义"和作为果的"利"。也就是说,义利关系是一种因果关系,两者是统一的,具有内在必然联系。并且从某种意义上说,作为"利"的物质基础还是成佛的必要前提。但在消费观上,我国佛家仍然主张清心寡欲、节俭消费。佛家的文化精神与经济伦理学看似矛盾,但实际上也是在具体历史条件下的另一种耦合。

宋元明清时期，虽然经济伦理思想的主流仍是以儒家学说为基础的德性主义，但不可否认社会上出现了许多功利主义的流派和思想家，并且越来越多，直到清朝后期成为主导。主要代表人物有李觏、王安石、陈亮、叶适、王夫之、黄宗羲、顾炎武、颜元、戴震以及清朝末期的洋务派、维新派等。李觏认为人的本性在于道德性，但这种道德性与人的自然需要之间并不是完全对立的，而是既对立又统一的矛盾关系。因而在经济伦理领域，李觏主张"利欲可言"的义利统一论，一方面他肯定人性及其物质需要满足的合理性，反对理学家单纯将仁义道德而没有利益、人情的考量；另一方面他也意识到如果任由"性欲"膨胀和满足，会带来危害，因而主张用礼加以抑制，从而使得自然人性和伦理道德之间维持一种合理的张力。王安石把理性和情欲看作人的本性，认为性本身无所谓善恶，只是当性在与外物接触的过程中产生的情才有善恶之分，而判断的标准在于其是否"当理"，即是否合乎道德的要求。相应地，在经济伦理领域上，王安石也认为利可言，认为利是义的基础，并提出"理财乃所谓义"[①]的命题，但这里的"财"是天下百姓的财，是公利，只有为公利理财才是义。同时，王安石指出要以正确的方式来"理财"，也就是"以义理财"。叶适认为好利是人的本性，对于这种本性要顺应而不能抑制。基于此，叶适的经济伦理思想坚持"以天下之财与天下共理之"的理财观。叶适的理财有两个维度："为民理财"和"让民理财"。"为民理财"是统治者为巩固自己的统治而进行的理财，而"让民理财"则是让老百姓自己主宰和管理自己的经济事务。他主张充分运用和发挥人的自利本能，让民自理其财，而国家要保护和促进私人经济的发展。康有为认为"求乐免苦"是人的本性，是推动社会发展的原动力。性本身非善非恶，善恶的真正标准在他看来是能否满足人们的"去苦求乐"的欲望，因此，他主张"富民""乐民"，提倡开民"利源"，给民"自由"，发展"农工商矿机器制造"。宋朝以后，商品经济逐渐发展起来，市民阶层崛起，封建主义日趋衰落，作为封建政治的理论形态——儒家学说在经历了宋明理学的"辉煌"后遭到越来越多人的质疑甚至反对，人们开始重新思考个人命运，越发关注个人利益。宋元明清时期学者

---

① 王安石：《答曾公立书》。

们的文化精神及其经济伦理思想的耦合正是在这样的历史条件下发生的。

民国时期的知识分子在人性论上日趋理性，人性善恶问题上表现出明显的辩证统一的倾向，同时还吸收借鉴了西方资产阶级的伦理学说。这些文化精神反映到经济伦理思想上就是强调义利辩证统一，把国富和利民统一起来，重视民生，致力于发展和提高人民的物质水平和生产水平，实现富国强国的目的。这种耦合同样离不开当时的历史社会环境。

新中国建立后我国结束了半殖民地半封建的社会形态，确立了社会主义制度，意识形态领域占主导地位的也不再是传统的儒家学说而是马克思主义。这种新的文化环境也被反映到了经济伦理领域。具体表现在：在义利关系问题上的基本取向是义利并重、义利统一，但也强调公民要把个人利益与国家利益有机地统一起来，同时国家也要把人民利益放在首位。不仅注重物质文明发展，也重视精神文明发展，推动社会财富和道德不断提升。这些经济伦理思想是我国社会主义的本质要求，体现了文化精神与经济伦理思想在社会主义阶段上的历史耦合。

三、历史境遇与经济伦理价值的历史耦合

理论总是产生于一定的历史条件，同时也反映着特定的历史境遇。中国古代社会由于不同时期的政治、经济、国际关系等条件产生了与之相适应的经济伦理价值，同时各个时期采取了不同的经济伦理主张也导致了一系列的社会经济、政治、国际关系的变化。

春秋战国时期是我国由奴隶社会向封建社会转变的过渡时期，也是儒、墨、道、法等思想流派产生与发展的重要时期。此时的社会处于不断的分裂与变革之中，文化理论界也处于百家争鸣的状态。在经济上由于更易于普及的铁器以及耕牛的运用等生产工具的更新，生产力出现了迅猛的发展。而奴隶制下的土地政策也同样受到了私有土地冲击，这在根本上瓦解了奴隶制的经济基础。随着旧有的经济基础发生的变革，政治关系也受到了冲击，原来的统一的奴隶制国家瓦解，出现了诸侯争霸的政治局面。在春秋战国时期巨大的社会变革之下，产生了社会意识的巨大变化。总体来看，奴隶社会的宗法等级统治体系分崩离析，思想界也出现了前所未有的混乱局面。

在伦理思想上体现了新旧杂陈的特点,各理论派别都希望自己的理论能够被统治者采纳。诸子百家中最具代表性和影响力的儒、墨、道、法四家,他们在百家争鸣中脱颖而出成为春秋战国变革时期的理论代表。

在这里我们以儒、法两家来论述历史境况与经济伦理观的变化。殷周的经济伦理思想是以等级制度为基础的,而随着奴隶制度的瓦解,出现了"礼废乐坏"的局面。春秋战国时期,儒家认为造成目前诸侯战乱的局面在于周礼的废弛,因此呼吁"克己复礼",孔子认为礼能够"辨君臣上下长幼之位,……别男女父子兄弟之亲"①。但孔子也从殷周的覆灭中看到了传统礼制的不足,在"礼"的基础上孔子提出了一个修补的方案即"仁"。在他看来有"礼"但不一定会被遵守,只有君主和人民都做到"仁","礼"才能真正地得以实施。而西周之所以覆灭与其"普天之下,莫非王土;率土之滨,莫非王臣"②的压抑人的物质欲望的奴隶制是有关的,只有以"仁"来统治人民才可能实现社会的安定。儒家思想反映了战乱时期理论家对国家统一、人民幸福的追求,但是由于儒家思想并不能帮助战乱中的诸侯精兵立马,所以不能成为此时的主流统治思想。法家认为殷商的覆灭在于律法不齐,并且以法律形式废除宗法家族经济,以法律形式保护土地的私有权。可以说法家的思想顺应历史潮流的发展且符合统治者强国之目的。在具体政策上,"用商君,坏井田,开阡陌,急耕战之赏,虽非古道,犹以务本之故,倾邻国而雄诸侯。"③,这些政策瓦解了殷周时期的土地所有制,同时促进了封建经济的发展,为秦朝的统一战争奠定了物质基础。

整个春秋战国时期以家族公社经济的解体为标志,地主经济和个体小农经济蓬勃发展,与此同时,中国古代经济理论思想也发生了显著的变化。以奴隶制为基础的家族宗法文化逐渐被遗弃,而适应中央集权的以君主为中心的等级伦理逐步建立起来。同时这也反映了等级伦理的背后实质是封建经济发展上的经济伦理的变化,正如所言,这种经济伦理"深深地渗透于中华民族的心理结构之中,并作为我国民族传统的经济心态和基本价值

---

① 《礼记·哀公问》。
② 《诗经·小雅》。
③ 《汉书·食货志》。

取向"①。

中央集权的封建统治建立之后发展也并非一帆风顺,虽然儒家思想长期作为封建统治的正统思想,但是由于经济的发展并非线性发展以及政治因素的影响,各个时期的经济伦理主张也并不相同。宋朝作为我国封建历史上积贫积弱的王朝迫切需要新的经济伦理来面对内忧外患。唐末的农民起义严重打击了门阀士族的力量,又经历五代战乱,北宋时期的封建经济已经处于极其衰弱的地步。但一方面,官僚地主替代了之前的门阀士族取得了统治地位,因而改变了之前的农民对土地所有者的严重依附关系。租佃关系取代门阀依附关系使得农民对土地所有者的依附关系削弱,从而促进了生产和商品经济的发展。但是由于民族矛盾的对立,这种经济发展却并未惠及人民。为了刺激生产,北宋实行"不抑兼并"的土地政策,导致土地的高度集中,土地高度集中后必然导致对农民的剥削增加。另一方面,为了应对民族矛盾,统治者大量征收军税、徭役。面对内忧外患,宋朝统治实行了对外退缩、对内镇压的政策。在这种复杂而尖锐的社会矛盾中,虽然王安石提出了变法但是最终因为触及官僚阶层的利益而失败,而维护大官僚、大地主统治地位的理学大行其道。理学以儒家思想为中心,并融合了佛、道两家的思想,在政治上维护封建纲常礼教的合理性,在经济上提倡存理去欲,把先秦儒家的"寡欲"进一步发展为"灭人欲"。这种变化的背后其实是宋朝经济的发展跟不上国家统治的需要,因此要求人民寡欲而不反抗,从而追求所谓的"天理",而理学的"理"显而易见是统治者管理人民所需要的"理"。

总体来看,理学之所以能够在宋朝大行其道与宋朝阶级矛盾和民族矛盾的并存密不可分。政治上以司马光为首的保守派与王安石为首的改革派都提出了维护统治的具体方针,但王安石变法最终失败。理学一方面以"存天理"维护了统治者的合法性,另一方面在宋朝有限的经济条件下提出"灭人欲"的观点,这些都促使理学成为当时的正统思想。

明清时期是我国封建社会发展的顶峰,中国传统伦理思想也演进到自己的顶峰。但是随着商品经济的发展、资本主义的萌芽,中国封建社会开始衰落,而中国传统伦理思想也面临着资产阶级经济伦理思想的挑战。明朝

---

① 张鸿翼:《儒家经济伦理》,长沙:湖南教育出版社 1980 年版,第 33 页。

土地兼并日益严重,"遂有一户而连数万亩,次则三、四、五万乃至一、二万者"①,这导致了大量的农民破产,因此贫富不均所导致的阶级矛盾日益尖锐。明末爆发了农民起义,而这次的农民起义不仅仅是在政治上要求反封建,在经济上针对封建土地问题也提出了均分土地的口号。显而易见,封建社会的根基土地问题已经受到冲击。明末清初,在政治上,王夫之、颜元、黄宗羲、李贽等人也提出了具有早期民主主义色彩的政治理论,在一定程度上反映了市民阶层、资产阶级的利益诉求。在经济上,长江三角洲和沿海地区已经出现了初步的资本主义萌芽,这是封建社会前所未有的新变化。农本商末一直是中国古代封建社会所倡导的,但是随着商品经济的发展,这种传统经济主张逐渐受到挑战。自明中后期开始,弃农业经商者渐渐增多,甚至出现了弃官从商的现象,正如何良俊所言,"昔日逐末之人尚少,今去农而改业为工商者,三倍于前矣"②。基于商品经济的发展,思想家从资产阶级利益出发逐渐出现了"经世致用"等功利主义的观点。政治经济层面的变化深刻影响了古代伦理思想。功利主义在明清时期逐渐盛行,凌濛初曾描述道:"凡是商人归家……得力多的,尽皆受趋捧;得利少的,尽皆轻薄鄙笑。犹如读书求名的中与不中的归来的光景一般"③。功利主义作为一种新的价值观开始挑战传统伦理思想。与此同时,随着西方列强的入侵,中国封建社会传统的伦理思想不得不重新反思自身。正如马克思所言,"天朝帝国万世长存的迷信受到了致命的打击,野蛮的、闭关自守的、与文明世界隔绝的状态被打破了"④。以林则徐、魏源为代表的有识之士开始倡导学习西方文化与技术。同时在文化上重新审视中国传统文化,并出现了"中体西用""西学中源"等口号。维新派以西方近代伦理思想为基础,提出了基于平等、博爱、自由的近代人性论思念,系统地批判了封建社会的纲常伦理。新文化运动对封建社会的旧道德更是进行了全面的批判,新文化运动认为科学和民主"这两位先生,可以救治中国政治上、道德上、学术上、思想上一切黑暗"⑤。

---

① 叶梦珠:《阅世编·田产》。
② 何良俊:《四友斋丛说》。
③ 凌濛初:《二刻拍案惊奇》卷三十七。
④《马克思恩格斯选集》第2卷,北京:人民出版社1972年版,第2页。
⑤ 陈独秀:《独秀文存》,合肥:安徽人民出版社1987年版,第243页。

　　由于社会的骤变和商品经济的发展以及闭关锁国状态的终结,中国封建社会所提倡的伦理纲常被逐渐解构。我们不难发现,在这个过程中,社会政治、经济发展的变化影响着当时社会经济伦理思想的变化,而且随着外来思想对传统思想的冲击,西方经济伦理的部分内容逐渐被内化为中国经济伦理自身的内容。

　　在历史境遇与经济伦理价值的关系的互动性变化中,中国古代思想家从多个层面探讨了两者在现实层面如何相互影响,并且以此为基础提出了促进经济发展、维护或者批判统治、争取国家富强、独立等方面的主张,在此背后我们不难发现历史境遇与经济伦理主张之间的历史耦合。

　　综上,中国经济伦理思想的发展和变迁在总体上是社会经济发展跟变迁的结果,这一演进在两条线索上推进,一是经济社会发展在最终意义上对经济伦理学发展的决定作用,二是思想史本身的演进规律,这主要表现为一个对前人思想的批判继承、辩证发展的过程,这两个维度的作用共同促使了中国经济伦理思想的发展。

结语:研究中国经济伦理思想发展史的意义

研究中国经济伦理思想发展史,是一件意义重大的学术要事,对于完善中华民族思想发展宝库、促进经济伦理学和经济学等相关学科发展、增强经济建设成效具有不可或缺的重要作用。

一、为全面、深刻展示中国传统文化探求独特瑰宝

中国传统文化历史悠久、博大精深,从纵向发展的角度来看,中国传统文化以儒家文化为主线,经"百家"文化的异同之消张、融合,以及儒释道合流,形成了前后文脉相承的诸多思潮,如汉代儒学、魏晋玄学、隋唐佛学、宋明理学以及永嘉学派、永康学派、白沙学派、泰州学派、现代新儒学等;从横向发展的角度来看,中国传统文化以忠、孝、节、智、仁、勇为基准,逐步形成了诸如伦理文化、经济文化、政治文化、民族文化等。就伦理学学科视角,中国传统文化的特质是伦理文化,正如蔡元培所说,"我国现未有纯粹之伦理学",但是"伦理学宜若为我国惟一发达之学术","我国以儒家为伦理学之大宗,而儒家,则一切精神界科学,悉以伦理为范围。哲学、心理学,本与伦理有密切关系,我国学者仅以是为伦理学之前提。其他曰为政以德,曰孝治天下,是政治学范围于伦理也;曰国民修其孝悌忠信,可使制挺以挞坚甲利兵,是军学范围于伦理也;攻击异教,恒以无父无君为辞,是宗教学范围于伦理也;评定诗古文辞,恒以载道述德眷怀君父为优点,是美学亦范围于伦理也。

我国伦理学之范围,其广如此"①。然而,伦理文化以类型划分则是 20 世纪 80 年代以后的事,至今发展比较成熟的有经济伦理学、生命伦理学、医学伦理学、军事伦理学、环境伦理学、生态伦理学、教育伦理学等,其中,经济伦理学处在显学的地位。中国经济伦理思想通史研究,就是要在经济伦理学学科理念基本完善的情况下,探求中国传统文化的这一独特瑰宝,创制完备的中国经济伦理思想史,填补中国传统伦理文化之空白。说实在的,当今中国的经济发展举世瞩目,成为世界第二经济体是中华民族的骄傲,所有中华儿女都由衷地感到自豪。然而,要实现中华民族伟大复兴的中国梦,国家以"中国精神"为核心的软实力应该与之相配套,就经济来说,真正的强大的经济实力需要内含与之相应的伦理道德精神,即"经济灵魂"。所以,研究中国经济伦理思想发展史也是在探寻经济发展的强劲精神动力的历史资源,挖掘能够实现中华民族伟大复兴的独特的精神瑰宝。

二、为完善经济伦理学等学科基本原理探求思想史资源

一个学科的思想史研究,其前提是要有较为完善的学科理念,而思想史研究的成果又必然促进该学科理论体系的完善。经济伦理思想发展史研究将为完善经济伦理学乃至伦理学和经济学原理提供思想史资源。

经济伦理学的核心主题是利益和道德的关系问题,在中国思想史上就是义利关系问题。中国经济伦理思想史中的义利关系观,作为经济伦理思想的主线贯穿思想史全过程,且是各阶段经济伦理思想的基础性甚或核心范畴,它影响着每一时期经济伦理思想的特点和基本理路,可以说,弄清楚某时期的义利关系观,也就基本上厘清了该时期经济伦理思想的基本要旨。历史上复杂且丰富的义利关系观及其所形成的经济伦理观,为我们今天研究和完善经济伦理学理论体系提供了必不可少的思想史资源。我国经济伦理思想史上的义利观,类型多样,纷繁复杂,但都是今天经济伦理学理论体系建构的重要思想元素和启迪依据。历史上出现的重义轻利、重利轻义、义利并重、义即利、利即义等思想为我们在现时代条件下确立正确的义利关系

---

① 蔡元培:《中国伦理学史》,北京:商务印书馆 2004 年版,第 1—2 页。

观提供了丰富的参照理念，在去粗取精、去伪存真的情况下，将会形成具有现实针对性且较为完善的经济伦理观。

作为经济伦理学上层学科基本原理的伦理学，它需要包括经济伦理学在内的部门伦理学的支撑。就经济伦理学来说，其关于经济制度和经济行为与伦理理念的逻辑关系的论说，关于经济的道德内涵和道德的经济价值的阐释等，都能在本质上说明伦理学原理乃至整个伦理学学科的社会依据和存在的理由。同时，作为应用伦理学的经济伦理学与其他应用伦理学一样，是伦理学原理体系中不可或缺的基本要素，也是完善和发展伦理学原理体系的重要说明和支撑力量。既然经济伦理学理论与伦理学理论有如此密切的逻辑关联，那么，由此引申，经济伦理学的思想史资源在一定意义上也是伦理学的思想史资源。

在我国，一些经济学理论试图在经济学领域排斥道德因素。有的学者认为，经济学不包含道德，不需要讲道德，经济学家的职业是"中性的"，讲道德是"不务正业"，是"狗拿耗子"地去做哲学家、伦理学家、文学家、政治家、牧师等该去管的事情。为此，一些学者将经济和经济学作庸俗化的解释，认为经济或经济学与道德是没有关联的两种社会现象。其实，离开了道德视角，经济不可能被正确地理解和把握。经济是人的经济，经济是人际关系之经济，经济不可能不包含道德，没有道德的经济（客观上不存在）一定是庸俗的或畸形的经济，没有道德的经济学分析是不可能创立并科学发展的经济学。由此，试图排斥道德的经济学理论是没有真正弄懂经济和经济学的所谓经济学家的经济学，是形而上学的庸俗的经济学。[1] 唯有从道德视角去分析和理解经济现象，才能真正认识和把握经济，也才能创建并发展科学的经济学理论。经济学必然包含伦理内容，经济伦理学能够给予充分的说明，而经济伦理思想发展史更能以历史上各种不同的经济伦理观证明经济学需要伦理理念。尽管历史上经济伦理观纷繁复杂，但有一个共同的观点是，经济与伦理有着不可忽视的必然联系，所以，经济伦理思想史的研究，对于经济学理论的完善有着独特的不可替代的作用。

---

[1] 参见王小锡《经济伦理学——经济与道德关系之哲学分析》，北京：人民出版社 2015 年版，第 4—7 页。

三、为建构当代经济发展中的道德规范体系探寻历史参照

经济发展需要道德规范,尤其是社会主义市场经济是道德经济,更需要具备完善的经济道德规范理念和道德规范体系。尽管历史的经验和经济发展的规律说明,一个时代有什么样的经济,就有什么样的道德规范要求和体系,但是,任何时代经济行为中的道德规范都不可能脱离思想史资源,换句话说,任何时代经济行为中的道德规范必然是历史上经济道德规范合乎规律的承继和发展。事实上,思想史上的经济道德规范理念和经济行为道德准则,许多是优良经济道德传统的积淀,完全可以在现代经济行为中被改造、完善和利用。历史上的各种义利关系说,尽管观点不同,甚至完全对立,但是,至少可以引起我们对经济与道德关系的深层次思考和正确把握,在对历史上经济道德规范进行全面比较、甄别的基础上,可以进行有针对性的借鉴。例如诚信,在中国思想史上,一些思想家们虽然认为"至诚之道,可以前知。……故至诚如神",并认为"唯天下至诚为能化"。[①] 强调至诚的重要性,认为诚乃立身之本,"合外内之道",十分有道理,这是我们今天经济活动必须遵守的准则,离开了诚信,那"经济人"将只是"利益动物",经济活动将不可能正常进行,所谓利润和利益也将会大打折扣,甚至葬送经济活动前程,所以,至诚是经济之命根。当然,至诚有时代特征,社会主义市场经济活动中的至诚应该在汲取优良传统诚信精神的基础上,赋予与现时代经济发展相一致的诚信意涵。又如,历史上不管是德性主义还是功利主义,都强调要提倡勤俭节约,反对铺张浪费,尽管我们不能像历史上相关思想家那样一味地、没有依据地反对"足欲"和"人欲",也没有必要"自苦为极",放弃正常、必要的享受,甚至追求会影响身心健康的苦行生活。但是,现时代仍然需要我们适当控制物欲,提倡艰苦奋斗、勤俭节约,尤其在提倡节俭的同时,主张绿色消费、合理消费和道德性消费,唯此才能实现经济的绿色发展、快速发展。诸如此类,经济道德规范若是在优秀传统经济道德理念基础上建构,将会更加贴切和完备。

---

① 《礼记·中庸》。

四、为建设伦理型经济汲取传统经济伦理思想精华

经济一定是具有伦理道德内涵的经济，因此，理想型经济在一定意义上就是伦理型经济或称道德型经济，这也就是说，当今我国社会主义市场经济发展的完美状态应该是渗透着社会主义道德的经济理念、经济行为和经济成果的理想型经济。然而，虽然我国已经成为世界第二经济体，但是我国的经济德性或德性经济尚需进一步培养和完善，因为，与我国经济发展速度不相匹配的欠道德甚或不道德经济行为依然存在，有的经济人或经济体甚至从坑蒙拐骗等缺德行为中捞钱。因此，建设理想型经济或伦理型经济需要完善经济伦理理念，需要以经济道德规范来制约和引导经济行为，等等。这就十分需要汲取我国历史上的经济伦理思想精华，确立完备的现代经济伦理理念。

在中国经济伦理思想史上，儒、墨两家是具有代表性的且基本对立的经济伦理观，儒家重义轻利，墨家重利轻义，但是，儒、墨两家虽然在义利关系上理路各异，但经济与道义的逻辑关系思想比较趋同。孔子说："邦有道，贫且贱焉，耻也；邦无道，富且贵焉，耻也。"[1]在孔子看来，经济的发展和生活的富裕，要讲道义，有道义就必然有经济的发展和生活的富裕；否则就是可耻的。在这里，经济、利益与趋善的德性是相辅相成、合而为一的。墨家的功利主义与上述儒家代表人物孔子的德性主义在经济与道义关系的理解和厘定上，"大同而小异"，殊途而同归。比如，墨家代表人物墨子在其功利主义视阈中认为，经济伦理是获利之义、由义而利，义利统一。他认为："义，利也。"[2]不难看出，墨子认为，义与不义看能否有利，有利则有义；否则，就谈不上什么"义"，这是因为，义是由利益来决定或者规定的。这里，对于经济伦理的理解，墨子另辟蹊径，从义与利等同的视角来加以说明，简明扼要地阐述经济伦理即获利之义、由利而义。尽管儒、墨两家经济伦理之理路不一，但是义与利即伦理与经济不可分离是其统一的经济伦理理念，这值得我们

---

① 《论语·泰伯》。
② 《墨子·经上》。

今天在社会主义市场经济建设过程中认真研讨和借鉴。事实上,在如何获取经济(物质)利益上,历代思想家都有深刻的见解,如明代王守仁被人问:"声色货利,恐良知亦不能无。"他回答说:"固然。但初学用功,却须扫除荡涤,勿使留积,则适然来遇,始不为累,自然顺而应之。良知只在声色货利上用功,能致得良知,精精明明,毫发无蔽,则声色货利之交,无非天则流行矣。"在他看来,良知不排除声色货利,但声色货利不一定符合良知,关键在于是否能致得良知。[①] 这就是说,声色货利符合良知才合乎天则,否则就有悖良知。这些观点是今天我们建设伦理型经济的重要思想史资源,它必将启迪、影响当今我国经济伦理和伦理经济理念的完善和发展,进而促进伦理型经济的不断发展与完善。

---

① 参见赵靖《中国经济思想通史续集》(中国近代经济思想史),北京:北京大学出版社 2004 年版,第344页。

主要参考文献

1. 马克思恩格斯文集.第1—10卷.人民出版社,2009

2. 列宁选集.第1—4卷.人民出版社,1995

3. 毛泽东文集.第1—8卷.人民出版社,1993

4. 毛泽东选集.第1—4卷.人民出版社,1991

5. 邓小平文选.第1—3卷.人民出版社,1993

6. 习近平谈治国理政.第一卷.外文出版社,2014

7. 习近平谈治国理政.第二卷.外文出版社,2017

8. 习近平谈治国理政.第三卷.外文出版社,2020

9. 白居易集.岳麓书社,1992

10. 抱朴子.上海古籍出版社,1990

11. 北溪字义.中华书局,2009

12. 船山遗书.中国书店,2016

13. 春秋繁露.中华书局,2011

14. 大同书.上海古籍出版社,2014

15. 大学衍义补.吉林出版集团,2005

16. 读四书大全说.中华书局,1975

17. 读通鉴论.中华书局,2013

18. 二程集.中华书局,2004

19. 二程遗书.上海古籍出版社,2000

20. 二刻拍案惊奇.中华书局,2009

21. 焚书·续焚书.中华书局,2011

22. 顾亭林诗文集.中华书局,1959

23. 管子.中华书局,2016

24. 国语.中华书局,2013

25. 韩非子集解.中华书局,2013

26. 韩愈全集.四川大学出版社,1996

27. 韩子浅解.中华书局,1960

28. 汉书.中华书局,2016

29. 何心隐集.中华书局,1960

30. 淮南子.中华书局,2012

31. 老子道德经注校释.中华书局,2008

32. 礼记集解.中华书局,1989

33. 李觏集.中华书局,2011

34. 李鸿章全集.安徽教育出版社,2007

35. 李贽全集注.社会科学文献出版社,2009

36. 列子集释.中华书局,2013

37. 临川先生文集.中华书局,1959

38. 论语译注.中华书局,2006

39. 论语正义.文史哲出版社,1990

40. 吕氏春秋集释.中华书局,2016

41. 孟子译注.中华书局,2008

42. 孟子字义疏证.中华书局,1982

43. 明史.中华书局,1974

44. 墨子.中华书局,2016

45. 潜书.中华书局,2009

46. 清献集·龙川集.吉林出版集团,2005

47. 商君书.中华书局,2011

48. 尚书引义.中华书局,2012

49. 尚书正义.上海古籍出版社,2007

50. 诗经.中华书局,2016

51. 史记.中华书局,2014

52. 四书章句集注.中华书局出版社,2011

53. 四友斋丛说.上海古籍出版社,2012

54. 孙中山选集. 人民出版社,2011

55. 谭嗣同全集. 中华书局,1981

56. 天演论. 译林出版社,2014

57. 王荆文公诗笺注. 上海古籍出版社,2010

58. 王文公文集. 上海人民出版社,1974

59. 王阳明全集. 线装书局,2014

60. 魏源集. 辽宁人民出版社,1994

61. 习学记言序目. 中华书局,1977

62. 习斋记余. 中华书局,1985

63. 续资治通鉴长篇. 中华书局,2009

64. 荀子. 上海古籍出版社,2014

65. 严复集. 中华书局,1986

66. 颜元集. 中华书局,2013

67. 逸周书彙校集注. 上海古籍出版社,2007

68. 张居正奏疏集. 华东师范大学出版社,2014

69. 张太岳集. 上海古籍出版社,1984

70. 张文襄公全集. 中国书店,1990

71. 张载集. 中华书局,2012

72. 张子正蒙注. 中华书局,2009

73. 章太炎全集. 上海人民出版社,2014

74. 曾国藩全集. 光明日报出版社,2013

75. 止斋集. 吉林出版集团,2005

76. 忠经·孝经. 三秦出版社,2008

77. 周敦颐集. 中华书局,2009

78. 周礼注疏. 上海古籍出版社,2010

79. 周易. 中华书局,2011

80. 周易内传·周易外传. 九州出版社,2004

81. 诸子集成. 1—8卷. 上海书店,1986

82. 朱子全书. 上海古籍出版社,2003

83. 朱子语类. 中华书局,1986

84. 资治通鉴. 中华书局,2011

85. 左传. 中华书局,2007

86. 左宗棠全集. 岳麓书社,2009

87. 安启念. 马克思恩格斯伦理思想研究. 武汉大学出版社, 2010

88. 陈独秀. 独秀文存. 安徽人民出版社, 1987

89. 陈瑛主编. 中国伦理思想史. 湖南教育出版社, 2002

90. 陈泽环. 功利·奉献·生态·文化——经济伦理引论. 上海社会科学院出版社, 1999

91. 蔡元培. 中国伦理学史. 吉林出版集团, 2017

92. 冯友兰. 新原道. 生活·读书·新知三联书店, 2007

93. 葛晨虹等. 中国社会道德发展研究报告. 中国人民大学出版社, 2013

94. 葛懋春, 蒋俊编选. 梁启超哲学思想论文选. 北京大学出版社, 1984

95. 顾肃. 自由主义基本理论. 中央编译出版社, 2005

96. 郭建新等. 财经信用伦理研究. 人民出版社, 2009

97. 景枫, 王莹. 经济学家的道德追问——亚当·斯密伦理思想研究. 人民出版社, 2001

98. 康有为撰. 姜义华, 张荣华编校. 康有为全集. 中国人民大学出版社, 2007

99. 江畅. 走向优雅生存——21世纪中国社会价值选择研究. 中国社会科学出版社, 2004

100. 李建华等. 走向经济伦理. 湖南大学出版社, 2008

101. 李兰芬. 当代中国德治研究. 人民出版社, 2008

102. 李培超. 自然的伦理学尊严. 江西人民出版社, 2001

103. 李权时, 章海山主编. 经济人与道德人——市场经济与道德建设. 人民出版社, 1995

104. 厉以宁. 经济学的伦理问题. 三联书店, 1995

105. 梁启超全集. 北京出版社, 1999

106. 刘光明. 经济活动伦理研究. 中国人民大学出版社, 1999

107. 刘可风. 当代经济伦理问题的求索. 湖北人民出版社, 2007

108. 刘琳. 《资本论》的经济伦理思想研究. 安徽大学出版社, 2008

109. 刘湘溶. 人与自然的道德话语：环境伦理学的进展与反思. 湖南师大出版社, 2004

110. 楼宇烈整理. 康有为学术著作选·论语注. 中华书局, 1984

111. 卢风, 肖巍. 应用伦理学导论. 当代中国出版社, 2002

112. 陆晓禾. 经济伦理学研究. 上海社会科学院出版社, 2008

113. 罗国杰主编. 中国伦理思想史(上、下). 中国人民大学出版社, 2008

114. 罗国杰. 罗国杰文集(上、下). 河北大学出版社, 2000

115. 罗能生. 产权的伦理维度. 人民出版社,2004

116. 罗卫东. 情感、秩序、美德:亚当·斯密的伦理学世界. 中国人民大学出版社,2006

117. 伦理学编写组. 伦理学. 高等教育出版社,人民出版社,2012

118. 乔洪武. 正谊谋利——近代西方经济伦理思想研究. 商务印书馆,2000

119. 宋希仁. 西方伦理学思想史. 湖南教育出版社,2006

120. 宋希仁. 马克思恩格斯道德哲学研究. 中国社会科学出版社,2012

121. 孙春晨. 市场经济伦理研究. 江苏人民出版社,2005

122. 唐凯麟,陈科华. 中国古代经济伦理思想史. 人民出版社,2004

123. 唐凯麟,王泽应. 20 世纪中国伦理思潮. 高等教育出版社,2003

124. 万俊人. 义利之间——现代经济伦理十一讲. 团结出版社,2003

125. 万俊人. 道德之维——现代经济伦理导论. 广东人民出版社,2000

126. 汪丁丁. 经济发展与制度创新. 上海人民出版社,1995

127. 王福霖,刘可风主编. 经济伦理学. 中国财政经济出版社,2001

128. 王露璐,汪洁等. 经济伦理学. 人民出版社,2014

129. 王小锡. 道德资本论. 译林出版社,2016

130. 王小锡. 经济伦理学——经济与道德关系之哲学分析. 人民出版社,2015

131. 王小锡. 道德资本与经济伦理(自选集). 人民出版社,2009

132. 王玉生. 言强必先富:中国传统经济伦理思想的近代演变. 中国社会科学出版社,2007

133. 王泽应. 义利观与经济伦理. 湖南人民出版社,1995

134. 汪洁. 中国传统经济伦理研究. 江苏人民出版社,2005

135. 汪荣有. 当代中国经济伦理论. 人民出版社,2004

136. 韦冬,王小锡主编. 马克思主义经典作家论道德. 中国人民大学出版社,2017

137. 韦森. 经济学与伦理学. 上海人民出版社,2002

138. 温克勤. 中国伦理思想简史. 社会科学出版社,2013

139. 夏伟东. 中国共产党思想道德建设史略. 山东人民出版社,2006

140. 夏伟东. 道德的历史与现实. 教育科学出版社,2002

141. 徐向东. 自我、他人与道德. 商务印书馆,2007

142. 余达淮. 马克思经济伦理思想研究. 江苏人民出版社,2006

143. 晏辉. 经济行为的人文向度:经济分析的人类学范式. 江西教育出版社,2005

144. 张鸿翼. 儒家经济伦理. 湖南教育出版社,1989

145. 张雄,陈章亮主编. 经济哲学——经济理念与市场智慧. 云南人民出版社,2000

146. 张旭坤. 西方经济思想史 18 讲. 上海人民出版社,2007

147. 章海山. 经济伦理及其范畴研究. 中山大学出版社,2005

148. 章海山. 经济伦理论. 中山大学出版社,2001

149. 赵靖. 中国经济思想史述要. 北京大学出版社,1998

150. 赵靖主编. 中国经济伦理思想通史续集(中国近代经济思想史). 北京大学出版社,2004

151. 周辅成. 西方伦理学名著选辑(上、下卷). 商务印书馆,1987

152. 周晓亮. 休谟及其人性哲学. 社会科学文献出版社.1996

153. 周中之,高慧珠. 经济伦理学. 华东师范大学出版社,2016

154. 朱贻庭主编. 中国传统伦理思想史(第四版). 华东师范大学出版社,2012

155. 朱贻庭. 中国传统道德哲学 6 辨. 文汇出版社,2017

156. [德]科斯洛夫斯基. 伦理经济学原理. 孙瑜译. 中国社会科学出版社,1997

157. [德]科斯洛夫斯基. 资本主义的伦理学. 王彤译. 中国社会科学出版社,1996

158. [德]科斯洛夫斯基. 伦理经济学原理. 孙瑜译. 中国社会科学出版社,1997

159. [德]马克斯·韦伯. 经济与社会(上、下). 林荣远译. 商务印书馆,1998

160. [德]马克斯·韦伯. 伦理之业. 王容芬译. 广西师范大学出版社,2008

161. [德]马克斯·韦伯. 儒教与道教. 王容芬译. 广西师范大学出版社,2008

162. [德]马克斯·韦伯. 新教伦理与资本主义精神. 于晓,陈维刚等译. 陕西师范大学出版社,2006

163. [法]弗雷德里克·巴斯夏. 和谐经济论. 许明龙等译校. 中国社会科学出版社,1995

164. [古希腊]亚里士多德. 尼各马可伦理学. 廖申白译. 商务印书馆,2003

165. [荷]汉斯·范登·德尔,本·范·韦尔瑟芬. 民主与福利经济学. 陈刚等译. 中国社会科学出版社,1999

166. [荷]伯纳德·曼德维尔. 蜜蜂的语言. 肖聿译. 中国社会科学出版社,2002

167. [美]艾伦·布坎南. 效率与市场. 廖申白,谢大京译. 中国社会科学出版社,1991

168. [美]弗兰西斯·福山. 信任——社会道德与繁荣的创造. 李婉蓉译. 远方出版社,1998

169. [美]哈耶克. 通向奴役之路. 王明义等译. 中国社会科学出版社,1997

170. [美]科思. 企业、市场与法律. 盛洪等译. 上海三联书店,1990

171. [美]理查德·T.德·乔治. 经济伦理学. 李布译. 北京大学出版社,2002

172. ［美］林德布普姆.市场体制的秘密.耿修林译.江苏人民出版社,2002

173. ［美］刘易斯.经济增长理论.梁小民译.上海三联书店,1990

174. ［美］罗纳德·德沃金.至上的美德:平等的理论与实践.冯克利译.江苏人民出版社,2003

175. ［美］麦金太尔.谁之正义？何种合理性?.万俊人等译.当代中国出版社,1996

176. ［美］米歇尔·鲍曼.道德的市场.肖君,黄承业译.中国社会科学出版社,2003

177. ［美］乔治·恩德勒主编.经济伦理学大辞典.王淼洋译.上海人民出版社,2001

178. ［美］乔治·恩格勒.面向行动的经济伦理学.上海社会科学院出版社,2002

179. ［美］西奥多·W.舒尔茨.论人力资本投资.吴珠华等译.北京经济学院出版社,1990

180. ［美］约瑟夫·熊彼特.资本主义、社会主义与民主.吴良健译.商务印书馆,1999版

181. ［美］詹姆斯·M.布坎南.自由、市场和国家:20世纪80年代的政治经济学.莫扶民,平新乔译.上海三联书店,1988

182. ［西班牙］阿莱霍·何塞·G.西松.领导者的道德资本.于文轩,丁敏译.中央编译出版社,2005

183. ［印］阿马蒂亚·森.伦理学与经济学.商务印书馆,2000

184. ［英］伯特兰·罗素.伦理学和政治学中的人类社会.肖巍译.中国社会科学出版社,1992

185. ［英］弗里德利·冯·哈那克.自由秩序原理.邓正来译.生活·读书·新知三联书店,1997

186. ［英］亚当·斯密.国民财富的性质和原因研究.郭大力,王亚南译.商务印书馆,1994

187. ［英］亚当·斯密.道德情操论.朱钟棣,沈凯璋译.商务印书馆,1997

188. ［英］亚当·斯密著.欧内斯特·莫斯纳,伊恩·辛普森·罗斯编.亚当·斯密通信集.林国夫等译.商务印书馆,1992

后　记

　　本书是国家社科基金重大项目"中国经济伦理思想通史研究"(11&ZD084)子课题"中国经济伦理思想通史基本问题研究"的最终研究成果。子课题组负责人为王小锡(南京师范大学教授)。主要参加人员有:郭建新(南京审计大学教授)、汤建龙(南京师范大学教授)、陶涛(南京师范大学教授)等。本书提纲由王小锡拟定,经重大项目组成员集体讨论定稿。具体研究和写作分工如下:引言、第一章、结语,王小锡;第二章,郭建新;第三章、第七章、第八章,汤建龙;第四章、第五章、第六章,陶涛。姜晶花副教授、尹娟副教授、陈金香博士、范渊凯博士、刘昂博士、郭方天博士、江勇博士协助做了一些相关资料整理、校对等学术辅助工作。本书初稿在子课题组成员集体统稿、修改的基础上,由王小锡完成全书统改工作。

　　在本书撰写成稿过程中,重大项目组首席专家、各子课题负责人及全体成员、许多专家学者都给予了重要的学术支持。同时,成果参考、借鉴了国内外有关专家学者的研究成果,在此一并表示由衷的感谢。

王小锡

2021 年 6 月 10 日